文化产品与世界贸易组织

〔澳〕塔尼亚·芙恩　著
裘安曼　译

商务印书馆
2010年·北京

Tania Voon
Cultural Products and the World Trade Organization

First published by Cambridge University Press in 2007

Published by arrangement with Cambridge University Press

本书中文简体字版根据剑桥大学出版社 2007 年英文版译出

中译本序

2007年至2009年两年多时间内，我连续许多次前往日内瓦，参加在世界贸易组织（WTO）举行的听证和上诉活动。起因是美国就知识产权、出版物市场准入和新闻信息服务问题在WTO向我国政府提起诉讼。作为中国代表团的成员，我一方面要参加应诉，另一方面也常常思考某些与文化有关的服务贸易的专业问题。记得是一次听证会期间，恰逢WTO总部一层举办一个小型书展，展出的都是关于世界贸易规则与案例方面的图书。茶歇时我来到书展现场，这本名为《文化产品与世界贸易组织》的书一下子就吸引了我。这本书通篇讲的就是考虑到文化多样性的至关重要性，怎样在WTO的贸易框架下，利用WTO的现有规定以及各种允许的保留和豁免，同时借助其他有关的国际条约，在国际贸易中适当照顾到文化产品的特殊性，平衡贸易原则与本国的文化政策，在对外交流中保持地方文化的特征，面对外来强势文化的影响坚持自身文化的主体性。我对这本书的内容很感兴趣，不仅当即买了一本，而且当晚就与我在新闻出版总署工作时的老同事，时任世界知识产权组织职员的裘安曼先生取得联系，希望他来翻译出书，并商定由商务印书馆来出版。

本书作者担任过WTO上诉机构的法律官员，关注国际贸易中的文化产品待遇问题，在这方面有深入的研究和广泛的经验。

中国遇到的情况，不仅许多发展中国家，一些发达国家也遇到过。事关文化主权，即使在发达国家之间，由此而来的冲突也会十分尖锐。如果了解这方面的情况，特别是知道怎样在有关贸易和文化的国际法中为自己的做法找到支持，就能够取得主动，坚持和维护本国的利益。根据本书介绍，无论是WTO法律本身，还是一些已有或新订立的国际文化条约，都为在国际贸易中处理文化产品提供了一定的灵活性，甚至还有一些相当明确的特殊待遇。如何充分利用这些条件，不仅发达国家进行了深入研究和努力实践，发展中国家也做得不错。例如，一些发展中国家在加入WTO时，预见到今后可能对国家文化政策的影响，一开始就尽可能在文化产品的准入方面做出种种保留。

中国加入WTO，是改革开放的重大事件。机遇更大了，挑战也更多了，这对国家的发展是大好事。关键是要勇于实践，深入学习。在货物贸易方面，我们做了大量准备，经历了许多世面，取得了不少经验。但是文化产品的服务贸易方面，对我们仍是一个新的课题。中国力主推动的多哈回合谈判，主要涉及的，就是服务贸易，而且广义地说，新闻出版、广播音像和电子网络都在里边。《文化产品与世界贸易组织》这本书，讲的就是这方面内容。书中引用了大量条约、法律和案例，转述了各方面的意见和论点，介绍了许多历史背景情况；尤其是对处理文化产品与贸易的关系的前景，进行了多方展望，对几种可能的解决方案进行了分析评估。因此，这本书具有很切近的现实意义和很重要的参考价值。将这本书介绍给国内读者，应当说是恰逢其时，相信对从事文化政策、文化管理、文化产业、国际贸易和国际法律工作的人们都会有启发和裨益的。

译者裘安曼先生在文化出版、知识产权、国际组织工作等方面以及在中英文互译上都有多年经验。值得一提的是，裘先生的祖父和父亲都曾经在商务印书馆出过书。这次已是第三代合作，在商务的百余年历史上，也堪称一段佳话了。

中国出版集团公司党组书记、副总裁

王　涛

2010 年 10 月

献给切斯特

目　　录

第 II 部分　今后的选择方案

GATT/WTO 协定表

（本表所标页码为原书页码，中译本边码）

GATT/WTO案例表 xiv

（本表所标页码为原书页码，中译本边码）

缩 略 语 表

xvii

GATT/WTO 协定

简称	全称
农业协定	农业协定,LT/UR/A-1A/2（1994 年 4 月 15 日签订）
政府采购协定	政府采购协定，LT/UR/A-4/PLURI/2（1994 年 4 月 15 日签订）
民用飞机贸易协定	民用飞机贸易协定,LT/URA-4/PLURI/1（1994 年 4 月 15 日签订）
反倾销协定	关于执行关税和贸易总协定 1994 第 VI 条的协议,LT/UR/A-1A/3（1994 年 4 月 15 日签订）
DSU	关于争端解决的规则和程序的谅解,LT/UR/A-2/DS/U/1（1994 年 4 月 15 日签订）
放行条款	关于区别和更优惠对待、对等和发展中国家更充分参与的决定,L/4903,BISD 26S/203（1979 年 11 月 28 日签订）
GATS	服务贸易总协定,LT/UR/A-1B/S/1（1994 年 4 月 15 日签订）

GATT 1947	关税和贸易总协定，LT/UR/A-1A/1/GATT/2（1947年10月30日签订）
GATT 1994	关税和贸易总协定，LT/UR/A-1A/1/GATT/1（1994年4月15日签订）
马拉喀什协定	成立世界贸易组织的马拉喀什协定，LT/UR/A/2（1994年4月15日签订）
保障措施协定	保障措施协定，LT/UR/A-1A/18（1994年4月15日签订）
SCM协定	补贴和抵消措施的协定，LT/UR/A-1A/9（1994年4月15日签订）
SPS协定	实施卫生和植物卫生措施的协定，LT/UR/A-1A/12（1994年4月15日签订）
xviii 纺织品协定	纺织品和服装的协定，LT/UR/A-1A/11（1994年4月15日签订）（现已失效）
TRIPS协定	与贸易有关知识产权的协定，LT/UR/A-1C/IP/1（1994年4月15日签订）
WTO协定	马拉喀什协定和其四个附件中包含的文件

GATT/WTO案例

简称	全称
阿根廷-鞋类（欧共体）	上诉机构报告，阿根廷-对鞋类进口的保全措施，WT/DS121/AB/R（1999年12月14日通告）

阿根廷-生皮和制革	专家组报告，阿根廷-影响生牛皮出口和皮革进口的措施，WT/DS155/R（2000 年 12 月 19 日通告）
阿根廷-禽肉的反倾销税	专家组报告，阿根廷-对从巴西进口的禽肉的最终反倾销税，WT/DS241/R（2003 年 4 月 22 日通告）
阿根廷-桃脯	专家组报告，阿根廷-对进口的桃脯的最终保全措施，WT/DS238/R（2003 年 2 月 14 日通告）
阿根廷-纺织品和服饰	上诉机构报告，阿根廷-影响鞋类、纺织品、服饰和其他品项进口的措施，WT/DS56/AB/R 和修正 1（1998 年 3 月 27 日通告）
澳大利亚-鲑鱼	上诉机构报告，澳大利亚-影响鲑鱼进口的措施，WT/DS18/AB/R（1999 年 10 月 20 日通告）
巴西-飞机	上诉机构报告，巴西-飞机的出口资金计划，WT//DS46/AB/R（1999 年 8 月 2 日通告）
巴西-飞机（第21.5 条-加拿大 II）	上诉机构报告，巴西-飞机的出口资金计划，加拿大第二次诉诸 DSU 第 21. 5，W/DS46/RW/2（2001 年 7 月 26 日通告）
巴西-椰子粉	上诉机构报告，巴西-影响椰子粉的措施，WT/DS22/AB/R（1997 年 2 月 21 日通告）
边境税调节	GATT 工作组报告，边境税调节，L/3464，

	BISD18S/97（1970年12月2日通过）
加拿大-汽车	上诉机构报告，加拿大-影响汽车工业的某些措施，WT/DS139/AB/R，WT/DS142/AB/R（2000年5月31日通告）
加拿大-专利期限	上诉机构报告，加拿大-专利保护期限，WT/DS170/AB/R（2000年9月18日）
加拿大-期刊	上诉机构报告，加拿大-关于期刊的某些措施，WT/DS31/AB/R （1997年3月14日通告）
加拿大-小麦出口和谷物进口	上诉机构报告，加拿大-与小麦出口和对待进口谷物有关的措施，WT/DS276/AB/R（2004年8月30日）
智利-酒精饮料	上诉机构报告，智利-酒精饮料税，WT/DS87/AB/R，WT/DS110/AB/R（1999年12月13日通告）
	专家组报告，智利-酒精饮料税，WT/DS87/R，WT/DS110/R （1999年6月15日通告）
智利-价格标识带制度	上诉机构报告，智利-价格标识带制度和关于某些农产品的保全措施，WT/DS207/AB/R （2002年9月23日通告）
多米尼加共和国-卷烟的进口和销售	上诉机构报告，多米尼加共和国-影响卷烟进口和境内销售的措施，WT/DS302/BA/R（2005年4月25日通告）
	专家组报告，多米尼加共和国-影响卷烟进口

	和境内销售的措施,WT/DS302/BA/R(2004 年 11 月 26 日通告)
欧共体-石棉	上诉机构报告,欧洲共同体-影响石棉和含石棉产品的措施,WT/DS135/AB/R(2001 年 3 月 12 日通告)
	专家组报告,欧洲共同体-影响石棉和含石棉产品的措施,WT/DS135/R 和增补 1(2000 年 9 月 18 日通告)
欧共体-香蕉 III	上诉机构报告,欧洲共同体-关于香蕉进口、xx 出售和分销的制度,WT/DS27/AB/R(1997 年 9 月 9 日通告)
欧共体-香蕉 III(第 21.5 -欧共体)	专家组报告,欧洲共同体-关于香蕉进口、出售和分销的制度,欧洲共同体诉诸 DSU 第 21.5,WT/DS27/RW/EEC 和修正 1(1999 年 4 月 12 日通告)
欧共体-香蕉(厄瓜多尔)	专家组报告,欧洲共同体-厄瓜多尔关于香蕉进口、出售和分销的制度-厄瓜多尔的申诉,WT/DS27/RECU(1997 年 5 月 22 日通告)
欧共体-床罩	上诉机构报告,欧洲共同体-对从印度进口的棉制床单的反倾销税,WT/DS/141/AB/R(2001 年 3 月 1 日通告)
欧共体-生物技术	专家组报告,欧洲共同体-影响生物技术产品审批和销售的措施,WT/DS291/R,WT/DS293/R(2006 年 9 月 12 日通告)

欧共体-鸡肉块	上诉机构报告,欧洲共同体-冷冻剔骨鸡块的关税分类,WT/DS269/AB/R,WT/DS286/AB/R(2005 年 9 月 12 日通告)
	专家组报告,欧洲共同体-冷冻剔骨鸡块的关税分类,巴西的申诉,WT/DS269/R(2005 年 5 月 30 日通告)
	专家组报告,欧洲共同体-冷冻剔骨鸡块的关税分类,泰国的申诉,WT/DS286/R(2005 年 5 月 30 日通告)
欧共体-计算机设备	上诉机构报告,欧洲共同体-某些计算机设备的关税分类,WT/DS62/AB/R,WT/DS67/AB/R,WT/DS68/AB/R (1998 年 6 月 15 日通告)
欧共体-糖的出口补贴	上诉机构报告,欧洲共同体-糖的出口补贴,WT/DS266/AB/R, WT/DS266/AB/R,WT/DS283/AB/R (2005 年 4 月 28 日通告)
欧共体-激素	上诉机构报告,欧共体有关肉类和肉类产品(激素)的措施,WT/DS26/AB/R,WT/DS48/AB/R(1998 年 1 月 16 日通告)
xxi 欧共体-激素(加拿大)	专家组报告,欧共体有关肉类和肉类产品(激素)的措施,加拿大的申诉,WT/DS48/R/CAN(1997 年 8 月 18 日通告)
欧共体-激素(美国)	专家组报告,欧共体有关肉类和肉产品(激素)的措施,美国的申诉,WT/DS48/R/

USA(1997 年 8 月 18 日通告)

欧共体-禽类	上诉机构报告,欧洲共同体-影响某些禽类产品进口的措施,WT/DS69/AB/R(1998 年 7 月 13 日通告)
	专家组报告,欧洲共同体-影响某些禽类产品进口的措施,WT/DS69/AB/R(1998 年 3 月 12 日通告)
欧共体-沙丁鱼	上诉机构报告,欧洲共同体-关于沙丁鱼的贸易定性,WT/DS231/AB/R(2002 年 9 月 26 日通告)
欧共体-关税优惠	仲裁机构裁决,欧洲共同体-给予发展中国家关税优惠的条件,WT/DS246/14(2004 年 9 月 20 日通告)
	上诉机构报告,欧洲共同体-给予发展中国家关税优惠的条件,WT/DS246/AB/R(2004 年 4 月 7 日通告)
	专家组报告,欧洲共同体-给予发展中国家关税优惠的条件,WT/DS246/R(2003 年 12 月 1 日通告)
欧共体-商标和地理标识	专家组报告,欧洲共同体-农产品和食品的商标和地理标识的保护,WT/DS290/R(澳大利亚),WT/DS174/R(美国)(2005 年 3 月 15 日通告)
欧共体-管道固定件	上诉机构报告,欧洲共同体-对从巴西进口的可锻铁管道固定件的反倾销税,WT/

	DS219/AB/R (2003 年 7 月 22 日通告)
xxii 欧洲经济共同体-油料籽 I	GATT 专家组报告,欧洲经济共同体-对油籽和有关动物饲料蛋白加工和生产者的偿付和补贴,L/6627,BISD 37S/86 (1990 年 1 月 25 日通过)
希腊-进口税	GATT 专家组报告,希腊实行的特别进口税,G/25,BISD 1S/48 (1952 年 11 月 3 日通过)
印度-专利(美国)	上诉机构报告,印度-医药和农用化工品的专利保护,WT/DS50/AB/R (1997 年 12 月 19 日通告)
印度尼西亚-汽车	专家组报告,印度尼西亚-影响汽车工业的某些措施,WT/DS54/R,WT/DS55/R,WT/DS59/R,WT/DS64/R 和修正 1,2,3,4 (1998 年 7 月 2 日通告)
日本-酒精饮料 I	GATT 专家组报告,日本对进口葡萄酒和酒精饮料的关税、征税和归类方法,L/6216,BISD345/83 (1987 年 11 月 10 日通过)
日本-酒精饮料 II	上诉机构报告,日本-酒精饮料税,WT/DS8/AB/R,WT/DS10/AB/R,WT/DS11/AB/R(1996 年 10 月 4 日通告)
	专家组报告,日本-酒精饮料税,WT/DS8/R,WT/ DS10/R,WT/DS11/R (1996 年 7 月 11 日通告)
日本-胶卷	专家组报告,日本-影响消费品摄影胶卷和用

	纸的措施,WT/DS44/R（1998 年 3 月 31 日通告）
日本-皮革 II（美国）	GATT 专家组报告,日本对皮革进口的措施,L/5623,BISD31S/94（1984 年 5 月 15 日通过）
韩国-酒精饮料	上诉机构报告,韩国-酒精饮料税,WT/DS75/AB/R,WT/DS84/AB/R（1999 年 1 月 18 日通告）
	专家组报告,韩国-酒精饮料税,WT/DS75/R,WT/DS84/R（1998 年 9 月 17 日通告）
韩国-牛肉	上诉机构报告,韩国-影响新鲜、冷化和冰冻牛肉进口的措施,WT/DS161/AB/R,WT/DS169/AB/R（2000 年 12 月 11 日通告）
韩国-乳制品	上诉机构报告,韩国-对某些乳制品进口的最终保全措施,WT/DS98/AB/R（1999 年 12 月 14 日通告）
韩国-采购	专家组报告,韩国-影响政府采购的措施,WT/DS163/R（2000 年 5 月 1 日通告）
墨西哥-软饮料税	上诉机构报告,墨西哥-对软饮料和其他饮料 xxiii 的征税措施,WT/DS308/AB/R(2006 年 3 月 6 日通告）
	专家组报告,墨西哥-对软饮料和其他饮料的征税措施,WT/DS308/R（2005 年 10 月 7 日通告）

墨西哥-远程通讯	专家组报告，墨西哥-影响远程通讯服务的措施，WT/DS204/R（2004 年 4 月 2 日通告）
泰国-卷烟	GATT 专家组报告，泰国-卷烟的进口限制和境内销售税，DS10/R，BISD37S/200（1990 年 11 月 7 日通过）
泰国-*H* 型梁材	上诉机构报告，泰国-对从波兰进口的铁和非合金钢角材、型材和截材以及 *H* 型梁材的反倾销税，WT/DS122/AB/R（2001 年 3 月 12 日通告）
土耳其-纺织品	上诉机构报告，土耳其-对进口纺织品和服装产品的限制，WT/DS34/AB/R（1999 年 10 月 22 日通告）
	专家组报告，土耳其-对进口纺织品和服装产品的限制，WT/DS34/R（1999 年 5 月 31 日通告）
美国-碳钢	上诉机构报告，美国-对从德国进口的某些抗腐蚀碳钢板材的反补贴税，WT/DS213/AB/R 和修正 1（2002 年 11 月 28 日通告）
美国-某些欧共体产品	专家组报告，美国-对从欧洲共同体进口某些产品的措施，WT/DS165/R 和增补 1（2000 年 7 月 17 日通告）
美国-抗腐蚀钢材定期检查	上诉机构报告，美国-对从日本进口的抗腐蚀碳钢板材的反倾销税的定期检查，WT/DS244/AB/R（2003 年 12 月 15 日通告）

	专家组报告,美国-对从日本进口的抗腐蚀碳钢板材的返销税的定期检查,WT/DS244/R (2003 年 8 月 14 日通告)
美国-棉纱	上诉机构报告,美国-对从巴基斯坦进口的精梳棉纱的临时保全措施,WT/DS192/AB/R (2001 年 10 月 8 日通告)
美国-外国销售公司	上诉机构报告,美国-对"外国销售公司"的税收措施,WT/DS108/AB/R (2000 年 2 月 24 日通告)
美国-博彩业	上诉机构报告,美国-影响跨境提供赌博服务 xxiv 的措施,WT/DS285/AB/R(2005 年 4 月 7 日通告)
	专家组报告,美国-影响跨境提供赌博服务的措施,WT/DS285/R(2004 年 11 月 10 日通告)
美国-汽油	上诉机构报告,美国-再配方和普通汽油的标准,WT/DS2/AB/R(1996 年 4 月 29 日通告)
	专家组报告,美国-再配方和普通汽油的标准,WT/DS2/R(1996 年 1 月 29 日通告)
美国-热轧钢	上诉机构报告,美国-对从日本进口的某些热轧钢产品的反倾销措施,WT/DS184/AB/R (2001 年 7 月 24 日通告)
美国-小羊肉	上诉机构报告,美国-对从新西兰和澳大利亚

	进口的新鲜、冷化和冰冻小羊肉的保全措施，WT/DS177/AB/R，WT/DS178/AB/R（2001 年 5 月 1 日通告）
美国-管线管道	上诉机构报告，美国-对从韩国进口环焊碳质管线用管的最终保全措施，WT/DS202/AB/R（2002 年 2 月 15 日通告）
	专家组报告，美国-对从韩国进口环焊碳质管线用管的最终保全措施，WT/DS202/R（2001 年 10 月 29 日通告）
美国-麦芽饮料	GATT 专家组报告，美国-影响酒精和麦芽饮料的措施，DS23/R，BISD 39S/206（1992 年 6 月 19 日通过）
美国-抵消法案（伯德修正案）	上诉机构报告，美国- 2000 抵消持续倾销和补贴的法案，WT/DS217/AB/R，WT/DS234/AB/R（2003 年 1 月 16 日通告）
美国-产油国管型货品定期检查	上诉机构报告，美国-对从阿根廷进口产油国管型货品的反倾销措施的定期检查，WT/DS268/AB/R（2004 年 11 月 29 日通告）
美国-拨款法案 211 条款	上诉机构报告，美国- 1998 综合拨款法案 211 条款，WT/DS176/AB/R（2002 年 1 月 2 日通告）
美国-贸易法案 301 条款	专家组报告，美国- 1974 贸易法案 301 - 310 款，WT/DS152/R（1999 年 12 月 22 日通告）
美国-海虾	上诉机构报告，美国-禁止进口某些虾类和虾

	产品,WT/DS58/AB/R (1998 年 10 月 12 日通告)
美国-海虾(第21.5 条-马来西亚)	上诉机构报告,美国-禁止进口某些虾类和虾产品,马来西亚诉诸 DSU 第 21.5 条,WT/DS58/AB/RW (2001 年 10 月 22 日通告) xxv
美国-软木材 V	上诉机构报告,美国-对从加拿大进口软木材的最终倾销认定,WT/DS264/AB/R (2004 年 8 月 11 日通告)
美国-钢进口保障措施	上诉机构报告,美国-对进口某些钢产品的最终保全措施,WT/DS248/AB/R, WT/DS249/AB/R, WT/DS254/AB/R, WT/DS258/AB/R, WT/DS259/AB/R (2003 年 11 月 10 日通告)
美国-环保超级资金	GATT 专家组报告,美国-对石油和某些进口提取物的征税,L/6175,BISD34S/136 (1987 年 6 月 17 日通过)
美国-汽车税	GATT 专家组报告,美国-汽车税,DS31/R (1994 年 10 月 11 日,未通过)
美国-金枪鱼(墨西哥)	GATT 专家组报告,美国-对进口金枪鱼的限制,DS21/R,BISD39S/155 (1991 年 9 月 3 日,未通过)
美国-内衣	上诉机构报告,美国-对进口棉布和人造纤维内衣的限制,WT/DS24/AB/R (1997 年 2 月 10 日通告)

美国-陆地棉	上诉机构报告,美国-对陆地棉的补贴,WT/DS267/AB/R(2005年3月3日通告)
美国-小麦麸质	上诉机构报告,美国-对从欧洲共同体进口的小麦麸质的最终保全措施,WT/DS166/AB/R(2000年12月22日)
美国-毛衫和毛裤	上诉机构报告,美国-影响从印度进口的毛织衫裤的措施,WT/WT/DS33/AB/R和修正1(1997年4月25日通告)
美国-关税归零(日本)	专家组报告,美国-与关税减零和定期检查有关的措施,WT/DS322/R(2006年9月20日通告)

xxvi

其他缩略语

简称	全称
1993年承诺制定指南	乌拉圭回合服务谈判组,GATT,服务贸易最初承诺减让表的制定,解释性条文,MTN.GNS/W/164(1993年9月3日)
2001年承诺制定指南	服务贸易委员会,WTO,根据服务贸易总协定(GATS)制定具体承诺减让表的指南:贸易服务委员会2001年3月23日通过,S/ L/92(2001年3月28日)
ACUNS	联合国系统学术委员会
ASIL	美国国际法学会

贝鲁特协定	促进教育、科学和文化性视听材料国际传播的协议，197 UNTS 3（1948年12月10日通过）
卡塔赫纳议定书	生物多样化公约卡塔赫纳生物安全议定书，39 ILM 1027（2000年1月29日通过）
保护文化遗产公约	保护世界文化和自然遗产公约，1037 UNTS 151（1972年11月16日通过）
生物多样化公约	生物多样化公约，1760 UNTS79；31 ILM 818（1992年6月5日通过）
武装冲突中文化财产公约	在武装冲突情况下保护文化财产的公约，249 UNTS 240（1954年5月14日通过）
迁徙物种公约	保护迁徙物种野生动物的公约，1651 UNTS 333；19 ILM 11（1979年6月23日通过）
CPC	中心产品分类
CRTC	加拿大广播-电视和远程通讯委员会
CUSFTA	加拿大美国自由贸易协定，27 ILM 281；2 BDIEL 359（1988年1月2日签订）
W/120文件	乌拉圭回合服务谈判组，GATT，服务部门分类表-秘书处纪录，MTN. GNS/W/120（1991年7月10日） xxvii
多哈宣言	部长级会议，WTO，2001年11月4日通过的部长宣言，WT/MIN（01）/DEC/1（2001年11月20日）
DSB	争端解决机构
EC	欧洲共同体

EC条约	成立欧洲共同体的条约，OJ C340，173；37 ILM 79（1957年3月25日签订），辑合本 OJ C325，33（2002年12月24日）
ELSA	欧洲法律学生联合会
欧洲人权公约	保护人权和基本自由公约，213 UNTS 221；ETS 5（1950年11月4日签订），经11号议定书修订（ETS 155）
佛罗伦萨协定	关于进口教育、科学和文化材料的协定，131 UNTS 25（1950年6月17日通过）
GSP	一般性优惠制度
协调后制度	商品协调分类和编码系统国际公约，1503 UNTS 167（1983年6月14日签订）名词术语，附件
香港宣言	部长级会议，WTO，多哈工作项目：2005年12月18日通过的部长宣言，WT/MIN(05)/DEC（2005年12月22日）
ICCPR	社会和政治权力国际公约，999 UNTS 171（1966年12月16日通过）
ICESCR	经济、社会和文化权利国际公约，999 UNTS 3（1966年12月6日通过）
ICJ	国际法院
ILC	国际法委员会
INCD	文化多样性国际网络
INCP	文化政策国际网络
本土和部落族人公	本土和部落族人公约，ILO公约169（1989

约　　　　　　　　年 6 月 27 日通过）

七月一揽子计划　　总委员会，WTO，总委员会 2004 年 8 月 1 日通过的决议，WT/L/579（2004 年 8 月 2 日） xxvii

MAI　　　　　　　关于投资的多边协议

MFN　　　　　　　最惠国

NAFTA　　　　　　北美自由贸易协定，32ILM289 和 605（1992 年 12 月 17 日签订）

内罗毕议定书　　　关于进口教育、科学和文化材料的协定的议定书，1259 UNTS3（1976 年 11 月 26 日通过）

NGO　　　　　　　非政府间组织

OECD　　　　　　 经济合作与发展组织

SAGIT　　　　　　国际贸易部门咨询组

无疆界电视指导文件　欧洲共同体委员会，EC，委员会 1989 年 10 月 3 日指导文件 89/552/EEC（协调成员国与开展电视广播活动有关的某些法律规定、条例或行政措施），OJ L298，23（1989 年 10 月 17 日），经欧洲议会和欧洲联盟委员会修订，欧洲议会和欧洲联盟委员会 1997 年 6 月 30 日指导文件 97/36/EC（修改委员会 89/552/EEC 指导文件“协调成员国与开展电视广播活动有关的某些法律规定、条例或行政措施”），OJ L202，60（1997 年 7 月 30 日）

TPRB	贸易政策审查机构
UDHR	UN，世界人权宣言，GA Res. 217A（Ⅲ）（1948 年 12 月 10 日）
UK	联合王国
UN	联合国
UNCTAD	联合国贸易与发展大会
UN 少数群体宣言	大会，UN，从属于民族或种族、宗教和语言的少数群体的人之权力的宣言，A/RES/47/135（1992 年 12 月 18 日）
UNESCO	联合国教育、科学与文化组织
UNESCO 公约	保护和促进文化表现形式多样化公约，CLT-2005/CONVENTION DIVERSITE-CULT REV（2005 年 10 月 20 日通过，2007 年 3 月 18 日生效）
UNESCO 文化财产公约	禁止和防止非法进口、出口和转让文化财产的措施的公约，[1972] UNTS 230（1970 年 11 月 14 日通过）
UNESCO 关于参与文化生活的建议	UNESCO，关于公众参与并贡献于文化生活的建议，19 C/Resolutions，附件 1，29（1976 年 11 月 26 日）
国际统一私法协会文化物品公约	被盗或非法出口文化物品的 UNIDROIT 公约，通过关于被盗或非法出口文化物品国际返还的 UNIDROIT 公约草案的外交会议，罗马-法令和程序 1996（1995 年 6 月 24 日通过）

世界文化多样性宣言	UNESCO,大会记录,第31次会议,卷I:决议(2001年10月15日-11月3日)61,决议25
US或USA	美利坚合众国
USTR	美国贸易代表
VCLT	维也纳条约法公约,1155 UNTS 331(1969年5月22日通过)
WTO	世界贸易组织

xxxi

序　　言

在贸易与文化的辩论当中,无论你立场更靠近贸易一边或更靠近文化一边,或者你还没有决定同情哪一方,读一读芙恩(Voon)博士写的《文化产品与世界贸易组织》,一本多信息有见地的书,都会有所裨益。贸易与文化这一两难命题,并不是新的,但是芙恩博士建议的解决方法却是新的。

"贸易和……"之类问题容易引起一方反对另一方,有关文论又经常只推崇一种观点,同时贬低不同的观点。芙恩博士所做研究的长处,在于避免了这种倾向,代之以一种平衡和有新意的观点,来分析与下面这一挑战有关的高难度问题,即在保护和推广文化及文化多样性的同时,又寻求国际贸易更自由化的目标。看待这一辩论的关键,是像芙恩博士那样,承认文化产品既有文化又有商业价值,并像芙恩博士如此清楚解释的那样,意识到文化价值也是高价位的,正如产值几十亿美元的文化产品生产行业一样。

如芙恩博士所述,她探讨的是"一个特定的文化概念",因为这个概念所指的是一定范围的文化产品——电影、录像、广播、电视、录音、书籍、杂志和期刊,即由音像、印刷和出版等文化产业生产和提供的文化产品。就目前 WTO 中如何对待文化产品,说得很清楚的评论表明,WTO 内贸易与文化的僵持局面已经无法维持,不很快解决这一问题,WTO 将实际让位给对此问题的贸易方面不感兴趣的其他组织。果然,当 WTO 成员还在仅仅满足于同意不一致时，UNESCO 于 2005 年达成《保护和推动文化表达多样性公约》。对于也是 UNESCO 成员的 WTO 成员，这个公约对其 WTO 谈判的立场，对解决与文化产品有关的贸易争端，有巨大和 xxxii
无法预见的影响。对此，芙恩博士关于这一新公约的讨论，以及对推广和保护文化产品的其他国际和本土措施的讨论，十分有教益。

芙恩博士认为，推广和保持文化是 WTO 成员合法的管制目标，文化政策措施能够在无不当限制贸易的情况下达到其文化目的。但是，她认为，WTO 的现有规定，无助于促进或保证成员的文化目标和贸易自由化之间的平衡。她指出，这些规定不明确，缺乏可预见性，部分原因是 GATT 1994 和 GATS 的做法完全不一致，另外实际情况是，文化产品常常兼有货物和服务的特点，有可能受另一路规定的制约。现有规定的另一个问题是，时下给予文化政策措施的“安全阀”或例外规定有不确定性。还有，GATS 的“自下而上”做法，对文化产品贸易的进一步自由化构成实际的妨碍，因为成员完全可以不作承诺，而大部分成员在涉及文化产品时都选择这样做。如芙恩博士解释的，这不仅妨碍文化产品贸易的自由化，还会带来文化孤立而不是文化多样化。

在处理 WTO 各项协定中一些悬而未决的问题方面，例如贸易与文化的难题，WTO 的争端解决机制发挥了中心作用。形成了一批重要的案例，可以澄清成员在一些领域中的权利和义务。但是，对于寻求贸易与文化问题解决方案的人，没有多少指导，并且对 WTO 今后改善文化产品待遇也不见得有效。这是因为，GATT 与 GATS 不协调的问题，争端解决机制无法解决，只有通过修改现行规定才有可能。芙恩博士指出有大量国际法可适用于文化产品和文化权利，也就如何找到有助益的方案提出了周到的想法，但是承认其在解决 WTO 争端中的作用也许有限。对国际法在解决 WTO 争端中的一般作用的问题，争执激烈，至今未有结
xxxiii 论；在确定 WTO 协定下各成员权利和义务的程度时，WTO 上诉机构迄今也不愿放眼过远至例如多边公约。这意味着，在处理 WTO 贸易与文化的争端中，关于文化产品的国际法不会发挥重要作用。由此，芙恩博士正确地结论说，贸易/文化问题不大可能通过 WTO 争端解决机制得到解决。

芙恩博士的分析表明，解决文化产品贸易的法律层面，最好的选择，是改进 WTO 的现行规定。无疑，通过谈判实现贸易和文化的和解，是极为困难的，此事的确困扰了贸易外交代表许多年。但是，找到一个外交办法，要好于把争执留给与贸易自由化目标无关的论坛去解决，由于 UNESCO 2005 公约，后一个结局变得越来越有可能。

如芙恩博士所言，不必将贸易与文化的僵局描绘成用光昏暗人物悲观的“黑色电影”。她提供了一个乐观的脚本，主张就如何对待作为货物和服务的文化产品进行协调，将所有文化产品置于 MFN、国民待遇和市场准入的规定之下，对歧视性补贴之类的例外做出明确限定。她建议，实现这些变革，可以通过一个有关文化产品的附件，类似有关空运服务和金融服务的附件。

此时，我们不知道贸易和文化的故事如何结局。但就情节可以怎样向前发展，芙恩博士提出了一些细致和有创见的想法。我提名芙恩博士的脚本获得金棕榈奖，并期待续篇的出现。

瓦雷利 ·休斯（Valerie Hughes）

助理副部长

法律局，财政部

渥太华，加拿大

WTO上诉机构秘书处前主任

日内瓦

xxxiv

鸣　　谢

感谢我的剑桥大学博士生导师 Roger O'Keefe 这些年来对我工作给予的耐心、鼓励和有价值的反馈。感谢 Luca Castellani, Kaarlo Castren, Carmen Dominguez, Lothar Egring, Justin fung, Alison Lam, Katie Mitchell, Matthew Stilwell, Arun Venkataraman, Hannu Wager 和 Alan Yanovich,他们对我的初稿提出有见解的评论和值得欢迎的意见。还要感谢 Rudolf Adlung, guido Carducci, Dale Honeck, Clare Kelly, Jane Kelsey, Trevor Knight, Robert Ley, Nicolas Lockhart, Gabrielle Marceau, Aaditya Mattoo, Donald McRae, Peter Morrison, Julia Nielson, Maria Pereyra-Friedrichsen 和 Werner Zdouc,与他们的讨论使我汲取到智慧。在出版前修改最初博士论文过程中,一些不知名的审稿人提供了详细的反馈意见;Anne Kallies 提供了出色的研究辅助工作,包括帮助我弄懂某些有关的德文资料。我还要感谢剑桥大学出版社所做的细致的编辑和索引工作。

在第一年的口试中,Daniel Bethlehem 提出一些探讨性的问题,他力促我通过这些问题对自己的课题有更牢固的把握。在最后的博士答辩中,他和 Mary Foote 又提出更多的问题。下列活动的组织者和参加者,使我将想法连贯起来并不断进行思考:2003 年在耶鲁大学举办的 ACUNS/ASIL 暑期人权讲座;2006 年在阿得雷德国际经济、工商和法律学院举办的 ELSA 模拟法庭比赛;

2006年由Gilbert & Tobin公共法中心和新南威尔士大学在悉尼举办的WTO议题和法律研讨会。其他几个人，包括Tomer Broude, Christophe Germann, Allegre Hadida, Michael Hahn, Joel Paul, Paul Stephan, Rolf Weber和Sacha Wunsch-Vincent，友好地提供了他们自己在这个领域工作的材料，并对我的研究表 xxxv
示了兴趣。UNESCO秘书处几位成员，包括Abdulqawi Yusuf，为我了解那里的进展提供了帮助，我亦要特别予以感谢，另外还有WTO、乔治敦大学法律中心以及剑桥大学和墨尔本大学的图书馆工作人员。

Gonville & Caius学院在我作为WM Tapp基金学者和作为剑桥大学博士候选人期间给予了慷慨资助，那里的Pippa Rogerson和Alison Hirst随时愿意提供帮助和建议。澳大利亚大学女性联合会（昆士兰和维多利亚分会）、澳大利亚青年基金会和国际Chapter PEO Sisterhood为我在哈佛大学读法学硕士提供了亟须的资金。我还要感谢Mallesons Stephen Jaques和Cheng Lim支持我为进一步研究而决定请假，感谢墨尔本大学法学院在我工作最后阶段提供研究资助。帮助我一开始进到整个这件工作中来的专家包括：Michael Bryan, Emma Henderson, Ian Malkin, Pene Mathew, Tim McCormack, Wayne Morgan, Kim Rubenstein, Cheryl Saunders, Anne-Marie Slaughter（她教我怎样重新改写）和Kris Walker。Martin Davies和Joseph Weiler的富有启发的讲课，最先引发我对WTO法律的兴趣，他们值得我感谢。还要感谢Valerie Hughes在过去几年中对我工作的支持。

第4章和第5章的部分内容由牛津大学出版社于2006年7月首次出版，题为“UNESCO和WTO：文化的冲突？”(2006) 55

(3)《国际和竞争法季刊》635。第2章部分内容由剑桥大学出版社于2006年12月首次出版,题为"WTO中对音像制品的国家支持:保护主义还是文化政策?"(2006)13(2)《国际文化财产杂志》129。第3章和第6章部分内容于2007年首次出版,题为"WTO内对待音像制品的新思路:重新平衡GATT与GATS"(2007)14(1)《加州大学洛杉矶分校文艺法论丛》1。

最后,感谢我的父母和我的丈夫Andrew,没有他们,我根本不会完成此书。

第 I 部分

僵局及其意识形态根源

1. 贸易与文化 3

1.1 “贸易和……”的问题

大量的贸易争端，处于中心的，都是“贸易和……”的问题[①]，也就是贸易自由化的目标与某个其他目标发生不一致。如乔·特拉奇曼(Joel Trachtman)解释的，这些问题涉及“贸易价值与其他社会价值的冲突”，后者如“环境保护，劳工权利或者自由竞争”。[②]世界贸易组织(WTO)(以及其前身关税和贸易总协定 1947 (GATT 1947)) 内部就以下发生的争执，如欧共体禁止进口石棉[③]和用某些

① 这个术语借自 Joel Trachtman, ‘Trade and... Problems, Cost-Benefit Analysis and Subsidiarity’(1998) 9(1) *European Journal of International Law* 32。

② Trachtman, ‘Trade and... Problems’, 33. 另见，例如，Steve Charnovitz, ‘The World Trade Organization and Social Issues’(1994) 28 (5) *Journal of World Trade* 17; Robert Howse, Brian Langille and Julien Burda, ‘The World Trade Organization and Labour Rights: Man Bites Dog’, in Virginia Leary and Daniel Warner (eds.), *Social Issues, Globalisation and International Institutions: Labour Rights and the EU, ILO, OECD and WTO* (2006) 157; Matthew Stilwell and Jan Bohanes, ‘Trade and the Environment’, in Patrick Macrory, Arthur Appleton and Michael Plummer (eds.), *The World Trade Organization: Legal, Economic and Political Analysis* (2005) (vol. II) 511; Tania Voon, ‘Sizing Up the WTO: Trade-Environment Conflict and the Kyoto Protocol’(2000) 10 (1) *Journal of Transnational Law & Policy* 71。

③ 上诉机构报告，欧共体-石棉，[1]-[2]。

4 生长激素处理过的肉类，[4]美国禁止进口以危及海龟的方式捕获的虾[5]和禁止跨境提供赌博服务，[6]泰国[7]和多米尼加共和国[8]对卷烟实行的进口限制和征税规定，都反映了这种冲突。

我无意将贸易自由化的好处作为一个笼统的问题来讨论。不过，概言之，贸易自由化的理论是，贸易壁垒（如关税和进口配额）扭曲国际贸易，而消除壁垒可以使每个国家专门在它具有最强的"比较优势"的产业里生产货物或提供服务，并在它缺少此种优势的产业里进口货物和服务。尽管这开始会带来一些调整的问题（因为，举例讲，一名钢铁工人不可能一夜之间转变成为一名计算机程序设计人员），但是从更长远看，国家的和全球的福祉将会提高。[9] 当然，比较优势这个基本理论，是有其限度的。在某些领域，如国家安全，各国会希望全部或部分保留自己的工业和技术能

---

④ 上诉机构报告，欧共体-激素，[2]。另见 WTO，DSB，美国-继续中止欧共体-激素争端中的义务：欧共体关于成立专家组的请求，WT/DS320/6（2005 年 1 月 14 日）；WTO，DSB，加拿大-继续中止欧共体-激素争端中的义务：欧共体关于成立专家组的请求，WT/D321/6（14）（2005 年 1 月 14 日）（本书撰写时专家组报告尚未通告）。

⑤ 上诉机构报告，美国 - 海虾，[1] - [6]；上诉机构报告，美国 - 海虾（第 21.5 条 -马来西亚）[3] - [7]。另见 GATT 专家组报告，美国 - 金枪鱼（墨西哥）[2.3] - [2.12]。

⑥ 上诉机构报告，美国-博彩业[1]-[2]。

⑦ GATT 专家组报告，泰国-卷烟[6]-[11]。

⑧ 专家组报告，多米尼加共和国-卷烟进口和销售[2.2]-[2.6]。

⑨ 一般性见 Douglas Irwin，*Against Tide：an Intellectual History of Free Trade*（1996）；Alan Sykes，'Comparative Advantage and the Normative Economics of International Trade Policy'（1998）1(1) *Journal of International Economic Law* 49。对 WTO 历史的简述，着重主要规则和基本贸易理论，见 Kym Anderson，'Setting the Trade Policy Agenda：What Roles for Economists?'（2005）39(2) *Journal of World Trade* 341 - 54。

力，无论其比较优势如何。另外，即使在容易适用比较优势理论的产业中，各个政府也不必仅仅为了贸易自由化而放弃对领土进行自认为适当的管制的权力。

WTO 协定体现了贸易自由化的目标，或者至少体现了其作为实现更广泛社会和经济目标的一种手段的价值。WTO 成立于 1995 年 1 月 1 日，时间为 1986 年在乌拉圭开启的 GATT 1947 之下第八轮贸易谈判[10]之后。在《马拉喀什协定》的序言中，WTO 成员承认，“处理它们在贸易和经济活动领域中的关系，目的应当是提高生活水准、保障充分就业及实际收入和有效需求总量的规模和稳定增长以及扩大货物和服务的生产与贸易”。序言还表达了 5
成员的意愿，即“通过达成对等互利的安排，实质性降低关税和其他贸易壁垒，消除国际贸易关系中的歧视待遇，为实现这些目标作出贡献”。

WTO 成员在货物贸易方面应遵守的义务或规则（自 GATT 1947 以来基本没有变化），其核心内容，简单地讲为以下。[11]

为减少贸易壁垒和提高市场准入：

(a) 一般地禁止数额限制（如配额）以及对来自或去往其他成员的进口或出口采取的同等措施。[12] 前已存在的对农业

---

⑩ GATT，关于启动乌拉圭回合多边贸易谈判的部长宣言 MIN. DEC（1986 年 9 月 20 日）。

⑪ 对 WTO 核心规则更详细的解释，参见 Michael Trebilcock and Robert Howse, *The Regulation of International Trade* (3rd edn, 2005) 27－32, 49－111, 177－93; Peter Van Den Bossche, *The Law and Policy of the World Trade Organization: Text, Cases and Materials* (2005)第 4－5 章。

⑫ GATT 1994，第 XI：1 条。

和工业产品的数额限制和同等措施，在乌拉圭回合谈判期间经过被称作“关税化”的过程转变为关税（海关税）。有各种经济和政策上的理由说明，作为一种保护的形式，关税比数额限制更为可取。[13]

(b) 关税约束：一个成员对其他 WTO 成员的进口货物实行的关税，必须不高于进口的成员在其“减让表”中就有关产品同意或“承诺”的关税。[14] GATT 1994 之下的这些关税约束，延续了在 GATT 1947 之下展开的通过谈判削减关税的过程。[15]

为消除歧视：

6 (c) 国民待遇：WTO 成员为照顾本国产品而歧视其他成员的产品，会扭曲贸易，很像一种关税，人为地提高本国产业的竞争力并减少进口。[16] 因此，根据国民待遇，WTO 各成

---

⑬ 尤其是，关税提供更多透明度和经济确定性（例如为计算交易成本的进口者）。另外，关税为实行关税的政府带来收入，而不仅仅是给国内生产者，后者可以在进口受到关税或配额的限制时索要更高的价格。见 Bernard Hoekman and Michel Kostecki, *The Political Economy of the World Trading System: The WTO and Beyond* (2nd edn, 2001) 148; John Jackson, *The World Trading System: Law and Policy of International Economic Relations* (2nd edn, 1997) 140; Richard Posner, Economic Analysis of Law (2003) 315. 联合国贸易及发展会议和 World Bank, *Liberalizing International Transactions in Services: A Handbook* (1994) 54。

⑭ GATT 1994，第 II 条。见，例如，Anwarul Hoda, *Tariff Negotiations and Renegotiations Under the GATT and the WTO: Procedures and Practices* (2001) 19。

⑮ 见 Jackson, *World Trading System*, 74。

⑯ 见，例如，John Jackson, *World Trade and the Law of the GATT* (*A Legal Analysis of the General Agreement on Tariffs and Trade*) (1969) 273。

员给入境之后[17]的进口产品的待遇，必须不低于本地生产的同类产品。具体讲，内部征税和收费，以及影响到内部出售和分销的法律和条例，"不得用于进口或本地的产品以为本地产品提供保护"。[18] 如此，国民待遇排除对进口产品的歧视。

(d) 最惠国(MFN)待遇：WTO成员通过歧视措施照顾从某些成员或非成员国的进口(而不是从所有WTO成员的进口)，也可能扭曲贸易。[19] 最惠国待遇的义务，被称为"WTO的基石"[20]和"GATT的根本原则"，[21]根据它，如果一个成员为向另一个国家的出口或从另一个国家的进口提供优惠(在进口、出口、出售、购买、运输、分销或使用方面)，它必须将该种优惠也提供给所有成员的同类产品。[22] 如此，最惠国待遇排除在WTO成员进口物之间或为照顾从非成员的进口物实行的歧视。

全球贸易体制(以及地区和国家性的)[23]当中一个不断出现的难题是，分清楚贸易限制或歧视性的政府措施，是为推行合法的政府目

---

⑰ 见专家组报告，欧共体-禽类 [273]-[275]。

⑱ GATT 1994，第III：1条。另见GATT 1994，第III：2，III：4条。

⑲ 关于这种措施的贸易后果，见 Robert Hudec，'Tiger Tiger，in the House：A Critical Appraisal of the Case Against Discriminatory Trade Measures'，刊载于 Robert Hudec (ed.)，*Essays on the Nature of International Trade Law* (1999) 281，286。

⑳ 上诉机构报告，加拿大-汽车，[69]；上诉机构报告，欧共体-关税优惠，[104]；上诉机构报告，美国-拨款法案211条款[297]。

㉑ WTO，Consultative Board，*The Future of the WTO：Addressing Institutional Challenges in the New Millennium* (2004) [59]。

㉒ GATT 1994，第1：1条。

㉓ 例如，NAFTA或欧共体下的地区性贸易，以及如澳大利亚或美国这些国家内的州际贸易。

标而采取的，还是纯粹为保护本国产业免受外国竞争而采取的。
可以说，只要竞争的目标纯粹是保护主义，便不会发生“贸易
和……”的问题，因为在没有其他考虑的情况下贸易自由化是压倒
保护主义的。但是，有众多的“其他”考虑存在着，其中许多得到一
些 WTO 协定的认同。《马拉喀什协定》本身，就在前言中承认贸
7 易自由化之外的某些价值或关注，如发展与环境，注意到成员的贸
易活动应当

> 使得世界的资源根据可持续发展的目标得到最佳利用，既保护和维持环境，又在加强这样做的手段时符合成员各自在不同经济发展阶段的需要和关切，
>
> 承认还需要进行积极的努力，保证发展中国家，特别是其中的最不发达国家，在国际贸易的增长中获得与其经济发展需求相当的份额 ……

如特拉奇曼已经指出的，有各种“平衡机制”可以帮助解决“贸易和……”的问题。[24] GATT 第 XX 条就是在贸易与环境问题方面一个此种机制的例子。作为 GATT 1994 的主要例外条款，第 XX 条列举了一些对 WTO 关于放宽贸易的通常规则的“一般性例外”，允许成员制定或实施“为保护人类、动物或植物生命或健康所必需”，[25]或“与保护可枯竭自然资源有关”[26]（有关者还有另外事

---

[24] Tranchtman，‘Trade and... Problems’，35.

[25] GATT 1994，第 XX(b)条。

[26] 这种措施必须“与对国内生产或消费的限制一起生效”：GATT 1994，第 XX(g)条。

项)的措施,只要满足某些其他条件。[27] 除了 GATT 1994,其他的 WTO 协定也承认贸易与健康的问题。想想一项严格的进口产品检疫法,WTO 成员实行它,可能真正是出于卫生的理由,或者也许是为了保护自己的农民或渔民对付世界上的竞争者。[28] WTO 的《实施卫生和植物卫生措施的协定》(SPS 协定,规范成员采取的对国际贸易有影响的“公共卫生或植物卫生”的措施)[29]注意到这些目标之间的差异,讲到

> 重申,不得阻止任何成员制定或实施为保护人类、动物或植物的生命或健康所必需的措施,要求是,适用这些措施,不得构成在条件相同成员之间进行任意或无理歧视的手段,或构成对国际贸易的变相限制。[30] 8

类似地,与 WTO 的通常规定相反,《授权条款》承认发展的重要性,允许某些有利于发展中国家的歧视。[31] WTO 规则还承认潜在的贸易和安全问题,规定 GATT 1994 不得被理解为阻止成员“采取认为必需的任何行动保护其最重要的安全利益”,如与武器买卖有关的。[32]

㉗ 尤其是,GATT 1994 的导言,第 XX 条,将所有例外“置于这一要求之下,即适用此种措施,不得构成在条件相同国家之间实行任意或无理歧视的手段,或构成对国际贸易的变相限制”。

㉘ 参见上诉机构报告,澳大利亚-鲑鱼,[1]-[2]。

㉙ SPS 协定,第 1:1 条,附件 A。

㉚ 同上,导言(另见第 2.3 条)。此段措辞类似于 GATT 1994 导言,第 XX 条。

㉛ 《授权条款》,[1]。

㉜ GATT 1994,第 XXI 条。另见 GATS,第 XIV 条之二。

对 WTO 规则的其他“例外”,[33]不一定或者不通常说成是例外。例如,为抵消对其国内行业的损害,成员有权对倾销的进口货征收反倾销税,[34]对某些受补贴的进口货征收抵消税,[35]条件是遵守 WTO 协定中详细规定的程序和实质性要求。显然,这些“贸易救济”,带有对 WTO 规则的例外。否则的话,它们有可能违反 MFN 义务或关税约束。它们也属于“贸易和……”问题的例子。尽管其合理性是可以讨论的,[36]有些人可能会讲反倾销和抵消税反映的是自由贸易与不公平贸易的冲突。[37] 据认为,解决这个冲
9 突,可以通过对这些征税规定严格的条件,防止其被用作保护主义的措施,就像 SPS 协定,“以便消除保护主义的和不必要的非关税壁垒……在提出精确的理由方面规定严格的要求”。[38]

上诉机构认为,GATT 1944 第 XX 条列举了“被承认是对

---

[33] 虽然对这点有争议,在上诉机构报告,欧共体-关税优惠,[98]-[99]中,上诉机构认为《授权条款》是对 MFN 待遇的一个例外。

[34] GATT 1994,第 VI:2 条;《反倾销协定》,第 1 条。在 WTO,当“一个国家的产品被以低于该产品的正常价值引入另一个国家的商业中”便发生“倾销”:GATT 1994,第 VI:1 条。另见《反倾销协定》,第 2 条。

[35] GATT 1994,第 VI:2 条;SCM 协定,第 10 条。在 WTO,“补贴”一定涉及给予一项好处,或者通过政府或公共机构的“资金提供”,或者通过增加出口或减少进口的“收入或价格支持”:GATT 1994,第 XVI:1 条;SCM 协定,第 1.1 条。

[36] 见下,237。

[37] GATT 1994,第 VI:1 条反映了受指称的倾销的不公平性,申明 WTO 成员“认识到倾销……应受到谴责,如果它对一个成员领土内既有的产业造成或有危险造成实质性损害,或实质性地妨碍一个国内产业的建立”。GATT 1994,第 XVI:2 条是一个例子,反映 WTO 成员认识到某些补贴的受指称的不公平性,它申明 WTO 成员“认识到一个成员对任何产品的出口给予补贴,都可能给其他缔约方,无论是出口还是进口方,带来有害影响,都可能对其正常商业利益造成不正当妨害,并可能阻碍本协定目标的实现”。

[38] Catherine Button,*The Power to Protect*:*Health and Uncertainty in the WTO* (2004) 103.

GATT 1994 实质性义务的例外的措施，因为这种措施中体现的国内政策，被承认具有重要的和合法的性质”。[39] 彼得罗斯·马夫罗迪斯(Petros Mavroidis)指出，对这一系列例外的“一个合理解读”，“应该是排除根据”其中“没有提到的理由进行的管制性干预”。[40] 不过，第 XX 条虽然限于 WTO 成员认为合法的某些国内政策，但这并不必然意味着，所有其他的国内政策(包括有关文化产品的政策)为 WTO 法律的目的都是合法的。[41] 姑且不论由 WTO 专家组和上诉机构(负责解决 WTO 成员之间与贸易措施有关的争端)[42]来评估具体的国内管制目标的合法性是否合适，[43] 有一些因素显示，WTO 成员从来就不想将它们的管制目标局限在第 XX 条中所列举的(或 WTO 协定中其他地方明确规定的)， 10

㊴ 上诉机构报告，美国-海虾，[121]。另见 [156]。

㊵ Petros Mavroidis, '"Like Products": Some Thoughts at the Positive and Normative Level'，刊载于 Thomas Cottier and Petros Mavroidis (eds.), *Regulatory Barriers and the Principle of Non-Discrimination in World Trade Law* (2000) 125, 129。

㊶ 参见 William Davey and Joost Pauwelyn, 'MFN Unconditionality: A Legal Analysis of the Concept in View of its Evolution in the GATT/WTO Jurisprudence with Particular Reference to the Issue of "Like Product"', in Cottier and Mavroidis, *Regulatory Barriers*, 13, 38。

㊷ WTO 成员之间有关遵守 WTO 规则的争议由专家组(专门成立，通常由三个人组成)和上诉机构(由七个人组成，每人任期四年)解决。专家组和上诉机构的报告经 DSB(由所有 WTO 成员的代表组成)通过方能生效，但是几乎肯定通过。DSU 是为争端解决制定规则的 WTO 协定。虽然 DSB 理论上可以一致同意不通过专家组或上诉机构的报告(DSU，第 164，17.14 条)，它迄今未这样做过。更详细的评论，一般性见 Jeffrey Waincymer, *WTO Litigation: Procedural Aspects of Formal Dispute Settlement* (2002)。

㊸ Aaditya Mattoo and Arvind Subramanian, 'Regulatory Autonomy and Multilateral Disciplines: The Dilemma and a Possible Resolution' (1998) 1 *Journal of International Economic Law* 303, 321.

而且上诉机构也不愿意施加这种要求。

首先，这一解读不符合《马拉喀什协定》的前言，如已经提到的，该前言似乎承认 WTO 成员的其他合法目标。确实，上诉机构自己在解释 GATT 第 XX(g)条过程中就考虑了该前言。[44] 第二，这一解读不知为何排除了许多既常见又明显为非保护主义的国内政策目标，如消费者保护，[45]“竞争政策，公司法和与投资有关的事项”，“收入分配，增加岁收”和“环境本身”[46]（即区别于“与保护可枯竭自然资源……有关的”措施，后者在第 XX(g)条中已得到明确承认）。[47] 第三，最重要的，它有悖于“这样的观念，即贸易自由化与管制的深度多样化是一致的，它兼顾全面范围的非经济的公共价值”。[48] 这个观念得到 GATT 缔约方的支持，它们在乌拉圭回合中拒绝将 WTO 体系设计成拥有管制权的“一个自主的管理层”。[49] 另外，要维持住对 WTO 的支持和 WTO 机构的合法性，这个观念是一个关键因素。虽然某些 WTO 协定带有一点协调性，[50]但是 WTO 一般拒绝将这个多边贸易制度说成是搞协调或

---

[44] 见，例如，上诉机构报告，美国-海虾，[129]。

[45] Mavroidis，‘Like Products’，129.

[46] Mattoo and Subramanian，‘Regulatory Autonomy’，308，313 - 14.

[47] 可能在第 XX 条范围之外的其他合法政策包括那些“旨在协调技术标准，避免废物堆积或对消费奢侈品征税”的：Frieder Roessler，‘Diverging Domestic Policies and Multilateral Trade Integration’，in Jagdish Bhagwati and Robert Hudec（eds.），*Fair Trade and Harmonization：Prerequisites for Free Trade*？(1996)（vol. Ⅱ），21，30。

[48] Robert House and Kalypso Nicolaïdis，‘Enhancing WTO Legitimacy：Constitutionalization or Global Subsidarity?’(2003) 16(1) *Governance* 73，79 - 80.

[49] 同上，84。

[50] 见，例如，TBT 协定，第2.6条；SPS 协定，第3.1条；TRIPS 协定。

去规定的。[51] 根据任何社会或政治的议程进行国内管制，在这方面享有真正的自由，对于背景、价值和发展水平大不相同的国家在WTO中达成一致至为重要。[52] 这一评价，与罗伯特·豪斯（Robert 11
Howse）和卡利普索·尼古拉迪斯（Kalypso Nicolaïdis）声称的一致，即"WTO很大一部分成员反对WTO带有任何社会议程"。[53]

所以，不加限定的一系列合法管制目标或社会价值，会与WTO当中对于贸易自由化的认可发生对抗。推广或保存文化就是其中之一。

1.2 WTO规则的文化含义

个人、非政府间组织和一些国家都已经明确表示，它们对日益扩大的文化趋同和一个被麦当劳的汉堡包以及好莱坞的电影淹没的世界感到焦虑。[54] 没有人会反对这一点，即应当允许成员保存

---

[51] 见，例如，上诉机构报告，美国-汽油，30；WTO，经济研究与分析处，*Market Access：Unfinished Business—Post-Uruguay Round Inventory and Issues*（*Special Study No. 6*）*122*；GATT，*Countdown for the Uruguay Round：Address by Peter Sutherland to the Forum de l'Expansion，Paris*，1993年10月19日，NUR 070（1993年10月20日）IV。另见 Steve Charnovitz，'Free Trade，Fair Trade，Green Trade：Defogging the Debate'（1994）27 *Cornell International Law Journal* 459，471；Mavroidis，'Like Products'，129。

[52] 见 Howse and Nicolaïdis，'Enhancing WTO Legitimacy'，86。

[53] 同上。

[54] 见，例如，Harry Redner，*Conserving Cultures：Technology，Globalization，and the Future of Local Cultures*（2004）47－8，103；George Yúdice，*The Expediency of Culture：Users of Culture in the Global Era*（2003）221；Guillermo de la Dehesa，*Winners and Losers in Globalization*（2006）166－7。但是另见 Trebilcock and Howse，*Regulation of Trade*（3rd edn）10－12，451；David Hesmondhalgh，*The Cultural Industries*（2002）174－8。

自己的“文化”，无论它们能否说得上在这个领域具有“比较优势”。但是，由于一些交易中的货物和服务兼有经济和文化的价值(以如审美、精神、历史、象征意义和本原性等形式的)，[55]一个成员可以对这些品项的进口采取贸易限制或歧视性的措施，或者是为了保存和推广当地的文化，或者是为了保护自己的生产者。某一种产品的文化价值，不仅可以体现在产品的性质上，或者由谁生产的，还可以体现在它是如何生产或消费的，或体现在它对本地特征发生影响的方式上。[56] 另外，想要保护广泛定义的地方文化，原本就会动摇贸易自由化的理念。即使是一根钉子，微小而看似没有意义，一旦与成百万的其他钉子和成百万的带进外国影响、标准和材料的其他货物和服务结合起来，便可能具有了文化含义。这是贸易与文化问题的实质。

一种观点认为，“正像检疫法禁止进口带病的植物和动物，文
12 化保护也试图使社群不受外国文化影响的传染”。[57] 这种表述在概念使用上颇吸引人，它有助于解释意识到的贸易自由化与文化政策之间的矛盾。但是，它掩盖了贸易与文化之间关系的另一面。如许多不同的关于文化的国际文件所显示的，通过一定的隔离保存文化的原貌也许是重要的，[58]但是同时，必须鼓励文化通过与其

---

[55] David Throsby, *Economics and Culture* (2001) 28 - 9.

[56] Tomer Broude, 'Taking "Trade and Culture" Seriously: Geographical Indications and Cultural Protection in WTO Law' (2005) 26(4) *University of Pennsylvania Journal of International Economic Law* 623, 638 - 41.

[57] Throsby, *Economics and Culture*, 132.

[58] 见，例如，《武装冲突中文化财产公约》，第4.3条；《保护文化遗产公约》，第4条；《UNIDROIT 文化物品公约》，第1条；UNESCO，关于保护传统文化和民间文学的建议，25 C/Resolutions，附件 I(B)，238 (1989年11月15日) [B]。

他文化的交流和互动得到发展和繁荣。[59] 因此,不同于进口的水果,如果带有国外疾病也许不受欢迎,带有外国文化因素的进口物,恰恰由于它们的文化内容而可能是宝贵的。这使得贸易与文化问题的复杂性又增加了一层。

抽象地给文化下一个明确的定义,甚至一个为国际贸易法律目的的文化定义,都超出本书的范围。文化是一个模糊不定的概念。在国际法领域,虽然与这个题目有关的条约和宣言增加很多,共同接受的文化定义却一个也没有。但是,作为具有潜在广延性的文化释义的一个例子,《世界文化多样性宣言》前言将文化定义为"社会或一社会群体独有的一套精神、物质、智慧和情感方面的特征,除文学艺术之外,还[包括]生活方式、合居形式、价值体系、传统和信仰"。[60] 在经济学范畴,戴维·思罗斯比(David Throsby)提出一个多方面近似和同样广延的定义。他指出"文化"一词在两个特定含义中的使用:"在广泛的人类学或社会学领域,指任何族群共有或同享的一套看法、信仰、风俗、习惯、价值和常规";从更加功能的角度,"指人们从事的某些活动,以及那些活动的成果, 13
而且必须与人类生活的智力、道德和艺术方面有关"。[61] 根据这些定义,文化可以既指艺术活动(无论传统或通俗,商业或非盈利)的

---

[59] 见,例如,《贝鲁特协定》第 III 条;《佛罗伦萨协定》,第 I 条;《内罗毕议定书》,[1];UNESCO,关于国际文化合作原则的宣言,14 C/Resolution 8 (1996 年 11 月 4 日)第 IV:1,IV:4,VII:1 条;UNESCO,关于文化财产国际交换的建议,19 C/Resolutions,附件 I,16 (1976 年 11 月 26 日) [2];世界文化多样性宣言,第 27 条。

[60] 该宣言脚注 2 指出:"这个定义符合世界文化政策大会,(MONDIACULT,墨西哥城,1982),世界文化与发展委员会 (我们有创造力的多样性,1995),以及为发展服务的文化政策政府间会议 (斯德哥尔摩,1998)。"

[61] Throsby, *Economics and Culture*, 3 - 4.

具体成果，又可以指确定性更低的观念或“生活方式”。在这些广泛的文化定义内，几乎任何形式的国际贸易或贸易政策都可以被合理地解释为带有文化的层面或影响。

WTO争端中，有三个例子显示哪些贸易措施可能被说成是文化的。日本-制革*II*(美国)一案，由专家组在GATT 1947之下审理，涉及日本一部法律要求某些种类皮革的进口者领取进口许可证并遵守进口限额。[62] 美国申诉说，这违反GATT 1947第XI条。日本辩驳说，这个做法是合理的，因为其意图是保障某一个少数人群的工作。[63] 日本解释说，聚居在特定地区的一个少数群体日本人(同和人(the Dowa people))，因为等级制度而受到歧视，在经济、社会和文化上处于不利地位。同和人大多从事传统的同和行业，如皮革鞣制业，其技术水平和国际竞争力低，而且养活着几十万人和一方经济。日本认为，如果取消进口限制，“行业将倒闭，带来[不可估量]的社会、地区的经济和政治问题”。[64] 在这个争端中，专家组认定，它无法在第XI条之下来考虑“日本提到的特殊历史、文化和社会经济状况”。[65] 然而，值得注意的是，问题中涉及的进口配额，可以被更具体地说成是以保护濒危文化或生活方式为目的的措施。

更晚近一些，在“日本-酒精饮料II”一案中，日本维护其对烧酌(shochu，一种蒸馏而成的烈酒——译者注)和伏特加之类“烈酒”的差别税率，[66]声称日本的消费者认为烧酌与烈酒不一样并且

---

[62] GATT，专家组报告，日本-皮革*II*(US)，[8]。

[63] 同上，[15]，[17]-[18]。

[64] 同上，[21]-[22]。

[65] 同上，[44]。

[66] 上诉机构报告，日本-酒精饮料*II*，[2.2]-[2.3]。

饮用烧酌的方式和环境不同。作为例子，日本告诉说，大多数烧酌
消费者在吃饭时饮用，而烈酒消费者在饭后饮用。类似情况是，一 14
大部分烧酌消费者饮用烧酌时喝热水，可是很少烈酒消费者饮用
伏特加时喝热水。反过来，许多人饮用伏特加时掺奎宁水，但是没
有烧酌消费者饮用烧酌时掺奎宁水。[67] 虽然日本没有专门提到
“文化”方面的关切，但是差别税的做法可以被说成只不过体现了
与酒有关的文化价值和习俗。

类似的论点也可以适用于欧共体禁止出售或进口为促进生长使用过某种激素的牲口牛肉的指导性文件。[68] 该项措施在“欧共体-激素”一案中受到审查，它可以说是照顾了欧洲人在食品方面的文化敏感性。玛莎·埃科尔斯(Marsha Echols)认为，欧洲人的确通常都偏爱传统食品，对新技术(如遗传工程之类)持怀疑态度，而美国人则一般都喜好使用新技术，对传统生产方法(如用于制作鲜奶酪和腌肉的)表示怀疑。[69] 对欧洲人在食品上态度的这一说法，尽管为泛泛之谈，但被欧共体-激素一案中提出的证据所证实。

---

[67] 专家组报告，日本-酒精饮料 *II*，[4.54]。

[68] 专家组报告，欧共体-激素(*US*)，[II.2]-[II.5]。

[69] Marsha Echols, 'Food Safety Regulation in the European Union and the United States: Different Cultures, Different Laws' (1998) 4 Columbia Journal of European Law 525, 526. Marsha Echols, *Food safety and the WTO: The Interplay of Culture, Science and Technology* (2001); Bruce Silverglade, 'International Harmonization under the SPS Agreement', in National Research Council (ed.), *Incorporating Science, Economics, and Sociology in Developing Sanitary and Phytosanitary Standards in International Trade: Proceedings of a Conference* (2000) 210, 213; David Winickoff et al., 'Adjudicating the GM Food Wars: Science, Risk, and Democracy in World Trade Law' (2005) 30(1) *Yale Journal of International Law* 81, 97 - 9; George York, 'Global Foods, Local Tastes and Biotechnology: The New Legal Architecture of International Agriculture Trade' (2001) 7 *Columbia Journal of European Law* 423.

专家委员会和上诉机构都承认，欧共体中存在消费者对于给食用动物使用促生长激素的担心。[70] 在更一般的程度上，欧共体的措施能够反映欧洲人对于风险的某种文化态度，它使人倾向于小心谨慎和对风险进行定性评估，而与此对照，美国人通常信奉科学和对风险的量化评估方法。[71] 这一文化差异可能对 SPS 协定的适用有所影响，因为如果一个成员的消费者对国际标准机构认为安全的东西表示担心（如此案中发生的），该成员在履行这个协定时将面临更大的困难。“社会和文化因素”[72]在 SPS 协定下是否相关，这个问题同样发生在最近就欧共体对转基因食品的措施发生的争端中。[73]

WTO 的文化含义，超出 SPS 协定和 GATT 1994，延及其他许多 WTO 协议。例如，《与贸易有关知识产权的协定》（TRIPS 协定）讲到的知识产权中的一些，便与文化有关。保存文化可能成为一个理由，用来保护“地理标识”，[74]如 TRIPS 协定中提到的“香

---

[70] 上诉机构报告，欧共体-激素，[245]；上诉机构报告，欧共体-激素（加拿大）[II. 26]，[IV. 15]；专家组报告，欧共体-激素（*US*），[II. 26]，[IV. 14]。

[71] Sheila Jasanoff，‘Technological Risk and Cultures of Rationality’ in National Research Council，*Incorporating Science*，*Economics*，*and Sociology*，65，71 - 2；C. Ford Runge et al.，‘Differing U. S. and European Perspectives on GMOs：Political，Economic and Cultural Issues’（2001） 2（2） *The Estey Centre Journal of International Law and Trade Policy* 221，224 - 5. 另见 Button，107 - 8。

[72] Button，*Power to Protect*，112.

[73] 见专家组报告，欧共体-生物技术；Cara Coburn，‘Out of the Petri Dish and Back to the People：A Cultural Approach to GMO Policy’（2005） 23（2） *Wisconsin International Law Journal* 283，294 - 6。

[74] “地理标识为……标识，表明一货品起源于一个成员领土内，或该领土内一个地区或地方，在那里，该产品的某种品质、声誉或其他特点基本上可以归因于其地理来源”：TRIPS 协定，第 22 条。

槟”，而文化在这里涵盖了如食品和葡萄酒的传统生产方法，以及特定地方和特定产品之间的历史和自然联系。[75] TRIPS 协定已经保护地理标识，涉及最多的是葡萄酒和烈酒，[76]虽然有关条款的一些方面仍然受到争议，[77]而且成员还在继续就此问题进行谈判。[78]一个问题是，地理标识是否带来一种合理有效的保护和推广文化的方式，或者如托莫・布劳德（Tomer Broude）认为的，地理标识 16
纯粹是“用来给某些产品、某些领域和某些地区以商业优势的法律工具”。[79]

WTO 部长会议（WTO 最高决策机构，由 WTO 所有成员的代表组成）[80]也指示 TRIPS 委员会（负责 TRIPS 协议的运作）[81]审查“传统知识和民间文学的保护”，[82]这些概念没有权威性的 WTO 定义，但是明显与文化问题有关。约翰娜・吉布森（Johanna Gibson）就将传统知识定义为“本土和传统文化产品的总合”。[83] TRIPS 委员会的工作，迄今大部分集中在传统知识而不是民间文学上，而成员倾向于采取国际行动保护这种知识，提出的一个原因

---

[75] Broude, 'Geographical Indications and Cultural Protection', 650 - 3.

[76] TRIPS 协定，第 22 - 24 条。

[77] 一般性见专家组报告，欧共体-商标和地理标识。

[78] 《香港宣言》，[29]；《多哈宣言》，[18]. 另见 G. Evans and Michael Blakeney, 'The Protection of Geographical Indications After Doha: Quo Vadis?' (2006) 9(3) *Journal of International Economic Law* 1。

[79] Broude, 'Geographical Indications and Cultural Protection', 678. 另见 Jim Chen, 'A Sober Second Look at Appellations of Origin: How the United States Will Crash France's Wine and Cheese Party' (1996) 5 *Minnesota Journal of Global Trade* 29。

[80] 《马拉喀什协定》，第 IV:1 条。

[81] 同上，第 IV:5 条。

[82] 《多哈宣言》，[19]。

[83] Johannagibson, *Community Resources: Intellectual Property, International Trade and Protection of Traditional Knowledge* (2005) 28.

就是文化。[84] 许多成员担心，不保护传统知识，会让私人机构利用和取得专利给有商业价值的客体，如楝树的遗传资源，以及与其利用有关的研究和开发，[85]而且不经许可或不给通常的所有者以适当的补偿。[86] 这不仅会妨碍维持可能有文化内在的传统知识本身，还会妨碍维持亦可能带有宝贵文化元素的有关社群的生活方
17 式。[87] 例如，WTO“非洲组”成员将“传统知识”定义为包括“任何种类的药物或疗法、农业、生物材料和多样性的利用和保存，以及带有经济、社会、文化、审美或其他价值的任何其他方面，凡与此有关的知识体系、发明和改制、信息以及当地或本土社群的习惯做法”。[88] 非洲组还解释说，

---

[84] WTO，与贸易有关知识产权委员会，*The Protection of Traditional Knowledge and Folklore：Summary of Issues Raised and Points Made－Note by the Secretariat (Revision)*，P/C/W/370/Rev. 1(2006 年 3 月 9 日) [6]，[9]。

[85] 见，例如，WTO，与贸易有关知识产权委员会，2000 年 9 月 21 日召开的部长级会议纪要，IP/C/M/28 (2000 年 11 月 23 日) [126]。

[86] 见，例如，WTO，与贸易有关知识产权委员会，第 27. 3(b)条，*Relationship between the TRIPS Agreement and the CBD and Protection of Traditional Knowledge and Folklore：Communication from Peru*，IP/C/W/447 (2005 年 6 月 8 日) 2－3. 另见 Graham Dutfield，“Protecting Traditional Knowledge：Pathways to the Future”(工作文件，贸易和可持续发展国际中心，2006)第 2 章。

[87] 对文化与传统知识之间关系的进一步讨论，见 Rosemary Coombe，‘Protecting Cultural Industries to Promote Cultural Diversity：Dilemmas for International Policy-making Posed by the Recognition of Traditional Knowledge’，in Keith Maskus and Jerome Reichman (eds.)，*International Public Goods and Transfer of Technology Under a Globalized Intellectual Property Regime* (2005) 599。关于人权方面的含义，见联合国人权委员会，促进和保护人权分委员会，*The Impact of the Agreement on Trade-Related Aspects of Intellectual Property Rights on Human Rights：Report of the High Commissioner*，E/CN. 4/ Sub. 2/2001/13 (2001 年 6 月 27 日) [26]。

[88] WTO，与贸易有关知识产权委员会，*Taking Forward the Review of Article 27. 3(b) of the TRIPS Agreement：Joint Communication from the African Group*，IP/C/W/404 (2003 年 6 月 20 日) 1－2。

保护遗传资源和传统知识，特别是那些起源于发展中国家成员的，是解决贫困的一个重要手段，并且正当地事关平等和给遗传资源和传统知识的守护人以应有的承认。就保护文化权利和保存由生物多样性和传统知识构成的人类宝贵遗产而言，它亦是一个法律问题。[89]

从这一简短讨论，不难看出一大批其他产品和贸易措施，或许通过法律、社会或政治传统的传导，[90]可能怎样与文化准则挂钩。其中包括保护环境的措施，发挥宗教信仰的作用，或者对教育进行管理。没有单一的特征可以将和文化有关的产品与其他产品区分开。实际上，具有文化层面的产品"序列"，包括从电影到汽车和鞋，到水泥和石油产品。[91] 例如，美国保护自己钢铁业的措施，可以被说成是为保护其工业城镇的一种生活方式所必需的。[92] 以至于，一些成员现在呼吁承认农业的"多功能性"，理由是农业可以推动社会或环境政策，或保存乡村景貌。[93] 沿这个思路，可以争论

---

[89] 同上，9。

[90] 对可能与文化有关的 GATT/WTO 案例的进一步讨论，见 Chi Carmody, "When 'Cultural Identity was Not at Issue': Thinking about Canada－Certain Measures Concerning Periodicals"(1999) 30 *Law and Policy in International Business* 231, 261－76。

[91] Allen Scott and Dominic Power, 'A Prelude to Cultural Industries and the Production of Culture', in Dominic Power and Allen Scott (eds.), *Cultural Industries and the Production of Culture* (2004) 3, 4.

[92] 参见 Philippe Legrain, *Open World: The Truth about Globalisation* (2002) 26－31。

[93] 见，例如，Elie Cohen, 'Globalization and Cultural Diversity', in UNESCO (eds.), *World Culture Report: Cultural Diversity, Conflict and Pluralism* (2006) 66, 69; Stilwell and Bohanes, 'Trade and Environment', 553; WTO, TPRB, *Trade Policy*

18 说，农业保护文化价值，所以值得给以特殊待遇。

在上面提到的案例中，应诉方并没有试图以自己的文化目标作为所采取措施的理由。实际上，一个 WTO 成员在所举例子的大部分中都十分不可能试图基于文化为自己的措施辩护。其中的原因可能主要是，如我们将看到的，WTO 协定中几乎没有地方明确承认文化或者成员的文化利益或政策的合法性。因此，应诉方会认为以文化作为辩护可能行不通。但是，这也许并非成员不愿提出这些争辩的唯一原因。应诉方避免就特定措施举出文化的动机，还可能是因为这样做带来的系列性影响。“文化”的范围潜在地很广泛，双方可能都会有所顾忌。[94]应诉方会意识到，为避免冒风险开启一个重大的不确定领域，申诉方很有可能强力反对任何文化的理由。出于同样的原因，应诉方也会担心，如果自己的文化争辩成功了，将来对自己的国家意味着什么。

1.3 文化产业、文化产品和文化政策措施

1.3.1 定义

要理解为什么一些 WTO 成员不愿意在 WTO 规则中给文化以任何特殊的待遇，思考一下由文化引起的广泛问题是有帮助的。

Review of Switzerland and Liechtenstein：*Minutes of Meeting Held on 15 and 17 September 2004*，WT/IPR/M/141（2005 年 2 月 16 日）[40]；TPRB，WTO，Trade Policy Review of the Republic of Korea：Minutes of Meeting Held on 15 and 17 September 2004，WT/IPR/M/137（2004 年 11 月 19 日）[88]。

[94] 见下，185。

但是，要在这里将国际贸易会影响到的所有文化层面都谈到，是不可能的。因此，本书的余下部分探讨一个特定概念的文化，形式为某些"文化产业"生产或提供的某些限定的"文化产品"，以此作为具体的例子或案例，说明 WTO 中贸易与文化的潜在冲突，以及这种冲突怎样能够得到解决。这个有限的一组产品，是当前 WTO 中在文化上最有争议的方面。

"文化产业"一词可能是西奥多·阿多尔诺（Theodor Ador- 19
no）于 1947 年首先使用的，[95]他在关于大众文化的评论文章中，称电影为文化产业的"中心部门"。[96] 联合国教育、科学和文化组织（UNESCO）建议，文化产业"一般［包括］印刷、出版和多媒体、音像、唱片和电影生产，以及手工艺和设计"，而更广泛的定义还可以涵盖"建筑、视觉和表演艺术、体育、乐器制作、广告和文化旅游"。[97] 在本书中，我指的文化产业为音像业和印刷出版业。[98] 接下来，我称与这些产业有关的产品为"文化产品"（主要指电影、录像、广播、电视、录音、图书、杂志、期刊，以及有关的服务）。这些语词无非是方便的标签或简略的提示，使用时我无意先行判定这些

---

[95] Theodor Adorno, *The Culture Industry: Selected Essays on Mass Culture* (1991), edited withan introduction by J. M. Bernstein, 85; Theodor Adorno Max Horkheimer, *Dialectic of Enlightenment* (1972), translated by John Cumming(original publication 1994).

[96] Adorno, *Culture Industry*, 87. John Sinclair, 'Culture and Trade: Some Theoretical and Practical Considerations', in Emile McAnany and Kenton Wilkinson (eds.), *Mass Media and Free Trade: NAFTA and the Cultural Industries* (1996) 30, 30 – 40; Mary Footer and Christoph Graber, 'Trade Liberalization and Cultural Policy' (2000) 3 *Journal of International Economic Law* 115, 117 – 18.

[97] UNESCO, *Culture, Trade and Globalization: Questions and Answers* (2000) q. 1.

[98] 见 Keith Acheson and Christopher Maule, *Much Ado about Culture: North American Trade Disputes* (1999) 2, 6 – 7。

行业或产品是否或在多大程度上体现了文化或者应当在 WTO 法律之下得到特殊的待遇。讲到“文化政策措施”,[99]我指的是明显制定来保护或推广文化产品中的文化层面的措施,只要它们影响到货物或服务贸易。

1.3.2 常见的文化政策措施

在解释文化产品在 WTO 中的重要性之前,有必要就成员可能希望采取的几种文化政策措施举若干例子,焦点在那些可能与 WTO 规则有冲突的。第 3 章里,在评价 WTO 法律中目前对文化
20 产品的做法时,我就成员采取过或考虑过的几种文化政策措施提供了更多的例子。关于这些措施的更全面的讲述和类别划分,出现在其他地方。[100]

WTO 成员常常规定电影、电视和广播业中本国内容的最低配额。[101] 加拿大的广播政策明确指出,“每一个广播企业,在节目

---

[99] WTO 争端中“措施”一词的使用,一般性见 Alan Yanovich and Tania Voon, ‘What is the Measure at Issue?’, in Andrew Mitchell (eds.), *Challenges and Prospects for the WTO* (2005) 115。

[100] 见,例如,Footer and Graber, ‘Trade Liberalization and Cultural Policy’, 122–6. Christoph Graber, *Handel und Kultur im Audiovsionsrecht der WTO: Völkerrechtliche, ökonomische und kulturpolitische Grundlagen einer globalen Medienordnung* (2003) ch. 6; Paolo Guerrieri, Lelio Iapadre and Georg Koopmann (eds.), *Cultural Diversity and International Economic Integration: The Global Governance of the Audiovisual Sector* (2005); Christoph Graber: ‘Audio-Visual Policy: The Stumbling Block of Trade Liberalisation?’ in Damien Geradin and David Luff (eds.), *The WTO and Global Convergence in Telecommunications and Audio-Visual Services* (2004) 165, 173–97。

[101] 见,例如,WTO,墨西哥-具体承诺减让表,GATS/SC/56 (1994 年 4 月 15 日) 17 (模式 3 中为私营电影放映服务的国民待遇限制);澳大利亚广播署,*Broadcasting Services (Australian Content) Standard 1999* (2004 年 7 月);无疆界电视指导文件,第

的制作和播放中，应当最大限度地，并在任何情况下不低于优势性地使用加拿大的创作和其他资源”。[102]在最近审查加拿大贸易政策的过程中，贸易政策审查机构（TPRB，WTO负责监督成员贸易法规和WTO义务履行情况的部门）注意到加拿大广播－电视和远程通讯委员会（CRTC）对广播和电视节目规定的限制。TPRB具体地提到，CRTC要求“对于加拿大普通的无线广播者，加拿大的节目占电视广播时间的60%，傍晚钟点的50% ……[同时]广播电台播放的“通俗”音乐曲目，其中的35%应当根据政府规定的计点制度够得上是“加拿大的”。[103]“公共广播者必须维持同等总水平的加拿大内容和最佳时段的60%”，[104]但是“对于加拿大电影院放映什么没有类似的国家管制”。[105]在法国，电影放映配额早从1928
年起就一直存在，[106]而电视上给欧洲和法国节目的配额超出欧共 21
体的无疆界电视指导文件的规定。[107]例如，在电视频道Canal

4(1)条，5；欧洲比较文化政策和艺术研究所，*A Pilot Inventory of National Cultural Policies and Measures Supporting Cultural Diversity* (July 2001) 26－8。

[102] *Broadcasting Act 1999* (Canada), s. 3. 1(f).

[103] WTO, TPRB, *Trade Policy Review, Canada: Report by the Secretariat*, WT/TPR/S/78 (15 November 2000) [I:181]; WTO, TPRB, *Trade Policy Review, Canada: Report by the Secretariat*, WT/IPR/S/112/Rev. 1 (19 March 2003) [IV:88]. 另见Canadian Heritage, *Canadian Content in the 21st Century: A Discussion Paper about Canadian Content in Film and Television Productions* (March 2002) 8。

[104] Keith Acheson and Christopher Maule, 'Canada－Audio -Visual Policies: Impact on Trade', in Guerrieri, Iapadre and Koopmann, *Cultural Diversity*, 156, 161.

[105] 同上，163。

[106] Anne Marie Condron, 'Cinema', in Sheila Perry (eds.), *Aspects of Contemporary France* (1997) 209. Ivan Bernier, 'Cultural Goods and Services in International Trade Law', in Dennis Browne (eds.), *The Culture/Trade Quandary: Canada's Policy Options* (1998) 109.

[107] 美国贸易代表，*2002 National Trade Estimate Report on Foreign Trade Barriers* (2002) 127. 见下，94。

Plus,法国不仅要求高峰时间播放的电影至少有60%为欧洲的(涉及最惠国原则),还要求40%为法国的[108](可能与国民待遇原则冲突)。

对电影业的支持,常见的形式是,对投资于或生产本国的电影给予税收方面的鼓励,当中国籍的确定有各种具体的标准。[109] 例如,加拿大音像认证局和加拿大财税局共同管理着两个为电影或录像生产提供减税的项目。第一个是为加拿大的电影或录像生产,第二个是为由加拿大人给加拿大境内的电影或录像生产提供的服务。[110] 英国为投资英国的电影和电视制作提供税收鼓励。[111] 在埃及,一个埃及电影的制片人可以发行的外国电影的最大数量,要与埃及电影的出产数量成比例。目前最大限量是,每出产一部埃及电影,发行五部外国电影。发行外国电影所得的利润,用于资助生产埃及电影。[112]

---

[108] Emmanuel Cocq and Patrick Messerlin, 'French Audio-Visual Policy: Impact and Compatibility with Trade Negotiations', in Gurrieri, Iapadre and Koopmann, *Cultural Diversity*, 21, 27. 另见 Patrick Messerlin, *Measuring the Cost of Protection in Europe: European Commercial Policy in the 2000s* (2001) 328。

[109] 见,例如,欧洲比较文化政策和艺术研究所,*Pilot Inventory*, 26。

[110] 加拿大文化遗产部,*A guide to Federal Programs for the Film and Video Sector* (September 2001) 24 – 5; <www. pch. gc. ca/progs/ac/progs/bcpac-cavco/index_e. cfm> (accessed 4 August 2006)。

[111] 文化、新闻和体育部,*Creative Industries: UK Television Exports Inquiry* (*The Report of the Creative Industries Task Force Inquiry into Television Exports*) (November 1999) ch. 2, [6. 3]-[6. 5]; Gillian Doyle and Mattew Hibberd, 'The Case of the UK Audio-Visual System', in Guerrieri, Iapadre and Koopmann, *Cultural Diversity*, 131, 140。

[112] Ahmed Farouk Ghoneim, 'The Audio-Visual Sector in Egypt', in Guerrieri, Iapadre and Koopmann, *Cultural Diversity*, 192, 196.

许多 WTO 成员还对本地音像业提供"相当多的补贴"。[113] 最近一次扩大前,欧共体在 2001 年对音像部门的资助估计为 11.2 亿欧元,以法国居首,占该数额的 40%。[114] 法国有"欧洲补贴最厉害的电影业",[115]在法国,对每张电影票的征税历来都用于资助法国和欧洲的电影制作。[116] 不过,给文化产品以补贴并不限于欧洲。WTO 秘书处在 1998 年报告说,"在 WTO 条款之下审查过的 44 个国家(包括欧共体的单个成员国)中,至少有 17 个资助过其音像行业"。[117] 例如,澳大利亚政府资助澳大利亚广播公司("澳大利亚……文化生活的一个主要部分"),[118]包括其节目"澳大利亚广 22

[113] WTO,服务贸易委员会,*Audiovisual Services:Background Note by the Secretariat*,S/C/W/40 (15 June 1998) [10]。另见 WTO,*World Trade Report 2006:Exploring the Links between Subsidies,Trade and the WTO* (2006) 178,187-8;GATT,乌拉圭回合服务谈判组,音像服务工作组,*Matters Relating to Trade in Audiovisual Services:Note by the Secretariat*,MTN. GNS/AUD/W/1 (14 October 1990) [16];WTO,GATS 规则工作组,*Communication from Argentina and Hong Kong,China;Development of Multilateral Disciplines Governing Trade Distortive Subsidies in Services*,S/WPGR/W/31 (16 March 2000) [6];WTO,GATS 规则工作组,*Subsidies for Services Sectors:Information Contained in WTO Trade Policy Reviews—Background Note by the Secretariat*,S/WPGR/W/25 (26 January 1998) 4;OED,信息经济工作组,*Digital Broadband Content:Music*,DSTI/ICCP/IE(2004)12/FINAL (8 June 2005) 96;欧洲比较文化政策和艺术研究所,*Pilot Inventory*,23-5。

[114] Cocq and Messerlin,'French Audio-Visual Policy',28 - 9 (citing European Audiovisual Observatory,Statistical Yearbook,vol III,2002,Strasbourg,97).

[115] Condron,'Cinema',213. 另见 Messerlin,*Measuring the Costs of Protection*,327。

[116] Condron,'Cinema',211. 另见 Messerlin,*Measuring the Costs of Protection*,326 - 7。

[117] WTO,GATS 规则工作组,*Subsidies for Services Sectors:Information Contained in WTO Trade Policy Reviews — Background Note by the Secretariat*,S/WPGR/W/25 (26 January 1998) [6]。

[118] 澳大利亚政府,*Creative Nation:Commonwealth Cultural Policy* (October 1994),'Film,Television and Radio'。

播”，该节目向包括东帝汶（Timor-Leste）在内的区域地方提供澳大利亚的广播内容。[119] 印度在这个部门的预算计划，2001－2002年度为1.708亿美元。[120] 据基思·艾奇逊（Keith Acheson）和克里斯托弗·莫尔（Christopher Maule）估计，加拿大每年给音像业的
23 补贴和税收鼓励，加起来达到11亿美元，或行业每年生产总额的30％。[121] 这种支持提供给音像制作、广播和发行。[122] 加拿大的“图书出版业发展计划”，给加拿大占至少75％所有权和加拿大控制的出版商提供资助，以销售加拿大人写的书。[123] 该计划的主要目标是“保证能够在加拿大和国外选择和获得加拿大人撰写的反映加拿大文化多样性和语言二元性的书”。[124]

1.3.3 在WTO中的重要性

就我所定义的文化产品进行的贸易与文化的讨论，其重要性在WTO的历史和当前活动中都有反映。乌拉圭回合期间，GATT缔约方就怎样对待文化进行了激烈的争论，[125]而且主要是

---

[119] Richard Alston, ‘Additional Government funding guarantees Radio Australia service’，新闻发布稿，Minister for Communications, Information Technology and the Arts; Deputy Leader of the Government in the Senate Doc. 41/01 (28 March 2001)。

[120] Arpita Mukherjee, ‘Audio-Visual Policies and International Trade: The Case of India’, in Guerrieri, Iapadre and Koopmann, *Cultural Diversity* 218, 227.

[121] Acheson and Maule, ‘Canada—Audiovisual Policies’, 174.

[122] 同上，173，180－1。

[123] 加拿大文化遗产出版政策和项目组，*Book Publishing Industry Activity Report: 2000－2001* (September 2001) section I; ＜www. pch. gc. ca/progs/ac-ca/progs/padie-bpidp/index_e. cfm＞(accessed 4 August 2006)。

[124] 加拿大文化遗产，*Book Publishing Industry Development Program (BPIDP): Applicant's Guide* 2002－2003 (2002)。

[125] 关于这些谈判的详细和权威记述，见John Croome, *Reshaping the World*

在有关新的服务贸易协定(《服务贸易总协定》(GATS))的谈判过程中。GATT 1947 的多边规则仅仅与货物有关,而乌拉圭回合中将服务贸易和与贸易有关的知识产权这类问题包括进来,显示 GATT 1947 体制在向 WTO 转换时明显地扩大了。鉴于全球贸易很大一部分包含服务,GATS 尤其重要,[126] 但是它也带来敏感问题,因为服务贸易的许多壁垒"与国内管制的重大抉择有关"。[127] 结果是,GATS 规则,一般地较 GATT 1994 之下的为弱,[128] 而对服务的保护水平大大高于对货物的保护水平。[129]

至于文化,奥地利、[130] 秘鲁、罗马尼亚、加拿大、巴西等国和北 24
欧国家,在乌拉圭回合中建议,保护国家或文化的特征或价值,应当为在 GATS 之下规定一项一般性的例外提供了依据。[131] 埃及和印度也赞成在服务贸易中为文化有一个一般性的例外。[132] 澳大利

Trading System: A History of the Uruguay Round (2nd rev. edn, 1999) 212 - 15, 243 - 4, 310 - 12, 320, 324 - 7。

[126] Pierre Sauvé and Robert Stern (eds.), *GATS 2000: New Directions in Services Trade Liberalization* (2000) 1. 有关 GATS 的历史和进展,见 Mary Footer, 'The International Regulation of Trade in Services Following Completion of the Uruguay Round' (1995) 29 *International Lawyer* 453。

[127] Trebilcock Howse, *Regulation of Trade* (3rd edn) 352.

[128] 见下面第 3 章。

[129] Bernard Hoekman and Patrick Messerlin, 'Liberalizing Trade in Services: Reciprocal Negotiations and Regulatory Reform', in Sauvé and Stern, *GATS 2000*, 487, 494.

[130] 贸易谈判委员会,GATT, *Mid-Term Meeting*, MTN. TNC/11 (1989) [II(e)(i)]。

[131] 同上,[II(g)(i)]。

[132] GATT,乌拉圭回合服务谈判组,音像服务工作组, *Note on the Meeting of 5 and 18 October 1990*, MTN. GNS/AUD/2 (18 October 1990) [3]; GATT,乌拉圭回合服务谈判组,音像服务工作组, *Note on the Meeting of 27 - 28 August 1990*, MTN. GNS/AUD/2 (27 September 1990) [3],[6],[27],[29],[33]。

亚和欧共体对这种看法表示怀疑。[133] 与此不同，欧共体和其他几个国家认为，鉴于其性质和文化内容，音像服务才尤其需要豁免或者特别待遇。[134] 欧共体提交了一个部门附件的草案，“以保证音像服务自由化……实现的同时尊重这些服务的文化特殊性”。[135] 澳大利亚支持这一附件草案的目标，但是加拿大、智利、古巴、印度和瑞典对这一立场的支持程度不一。[136] 巴西、埃及和芬兰同意“在对待音像服务部门的特殊性上”应当有“灵活性”。[137] 与此相对照，日本反对这一做法，[138]而新西兰认为附件草案“太宽泛和彻底”。[139] 此外，美国极力反对一项为文化的一般性例外，也反对一项为音像服务的文化例外。[140]

25 在乌拉圭回合的最后阶段，像其他许多谈判项目的情况一样，音像服务的问题主要取决于美国与欧共体达成一致。[141] 在最后几

---

[133] GATT，乌拉圭回合服务谈判组，音像服务工作组，*Note on the Meeting of 5 and 18 October 1990*，MTN. GNS/AUD/1 (27 September 1990) [7]，[27]，[35]。

[134] GATT，乌拉圭回合服务谈判组，音像服务工作组，*Matters Relating to Trade in Audiovisual Services：Note by the Secretariat*，MTN. GNS/AUD/W/1 (4 October 1993) [3]。

[135] GATT，乌拉圭回合服务谈判组，音像服务工作组，*Note on the Meeting of 5 and 18 October 1990*，MTN. GNS/AUD/2 (20 December 1990) [2] (另见[9])。1990年12月，EC提出建议，要求在一些GATS条款中承认音像部门的文化特殊性：GATT，服务谈判组，*Informal GNS Meeting－Chairman's Statement*，MTN. GNS/49 (11 December 1993) [3]。

[136] GATT，乌拉圭回合服务谈判组，音像服务工作组，*Note on the Meeting of 5 and 18 October 1990*，MTN. GNS/AUD/2 (20 December 1990) [3]，[5]。

[137] 同上，[7]。

[138] 同上，[4]，[6]。

[139] 同上，[8]。

[140] GATT，乌拉圭回合服务谈判组，音像服务工作组，*Note on the Meeting of 27－28 August 1990*，MTN. GNS/AUD/2 (27 September 1990) [2]，[26]。

[141] Croome，History of the Uruguay Round，328；GATT，贸易谈判委员会，*Uru-*

天,米奇·坎特(Mickey Kantor)(代表美国)和莱昂·布里坦(Leon Brittan)爵士(代表欧共体)就这个问题谈妥。美国拒绝承认音像服务有特殊的文化性质,而"在各个国家文化部的极力鼓动下"[142],欧共体作出的回应是,不对音像服务作出承诺。[143]这样,在如何对待音像服务上,GATT 缔约方最后"同意不一致"。[144]如第 3 章进一步说明的,有一些成员将音像服务排除在 MFN 待遇之外(照例以文化目标为理由),[145]有较少的成员在减让表中承诺在音

---

guay Round — Trade Negotiations Committee Meeting, NUR 077(26 November 1993)。

[142] William Drake and Kalypso Nicolaïdis, 'Global Electronic Commerce and GATS: The Millennium Round and Beyond', in Sauvé and Stern, *GATS 2000*, 399, 408.

[143] Croome, *History of the Uruguay Round*, 328.

[144] WTO,服务贸易委员会, *Audiovisual Services: Background Note by the Secretariat*, S/C/W/40 (15 June 1998) [24],[30]; GATT, *Peter Sutherland Responds to Debate on Audiovisual Sector*, NUR 069 (14 October 1993)。

[145] 本书撰写时,44 个成员(包括 EC)专门为音像部门开列了 MFN 的豁免:WTO, Services Database: Predefined Report — All countries' MFN Exemptions (2005) at <http://tsdb. wto. org/wto/WTOHomepublic. htm>(accessed 4 August 2006)。沙特阿拉伯自该报告之日起加入 WTO,但是未开列此种豁免。2005 年 12 月,部长级会议批准了汤加加入 WTO 的条件,其中包括音像部门中的 MFN 豁免:WTO,部长级会议, *Report of the Working Party on the Accession of Tonga, Addendum: Part II — Schedule of Specific Commitments in Services, list of Article II MFN Exemptions*, WT/ACC/TON/17/Add. 2, WT/MIN(05)/4/Add. 2 (2 December 2005) 21。2006 年 11 月,总委员会批准越南的成员资格,它现在成为 WTO 第 150 个成员。它的加入条件也包括 MFN 的豁免:WTO, *Report of the Working Party on the Accession of Viet Nam, Schedule CLX — Viet Nam, Part II — Schedule of Specific Commitments in Services, List of Article II MFN Exemptions, Addendum* WT/ACC/VNM/48/Add. 2 (27 October 2006) 56。另见 WTO,服务贸易委员会, *Audiovisual Services: Background Note by the Secretariat*, S/C/W/40 (15 June 1998) [31]; Laura Altinger and Alice Enders, 'The Scope and Depth of GATS Commitments' (1996) 19(3) *World Economy* 307, 323 - 4; GATT,乌拉圭回合服务谈判组,音像服务工作组, *Note on the Meeting of 27 - 28 August 1990*, MTN. GNS/AUD/1 (27 September 1990) [12]; Martin Roy, 'Audiovisual Services in the Doha Round: "*Dialogue de Sourds, The Sequel*"?' (2005) 6(6) *Journal of World Investment and Trade* 923, 935 - 6。

像领域提供国民待遇或市场准入[146](虽然,在乌拉圭回合之后加入
26 WTO 的成员,有更大一部分必须作出这些承诺)。[147] 不能取得共识,部分原因是谈判上的失误(即欧共体的最后意见提交晚了,并且双方都缺乏准备)。[148] 不过,原因可能还在于这个问题的棘手性和不同成员观点之间的巨大差距。

本书撰写期间通报的 135 件专家组报告和 80 件上诉机构报告当中,在反映贸易和文化问题方面最重要的,是 1997 年的加拿

---

[146] 本书撰写时,已有 27 个成员就"音像服务"作出国民待遇或市场准入的承诺。这些成员是亚美尼亚、中非共和国、中国、中国台北、多米尼加共和国、萨尔瓦多、冈比亚、格鲁吉亚、中国香港、印度、以色列、日本、约旦、肯尼亚、韩国、吉尔吉斯共和国、莱索托、马来西亚、墨西哥、新西兰、尼加拉瓜、阿曼、巴拿马、沙特阿拉伯、新加坡、泰国,美国:WTO,*Services Database:Predefined Report — All Sectors in Each Country* (20 March 2005) at <http://tsdb.wto.org/wto/WTOHomepublic.htm> (1 August 2006 登录);WTO,*The Kingdom of Saudi Arabia — Schedule of Specific Commitments*, GATS/SC/141 (29 March 2006)。汤加和越南的加入条件也包括音像部门中国民待遇和市场准入的承诺:WTO,部长级会议,*Report of the Working Party on the Accession of Tonga,Addendum:Part II — Schedule of Specific Commitments in Services, List of Article II MFN Exemptions*,WT/ACC/TON/17/Add. 2,WT/MIN(05)/4/Add. 2 (2 December 2005) 10;WTO,*Report of the Working Party on the Accession of Viet Nam,Schedule CLX — Viet Nam,Part II — Schedule of Specific Commitments in Services,List of Article II MFN Exemptions,Addendum*,WT/ACC/VNM/48/Add. 2 (27 October 2006) 29-30。另见,WTO,服务贸易委员会,*Audiovisual Services:Background Note by the Secretariat*,S/C/W/40 (15 June 1998) [24],Table 9;Altinger and Enders,'GATS Commitments',315,329;Roy,'Audiovisual Services',929,934-5;Rudolf Adlung and Martin Roy,'Turning Hills into Mountains? Current Commitments under the General Agreement on Trade in Services and Prospects for Change'(2005) 39 (6) *Journal of World Trade* 1161,1183。

[147] Roy,'Audiovisual Services',929.

[148] Karl Falkenber,'The Audiovisual Sector',in Jacques Bourgeois,Frédérique Berrod Eric Gippini Fournier (eds.),The Uruguay Round Results:*A European Lawyer's Perspective* (1995) 429,432.

大-期刊一案。[149] 在该案中，尽管专家组极力指出“任何成员采取措施保护其文化特征的能力，不在讨论当中”，[150]但是加拿大争执说，由于其“智力或文化的内容”，杂志应当在 GATT 1994 之下“受到特殊的待遇”。[151] 上诉机构注意到加拿大政府就加拿大期刊 27
的文化重要性所坚持的观点：“本政府重申致力于保护加拿大期刊业的经济基础，它是加拿大文化表达形式的一个至关重要的因素”。[152] 加拿大在此案中就期刊的文化方面所持的态度，与其在乌拉圭回合中的立场是一致的，当时它就说“文化行业”包括音像部门以及广播、印刷和录音。[153]

也是在 1997 年，美国根据 GATT 1994 第 III 条，质疑土耳其对放映外国电影的票房收入征收 25%的市政税（而对放映国产电影的收入则不征税）。[154] 各方最后通过协议解决了争端，美国撤回

---

[149] 在以下各章，我讨论本案的不同方面。这个争端的更多背景以及其中加拿大依据的条例，见 Keith Acheson and Christopher Maule, ‘Canadian Magazine Policy: International Conflict and Domestic Stagnation’, in Robert Stern (eds.), *Services in the International Economy* (2001) 395; Chinedu Ezetah, ‘Canadian Periodicals: Canada-Certain Measures Concerning Periodicals’ (1998) 9(1) *European Journal of International Law* 182; Trevor Knight, ‘The Dual Nature of Cultural Products: An Analysis of the World Trade Organization's Decisions Regarding Canadian Periodicals’ (1999) 57 *University of Toronto Faculty of Law Review* 165; Myra Tawfik, “Competing Cultures: Canada and the World Trade Organization—The Lessons from *Sports Illustrated*” (1998) 36 *Canadian Yearbook of International Law* 279。

[150] 专家组报告，加拿大-期刊，[5.45]。

[151] 同上，[3.84]。

[152] 上诉机构报告，加拿大-期刊，31。

[153] GATT，乌拉圭回合服务谈判组，音像服务工作组，*Note on the Meeting of 27-28 August 1990*, MTN. GNS/AUD/1 (27 September 1990) [6]。

[154] WTO, DSB, 土耳其-外国电影收入征税：美国关于磋商的请求，WT/DS43/1, G/L/85 (17 June 1996); WTO, DSB, 土耳其-外国电影收入征税：美国关于成立专家组的请求，WT/DS43/2 (1 January 1997)。

申诉，土耳其同意尽适当可能地及早使两税持平。[155]

1998 年，欧共体请求与加拿大就某些“影响电影发行业的措施”进行磋商。[156] 这一请求，起因于加拿大的外国投资指南被适用到一家欧洲公司宝丽金。这项指南只允许电影发行业的外国投资者，如宝丽金，发行自己有所有权的产品。[157] 这些磋商，没有发展到成立专家组，因为宝丽金最终出售给了一个加拿大的公司西格拉姆（Seagram）。[158]

对于贸易和文化产品的关系，WTO 成员当中一直有分歧意
28 见，如最近的服务谈判中显示的。GATS 第 XIX ∶1 条规定，成员应当参加自 2000 年开始并在此后定期继续举行的连续回合的谈判，以实现自由化水平的不断提高。新的服务谈判于 2000 年 2 月 25 日开始。[159] 2001 年，服务贸易委员会特别会议（通过定期会议监督 GATS 的运作）[160]通过了谈判方针和程序，包括同意“不得事先将任何服务部门排除在外”。[161] 因此，音像部门可以像任何其他

---

[155] WTO，DSB，土耳其-外国电影收入征税：相互同意的解决办法的通知，WT/DS43/3，G/L/177 (24 July 1997)。

[156] WTO，DSB，加拿大-影响电影发行服务的措施，欧共体关于磋商的请求，WT/DS117/1，S/L/53 (22 January 1998)。

[157] WTO，TPRB，*Trade Policy Review*，*Canada*：*Report by the Secretariat*，WT/TPR/S/78 (15 November 2000)[I∶187].

[158] 加拿大外交和国际贸易部，文化产业国际贸易部门咨询组，*Canadian Culture in a Global World*：*New Strategies for Culture and Trade*(February 1999)。

[159] WTO，服务贸易委员会，*Report of the Meeting Held on 25 February 2000*：*Note by the Secretariat*，S/C/M/41 (3 April 2000)。

[160] 《马拉喀什协定》，第 IV∶5 条。

[161] WTO，服务贸易委员会，*Guidelines and Procedures for the Negotiations on Trade in Services*，S/L/93 (29 March 2001) [5]；WTO，服务贸易委员会，*Special Session—Report of the Meeting Held on 28，29 and 30 March 2001*：*Note by the Secretariat*，S/CSS/M/8 (14 May 2001) [6]。

部门一样可以谈判。现在，这些谈判已经被纳入多哈发展议程，这是新的一轮谈判，原定于 2005 年 1 月 1 日之前结束，[162]但是在 2006 年 7 月暂停[163]和 2005 年 12 月在中国香港举行的部长会议第六次会议[164]之后继续进行。在这些谈判中，音像服务的文化方面显然仍旧是有争议的问题。澳大利亚、巴西和瑞士等国，以正式函件的方式，以文化为由强调需要给这些服务以特殊待遇，[165]而日本和美国则表示希望在这一领域贯彻和强化 GATS 的规则。[166] 2005 年 6 月，中国台北、中国香港、日本、墨西哥和美国发出信函，“对谈判的一些主要 29
参加方试图一开始就排除一个如此重要的部门表示严重关切”。[167]

---

[162] 《多哈宣言》，[15]，[45]。

[163] WTO，'Talks suspended. “Today there are only losers”'，news item (24 July 2006)；WTO，总委员会，*Minutes of Meeting held on 27 – 28 July 2006*，WT/GC/M/103，10 October 2006，[1]-[53]；WTO，'Lamy：“We have resumed negotiations fully across the board”'，news item (7 February 2007)。

[164] 《香港宣言》，[25]-[27]。

[165] 澳大利亚外交和贸易部，*Australian Intervention on Negotiating Proposal on Audiovisual Services：Council for Trade in Services Special Session* (July 2001)；WTO，服务贸易委员会，*Communication from Brazil – Audiovisual Services*，S/CSS/W/99 (9 July 2001 [9]-[12]；WTO，服务贸易委员会，*Communication from Switzerland – GATS 2000：Audiovisual Services*，S/CSS/74/ (4 May 2001) [11]-[12]。

[166] WTO，服务贸易委员会，*Communication from Japan：The Negotiations on Trade in Services*，S/CSS/W/42 (22 December 2000) [36]-[37]；WTO，服务贸易委员会，*Communication from the United States – Audiovisual and Related Services*，S/CSS/W/21 (18 December 2000) [7]，[10(ii)]。

[167] WTO，服务贸易委员会，*Communication from Hong Kong China，Japan，Mexico，the Separate Customs Territory of Taiwan，Penghu，Kinmen and Matsu，and United States：Joint Statement on the Negotiations on Audiovisual Services*，TN/S/W/49 (30 June 2005) [4]。另见 WTO，服务贸易委员会，*Report of the Meeting Held on 27 and 30 June and 1 July 2005：Note by the Secretariat*，TN/S/M/15 (15 September 2005) [206] (Hong Kong)，[231]，[309] (Chinese Taipei)，[206]-[261] (Japan)，[284] (US)。

1.3.4 在其他国际议题下的重要性

加拿大就WTO中服务贸易的最初谈判建议，提出贸易与文化问题的另一个方面。加拿大表示，它将"不作出任何限制我们实现自己文化政策目标之能力的承诺，直到达成一个明确保障各国促进和保护自身文化多样性的权利的新国际文件"。[168] 如第5章中讨论到的，一些组织已经在制定新的文件，以在面临国际贸易的情况下促进文化的多样性。特别是，UNESCO最近缔结了《UNESCO公约》，用意在解决贸易和文化的问题。[169] 这些步骤表明，贸易和文化的尴尬关系不单是WTO的关切。它们还突显出这个问题对于许多WTO成员的重要性，并带来从WTO手中将解决方案拿走的可能性。

其他一些国际协议也确认音像、印刷和出版行业的文化特点以及与此有关的争论对于许多国家的重要性。例如，在欧共体中，作为其在促进"成员国的文化繁荣"[170]中的职能的一部分，欧共体要支持成员在如艺术和文学创作等领域，包括在音像领域中开展活动和鼓励它们在这些领域中进行合作；[171]本书撰写时尚未生效

---

[168] WTO，服务贸易委员会，*Communication from Canada: Initial Canadian Negotiating Proposal*，S/CSS/W/46和更正1 (14 March 2001) [9]。

[169] UNESCO，'General Conference adopts Convention on the protection and promotion of the diversity of cultural expressions'，新闻发布稿 2005 - 128 (20 October 2005)。

[170] 《欧共体条约》，第151(1)条 (另见第3(1)(q)条)。

[171] 同上，第151(2)条。另见《欧共体条约》，第151(4)条，和 Collette Cunningham，'In Defense of Member State Culture: The Unrealized Potential of Article 151(4) of the EC Treaty and the Consequences for EC Cultural Policy' (2001) 34 *Cornell International Law Journal* 119。

的《欧洲宪法》，包含一个类似的条款。[172] 例如，欧洲联盟委员会制定了“媒体加”（Media Plus）计划，“以鼓励在共同体内外制作、发行和推广欧洲的音像作品”，目标（之一）是促进“欧洲的语言和文化多样性”。[173] 30

根据《欧共体条约》第87(1)条，成员国通过优惠某些企业或某些货物的生产（如提供补贴），以扭曲竞争的方式提供支持，被认为与共同市场不符。[174] 但是，对这条一般性的禁令有一些例外，包括（根据《欧共体条约》第87(3)(d)条）“为促进文化和遗产保护提供的支持，只要此种支持不影响共同体内的贸易环境和竞争以至违背了共同利益”。[175] 欧共体成员国已经引用这个条款支持以文化为由资助期刊之类的文化产品。[176] 2005年晚些时候，在就欧洲电影业的发展制定为欧共体成员国的某些建议的过程中，欧洲议会和欧洲联盟委员会强调，“电影作品是我们文化遗产一个至关重要的组成部分”，并且是“欧洲文化特征之丰富和其民族之多样的

---

[172] *Treaty establishing a Constitution for Europe*, OJ C310, 1 (signed 29 October 2004) art. III-280.

[173] 欧洲联盟委员会，欧共体，*Council Decision of 20 December 2000 on the Implementation of a Programme to Encourage the Development, Distribution and Promotion of European Audiovisual Works* (*MEDIA Plus*—*Development, Distribution and Promotion*) (*2001-2005*), OJ L13 (2001) 34，第(1)(1)，(1)(2)(c)条。另见欧洲委员会，欧共体，*Proposal for a Decision of the European Parliament and the Council Concerning the Implementation of a Programme of Support for the European Audiovisual Sector* (*MEDIA 2007*), COM(2004) 470 final (14 July 2004)。

[174] 《欧共体条约》，第87(1)条。

[175] 对这个条款的进一步讨论，见 Evangelia Psychogiopoulou, ‘EC State Aid Control and Cultural Justifications’ (2006) 33(1) *Legal Issues of Economic Integration* 3。

[176] 见，例如，欧共体，欧洲委员会，*Authorisation for State Aid Pursuant to Articles 87 and 88 of the EC Treaty: Cases where the Commission Raises No Objections*, OJ C79 (2006) 23, 26-27 (N 542/05)。

历史的全面见证”。[177]

《北美自由贸易协定》(NAFTA)也为“文化产业”(基本上定
31 义为从事音像、出版或印刷行业的人)规定了一条有限度的例外。[178] 根据NAFTA附件2106,在加拿大和美国之间,联系文化产业制定或沿用的措施,以及作为回应采取的具有同等商业效果的措施,大部分受早先的《加拿大-美国自由贸易协定》(CUSFTA)管辖。被纳入NAFTA的CUSFTA有关条款,大致为以下。CUSFTA将文化产业豁免于协定之外。[179] 但是,“一方可以采取有同等商业效果的措施,以回应”若非该项豁免便会与CUSFTA“不一致的行动”。[180] 这意味着,举例讲,如果美国认为,倘若不是给文化产业的豁免,加拿大为保护其文化采取的一项措施便违反了国民待遇原则,美国就可以在符合某些条件的情况下采取报复性措施。[181] 伊万·伯尼尔(Ivan Bernier)对NAFTA下之文化例外的限度有详细叙述,[182]其他人则认为这两个国家更有可能通过WTO解决有关文化的争议。[183] 当然,这也许取决于WTO的裁决

[177] 欧共体,欧洲议会和欧洲联盟委员会,*Recommendation 2005/865/CE of the European Parliament and of the Council of 16 November 2005 on Film Heritage and the Competitiveness of Related Industrial Activities*,OJ L323 (2005) 57,序言[2]-[3]。

[178] NAFTA,第2107条。

[179] CUSFTA,第2005(1)条。

[180] 同上,第2005(2)条。

[181] Christine James,‘Trade,Culture and Technology:A Test of Canada's Cultural Mettle'(1997) 8(7) *Entertainment Law Review* 253,255.

[182] Ivan Bernier,‘La dimension culturelle dans le commerce international: quelques réflexions en marge de l'accord de libre-échange Canada/Etats-Unis du 2 janvier 1988'(1987) 25 *Canadian Yearbook of International Law* 243,251-61.

[183] Ronald Atkey,‘Canadian Cultural Industries Exemption from NAFTA—Its

规则如何发展。[184]无论如何，贸易和文化的问题，尤其是与文化产品有关的，在WTO之外如何结局，NAFTA提供了一个重要的例子。

关于文化产品的争议性，另一个显著的提示，见于经济合作与发展组织（OECD）的《无形物条例》（*Invisibles Code*），[185]它"承认音像行业的文化特点并允许放映配额和补贴，只要后者不严重扭曲出口市场的国际竞争"。[186]在OECD《关于投资的多边协定》（MAI）的谈判期间，某些代表团建议给文化以例外，[187]而OECD成员从1995年起试图谈判达成该协定一直未果，直到1998年。[188] 32
特别引起关切的是文化产业，即印刷、出版和音像等部门，以及"不要损害乌拉圭回合就音像部门取得之成果"的意愿。[189]这是"加拿大和法国认为头等的事情"。[190]尤其是，一个代表团建议，对所有MAI的义务规定一个一般性的例外，使各方能够"在保护和促进

Parameters'(1997) 23 *Canada—United States Law Journal* 177,197. 另见 John Ragosta,'The Cultural Industries Exemption from NAFTA—Its Parameters'(1997) 23 *Canada—United States Law Journal* 165,174。

[184] 我在第4章进一步讨论这个问题。

[185] OECD委员会，*Decision Updating the Invisibles Code*，C(88)110 (Final) (21 July 1988)。

[186] GATT，乌拉圭回合服务谈判组，音像服务工作组，*Matters Relating to Trade in Audiovisual Services: Note by the Secretariat*，MTN. GNS/AUD/W/1 (4 October 1990)[18]。

[187] UNCTAD，*Lessons from the MAI*，UNCTAD/ITE/IIT，UN Sales No. E. 99. II (1999) 15.

[188] 一般性见 David Henderson，*The MAI Affair: A Story and Its Lessons* (1999)；Trebilcock and House，*Regulation of Trade* (3rd edn) 457-60。

[189] OECD，MAI谈判组，*The Multilateral Agreement on Investment: Draft Consolidated Text*，DAFFE/MAI(98)7/REV 1 (22 April 1998)，127。

[190] Henderson，*MAI Affair*，43.

文化和语言多样性的政策的框架下”[191]对外国公司的投资和活动进行管制。1998 年 2 月，法国政府声明，它将不同意一个没有文化例外的 MAI。总理里昂内尔·约斯潘(Lionel Jospin)宣称，“我视保存我们以及欧洲的文化特征为绝对优先”。[192] 加拿大也坚持认为有必要在 MAI 中规定一条例外，使它可以“制定或沿用促进和保护加拿大文化和文化产业的政策、计划和措施”。[193] 美国强烈反对一个一般性的文化例外，[194]这是谈判停止时悬而未决的问题之一。[195]

末了，更近来的双边谈判和自由贸易协定显示，文化产品在继续困扰着一些 WTO 成员的头脑。韩国长期实行的放映配额，[196]
33 在它正与美国进行的自由贸易协定谈判中，一直是个主要的胶着

---

[191] OECD, MAI 谈判组, *The Multilateral Agreement on Investment: Draft Consolidated Text*, DAFFE/MAI(98)7/REV 1 (22 April 1998), 127。

[192] 原文：'J'attache une priorité absolue à la préservation de notre identité culturelle ainsi qu'à celle de l'Europe.'

[193] 加拿大外交和国际贸易部，'Marchi Tables Government Response to Parliamentary Committee's Report on MAI'，新闻发布稿 97 (23 April 1998) Recommendation 14。

[194] 'Foreign Investment: Investment Talks to Continue at OECD; MAI Now On Course for 1999 Completion' (1998) 15 *International Trade Reporter* 525; Gary Yerkey, 'Foreign Investment: U. S. to Oppose EU Bid to Exempt "Culture" from OECD Investment Accord' (23 May 1995) *BNA International Business & Finance Daily*.

[195] UNCTAD, *Lessons from the MAI*, UNCTAD/ITE/IIT, UN Sales No. E. 99. II (1999) 1.

[196] 一般性见 Joongi Kim, 'The Viability of Screen Quotas in Korea: The Cultural Exception under the International Trade Regime' (1990) 26 *Korean Journal of International and Comparative Law* 199; Karsie Kish, 'Protectionism to Promote Culture: South Korea and Japan: A Case Study' (2001) 22 *University of Pennsylvania Journal of International Economic Law* 153; Byung-il Choi, *Culture and Trade in the APEC: Case of Film Industry in Canada, Mexico and Korea*, APEC Study Series 02－01 (2002) 36－41。

点。[197] 在2005年1月1日生效的澳大利亚和美国自由贸易协定中，澳大利亚保留了在电视上规定一定水平的本地内容最低配额的权利，配额水平与该协定签订时的水平相当。[198] 类似地，在2004年1月1日生效的智利和美国自由贸易协定中，智利"国家电视委员会可以规定，作为一般性的要求，通过公共的（开放的）电视频道广播的节目，包含多至40％的智利制作的节目"。[199] 有意思的是，双方在一个附加协议中说明，"国家电视委员会监控本国内容的比例，是通过对内容水平进行的年底统计，基础是该年度一次两个月的抽样。由于本国内容的水平从未低于法律的要求，电视委员会也从未作出该项规定"。[200]

1.4 朝向一个解决方案

以上对WTO内外所发生争议的考察，表明文化产品作为贸易和文化问题的一个体现的重要性。找到对文化产品这个难题的解答，或许对解决贸易和文化之间冲突的其他方面的可能方案有

[197] Jeffrey Schott, Scott Bradford and Thomas Moll, *Negotiating the Korea－United States Free Trade Agreement*, Institute for International Economics, Policy Briefs in International Economics No. PB06－4 (June 2006) 2; Choi, *Culture and Trade in APEC*, 43.

[198] *Australia United States Free Trade Agreement*, (signed 18 May 2004) annex 1 (Australia) 14；澳大利亚外交和贸易部，*Australia－United States Free Trade Agreement: Guide to the Agreement* (March 2004) ch. 10。

[199] *Chile United States Free Trade Agreement* (signed 6 June 2004) annex 1 (Chile) 3.

[200] María Soledad Alvear Valenzuela（智利外交关系部长）致Robert Zoelick（美国贸易代表）的信函，"Side letter on television"(6 June 2003)。

所启发。

本书包含了我对文化产品和 WTO 的思考，其间听取和领会
了争论每一方当中成员及其他人的利益和关切。尽管文化产业像
其他产业一样也是商业，文化产品确实有文化和非商业的特点将
其与别的可以交易的货物和服务区别开来。而且地方文化产品在
市场上的销量，不一定充分反映那些产品对于更广泛社群的文化
价值。这种“市场失败”解释了为什么有些成员希望进行干预以支
持这些产品。此外，如果成员将本地文化产品看作民间交流的手
段，或者如果不希望对创造性、自由言论或文化的不断发展有所抑
34 制，它们就会需要以专门歧视外国文化产品的方式支持本地的文
化产品。在其他 WTO 成员的文化产品之间实行的歧视则当别
论。如果一个成员希望给来自与自己文化相近的成员的文化产品
以优惠，可以通过采用客观的标准，如语言，对有关的产品进行区
分。另外，由文化政策措施产生的贸易限制和扭曲，应当减到最
少。按照这些原则制定的 WTO 规则，会有效地平衡其成员的不
同的贸易和文化价值。

当前，GATT 1994 和 GATS 都无法实现这样一种平衡。成员在乌拉圭回合未能就如何对待文化产品达成一致，带来所有 WTO 成员都不满意的一种结果。文化产品作为货物和作为服务的区分不清楚，现有的给文化产品的例外同样不清楚，结果成员与文化产品有关的义务也不明确。另外，谈判的失败，加上目前的 GATS 框架，意味着含括文化产品的服务部门的进一步自由化看上去几乎不可能。

WTO 义务和例外的不确定性，不仅限于文化产品，这可以通过 WTO 内部的争端解决得到改进，这个机制在逐步澄清 WTO

条款的一般含义方面发挥着作用。与文化产品有关的条款,还可以通过专家组和上诉机构在法律解释过程中援引其他有关的国际法实现演变。当然,通过解释实现演变必然有限度,而且不能解决整个问题,将来的《UNESCO 公约》可能在对待 WTO 争端和谈判上给成员带来一些灵活性,这样它们在文化产品方面有更大的政策空间。另外,以其现在的形式,这个公约对于 WTO 成员不应当是严重的关切,因为它没有意图压过 WTO 协定,而且成为公约的成员不会违反任何 WTO 条款或以其他方式取消或损害 WTO 成员的利益。可是,《UNESCO 公约》也不能解决 WTO 成员之间在对待文化产品方面的分歧。它甚至会使情况恶化,如果进一步使成员不愿行使其 WTO 的权利和不断对文化产品开放自己的市 35
场。

通过 WTO 争端解决,个中考虑国际法,WTO 条款无疑将发生一些演变,而且《UNESCO 公约》按计划很快要生效。但是还需要更多,通过谈判,成员可以开始采取步骤争取就文化产品达成更好的协议——一个能更仔细说明给文化产品以不同待遇的原因和此种特殊待遇的恰当限度的协议。将成员的不肯让步的 1994 年立场放到一边,就能构想出关于 GATT 1994 和 GATS 之下文化产品的新思路,兼顾贸易自由化的目标和成员的文化主权。GATT 1994 第 IV 条不合时宜,可以删除或至少进行修订,而第 XX 条之下现有的一些例外可以保留而不再增加。在 GATS 之下,文化产品也许可以有与其他服务不同的待遇,不是作为例外,而是作为例子表明服务贸易自由化的潜在可能。不是允许 MFN 的豁免和允许成员就其服务减让表的内容进行谈判,而是国民待遇、MFN 和市场准入可以适用得更宽一些,条件是给对文化产品的歧视性补贴以一个相应宽度的例外。对于参加谈判的成员，这些既不是预言也不是处方，它们只是一些想法，显示最终找到解决办法的可能性。

本书的核心内容为两个主要部分。第Ⅰ部分解释成员关于贸易和文化的对立观点怎样导致目前的僵局，使得文化产品对于WTO国际货物和服务贸易的规则只享受有限的例外。处理WTO中的文化产品，一个问题在于将目前对这些产品的做法与应当怎样对待它们的规范问题分开。本书第Ⅰ部分中对这些问题都谈到。第2章考察同意和反对文化政策措施的一些论点，将贸易自由化以及保护或促进文化的目标考虑进去。从这一分析中，我为WTO中如何对待文化产品找出某些准则。在第3章中，我评价这些准则在多大程度上令人满意，并且解释我对WTO中目前对文化产品做法的忧虑，也就是对在乌拉圭回合末尾时谈判的以及在目前多哈回合中要进行谈判的WTO条款的忧虑。我还着
36 重讲到这些条款的若干方面，无论一个人对贸易限制的文化政策措施的合法性有怎样的看法，这些方面似乎都有问题。

在第Ⅱ部分，余下的实质性章节对打破僵局的三个可能的办法进行了评估。首先，在第4章，我考察了可能的裁决途径，即WTO争端解决机制是否能带来对WTO有关条款的折衷理解。具体说，专家组和上诉机构能否以灵活的方式对这些条款进行解释，将WTO不同成员在有关文化和文化产品的国际法影响下形成的对立意见考虑进去？如果是这样，可以不需要进一步谈判和修改WTO协定。接下来，第5章探讨是否可能在现行的WTO协定之外达成一个新的协定或公约，专门协调贸易与文化的关系。这一章的大部分着重介绍有可能在最近的将来对这一关系有重要

影响的 WTO 外部的发展，包括 UNESCO 和各种独立的利益人组织里边的讨论。

第 4 和第 5 两章都指明，如果 WTO 成员不能通过谈判解决，贸易和文化问题的结局可能是什么。不过，在第 6 章，我探讨了 WTO 内部一个可称为议会式的选择方案。我特别考虑了能改进目前对文化产品做法的对 WTO 协定的修改，当中回顾了第 3 章明确提出的指导性意见。某种程度上，这一章将乌拉圭回合发生的辩论重新过了一遍。但是，多哈回合为 WTO 成员就这个困难的领域达成一致提供了再生的机会。第 6 章考虑了多哈回合中正在讨论的一些可能方案，并且提出某些可能处于多哈谈判范围之外的其他建议。这里，我还介绍和评价了其他一些作者为这一领域建议的解决方案。第 7 章，最后一章，把前面章节的结论集中到一起，并从这个角度对多哈谈判进行再评价。

37 2. 文化产品的实例考察：保护主义与文化政策之争

2.1 引言

如乌拉圭回合当中及后来所显示的，成员对文化产品的看法鲜明地不同，其根本原因是什么？简单地讲，一个“倾向文化”的极端立场可以是，文化产品完全不同于其他贸易产品，为了通过文化产品保护或促进本地文化，政府应当有自由以其选择的任何方式对文化产品进行管制并针对外国文化产品设立贸易壁垒。一个“倾向贸易”的极端立场可以是，文化产品与其他贸易产品一样，所谓的通过文化产品保护或促进本地文化，掩盖了纯粹是保护主义的念头（也即想要保护本地产业免受来自国外的竞争）。更何况，歧视性或贸易限制的措施根本无助于促进文化。

在贸易谈判中，WTO 成员一般采取不太极端的立场。所以，举例讲，加拿大谋求谈判出一个关于文化多样性的新文件，“定出明确的基本规则，使加拿大和其他国家能够保留促进自己文化的政策，同时尊重国际贸易体系的规则和保障文化出口的市场”。[①]

① WTO, TPRB, *Trade Policy Review*, *Canada*: *Report by the Secretariat*, WT/TPR/S/112/Rev. 1 (19 March 2003) [IV : 90]. 第 5 章更详细地考察一个新文件的制定过程。

美国承认文化产品含有与其他产品不同的文化因素，但是声称目前的 WTO 规则为成员推行其与文化产品有关的文化目标提供了足够的灵活性。[2] 在能够开始设想有办法达成一项更能满足所有成员利益的妥协之前，理解这些对立的论点，是至关重要的。就国 38
家支持文化产品提出的社会、经济和法律方面的理由，为研究文化在 WTO 中更广泛的含义提供了案例。

费尔霍塞尔（Verhoosel）说，一个国家国内管制的自主权包括两个方面：“与其选择推行的政策目标有关的自主权；和……与推行这些目标所采取的手段有关的自主权。”[3]因此，了解文化政策与保护主义的关系，首先要解决的问题便是，通过文化产品促进或保护文化，本身在 WTO 的范围内是否为合法的管制目标。这取决于文化产品在多大程度上可以被认为是体现了文化，以及 WTO 的规则为政策目标所设定的限度。假定这是一个合法的管制目标，第二个问题便是，WTO 成员是不是可以通过歧视性的手段（无论是针对外国文化产品还是在外国文化产品之间进行的歧视）推行这个目标。回答这个问题，必须分析文化产品市场的特

---

② 见，例如，WTO，服务贸易委员会，*Communication from Hong Kong China, Japan, Mexico, the Separate Customs Territory of Taiwan, Penghu, Kinmen and Matsu, and United States: Joint Statement on the Negotiations on Audiovisual Services*, TN/S/W/49 (30 June 2005) [5]；WTO，服务贸易委员会，*Communication from the United States—Audiovisual and Related Services*, S/CSS/W/21 (2000) [7]-[8]。另见 Bonnie Richardson, 'Hollywood's Vision of a Clear, Predictable Trade Framework Consistent with Cultural Diversity', in Christoph Grabber, Michael Girsburger and Mira Nenova (eds.), *Free Trade versus Cultural Diversity: WTO Negotiations in the Field of Audiovisual Services* (2004) 111, 121-2。

③ Gaëtan Verhoosel, *National Treatment and WTO Dispute Settlement: Adjudicating the Boundaries of Regulatory Autonomy* (2002) 51.

点，以确定非歧视性的措施在通过文化产品促进或保护文化方面是否有同样或更好的作用。如果回答是肯定的，任何情况下以文化为由将文化产品从 WTO 的核心规则中排除，都比较难说得通。

下面，我先分别考察这两个问题，然后考虑如何在 WTO 中评估或审查文化政策措施以将保护主义的措施和真正的文化政策区别开来。就此，我思考文化政策措施的可能动机，这些措施的有效性，以及如何将其对贸易的限制减至最小。本章的一个目的，是为在 WTO 当中改进对文化产品的做法找出一些准则。我在第 3 章
39 评估目前对文化产品的做法，以及在本书第 II 部分评价三个可能的解决方案，均以这些准则为基础。

2.2 国家支持文化产品的合法性

2.2.1 文化产品的性质

如果文化产品对于“消费”它们的那些人仅仅是提供娱乐或帮助消磨时间，就难以理解为什么政府要介入进来以贸易限制的方式给其以支持。但是，说文化产品所起的作用多于娱乐，相当没有争议。一种观点认为，音像制品“在向公众提供信息并因此在形成公众舆论方面发挥着十分重要的作用”。[④] 它们还具有教育功效。[⑤]

---

④ Grischa Perino and Günther Schulze, ‘Competition, Cultural Autonomy and Global Governance: The Audio-Visual Sector in Germany’, Guerrieri, Iapadre and Koopmann *Cultural Diversity* 52,52 (另见 54)。

⑤ Anton Carniaux, ‘L’audiovisuel dans les accords internationaux favorisant le libre-échange: des problèmes économiques et culturels difficiles à négocier’ (1995) 26 *Revue générale de droit* 455,471.

从较低功利的角度,《世界文化多样性宣言》第 8 条说,“文化货品和服务……作为特征、价值和含义的标向,[它们]不应该被当作纯粹的商品或消费品对待”。[6] 在 WTO 里面,巴西强调“音像服务……在传输和传播文化价值和思想”[7]方面的作用,而澳大利亚指出这些服务“促生并反映了澳大利亚多元文化社会内一种国家和文化特征的意识”。[8] 即使美国也承认“音像部门可能有不同的文化特点”。[9]

另一方面,在评价为贸易限制的文化政策措施提出的理由时,不能忽略文化产品的经济重要性。不可否认,与文化的其他较为无形的方面不同,制作并在国内市场和国际贸易中销售文化产品, 40
一般是由利润驱动的。例如,根据经济合作与发展组织(OECD)近期的报告,2003 年全球音乐录制品销售总值为 320 亿美元。[10] 阿多尔诺认为,“文化产业中具有典型性的文化实体物,已经不再也是商品了,它们是彻头彻尾的商品”。[11]

迈克尔·特里比尔科克(Michael Trebilcock)和罗伯特·豪斯认为,“比起本地商业电视网上哪个国家的肥皂剧占用多少分

[6] 另见部长级会议,WTO,*Organisation internationale de la francophonie (OIF)*:*Statement Circulated by HE Mr Abdou Diouf*,*Secretary General* (*As an Observer*),WT/MIN (05)/ST/57 (15 December 2005)。

[7] WTO,服务贸易委员会,*Communication from Brazil—Audiovisual Services*,S/CSS/W/99(9 July 2001) [6]。

[8] 澳大利亚外交和贸易部,*Australian Intervention*。

[9] WTO,服务贸易委员会,*Communication from the United States—Audiovisual and Related Services*,S/CSS/W/21 (18 December 2000) [7]。

[10] OECD,信息经济工作组,*Digital Broadband Content*:*Music*,DSTI/ICCP/IE (2004) 12/FINAL (8 June 2005) 23。

[11] Adorno,*Culture Industry*,86(着重为原有)。

钟，肯定有更严肃的标准来衡量一个社会的文化演变”。[12] 很难与此进行争论，而且加拿大-期刊一案中争执的情况也显示出近似的观点。在该案中，加拿大禁止进口期刊的拆装发行版，[13]它基本上是编辑内容与在加拿大境外发行的版本相同或相近的版本，只是加上了国外版本中没有的主要针对加拿大市场的广告。这项禁止，减少了非加拿大出版商通过向加拿大公司出售广告获取收入的机会，而将这些收入主要留给了加拿大的出版商。不过，出版商仍然可以通过卫星将内容传送给加拿大境内的一家印刷厂，在那里加上加拿大的广告和材料，以这种方式发行拆装版。《体育画报》(*Sports Illustrated*)的美国出版商最后完全就是这样做的，避开了受禁止的进口办法。作为回应，加拿大政府对拆装版期刊中的广告征收 80%的税。[14] 这项征税使在加拿大生产拆装版的成本难以承受，让出版商无法规避对这些版本的禁令。[15] 面对专家组，加拿大解释了自己的“文化”关切，即这些期刊在没有调整内容以针对加拿大读者的情况下赚走了加拿大的广告收入。[16] 可以容易
41 地反驳说，《体育画报》刊载的一类体育新闻和泳装比赛，离“文化”作为“有价值的用益”(即是说，以其丰富社会的内在性质值得国家支持)的概念相去甚远。[17]

---

⑫ Michael Trebilcock and Robert Howse, *The Regulation of International Trade*(2nd edn, 1994) 14. Trebilcock and Howse, *Regulation of International Trade* (3rd edn) 639.

⑬ 专家组认为这项禁令“从内容上”与 GATT 第 XI：1 条不一致：专家组报告，加拿大-期刊，[5.5]. 加拿大不就此意见提出上诉。

⑭ 同上，[2.6]-[2.9]。

⑮ Knight, ‘Dual Nature of Cultural Products’, 171 - 2.

⑯ 专家组报告，加拿大-期刊，[3.27]-[3.31]。

⑰ 见 William Baumol, ‘Applied Welfare Economics’, in Ruth Towse (ed.), *A*

对于文化，也许有比体育杂志和肥皂剧“更严肃的衡量标准”，但这并不意味着这些种类的产品没有文化重要性。所以，《UNESCO 关于参与文化生活的建议》的前言指出，“通过开辟文化发展的空前机会，[以及]通过促进……传统文化形式的保护和推广，和促进新形式的产生和传播，大众媒体能够成为丰富文化的工具”。另外，一个人应当避免试图认为，芭蕾和戏剧之类的“高档”文化比电影和当代音乐之类的“低档”或“通俗”文化价值更大。[18]所有这些事情都是行业。因此，承认两类产品都有文化价值，更加民主，并且可以促进更高度的多样化。如思罗斯比指出的，“不可否认，如‘高档文化’这样一种说法长期以来与社会中富裕和特权阶层的文化消费相联系”。[19]

总而言之，似乎有理由结论说文化产品既有文化也有商业的方面。但这不一定意味着应当允许成员以文化为由采取贸易限制的措施。不过，文化产品的两重性确实意味着，各国可能希望支持文化产品以促进或保存文化的声称，值得进一步考虑。

2.2.2 通过文化产品促进或保存文化

在肯定文化产品中存在某些文化因素之后，我现在考察，通过文化产品促进或保存文化是不是 WTO 成员的合法管制目标。首

Handbook of Cultural Economics (2003) 20,22－3。

⑱ 关于这个区分，见 Richard Caves, *Creative Industries: Contracts between Art and Commerce* (2000) 186－8。

⑲ Throsby, *Economics and Culture*, 117. 另见 Kevin Mulcahy, 'Cultural Policy: Definitions and Theoretical Approaches' (2006) 35(4) *Journal of Arts Management, Law, and Society* 319,324－5。

先，基于第 1 章讲述的原因，不应当仅仅因为它明显地被排除在
42 GATT 第 XX 条之外，便认为通过文化产品促进或保存文化是 WTO 成员的一个非法的管制目标。[20] 类似的道理对于 GATS 第 XIV 条也适用。

接下来要做的，是找出任何证据，表明这实际上是成员的一个合法的管制目标。关于 WTO 内文化政策措施的合法性，WTO 协定中可能含有一些证明（即 GATT 第 IV 条）。但是，以这种方式来寻找证据，有些兜圈子，因为本章的目的是为确定在 WTO 中"应当"怎样对待文化产品提供一个基础。指出 WTO 成员文化政策措施或声明的实例作为这些措施合法性的证据，同样于事无补，特别是当成员在国际贸易的范围里对这个问题似乎持有很不同的观点时。而值得去做的是，找出表明文化（特别还有文化产品）的价值和表明为保存该价值需要政府干预的国际或多边非贸易机构、协议或者声明。此种方法也符合这个事实推定，即对 WTO 的规则不应进行"临床隔离"式（in clinical isolation）的解读，[21]脱离国际规范[22]或国际法，[23]如第 4 章中进一步讨论的。

在国际层次，UNESCO 在文化方面起有主要作用。[24] 它的成立，是"为了通过世界各民族的文化关系促进国际和平的目标以及

---

[20] 见上，9 - 11。

[21] 上诉机构报告，美国-汽油，17。另见 Gabrielle Marceau，'A Call for Coherence in International Law — Praise for the Prohibition against "Clinical Isolation" in WTO Dispute Settlement'(1999) 33(5) *Journal of World Trade* 87。

[22] 见，例如，《TBT 协定》，第 2.4 - 5 条；《SPS 协定》，第 3.1 - 2 条；Mattoo and Subramanian，'Regulatory Autonomy'，321。

[23] 见，例如，美国-海虾，[130]。

[24] 见，例如，UNESCO，*UNESCO and the Issue of Cultural Diversity*：*Review and Strategy*，*1946 - 2004*（revised version，September 2004）。

人类的共同福祉”。[25] 到 2005 年 3 月，UNESCO 有 191 个成员国和 6 个非正式成员，[26]里面包括 150 个 WTO 成员中除少数以外所有的。[27] UNESCO 的《关于保护和保存活动影像的建议》，承认 43
活动影像（定义为包括电影和电视）的文化重要性。[28] 建议的前言亦承认“国家有权力采取适当措施保护和保存活动影像”。UNESCO 的《关于保护传统文化和民间文学的建议》，要求各国为培育或掌握包括文学和音乐在内的民间文化项目的个人或机构，提供道义和经济的支持。[29] UNESCO《关于参与文化生活的建议》第 10(a)段要求成员国“创造社会、经济和资金方面的条件，这些条件应当能为艺术家、作家和音乐作曲者自由地从事创造性的工作提供必要的基础”。

这些简要的例子表明非贸易范围内对文化价值的多边承认，以及支持文化，包括文化产品的政府措施的合理性。因此，它们有助于支持我的结论，即通过文化产品促进或保存文化是 WTO 成员的一个合法管制目标。更困难的问题在于，WTO 的规则是否应当允许成员以歧视性或贸易限制的方式推行这一目标。

---

[25] UNESCO, *A Constitution of the United Nations Educational, Scientific and Cultural Organization* (16 November 1945), preamble.

[26] 见 <WWW. unesco. org/general/eng/about/members. shtml>（accessed 4 August 2006）。

[27] 列支敦士登和新加坡为 WTO 成员但不是 UNESCO 成员国。WTO 成员资格不限于国家：《马拉喀什协定》，第 XI：1，WII：1 条。下列 WTO 成员不是 UNESCO 成员国或非正式成员：欧共体，中国香港和中国台北。澳门是 WTO 成员和 UNESCO 非正式成员。

[28] 21 C/Resolutions, annex I, 156 (27 October 1980) [19(a)].

[29] UNESCO, *Recommendation on the Safeguarding of Traditional Culture and Folklore*, 25 C/Resolutions, annex I(B), 238 (15 November 1989) [D(d)].

2.3 歧视性文化政策措施的理由

2.3.1 文化产品的市场

国内市场或国际贸易的自由化，“在广泛的情况下是一个提高经济效率的手段”。[30] 如果某一个国家中的消费者偏好外国而不是本地的文化产品，让该国的文化产业垮掉，是不是经济效率高所以不如这样做？一个重要的倾向文化的回答是，与文化产业相关
44 联，有各种各样的市场失败发生，需要政府干预以消除这些失败。如 UNESCO 关于贸易与文化的入门介绍声称的，“难于争论讲市场本身的自我调节到一定程度便可以保证文化产品国际贸易的良好发展。迄今为止，光是市场自己似乎没有能够保证选择的多样化、人人有进入机会以及公平的竞争。”[31]类似地，联合国人权委员会认为，“光靠市场力量不能保证文化多样性的保护和促进”。[32]

在本节中，我对要求承认文化产品的市场失败的各种理由进行仔细分析。假定这些失败确实存在，政府的干预也许有道理，只要带来的损失或扭曲低于一开始的市场失败所造成的。[33] 本章再

[30] UNCTAD and World Bank，*Liberalizing International Transactions*，37. 关于一般地倾向经济上有效率的结局的原因，见 Sykes，‘Comparative Advantage’，57－9。

[31] UNESCO，*Culture*，*Trade and Globalization*，q. 22.

[32] UN，人权委员会，*Promotion of the Enjoyment of the Cultural Rights of Everyone and Respect for Different Cultural Identities*，E/CN. 4/RES/2002/26 (22 April 2002) [13]。

[33] WTO，*World Trade Report* 2004：*Exploring the Linkage between the Domestic Policy Environment and International Trade* (2004) 151.

后部分，我分析可予同意的政府干预的形式和程度。显然，以此为根据替政府支持文化产品辩护，要借助本章前几节得出的结论，也就是文化产品既有文化又有商业的特点，通过文化产品促进或保存文化是 WTO 成员的合法管制目标。

A. 美国的支配地位

埃德温·贝克(Edwin Baker)认为，其他人也同意，[34]文化产品一般能够以低成本复制供许多人同时使用[35]，这种情况解释了为什么美国支配着音像制品的市场。他具体地提出，特定一种音像制品的潜在收益，不取决于每个消费者支付的价格，而是取决于消费者的数量。在更大更富裕的国内市场中，潜在的收益更大因而生产预算也更大。当产品投入交易，全世界的消费者往往会倾
向于那些预算更大的产品，即那些针对如美国这样更大更富裕的 45
国内市场而生产的。[36] 接着，贝克认为，像美国这样的大部分收益

㉞ 见，例如，Peter Grant and Chris Wood, *Blockbusters and Trade Wars: Popular Culture in a Globalized World* (2004) 45－47; Pierre Sauvé and Karsten Steinfatt, 'Towards Multilateral Rules on Trade and Culture: Protective Regulation or Efficient Protection?', in Productivity Commission (ed.), *Achieving Better Regulation of Services* (2001) 329－31。

㉟ Edwin Baker, 'An Economic Critique of Free Trade in Media Products' (2000) 78 *North Carolina Law Review* 1357, 1378－9. 参看 Acheson and Maule, *Much Ado About Culture*, 93, 95。

㊱ Cowen 还认为，美国的人口比欧洲人口年轻，进一步缩小了欧洲市场的规模，因为"去电影院是年轻人的活动"：Tyler Cowen, *Creative Destructions: How Globalization is Reshaping World Cultures* (2002) 77。另见 John Barton, 'The Economics of TRIPS: International Trade in Information-Intensive Products' (2001) 33 *George Washington International Law Review* 473, 498; John Barton, 'The International Video Industry: Principles for Vertical Agreements and Integration' (2004) 22 *Cardozo Arts and Entertainment Law Journal* 67, 85。

来自出口的国家，更有可能开发具有更大“普遍”吸引力（相对于“异国”或“本土”吸引力）的产品。[37] 结果是，当稍微成功的出口型产品使受众较少的内销型产品无法生存时，便出现市场失败。[38]换句话讲，当音像制品变得无法商业化生存，“即使其生产和发行也许是对社会资源的有益利用”[39]，市场就失败了。

贝克为政府干预提出的理由，是推定消费者一般地倾向于以较大预算制作的音像产品。这是可以争论的。在有些情况下，更大的预算也许意味着更好的产品。例如，通过允许使用更好的剧装、道具、演员或特殊效果。另外，如克里斯托夫·格雷伯（Christoph Graber）和克里斯托弗·杰尔曼（Christophe Germann）认为的，更大的营销预算还可以增加某一部电影成功的可能性。[40]但是，更多的钱并不一定意味着产品更好或者观众更多，较小预算的制作有时候会取得与较大预算的制作相同或者更大的成功。举例说，2005年8月，较小预算的美国电影《九死一生》（*Nine Lives*）在瑞士的卢伽诺电影节上获得最高奖。[41]类似的有，印度电影的平均预算虽然比较小，[42]但印度生产的电影却多于其他任何国家，[43]印度的电视

---

[37] Baker，'Economic Critique'，1382 - 4.

[38] 同上，1386 - 8。

[39] 同上，1385。

[40] Graber，*Handel und Kultur*，220m 331-2；Christophe Germann，'Culture in Times of Cholera：A Vision for a New Legal Framework Promoting Cultural Diversity'（2005） 1 *ERA-Forum* 109，116-7. 另见 Hesmondhalgh，*Cultural Industries*，157-60。

[41] 'Nine Lives takes top Swiss award'，*BBC News*（14 August 2005）。

[42] 被 Mukherjee 引述，'Audio－Visual Policies'，222-3。

[43] 同上，219；Julia Nielson and Daria Taglioni，*Services Trade Liberalisation：Identifying Opportunities and Gains*，OECD Trade Policy Working Paper No. 1 （2004）［3 - 4］。

和电影在国际上有很大的需求：

> 侨居的印度人与母国保持着密切的文化和语言联系，非 46
> 居民的印度人对印度语的节目有强劲和日益增加的需求。语言和文化相近的其他南亚社群（如巴基斯坦、孟加拉国、斯里兰卡等）也发生对印度语节目的相当的需求。[44]

另外，美国以外国家的文化产业可能严重依赖出口，因此，按照贝克的理论，会更有可能制作具有普遍吸引力的产品。例如，在埃及，“电影的国内收益抵偿不了制作成本，因此，对外在阿拉伯世界里发行是收益的主要来源”。[45] 另外，不光是人口多的国家在商业或出口上取得成功。实际上，人口少可以导致对出口的依靠。牙买加和瑞典的成功的音乐业，大量地依靠出口，[46]而澳大利亚的文化产业也越来越面向出口。[47] 荷兰是向英语世界输出电视节目制作的少数主要欧洲国家之一。荷兰的恩德莫尔（Endemol）公司（后来被西班牙的 Telefónica 公司收购）制作了情景节目《邻家大

---

[44] Mukherjee, ‘Audio-Visual Policies’, 241. 另见 Nielson and Taglioni, *Services Trade Liberalisation*, [33]; Hesmondhalgh, *Cultural Industries*, 189 - 93。

[45] Ghoneim, ‘Audio-Visual Sector in Egypt’, 205. 另见 Acheson and Maule, ‘Canada—Audiovisual Policies’, 163; Nielson and Taglioni, *Services Trade Liberalisation*, [36]。

[46] Dominic Power and Daniel Hallencreutz, ‘Profiting from Creativity? The Music Industry in Stockholm, Sweden and Kingston, Jamaica’, in Power and Scott, *Cultural Industries*, 224, 225 - 33.

[47] Chris Gibson and John Connell, ‘Cultural Industry Production in Remote Places: Indigenous Popular Music in Australia’, in Power and Scott, *Cultural Industries*, 243, 244.

哥》(*Big Brother*),至2002年已在17个国家制作。[48]

贝克指出,任何朝向由美国主导音像制品趋势,都会在某种程度上受到一种“文化重视”(cultural premium)[49]的反制,也就是,消费者偏好本地产品或者用本地语言讲本地事情的产品。[50] 这些偏好不一定按照国界划分,并且它们可能随着时间而变化。例如,
47 对本地文化产品的偏好,随着与外国文化产品接触的增加,有可能减弱。[51] 这可能意味着,在习惯于外国文化产品(无论是配音还是配字幕的)的国家,文化重视会消失,而在不经常接触这些产品的国家则不会。

有些评论者认为,多样性和地方文化受到威胁,因为讲英语的市场的规模,意味着其产品的定价总是低于较小语言社群的产品;[52]更具体地讲,在一些国家里,购买美国的文化产品比购买本地的要便宜。[53] 有些人称,美国的电影和电视节目,其制作成本在

---

[48] Deniz Eröcal,*Case Studies of Successful Companies in the Services Sector and Lessons for Public Policy*,DSTI/DOC(2005)7,OECD Directorate for Science,Technology and Industry Working Paper 2005/7 (15 June 2005) 60.

[49] Grant and Wood,*Blockbusters and Trade Wars*,124.

[50] Baker,‘Economic Critique’,1381 - 2. István Kónya,‘Modeling Cultural Barriers in International Trade’(2006) 14(3) *Review of International Economics* 494,495.

[51] Herman Galperin,‘Cultural Industries Policy in Regional Trade Agreements: The Cases of NAFTA,the European Union and MERCOSUR’(1999) 21(5) *Media,Culture & Society* 627,628;Günther Schulze,‘International Trade’,in Towse,*Handbook* 269,269,273;Günther Schulze,‘International Trade in Art’(1999) 23(1) *Journal of Cultural Economics* 109,121,125. 另见 Kónya,‘Modeling Cultural Barriers’,495。

[52] Lyndel Prott,‘International Standards for Cultural Heritage’,in UNESCO (ed.),*World Culture Report*:*Culture*,*Creativity and Markets* (1998) 222,229. 另见 Dehesa,*Winners and Losers*,167 - 8;Barton,‘Economics of TRIPS’,482。

[53] 见,例如,澳大利亚广播署,‘Trade Liberalisation in the Audiovisual Services

庞大的美国国内市场收回以后，便被“倾销”到国外市场。[54] 例如，克里斯托弗·格雷伯暗示说，好莱坞制作工场的纵向整合，使得这一领域因此无法进行“公平竞争”。[55] 但是，考虑到英语的共用性，以及如加拿大和美国文化之间的广泛近似性，很难理解为什么加拿大的电影就不能吸引美国的观众。在提供方，虽然从生产到发行和放映的系列，可能比较容易在国内建立[56] 并部分地受到现有 48
网络的限制，[57] 但是加拿大的电影可以利用巨大的美国市场（除了加拿大的市场）来扩大销售和降低价格，[58] 尤其是有新技术能够使

Sector and Safeguarding Cultural Diversity'（受亚-太广播联盟委托，1999 年 7 月）iii，3；Carniaux，'L'audiovisuel'，465 - 6；Grant and Wood，*Blockbusters and Trade Wars*，19，131。

[54] 见，例如，Grant and Wood，*Blockbusters and Trade Wars*，133；Prott，'International Standards'，229；Redner，*Conserving Cultures*，77；Dehesa，*Winners and Losers*，168. 但是见 Cowen，*Creative Destructions*，90 - 1；Colin Hoskins，Adam Finn and Stuart McFadyen，'Television and Film in a Freer International Trade Environment：US Dominance and Canadian Responses'，in McAnany and Wilkinson，*Mass Media and Free Trade* 63，70 - 1；Footer and Graber，'Trade Liberalization and Cultural Policy'，135。

[55] Christoph Graber，'WTO：A Threat to European Films?'（paper presented at the Conference on European Culture，University of Navarra，Pamplona，28 - 31 October 1991）V. 参见 Bernier，'Cultural Goods and Services'，119 - 21；Hesmondhalgh，*Cultural Industries*，135 - 54；Messerlin，*Measuring the Costs of Protection*，328；Jeremy Rifkin，'When Markets Give Way to Networks... Everything is a Service'，in John Hartley（ed.），*Creative Industries*（2005）361，363 - 65；Shalini Venturelli，'Culture and the Creative Economy in the Information Age'，in Hartley，*Creative Industries*，391，397；Barton，'International Video Industry'，71 - 2，79 - 80。

[56] Richard Caves，*International Trade*，*International Investment and Imperfect Markets*（November 1974）11.

[57] Sam Cameron，'Cinema'，in Towse，*Handbook* 114，115；Bernier，'La dimension Culturelle'，246；Germann，'Culture in Times of Cholera'，123 - 4；Christophe Germann，'Diversité culturelle à l'OMC et l'UNESCO à l'exemple du cinéma'（2004）3 Revue Internationale de Droit Economique 325，338.

[58] Neil Coe and Jennifer Johns，'Production Clusters：Towards a Critical Political Economy of Networks in the Film and Television Industries'，in Power and Scott，*Cultural Industries*，188，199.

发行进行得更快更便宜。[59]

然而，让我们假定贝克和其他人是正确的，即文化产品的特殊方面和对它们的市场需求（而不是对纯技术或优质产品的）[60]是美国在这个领域占据支配地位的原因。这不过意味着，由于一些因素，如机遇、[61]历史，或美国市场的规模或年头，[62]美国目前在生产和销售文化产品方面可能具有相对优势。[63] 如已经提到的，相对优势理论是 WTO 的基础，而从贝克的论点，看不清楚为什么这会给文化产品带来独特的问题。罗纳德·卡斯（Ronald Cass）和理查德·博尔塔克（Richard Boltuck）对消除国际贸易中的“不公平性”的要求提出了告诫，因为“走到极端，平等可能意味着消除相对优势的全部来源，而相对优势是贸易收益的基本来源”。[64] 所以，如果美国在生产成功的商业电影上确实更强，即便这可能使其他

---

[59] 见，例如，澳大利亚通讯信息技术和艺术部，*Report on Access to Overseas Markets for Australia's Creative Digital Industry*（12 December 2003）45 – 62；Shaun French et al.，'Putting E-commerce in Its Place：Reflections on the Impact of the Internet on the Cultural Industries'，in Power and Scott，*Cultural Industries*，54，63；Richardson，'Hollywood's Vision'，119；OECD，信息经济工作组，*Digital Broadband Content：Music*，DSTI/ICCP/IE(2004) 12/FINAL（8 June 2005）31 – 37，47 – 54。

[60] 有些人会说“欧洲音像产业遭遇的困难”实际上导源于与质量有关的因素，如“非专业的作词”，“缺乏专业性”以及“由银行家做生产决定”：Eric Morgan de Rivery，'Unresolved Issues in the Audiovisual Sector and the US/EC Conflict'，in Bourgeois，Berrod and Fournier，*Uruguay Round Results*，435，441 – 2。

[61] Sykes，'Comparative Advantage'，56.

[62] Hoskins，Finn and McFadyen，'Television and Film'，71 – 3.

[63] 参见，Michel Ghertman and Allègre Hadida，'Institutional Assets and Competitive Advantage of French over U. S. Cinema：1895 – 1914'(2005) 35(3) *International Studies of Management and Organization* 50。

[64] Ronald Cass and Richard Boltuck，'Antidumping and Countervailing-Duty Law：The Mirage of Equitable International Competition'，in Bhagwati and Hudec，*Fair Trade and Harmonization* 351，359（另见 391）。

的电影行业处于劣势，也不应该被说成是不公平的一个起因。如 49
果美国文化产品的成功，是美国政府在自己国内市场推行保护主义措施的结果，恰当的回应应该是，通过将音像服务纳入国民待遇的规则来对付那些措施，而不是让音像服务不受这个规则的约束。如果文化产品供应的市场过于集中，[65]使得供应商可以做违反竞争的事情，[66]就可能需要通过国内或国际的竞争法律来解决。[67]

以美国的文化产品为事由使文化政策措施合理化，也可能过于以欧洲为中心了。希望支持文化产品的 WTO 成员，并非全都以美国产品的入侵为主要的关切。如阿尔琼·阿帕多拉伊(Arjun Appadurai)解释的：

> 对于伊利安查亚(Irian Jaya)人，印度尼西亚化也许比美国化更令人担心，就像日本化也许对于韩国人，印度化对于斯里兰卡人，越南化对于柬埔寨人，以及俄罗斯化对于前苏维埃亚美尼亚和波罗的海各共和国的人……对于较小的政体，总有一种担心，较大的政体，特别是那些邻近的，在文化上将自己同化。[68]

---

[65] 见，例如，Caves，*Creative Industries*，157 - 8，314；Coe and Johns，'Production Clusters'，191，202；David Held et al.，*Global Transformations*：*Politics*，*Economics and Culture* (1999) 346 - 50；Ruth Towse，'Cultural Industries'，in Towse，*Handbook* 170，172 - 3。

[66] Grant Wood，*Blockbusters and Trade Wars*，87，357.

[67] 见下，243。

[68] Arjun Appadurai，*Modernity at Large*：*Cultural Dimensions of Globalization* (1996) 32. 另见考恩提到"海地帝国主义"(Haitian imperialism)，*Creative Destructions*，1. 即使在欧共体内部，较小的成员国可能同样担心音像市场被较大的成员国支配：Carniaux，'L'audiovisuel'，470 - 1。

另外，如艾奇逊和莫尔指出的，WTO成员里面的文化关切也可能不同：

> 世界英语市场中美国与加拿大英语区的关系，如同世界法语市场中法国与加拿大法语区的关系。一个不对等的关切是，法国还要保护电影、广播和录制音乐的法语市场免受从加拿大其他地区或海外来的英语电影的竞争。[69]

50 最后，文化产品市场的动态，会随着各国发展自己的文化产业而发生变化。即便现在许多国家主要担心美国，这也会随着时间改变，[70]尤其是新技术使获得来自全世界的文化产品变得更加容易，使每个国家在赚取利润方面更少依赖其本国市场，从而降低了本国市场的规模在决定成功方面的重要性。类似地，美国当前可能受益于专业化的劳动力[71]和基础设施形成的经济"集群"，便于在特定的领域（最明显的是好莱坞的电影业）制作成功的文化产品。然而，在美国之外，也有文化产业的集群存在（例如，录音在牙买加和英国，[72]电影在孟买），[73]而且今后也会发展起新的集群。例如，由于加拿大的低生产成本，位于温哥华的"外迁"电影生产越来越

---

[69] Acheson and Maule, 'Canada－Audiovisual Policies', 156. 但是，关于魁北克的立场，见 Daniel Saleé, 'NAFTA, Quebec and the Boundaries of Cultural Sovereignty: The Challenge of Identity in the Era of Globalization', in Dorinda Dallmeyer (ed.), *Joining Together, Standing Apart: National Identities after NAFTA* (1997) 73, 74－5。

[70] 关于文化流动的活力性，见 Held et al., *Global Transformations*, 369。

[71] Schulze, 'International Trade', 273.

[72] French et al., 'Putting E-commerce in Its Place', 59.

[73] Schulze, 'International Trade', 273.

成功，可能危及好莱坞的统治地位。[74] 在这些情况下，以文化产品本身的特点作为支持政府干预的理由，可能比攻击美国文化产业支配地位的论点更站得住脚。

B. 文化产品的积极外在性

赞成国家支持文化产品的其他论点，依据的是一般文化产品的性质，而不是任何特定国家的文化产品。例如，克里斯·伍德(Chris Wood)在《重磅炸弹与贸易战》(*Blockbusters and Trade Wars*)一书的合著人注录中写道：

> 无论是什么问题在困扰着加拿大通俗文化的市场，它们都与该文化的产品或其生产者没有什么关系。那些问题甚至并不是加拿大所特有的。问题全在于一般文化产品的独特的经济表现。该种表现及其负面影响，在美国和在其他任何地方一样明显。失败在于市场，而不在于文化。[75]

加拿大联邦文化政策审查委员会的一项报告，称文化活动为一种 51
“有价值的用益”(a merit good)，并强调“文化活动对于释放社会的创造性潜力，对于启迪和丰富人格，具有明显的价值”。[76] 该委

---

[74] Coe and Johns, 'Production Clusters', 197. 另见 Ted Magder, 'Film and Video Production', in Michael Dorland (ed.), *The Cultural Industries in Canada: Problems, Policies and Prospects* (1996) 145, 174; Patrick Messerlin and Emmanuel Cocq, 'Preparing Negotiations in Services: EC Audiovisuals in the Millennium Round' (paper presented at the World Services Congress on Services: Generating Global Growth and Opportunity, Atlanta, 1 - 3 November 1999) 13。

[75] Grant and Wood, *Blockbusters and Trade Wars*, 9 (着重为原有)。

[76] 加拿大通讯部, *Report of the Federal Cultural Policy Review Committee* (1982) 68。

员会认为，市场有可能不“反映对于文化产品的全部需求”。[77] 尤其是，现在消费者对文化产品的需求，顶多只是显示了其对当今一代的益处，而实际上，文化产品(不同于大部分其他消费产品)还经常将持久的好处传递给一代代后人。[78] 该委员会还认为，公众多半不了解文化活动带来的社会效益，有必要进行干预以改变这种认知失误。[79]

这为国家支持文化产品提出一个重要的经济理由：即文化产品具有积极外在性，表现为消费者以外的人通过文化产品的消费而受益。[80] 例如，颂扬本地文化的文化产品可以促进社会纽带或激发消费者对自己的社群作出更多贡献。它们还可以提高一个国家的国际声誉。[81] 较之其他种类的产品，社会还可以在更大程度上通过文化产品的单纯存在以及它们对于国家凝聚力和国家认同的促进而受益。[82] 一些人可能看重“一个强大和多信息的公共广播系统，即使他们自己多半观看私营频道上的娱乐节目”。[83]

---

⑦ 同上，65。

⑧ 同上。

⑨ 同上，68。

⑩ WTO，*World Trade Report 2004*，150. Graber，*Handel und Kultur*，67 - 9；Tyler Cowen，*Good and Plenty*：*The Creative Successes of American Arts Funding*（2006）12.

⑪ Baumol，'Applied Welfare Economics'，22.

⑫ Marcel Canoy，Jan van Ours and Frederick van der Ploeg，'The Economics of Books'（Working Paper No. 1414，Center for Economic Studies and Institute for Economic Research，2005）11 - 12；Bruno Frey，'Public Support'，in Towes，*Handbook*，389，391；Bernier，'La dimension culturelle'，248 - 9；Cowen，*Good and Plenty*，24 - 5.

⑬ Markus Krajewski，*National Regulation and Trade Liberalization in Services*：*The Legal Impact of the General Agreement on Trade in Services*（*GATS*）*on National Regulatory Autonomy*（2003）19.

不过，消费者也许不愿意为文化产品的这些更广泛的社会效益付钱，[84]或者是因为他们没有意识到这些效益的存在（信息不足），[85]或者是因为他们对这些效益根本不关心（私人价值低于社会价值），[86]或者是因为他们想到可以靠别人花费来享受这些效益（搭车问题）。这样一来，体现地方文化的文化产品可能面临消费不足和生产不足的危险。类似的外在性或许可以解释为什么需要公共干预来支持某些研究和开发活动[87]或者历史遗址的保护。[88] 52

公共产品可以被看作是外在性的一个具体的例子。[89] 纯粹的公共产品是非对立性的（一个人消费它们不会缩小其他人消费它们的能力）和非排除的（它们不可能被限于某些消费者）；因此，产生积极（而不是消极）外在性的公共产品，在没有政府供给和支持的情况下，生产量会不足。"非纯粹的"公共产品，可能部分地具有对立性和排他性，也会面临生产不足的困境。[90] 公共产品的益处，可以从一个人传给下一个人，从一代人传给下一代人，[91]甚至（如

---

[84] Throsby, *Economics and Culture*, 32.

[85] Frey, 'Public Support', 392.

[86] 反过来，"从利润出发的"生产决策可能"忽视文化进口的社会成本"：Glenn Withers, 'Broadcasting', in Towse, *Handbook*, 102, 106。

[87] WTO, *World Trade Report 2004*, 170 - 4.

[88] Ismail Serageldin, 'Cultural Heritage As Public Good: Economic Analysis Applied to Historic Cities', in Inge Kaul, Isabelle Grunberg and Marc Stern (eds.), *Global Public Goods: International Cooperation in the 21st Century* (1999) 240, 241, 244.

[89] Inge Kaul, Isabelle Grunberg and Marc Stern, 'Defining Global Public Goods', in Kaul, Grunberg and Stern, *Global Public Goods*, 2, 5.

[90] Krajewski, *National Regulation and Trade Liberalization in Services*, 15.

[91] Todd Sandler, 'Intergenerational Public Goods: Strategies, Efficiency and Institutions', in Kaul, Grunberg and Stern, *Global Public Goods*, 20.

果是全球公共产品)[92]传给全世界的人。就像生物多样性,[93]文化或文化多样性可以被称作是一种公共益处。[94] 只要文化产品增进文化多样性,它们就可能也有公益的方面。[95] 例如,就广播而言:

> 节目一经制作并传送,几乎不需要再增加资源成本,便可以将更多的观众和听众包括进来。高于这种零成本的定价,便排除了本来很愿意为接受服务而负担成本(零)的消费者。
> 53 这根本就是分配上的低效率。[96]

不错,文化产品可能会有某些程度的排他性(例如通过知识产权)和有对立性(例如,就一本纸印书,在一个时间只能有一个人舒服地阅读);但是它们还体现文化,不同文化产品的存在提高了文化的多样性,而文化多样性的排他性和对立性较为不明显。文化的全球公益性(即国家之间而不只是国家里边的多样性)也可以说明为什么意识到需要在促进文化多样性方面进行国际合作。[97]

对此,另一种说法是承认文化价值和经济价值不一定是等边

---

[92] Kaul, Grunberg and Stern, 'Defining Global Public Goods', 2 - 3; Keith Maskus and Jerome Reichman, 'The Globalization of Private Knowledge Goods and the Privatization of Global Public Goods', in Maskus and Reichman, *International Public Goods*, 3, 8.

[93] Kaul, Grunberg and Stern, 'Defining Global Public Goods', 5.

[94] Serageldin, 'Cultural Heritage as Public Good', 240.

[95] Throsby, *Economics and Culture*, 23; Baumol, 'Applied Welfare Economics', 22; Graber, *Handel und Kultur*, 62 - 4.

[96] Withers, 'Broadcasting', 111.

[97] 见 WTO, *World Trade Report 2004*, 151。一般性见 Lisa Martin, 'The Political Economy of International Cooperation', in Kaul, Grunberg and Stern, *Global Public Goods*, 51。我在第 5 章讨论促进文化多样性的国际合作。

际的。思罗斯比认为，文化和经济价值（或社会和私人价值）之间完全可以存在积极的相互关系，也即是说个人可能愿意为有较高文化价值的东西支付较高的价格。不过，由于上面解释的原因，这一相互关系不可能是十全十美的。[98] 至少在一些情况下，文化和经济价值的相互关系甚至可能是消极的："例如，假如采用'高档'文化的标准（保守的、精英的、强权的、专制的），便有可能认为无调性古典音乐是一种有高文化价值和低经济价值的商品，而电视肥皂剧是一种有高经济价值和低文化价值的货品。"[99]个人愿意为文化产品支付的数额不能反映该文化产品对于整个社群的文化价值，到这个程度，便可以说市场已经失败。

抽象地看，这样的理由似乎有说服力。它解释了为什么政府会希望干预文化产业。但是，关于市场失败的这些论据，记住两点
是重要的。第一，如果太轻易接受，它们可能被用来支持对一大批 54
行业的干预，因为许多产品（尤其是服务）都具有积极外在性和公益性的方面。第二，存在市场失败，本身并不能说明以贸易限制的措施进行回应是有理由的。还不如，有必要分析一下具体情况，以确定是否可以用非歧视性的办法来应付市场失败。如前面提到的，扭曲贸易的文化政策措施，只有在其成本低于一开始发现的市场失败所造成的那些成本时，才是有理由的。政府干预也有可能失败，例如，由于"政客的动力来自重新当选的需要，而不是任何直

[98] David Throsby, 'Cultural Capital' (1999) 23 *Journal of Cultural Economics* 3, 8; Throsby, *Economics and Culture*, 34; David Throsby, 'Seven Questions in the Economics of Cultural Heritage', in Michael Hutter and Ilde Rizzo (eds.), *Perspectives on Cultural Heritage* (1997) 13, 16. 另见 Jagdish Bhagwati, *The Wind of the Hundred Days: How Washington Mismanaged Globalization* (2000) 209–14。

[99] Throsby, *Economics and Culture*, 34.

接的积极性去提供尽可能扩大福利的文化政策”，[100]而且“政客和公职官员受到压力集团的影响”。[101] 就此，我现在来讨论文化政策措施中歧视的必要性。

2.3.2 歧视的必要性

A. 针对外国文化产品

关于歧视外国文化产品的必要性，有两个问题提出来。第一个，通过对文化产品进行不区分来源的管制推行保护或促进本地文化的合法目标，是否可能或者是否可取——即是说，实行的管制不专门针对源自国外的产品（指进口货物，以 GATS 四种模式之一提供的服务，[102]或这些服务的提供商）？如果是这样，文化政策措施便不需要实行不符合国民待遇原则的法定歧视。第二，能否使这些措施避免出现事实上的歧视？

是否需要有专门歧视外国文化产品的文化政策措施，在某些程度上取决于政府所要促进或保护的文化的性质。贝克指出两种不同的文化概念。认为需要保护贝克倾向的“对话的”（dialogic）意义上的文化，着眼点在为一个社群的成员在形成本社群的特征和价值的过程当中提供相互交谈的机会。贝克解释说，“对话的概念，目标是保持（或开启）活跃的地方文化交谈。而这个目标，要求
55 保存（或建立）地方的文化产业”。[103] 更具体地讲，没有地方文化产

[100] Frey，‘Public support’，395.

[101] 同上，396。

[102] 见下，86。

[103] Baker，‘Economic Critique’，1370. 另见 Rowland Lorimer，‘Book Publishing’，in Dorland，*Cultural Industries in Canada* 3，27。

业，地方文化的"宣讲人"便可能无从宣讲。从另外角度，一些评论者强调文化和文化产品在促进政治观点多元化进而发展有效的民主制度方面的作用。[104] 文化的这一观念，与WTO成员就文化保护的必要性所作的某些声明一致。例如，称文化为一种"表达"[105]的工具或传导和播撒"价值和思想"[106]的工具，似乎反映了认为文化是社群成员之间一种交流手段的观点。[107]

要依照对话的概念促进或保存文化，一项文化政策措施必须关照源自有关文化"社群"的文化产品，无论它们的内容或无论它们代表了"高档"还是"低档"文化。换言之，一部电影或图书的文化重要性，不在于它说了什么，而在于是谁在说。一部关于法国的美国电影，在对话的意义上与推广法国文化无关，而一部美国情景电视节目的法文版会与此很有关。但是文化不一定跟着国界走。[108] 例如，政府可以指定一个文化社群，它或者位处本国的一个特定地区，或由国内一个特定的少数群体组成，或者由整个国家的

---

[104] 见，例如，Germann，'Culture in Timesof Cholera'，113；*Graber，Handel und Kultur*，72，339 - 40；Mulcahy，'Cultural Policy'，329；Ivan Bernier，'Trade and Culture'，in Macrory，Appleton and Plummer，*The World Trade Organization*（vol. II）747，780 - 1。另见 Hesmondhalgh，*Cultural Industries*，240 - 1；Michael Hahn，'Eine kulturelle Bereichsausnahme im Recht der WTO?'（1996）56 *Zeitschrift für ausländisches öffentliches recht und Völkerrecht* 315，324，345 - 6；Barton，'International Video Industry'，86 - 8；Productivity Commission，*Broadcasting*，Inquiry Report No. 11 (3 March 2000) 328。

[105] 上诉机构报告，加拿大-期刊，31。

[106] WTO，服务贸易委员会，*Communication from Brazil－Audiovisual Services*，S/CSS/W/99 (9 July 2001)［6］。

[107] 另见 Gibson and Connell，'Cultural Industry Production in Remote Places'，256。

[108] Appadurai，*Modernity at Large*，160 - 1；Galperin，'Cultural Industries in Regional Trade'，637.

人口组成。[109] 无论如何，这都会涉及以法定方式歧视外国文化产品，而外国文化产品以其定义不会起源于有关的社群。

安德鲁·马斯-科勒尔(Andreu Mas-Colell)称这种措施是在
56 “保护本国文化生产”，并怀疑这种生产与“鞋子的情况”是否有实质性区别。[110] 豪斯指出，“法律经济学者总会想象，有一种假定的能使福利最大化的管制手段，可以不借助贸易限制而实现公共目标；自然的结论是，选择任何其他的手段，都是出于保护主义的措施”。[111] 法律经济学者的想象，可能如下面所说的适用于对文化产业的管制。为保护或保存本国文化，一个 WTO 成员可能决定，实行管制，不是根据电影制作者的国籍或者电影中“故事情节”以外的其他方面，而是根据情节本身里面包含的元素。以这种方式，成员也许希望避免针对来源实行管制从而违反 WTO 协定中国民待遇的义务。

如已经解释的，这样的文化政策措施不能从“对话”的意义上促进文化。但是，它们可以从更实在的，如贝克命名的，“博物馆”(museum) 的意义上推广文化，这个概念着眼于一种特定文化的内容。符合文化这一理解的文化产品，WTO 成员的一些声明对其文化“内容”同样表示了关切。[112] 文化的博物馆概念，可能着眼

---

[109] 我在下面谈到范围超出国界的文化团体，59。

[110] Andreu Mas-Colell, ‘Should Cultural Goods be Treated Differently?’ (1999) 23(1) *Journal of Cultural Economics* 87, 89.

[111] Robert Howse, ‘Managing the Interface between International Trade Law and the Regulatory State: What Lessons Should (and Should Not) Be Drawn from the Jurisprudence of the United States Dormant Commerce Clause’, in Cottier and Mavroidis, *Regulatory Barriers*, 139, 140.

[112] 专家组报告，加拿大-期刊，[3.84]。

于有独特性的元素，如录音当中使用的乐器或者电影或歌曲中使用的语言。在许多国家，语言被视为文化多样性最重要的因素之一。[113] 另外，由于文化产品常常传递讯息或故事，那些故事便可能在广泛的方面反映一种特定的文化。例如，故事的背景可以是一个国家中能够认得出的地方，故事中的人物可以有特定的国籍。人物可能参加一些为某一个国家所特有的仪式或消遣。他们可能吃该国或该国中一个地区所特有的食品，而且他们可能穿着该国 57
特有的服装。

这些文化"元素"不一定与特定的国家相联系。所以，一部以法国为背景或里边人物讲法语的电影，不一定就是法国的，因为制片人、演员和出资方等等也许不是法国的。如贝克解释的，从博物馆的意义上看待文化时，"一部讲法国革命的优秀的美国电影，即使在法国人看来，作为对法国历史的明了的再现，它[对法国文化]的贡献，可能要大于法国人对美国电视竞赛的模仿。"[114]同样道理，美国人对英国喜剧的模仿，如在以约克郡为基地拍摄的电影《日历女孩》(*Calendar Girls*)[115]当中的，可以说是促进了英国的文化。

制定一项措施照顾带有博物馆意义上文化元素的文化产品，而不特别要求产品或产品生产中的任何参加者来自任何特定的地方或国家，是有可能的。这样的话，一项保护博物馆意义上的文化的措施，便不需要区分来源从而带有法定歧视性。但是，它很可能

[113] 见，例如，A Mattera，'"L'Union européenne assure le respect des identités nationales，régionales et locales，en particulier par l'application et la mise en œuvre du principe de la reconnaissance mutuelle"(Un article 12 A à introduire dans le future Traité?)'(2002) 2 *Revue du Droit de l'Union Européenne* 217，221，225。

[114] Baker，'Economic Critique'，1375.

[115] 'Disney-in-the-Dales'，*The Economist*(11 May 2003).

带有事实上的歧视，因为本地化的产品更有可能包含必需的元素并因此更加容易有资格得到政府的支持。

这种管制（马斯-科勒尔称它带有“对本国文化生产的保护”）[116]可能产生一些其他问题。首先，它要求政府指出构成国家文化重要部分的特定元素。假定这件事真的能做，政府也可能不愿意或者不具备条件去做。泰勒·考恩（Tyler Cowen）指出，政府在“甄选优胜者”方面众所周知地差，在进行艺术的精细区分方面资格低下；[117]政府界定或提升文化的能力，可以说是同样。以这种方式鉴别文化元素，还可能带有限制性，将文化局限于某些事物，使其无法随着时间和通过外来影响而发展。这违背文化的动态性质，不符合在文化范围中鼓励自由思考和新想法的需要。[118]
58 这还可能与有关创造性和言论自由的一般公共目标或宪法原则不一致。因此，制定用区分产品来源的标准代替文化内容的条例，可能更与一个国家对自己文化的理解一致。换言之，一个 WTO 成员决定保护自己的文化产业，可能是认为那些产业开发与该成员民众有关或针对该成员民众的故事，所以更有可能丰富该成员的文化。

实际中，文化政策措施常常区分来源，特别是在贸易谈判中强调文化产品特殊性的那些国家里。在加拿大，据认为“只有加拿大人才会制作加拿大电影。因此，用来判断电影够资格获得加拿大政府扶持的标准……不仅必须保证加拿大创作人员在参与者中占

---

[116] Mas-Colell, ‘Should Cultural Goods be Treated Differently?’, 89.

[117] Cowen, *Good and Plenty*, 22, 44－5, 102.

[118] 一般性见 Bruno Frey, ‘Creativity, Government and the Arts’(2002) 150(4) *De Economist* 363。另见 Tyler Cowen, *In Praise of Commercial Culture*(1998) 41。

相当的多数，还必须保证加拿大对制作的控制”。[119] 为加拿大本国内容配额的目的，“电视屏幕上出现的一个节目是否被视为加拿大的内容，不是根据其故事、形象或声音的国家特征，而是根据节目的资助、管理和制作人的国籍”。[120]

在法国，文化政策措施运作的方式与此类似。例如，电影《第五元素》（*The Fifth Element*）（帕特里克·梅瑟林（Patrick Messerlin）称之为“法国人导演的完美好莱坞翻版”）[121]作为法国电影获得国家的支持，尽管它是以英文拍摄的，演员是美国人布鲁斯·威利斯（Bruce Willis）。[122] 与此相反，电影《漫长的婚约》（*Un Long Dimanche de Fiançailles*）尽管是法语片，导演以及数百名演员和技师都是法国人，而且是法国 2005 年恺撒奖（César awards）最获提名的电影，因为其制作公司由好莱坞的华纳兄弟控制，由华纳法国地区的负责人经管，便没有资格得到法国的补贴。[123]

格里沙·佩里诺（Grischa Perino）和云特·舒尔策（Günther 59
Schulze）称德国电视管制的理由之一是，

> 保证多半不受政府干预并反映多元的德国社会和其舆论

---

[119] 加拿大通讯部，*Report of the Federal Cultural Policy Review Committee* (1982) 256。

[120] Acheson and Maule，‘Canada－Audiovisual Policies’，161.

[121] Patrick Messerlin，‘Regulating Culture：Has it“Gone with the Wind”?’（paper presented at the Productivity Commission and Australian National University（Joint Conference）on Achieving Better Regulation of Services，Canberra，26－7 June 2000）11. 另见 Messerlin，*Measuring the Costs of Protection*，329。

[122] Messerlin and Cocq，‘Preparing Negotiations in Services’，3. 另见 Messerlin，*Measuring the Costs of Protection*，326。

[123] ‘French Films’，The Economist（24 February 2005）30.

多样性的广播系统的存在。这一动机承认广播系统在开放社会中的作用，反思纳粹统治的可怕经历，当时广播被政府垄断和滥用以达到宣传的目的。惟其如此，这个动机无意对外国的参与进行歧视，但是可能有限制性的副作用。[124]

一个政府可能出于三个主要原因制定区分来源的文化政策措施，无论它对自己的理由是否使用这些措辞来阐述或甚至赋予概念的形式：(i) 它从对话的意义看待文化；[125](ii) 它从博物馆的意义看待文化，但是出于前面讲述的原因不愿意限制创造力和文化的演进；或者(iii) 它更多关心的实际上是保护本地的文化产业而不是本地的文化。[126] 本章下面，我回到政府制定文化政策措施的动机这个问题上来。现在，注意到这点就足够了，即成员可能有合法的理由，针对外国文化产品实行法定或事实上歧视的文化政策措施。

B. 在外国文化产品之间

WTO 成员不仅支持本地文化产品，有时还支持从特定的其他国家来的文化产品。原则上，这是违反 MFN 待遇的。哈恩(Hahn)认为，采取一种偏离 MFN 的做法，可能有助于文化合作和维护和平的行动。[127] 那么，我接着上边的分析来问：如果一个成

---

[124] Perino and Schulze, 'Competition, Cultural Autonomy', 54.

[125] 见，例如，澳大利亚通讯信息技术和艺术部，*Report on Access to Overseas Markets for Australia's Creative Digital Industry*(12 December 2003) 26。

[126] "管控的权力可以用来达到服务提供者的反竞争的目标，也可以同样容易地用来保护服务的购买者不受懒惰或贪婪的提供者之害"：UNCTAD and World Bank, *Liberalizing International Transactions*, 42 (着重为原有)。

[127] Hahn, 'Eine kulturelle Beriechsausnahme', 350.

员希望给从某些国家来的音像制品以更为优惠的待遇，这能够从文化上讲得通吗？

我已经解释了，为什么针对外国文化产品的歧视可能是必要 60
的，为什么政府可能尤其希望支持本地的文化产品。但是，这不意味着政府可以试图封锁外国的文化产品。如下面要进一步讨论的，在这里，文化多样性的目标和贸易自由化的目标是重合的。[128]假如一个WTO成员允许进口外国的文化产品，就不清楚为什么该成员必须根据其来源专门在这些产品之间进行歧视才能增进自己的文化利益。无论该成员从交流还是从博物馆的意义上看待文化，在确认那些有益于本地文化的外国产品时，都可以采用某些客观的文化标准，如语言（而不是单纯地根据那些产品起源的国家、次地区或地区）。这样可以保证将所有有关的外国产品包括进来，而不仅仅是那些基于历史上的文化联系或出于无关的考虑包括进来的。

在这个范围里，对限制创造力和窒息文化发展的担心，不是很严重，因为成员并不需要对本地文化的范围或内容作出限定。而要做的，可能只是找出自己文化中那些与其他国家共有的方面（如果它希望照顾反映与自己相近文化的文化产品），或者那些它认为对本地文化重要或有益的方面（如果它希望通过照顾反映与自己不同的文化的文化产品来丰富本地文化）。另外，由于被选用的标准仅仅适用于在外国文化产品之间进行区分，它们不会影响本地艺人或制作人的创造或发明的积极性。

简言之，即使一个成员会当真地认为，在外国文化产品之间进

[128] 见下，64。

行事实上的歧视，作为其文化政策的一部分是必要的，为这样的法定歧视寻找理由就难得多了。

2.4 WTO中文化政策措施的评估

2.4.1 文化政策措施的动机

如此看来，一个 WTO 成员也许有正当的文化理由，对外国的文化产品实行法定歧视，或针对外国的文化产品或在外国的文化
61 产品之间实行事实上的歧视。但是这不一定意味着文化政策措施中的所有这种歧视实际上都是出于文化方面的关切。如果 WTO 成员的文化政策措施不是真正出于保存或促进文化的意愿，这便是反对接受这些措施或反对在 WTO 协定中为它们规定任何特殊待遇的强大理由。

遗憾的是，区分文化政策措施的保护主义和非保护主义的动机，可能极为困难。例如，假若一个 WTO 成员以能够促进自身文化为由给自己的图书出版业以税收减让，也许不可能确定该成员究竟是出于文化还是商业利益的动机。这是一个尤其微妙的问题，因为一个 WTO 成员可能希望保护自己本地的文化产业，以此作为保存或促进自身文化的一个手段。另外，确定一项政府措施的“动机”，在任何法律体系内都是有问题的。首先，一项特定的措施背后，会有许多动机。例如，就制定一项具体的法律，不同的政党和每个立法机构成员都会有不同的动机。第二，一项具体措施背后的真实动机，也许不可能弄清楚。搜集这些动机，应当从向媒体发布的公开声明，从议会中的辩论，还是完全从措施本身的主题

和结构？

将文化政策措施的合法动机与非法动机分开，存在一些问题，有鉴于此，在以下几节，我转而考虑划分合法和非法文化政策措施的其他机制。

2.4.2 文化政策措施的效果

对主张必须制定歧视性文化政策措施的成员，一个回应是，这些措施对于保护或促进文化不可能有效，或者说，不同 WTO 成员采用的措施历来不起作用并且没有效率。[129] 有意思的是，对于地理标识在保护地方文化和文化多样性方面的作用，布劳德得出类似的结论。[130] 有一些实际的理由可以解释这些措施对于文化产品的无效性。例如，消费者通过互联网或卫星获取外国电影，便可以 62
绕开限制电影院外国电影放映比例的配额。[131] 更从原则上反对这种文化政策措施的一种意见是，它们不会达到促进或保存本地文化的目的，或者更差的是，它们损害文化和文化产品。这是一个具体的例子，反映保护任何企业或行业的措施的一个更普遍的问题，也就是质量受到影响，而参与国内或国际的竞争可以提高产品的质量。所以，特里比尔科克和豪斯称加拿大的图书出版业"全是一

---

[129] 见，例如，Acheson and Maule，'Canada－Audiovisual Policies'，164；Ghoneim，'Audio-Visual Sector in Egypt'，212；Bernier，'La dimension culturelle'，249－51. 另见 Hahn，'Eine kulturelle Bereichsausnahme'，349。

[130] Broude，'Geographical Indications and Cultural Protection'，678；见上，15。

[131] 见 Acheson and Maule，*Much Ado about Culture*，204；Geza Feketekut，'Regulatory Reform and Trade Liberalization in Services'，in Sauvé and Stern，*GATS 2000*，225，227；Messerlin and Cocq，'Preparing Negotiations in Services'，4。

些经济上脆弱的公司，它们似乎已经习惯永远依靠补贴才能生存”。[132]

从客观、抽象的意义上评价文化产品的“质量”，也许不可能，[133]但是可以尝试确定文化政策措施在特定国家中对文化产品性质的影响。加拿大联邦文化政策审查委员会在1982年得出结论说，有一项特别的税收鼓励，没有能够起到效果使“加拿大人创作出新颖和有特色的加拿大电影，和让……加拿大境内外的观众看到那些电影”。[134] 艾奇逊和莫尔解释了这样一个观点，即“没有证据表明所有权和内容之间存在系统的联系。加拿大人对重要的加拿大电影放映公司Cineplex-Odeon的所有权，并没有使加拿大屏幕上加拿大电影的数量有明显增加”。[135] 帕特里克·梅瑟林和埃马纽埃尔·科克(Emmanuel Cocq)认为，法国有配额规定电视
63 播放中法国电影的最低比例，导致大量“重放法国的老电影”，因为成功的法国电影出产数量不足。[136]

---

[132] Trebilcock and Howse, *Regulation of International Trade* (3rd edn), 639.

[133] Giacomo Pignataro, ‘Imperfect Information and Cultural Goods: Producers’ and Consumers’ Inertia’, in Alan Peacock and Ilde Rizzo (eds.), *Cultural Economics and Cultural Policies* (1994) 55, 56 – 7.

[134] 加拿大通讯部, *Report of the Federal Cultural Policy Review Committee* (1982) 255。

[135] Acheson and Maule, Much Ado about Culture, 21 (另见 254)。另见 Tim Burt, ‘Quotas Fail to Save European Producers from an Influx of US Television Shows’, *Financial Times* (Paris, 27 May 2005); Bruce Feldthusen, ‘Awakening from the National Broadcasting Dream: Rethinking Television Regulation for National Cultural Goals’, in David Flaherty and Frank Manning (eds.), *The Beaver Bites Back? American Popular Culture in Canada* (1993) 42。

[136] Messerlin and Cocq, ‘Preparing Negotiations in Services’, 7 – 8. 另见 Patrick Messerlin, ‘France and Trade Policy: Is the ‘French Exception’ Passé?’ (1996) 72(2) *International Affairs* 293, 298。

显然，任何特定的文化政策措施，在保存或促进国家文化方面是否有效果，取决于它的结构和运作。例如，据梅瑟林和科克介绍，1989 年制定的“朗计划”(Lang Plan，由时任文化部长的杰克·朗得名——译者注)，“迄今仍处于法国电影政策的中心”，[137] 它将国家支持的重心从高预算的电影转向低预算的。[138] 由于法国国内的电影市场小，[139]便产生下述结果：

> 作为保护主义手段的补贴，导致产生一种受保护的形态的电影……至于大预算的电影，高投资加上较低的盈利性，促使电影去迎合大众需求的具体要求……这个趋势已经在许多情况下发生并且……采取两种具体的模式。第一个策略是面向国内，由市场左右生产，以至于大多数制作都选择历史剧或通俗喜剧。第二个策略是面向国外市场，专搞以好莱坞大片为模式的电影。[140]

在加拿大的情形中，国家支持与文化价值之间的挂钩，也遇到市场需求的反作用：

> 内容配额和有关的补贴，其文化理由是，加拿大的制作团队和钱会制作出带有加拿大情感的节目。而商业的动机，是制作

[137] Cocq and Messerlin, ‘French Audio-Visual Policy’, 29. 进一步讨论见 Jonathan Buchsbaum, ‘After GATT: Has the Revival of French Cinema Ended?’(2005) 23 (3) *French Politics, Culture & Society*, 34。

[138] Cocq and Messerlin, ‘French Audio-Visual Policy’, 32 – 5.

[139] 同上，37 – 8。

[140] 同上，32 – 9。

最能够盈利的节目。由于大多数产品的市场，无论是大众市场还是专门市场，通常都是国际性的，所以内容也是面向国际需求的。[141]

技术也对文化政策措施的效果发生影响，方式因国家而异，每年也不同。例如，在互联网使用程度高的国家，消费者有机会在网上购
64 买或观看电影，就会降低电影院里和电视上放映配额的有效性。[142]
随着 DVD 越来越流行，同样的局面也会发生。在这些情形下，补贴可能比配额更为可取。

一项文化政策措施无助于保护或促进文化，这种情况会使人有些怀疑该政策是否真正出自于那些目标。不过，对于文化和文化价值，成员可能有不同的观念，而 WTO 也许不是对文化价值本身或对特定措施在推广这些价值方面的有效性作出判断的适当地方。[143] 如下节要讨论的，WTO 能做的，是通过评价措施的贸易限制性，来评估特定措施与文化政策目标之间的关系。

2.4.3 尽可能减少贸易限制

如果 WTO 要根据措施的贸易限制程度来约束成员对文化政策措施的选择，必须首先证明，文化政策措施能够在不限制贸易或不对贸易限制到任何特定程度的情况下实现其文化目标。查

---

[141] Acheson and Maule, ‘Canada—Audiovisual Policies’, 162.

[142] Cocq and Messerlin, ‘French Audio-Visual Policy’, 46 - 7; Roy, ‘Audiovisual Services’, 942 - 3; Productivity Commission, Broadcasting, Inquiry Report No. 11 (3 March 2000) 417.

[143] 见下，174。

看与文化和文化多样性有关的一些国际协议和文件，可以认为，文化政策措施的贸易限制性可以得到限制或者减至最少，而不损害根本的文化目标。同时，奇内杜·埃泽塔(Chinedu Ezetah)认为，鼓励文化多样性可以增大自由贸易的益处。[144] 在这方面，贸易自由化的价值与文化多样性的价值在某些程度上是并行不悖的。

《贝鲁特协定》要求缔约国为进口起源于任何其他缔约国的具有"教育、科学或文化性质"的电影和录音制品，在关税、数额限制以及进口许可证规定方面给予豁免。[145] 类似地，《佛罗伦萨协定》的成员国承诺，不将关税或其他收费适用于进口(连同其他)图书、
出版物和文献或具有教育、科学或文化性质的音像材料(包括电影 65
和录音制品)。[146] 除某些例外，《内罗毕议定书》的缔约方同意将这个承诺延伸到更多一些材料。[147] 这些 UNESCO 范围的承诺，看起来很像 WTO 协定中包含的那种对贸易自由化的承诺。

为促进或保存文化而限制文化产品的贸易，其中的问题，也反映在通过 UNESCO 达成的广泛多边共识上，即为了文化的发展与繁荣需要鼓励产品和思想的自由流动。所以，UNESCO 的 1966 年国际文化合作原则的宣言提到，通过思想、知识、文学和艺

---

[144] Chinedu Ezetah, 'Patterns of an Emergent World Trade Organization Legalism: What Implications for NAFTA Cultural Exemption?' (1998) 21(5) *World Competition* 93, 123. 另见 Germann, 'Culture in Times of Cholera', 111。

[145] 《贝鲁特协定》，第 I, II, III :1 条。

[146] 《佛罗伦萨协定》，第 I :1 条，附件 A, C。另见 GATT, *Barriers to the Import and Export of Educational, Scientific and Cultural Material*, GATT/CP/12 (8 March 1949) 3。

[147] 《内罗毕议定书》，[1]。

术的传播进行的文化合作，对丰富文化和文化生活至关重要。[148]类似地，UNESCO《关于参与文化生活的建议》指出，“通过开辟空前的文化发展机会，通过促进传统文化形式的保存和普及以及新形式的创作与传播，大众传媒能够成为丰富文化的手段”。[149] 最后，2001 年通过的《世界文化多样性宣言》确认，创造性“通过与其他文化的接触而繁荣”，因此“文化间的真正对话”应当受到鼓励。[150] 阿马特亚·森（Amartya Sen）更带趣谈意味地这样写道：“从主题和风格上，《潘查理父亲》（*Father Panchali*）（一译《大地之歌》——译者注）当然是一部典型的印度电影，然而主要的灵感却是来自一部意大利电影。意大利的影响没有使《潘查理父亲》成为一部印度电影以外的任何东西；它不过帮助《潘查理父亲》成为一部出色的印度电影。”[151]

66 这些见解并不证明文化政策措施完全不需要限制贸易，或歧视性的文化政策措施不能以文化利益为根据。确实，UNESCO 的许多其他声明和建议都确认为世界上所有的文化保留一个空间的

---

[148] UNESCO，关于国际文化合作的原则的宣言，14 C/Resolution 8 (4 November 1966) arts. IV：4，VI，VII：1。

[149] UNESCO 关于参与文化生活的建议，导言。

[150] 世界文化多样性宣言，第 7 条。另见 General Conference，UNESCO，*Preliminary Report by the Director-General Setting out the Situation to be Regulated and the Possible Scope of the Regulating Action Proposed*，*Accompanied by the Preliminary Draft of a Convention on the Protection and of the Diversity of Cultural Contents and Artistic Expressions*，33 C/23 (4 August 2005) [8]。

[151] Amartya Sen，'Satyajit Ray and the Art of Universalism：Our Culture，Their Culture'，*The New Republic*（Washington DC，1 April 1996) 32. 另见 Keith Acheson，'Globalization'，in Towse，*Handbook*，248，251；United Nations Development Programme，*Human Development Report 2004*：*Cultural liberty in today's diverse world* (2004) 89，98。

重要性，[152]而 WTO 成员可以争辩说文化产品的无限制流动有可能损害文化多样性。但是，上面着重谈到的诸项文件确实指出，虽然文化政策措施会有限制贸易的附带作用，贸易限制本身不需要因而不应当成为其目标。因此，尽可能减少贸易限制性（包括由歧视造成的），可以是成员制定文化政策措施和在 WTO 中评估那些措施的一个恰当的准则。用阿迪特亚 · 马托（Aaditya Mattoo）谈及 GATS 之下国民待遇的话讲，“既然存在有不会产生类似歧视效果的其他合适的文件，WTO 当然可以对采用一个歧视外国人的文件提出质疑”。[153]

在尽可能减少文化政策措施的贸易限制性方面，WTO 的框架可以采用两种主要形式。[154] 第一，WTO 成员可以就一项总的规则达成一致，即允许这些措施，只要它们对贸易的限制不超过为实现有关的文化目标所必需的。这看起来可能有点像 GATT 1994 第 XX 条[155]或 SPS 协议第 5.6 条中已有的例外，它们要求成员保证，其卫生或植物卫生措施“对贸易的限制不超过为达到其卫生或植物卫生保护的适当水平所必需的”。如果受到质疑，文化政策措施便要一个个通过争端解决程序进行评估（也许要参考有关文化的国际法，如第 4 章进一步讨论的）。[156] 因此，这个做法很大程度

---

[152] 见上，12，n. 58。

[153] Aaditya Mattoo，‘National Treatment in the GATS：Corner-Stone or Pandora’s Box?’（1997） 31（1） *Journal of World Trade* 107，131.

[154] 对贸易价值与其他价值的更广范围平衡标准的分析，见 Trachtman，‘Trade and... Problems’。

[155] 见下，101。

[156] 一般性见 Alan Sykes，‘The Least Restrictive Means’（2003） 70 *University of Chicago Law Review* 403；WTO，Working Party on Domestic Regulation，*Necessity Tests in the WTO：Note by the Secretariat*，S/WPDR/W/27 （2 December 2003）。

上将问题留给了 WTO 的裁决机构，主要是专家组和上诉机构，这
67 可以增加灵活性，然而减少了确定性和成员的掌控。[157]

第二，WTO 成员可以制定更具体和全面的规则，相当于一项多边决议，就哪些种类的措施可以使成员以最少贸易限制的方式推行其文化目标（如第 6 章进一步讨论的），事先作出规定。这些规则可能更近似 GATT 1994 第 XI 条，该条一般性地规定禁止数额限制（反映倾向采取关税这种更少贸易限制和更加透明的措施），或近似《补贴和抵消措施的协定》（*SCM Agreement*）第 3 条，该条规定一般性地禁止某些种类的补贴。这个方法更加依赖 WTO 成员，而且可能提高确定性，但降低了适应不同情况的灵活性。

2.5 结语

本章探讨了贸易-文化之争双方的论点，以便为改进目前 WTO 法律中对文化产品的做法确定准则。没有什么奇怪，由于存在长期和仍未解决的分歧，这是一个复杂的问题。复杂性有相当部分来源于文化产品兼有商业和文化的性质。然而，承认文化产品的两重性，不意味着承认它们是独特的或与众不同的。正像在 WTO 规则范围内的其他领域里一样，重要的是，任何关于特定产品或行业需要背离 WTO 通常规则进行保护的主张，都要予以审查。尽管如此，上面的分析已经显示，通过文化产品保存或促进文化，为 WTO 法律的目的是一个合理的管制目标，也是一个得到

[157] 见上，9，n. 42.

其他国际文件支持的目标。

但是，成员是否有理由违反 WTO 中通常的非歧视原则制定歧视性的文化政策措施？对于文化产品贸易的关切（至少如加拿大和欧共体等 WTO 成员所表示的），很大部分是由美国文化产品的成功引起的，但是，希望通过文化产品保护本地文化，更经久的原因还在于文化产品市场的一般性质。尤其是，由于文化产品的私人价值和社会价值之间的差别，本地文化的价值不一定在有关 68
文化产品的生产或消费的决策中得到反映。在通过文化产品保护本地文化时，成员可能有依据充分、非商业性的理由，倾向于采取歧视外国文化产品的措施，无论以法定的还是事实上的形式。不过，成员应当能够找到办法，既通过文化产品保护本地文化又不在外国文化产品之间搞法定歧视。评价一项具体措施是否真正是文化政策措施而不是保护主义倾向的产物，WTO 成员可以要求就贸易限制性进行检验，而非试图去证实措施背后的动机（直接地或通过评估其效果）。然后，对那些贸易限制程度没有超过为实现宣布的文化目标所必需的措施，WTO 可以给予认可。在下一章，我来分析，关于文化产品的现行 WTO 规则，在多大程度上符合刚才陈述的道理。

69 # 3. 当前对文化产品的做法出了什么问题?

所有人都同意,现今的乌拉圭回合之后的情况相当令人不满意,因为大部分问题都悬而未决。①

"什么都不做"的方式,对于贸易和文化的问题,不是真正的长期解决办法。②

3.1 引言

本章着重分析为什么所有 WTO 成员都应当关心目前 WTO 法律中对文化产品的做法,无论它们对这些产品的性质和为歧视性或贸易限制的文化政策措施提出的理由持什么立场。作为一个整体,GATT 1994 和 GATS 的现行规定,不符合前一章得出的结论,即文化政策措施可以合法地带有一些形式的歧视,WTO 规则应当允许这种歧视,同时尽可能减少由此带来的贸易限制。也许更重要的,这些协定之下对文化产品做法的差别,以及协议条文的不确定性,使人得出结论,即 WTO 对于文化产品需要有新的思路。

---

① Rivery, 'Unresolved Issues', 439.

② Bernier, 'Trade and Culture', 785.

GATS 前言明确提出，该协定的一个目标是，

> 本着在互惠基础上推进所有参与方的利益和争取权利与义务总体平衡的目的，同时充分尊重国家的政策目标，开展连续回合的多边谈判，藉此早日实现服务贸易自由化水平的逐步提高。

这个目标反映在标题为“逐步自由化”的 GATS 第 IV 部分。如第 70
1 章里提到的，要开展连续回合的谈判，“以实现自由化水平的逐步提高”，并“充分尊重国家的政策目标”。[③] 但是，至少在文化产品(尤其是音像服务)方面，这个目标正受到挫折。GATT 缔约方在乌拉圭回合中未能就这个事情找到令人满意的解决办法[④]，意味着 GATS 的格局根本无助于提高文化产品方面的自由化。

其他人也设想过如何将众多的 WTO 协定适用于文化产品，[⑤]我无意在本章中重复他们的工作。我要做的，是专注于 WTO 法律目前对文化产品的做法上我认为最成问题的方面，也即是 GATT 1994 和 GATS 之下的现行框架。在第 6 章中，我讨论其他作者就通过包括 TRIPS 在内的其他 WTO 协定改变目前状况提出的一些建议。

下面，我首先概述一下由于许多文化产品既有货物又有服务的性质而产生的难题。接下来，我要解释，“同类性”的概念，按照

---

③ GATS，第 XIX：1，2 条。

④ 见上，23。

⑤ 见，例如，Bernier，“Trade and Culture”，753－78；Footer and Graber，“Trade Liberalization and Cultural Policy”，136－41。

WTO法律中现在的解释，为什么不能成为一种手段，成员可以用来制定与其国民待遇和MFN义务相一致的歧视性文化政策措施。接踵而来的问题是，GATT 1994和GATS之下现有的例外，是否足以在保护这些措施的同时将其贸易限制性减至最小。遗憾的是，这些例外太不平衡太不确定，以至于无法发挥这个作用。我要表明，由此产生的结果是，在GATS之下容易发生对文化产品承诺不足和豁免过多，妨害了逐步自由化的目标。

3.2 作为货物和服务的文化产品

3.2.1 基本定义和分类

GATS适用于“成员采取的影响到贸易和服务的措施”，[6]而
71 GATT 1994是WTO的“关于货物贸易的多边协议”当中的一个，包含在《马拉喀什协定》的附件1A中。GATT 1994和GATS都可以适用于一项特定的措施，原则上哪一个都不优先，作为WTO法律问题这是完全肯定的。[7] GATT 1994和GATS之间的重叠，在两个协定条款之间发生冲突的情况下，可能带来棘手的解释问题。对《马拉喀什协定》附件1A的一般性解释说明，指出了如何解决GATT 1994与该附件中其他货物贸易多边协定的冲突。但是，对于GATT 1994和GATS之间总的关系，WTO协定中没有

---

⑥ GATS，第I:1条。

⑦ 上诉机构报告，加拿大-期刊，19；上诉机构报告，欧共体-香蕉*III*，[221]。另见Joost Pauwelyn，*Conflict of Norms in Public International Law: How WTO Law Relates to other Rules of International Law*(2003) 399-405。

这种指示。对于文化政策措施，这可能成为一个特别的难题，因为文化产业一般既涉及货物也涉及服务。[8]

根据 GATT 1994，文化产品可能采取有形的样式，如电影胶片、[9]CD、DVD、录像和录音磁带[10]以及纸件图书等等。[11] 这些东西似乎就像普通货品（你能够掉到自己脚上的东西），无论是网络上订购然后以有形物送货的，[12]还是在商店里买的。[13] 同时，在 GATS 之下，我所定义的文化产品，包括印刷和出版服务[14]以及音像服务，一般都划在下列诸项通讯服务内：

a. 电影和录像带制作以及销售服务 72

b. 电影放映服务

---

⑧ 对货品和服务之间成问题的区分的进一步讨论，Fiona Smith and Lorna Woods，"A Distinction Without a Difference：Exploring the Boundary Between Goods and Services in the World Trade Organization and the European Union"（2005） 12(1) *Columbia Journal of European Law* 1。

⑨ 音像服务工作组，乌拉圭回合服务谈判组，GATT，*Note on the Meeting of 27–28 August 1990*，MTN. GNS/AUD/1 (27 September 1990) [19]（瑞士代表）。

⑩ 见协调后制度，标题 37.06，85.24。

⑪ 协调后制度，标题 49.01。

⑫ "电子订购然后实物递送"在音乐销售中起有重要作用，OECD，信息经济工作组，*Digital Broadband Content：Music*，DSTI/ICCP/IE(2004) 12/FINAL (8 June 2005)19。

⑬ WTO，服务贸易委员会，*The Work Programme on Electronic Commerce：Note by the Secretariat*，S/C/W/68 (16 November 1998) [30]；Andrew Mitchell，"Towards Compatibility：The Future of Electronic Commerce Within the Global Trading System" (2001) 4(4) *Journal of International Economic Law* 683，703；Arvind Panagarys，"Electronic Commerce，WTO and Developing Countries"(2000) 23(8) *World Economy* 959，960-1。

⑭ 文件 W/120，sector 1(F)(r)。在通往 GATS 的乌拉圭回合谈判中，缔约方被鼓励采取文件 W/120 中的服务分类体系（GATT 秘书处的一个非正式说明）。

c. 广播和电视服务

d. 广播和电视传送服务

e. 录音

f. 其他[15]

美国和其他国家指出，GATS之下对音像服务的传统分类，已经无法反映音像部门当前的现实和技术，例如，电影和音乐直接通过网络和电缆提供给消费者。[16]

另外，音像服务还会与其他服务领域重合，例如“娱乐、文化和体育服务”。虽然这个部门具体讲不包括音像服务，有些成员在这里边包括“电影院运营服务”。[17] 讲到通讯服务，其中包括例如语音电话服务、电子邮件、网络信息和数据库检索，以及网上信息和数据。[18] 关于通讯的GATS附件对GATS的详细说明“涉及的是对进入和使用公共通讯传输网络和服务有影响的措施”，[19]其中讲到的服务不包括通过电缆或广播分送广播或电视节目。[20] 然而，

---

⑮ 同上，sector 2(D)。

⑯ WTO，服务贸易委员会，*Communication from the United States—Audiovisual and Related Services*，S/CSS/W/21 (18 December 2000) [3]，[10(i)]；Roy，“Audiovisual Services”，947 - 8；Sacha Wunsch-Vincent，*The WTO，the Internet and Trade in Digital Products：EC US Perspectives* (2006) 73 - 5；David Luff，“Telecommunications and Audio-Visual Services：Considerations for a Convergence Policy at the World Trade Organization Level”(2004) 38(6) *Journal of World Trade* 1059，1073 - 4，1082。

⑰ Roy，“Audiovisual Services”，929；文件 W/120，sector 10。另见上诉机构报告，美国-博彩业，[162]-[163]。

⑱ 文件 W/120，2. c。

⑲ GATS，关于远程通讯的附件，[1]。

⑳ 同上，[2(b)]。

区分通讯服务和音像服务，在有些情况下也许是困难的。WTO秘书处指出，“作为一般的实际规则，已经接受将承揽制作节目内容划入音像服务，而将那些单纯进行信息传送的服务划入通讯类”。[21] 但是，美国不同意这个意见。[22] 此外，扎哈·温施-文森特
(Sacha Wunsch-Vincent)解释说，可以讲，GATS“涵盖的，仅仅是 73
最终‘制作或录制’内容（例如录音）或承担‘递送’内容（例如广播和电视传送服务）的服务，而并不一定是内容本身”。[23] 鉴于这两个部门相互贯通，通讯服务的定义及其与音像服务的区分需要重新考虑。[24]

3.2.2 数字化产品

在加拿大-期刊一案中，上诉机构指出，“期刊是由两个部分组成的货品：编辑内容和广告内容。两个部分都能被视为具有服务的属性，但是两者合起来构成一个有形的产品——期刊本身”。[25] 所以，对广告的征税可以依照 GATS 的规定，而对期刊的征税则适用于货物因而受 GATT 1994 的管辖。[26] 但是，并非所有的文化政策措施都能这样容易地区分或判断。

---

[21] WTO，服务贸易委员会，*Audiovisual Services: Background Note by the Secretariat*，S/C/W/40 (15 June 1998) [5]。另见 Graber，*Handel und Kultur*，206，238。

[22] WTO，服务贸易委员会，*Communication from the United States－Audiovisual Services*，S/C/W/78 (8 December 1998)。

[23] Wunsch-Vincent，*WTO*，*Internet and Digital Products*，50。

[24] Marco Bronckers and Pierre Larouche，“Telecommunications Services”，刊载于 Macrory，Appleton and Plummer，*The World Trade Organization*，989，1033。另见 Geradin and Luff，*WTO and Global Convergence*。

[25] 上诉机构报告，加拿大-期刊，17。

[26] 协调后制度，标题 49.02；上诉机构报告，加拿大-期刊，17－18。

通过广播、卫星或互联网递送(而非单纯订购)的文化产品,兼有货物和服务的成分。将这些“数字化的”或“数字”产品划为产品还是划为服务,这个问题在 WTO 内部还没有解决,[27]目前是有关电子商务的一个工作项目的议题。[28] 欧共体认为,“电子递送由属于 GATS 范围的服务提供构成”。[29] 它倾向的做法可以确保,以电子方式递送的音乐、电影和类似产品,属于欧共体实行的将音像服务从 GATS 中排除的范围,而不受 GATT 1994 的制约。[30] 不出
74 意料,美国提出建议,由于“GATT 提供的 WTO 规则具有更广泛的影响……对于[数字]产品,也许 GATT 的方法比 GATS 的方法更有利,它可能为电子商务带来贸易更加放宽的结局”。[31]

㉗ WTO,货物贸易委员会,*Work Programme on Electronic Commerce: Background Note by the Secretariat*,G/C/W/128 (5 November 1998) [1.2];WTO 秘书处,*Fifth Dedicated Discussion on Electronic Commerce under the Auspices of the General Council on 16 May and 11 July 2003: Summary by the Secretariat of the Issues Raised*,WT/GC/W/509 (31 July 2003)。

㉘ 《多哈宣言》,[34];WTO 秘书处,*Fifth Dedicated Discussion on Electronic Commerce under the Auspices of the General Council on 16 May and 11 July 2003: Summary by the Secretariat of the Issues Raised*,WT/GC/W/509 (31 July 2003);WTO,*Work Programme on Electronic Commerce Adopted by the General Council on 25 September 1998*,WT/L/274 (1998) [2.1],[3.1]。

㉙ WTO,服务贸易委员会,*Communication from the European Communities and Their Member States: Electronic Commerce Work Programme*,S/C/W/183 (30 September 2000)[6(a)]。

㉚ Drake and Nicolaïdis,“Global Electronic Commerce”,408. 见上,25。

㉛ WTO,*Work Programme on Electronic Commerce: Submission by the United States*,WT/COMTD/17; WT/GC/16; G/C/2; S/C/7; IP/C/16 (12 February 1999) [7]. 另见 Sacha Wunsch-Vincent,“The Digital Trade Agenda of the U.S.: Parallel Tracks of Bilateral, Regional and Multilateral Liberalization” (2003) 58 *Aussenwirtschaft* 7,13 - 15;Wunsch-Vincent,*WTO, Internet and Digital Products*,36 - 7,52,56 - 7。

WTO 成员未能就数字产品的归类达成一致，个中反映了一个更大的难题，即 GATT 1994 和 GATS 之下对文化产品的做法迥然不同。[32]

“2001 年减让表制定指南”（包含在 WTO 秘书处的一份旨在帮助成员制定减让表的文件中）[33]确认，“出口货物中体现的服务（例如在一个有形载体中或通过一个有形载体，如计算机软盘或绘图，提供的服务）为……”GATS 之下“跨境供货的例子”，加征关税于“与提供服务连带的跨境货物流动，[要]遵守 GATT 的规则”。[34] 但是，在就数字产品是货物还是服务达成一致意见之前，WTO 成员已经就不对电子传送（包括文化产品的电子传送）征收关税达成一项非正式的协议，该协议现在仍然有效。[35] 这种状况是有问题的。首先讲，延缓履行是暂时的，没有约束力的，并且相当不明确。[36] 另外，其有效性也有限。反正很少对服务征收关税，而且“如果一个成员没有作出国民待遇的承诺，它就可以征收歧视 75

㉜ 对 GATT 1994 和 GATS 在数字产品方面之不同的概括，见 Wunsch-Vincent, *WTO, Internet and Digital Products*, 53 - 4。

㉝ 见上诉机构报告，美国-博彩业，n. 236。

㉞ 2001 年减让表制定指南，[7]，[28]。另见 1993 年减让表制定指南，[6]。

㉟ 《香港宣言》，[46]；July Package，[1(h)]；总委员会，WTO, *Dedicated Discussions under the Auspices of the General Council on Cross-Cutting Issues Related to Electronic Commerce: Report to the 24 - 25 July Meeting of the General Council*, WT/GC/W/505 and Corr. 1 (21 July 2003) [7]；WTO，部长级会议，*Declaration on Global Electronic Commerce, Adopted on 10 May 1998*, WT/MIN(98)/DEC/2 (25 May 1998)；《多哈宣言》，[34]；Sacha Wunsch-Vincent，联合国信息和通讯技术任务组，*WTO, E-commerce, and Information Technologies: From the Uruguay Round through the Doha Development Agenda* (19 November 2004) [40]。

㊱ Wunsch-Vincent, WTO, *E-commerce, and Information Technologies*, [319]; Wunsch-Vincent, *WTO, Internet and Digital Products*, 38 - 42.

性的内部税，因此，不征收关税的承诺不能排除采取具有同样效果的歧视性措施”。[37]

将数字产品划为货物还是划为服务，这方面的不同意见，其他评论者已有分析。[38] 就我的目的来说，注意到这点就足够了，即围绕这个问题继续存在的不确定性，给 WTO 法律之下对文化产品的做法，带来不利影响。

3.3 文化产品“同类性”的推定

在确定了划分文化产品的货物和服务方面这一初始(但并非不可逾越)的问题之后，我来看上诉机构和专家组，在为 GATT 1994 和 GATS 之下国民待遇和 MFN 待遇的目的评估“同类性”时，多大程度上可能对文化产品进行分析和对比。具体讲，我分析这些机构在什么程度上可能根据文化的差异将文化产品彼此区分开(从而认为它们是不同类的)，先看在 GATT 1994 之下，然后看在 GATS 之下。如果专家组和上诉机构在确定文化产品的同类性时将文化的目标和标准考虑进去，就可以提供一种手段，用来允许合法的歧视，同时将隐蔽的保护主义挑拣出来。如果特定的本地和进口文化产品为不同类，成员就可以比较容易有理由给本地

---

[37] WTO，服务贸易委员会，*The Work Programme on Electronic Commerce：Note by the Secretariat*，S/C/W/68 (16 November 1998)。另见 Wunsch-Vincent，WTO，*Internet and Digital Products*，40；Stewart Baker and Maury Shenk，“Trade and Electronic Commerce”，in Macrory，Appleton and Plummer，*The World Trade Organization* (vol. II) 469，477。

[38] 见，例如，Wunsch-Vincent，*WTO*，*Internet and Digital Products*，51－62；Baker and Shenk，“Trade and Electronic Commerce”，472－6。

文化产品以较之进口货更为优惠的待遇。不过，在区分两种产品中，文化理由目前一般只起小的作用。这意味着，同类性的标准目前不会为逃脱国民待遇和 MFN 待遇的核心规则提供途径，允许以文化为由实行合法歧视的文化政策措施。

3.3.1 GATT 1994 之下的“同类性” 76

A. **同类产品**

在 GATT 1994 中，“同类产品”的含义，可能根据争议中条款，或者甚至于该条款的特定部分而不同。[39] 根据现有的规则体系，可以以讨论 GATT 1994 国民待遇条款之下的“同类产品”作为起点。GATT 第 III:2 条第一段说：

> 任何成员领土的产品进口到任何其他成员领土内，不得直接或间接地被课以超出直接或间接适用于其他同类本地产品的任何形式的内部税或其他内部收费。[40]

上诉机构认为，此第一段中“同类产品”的含义相当严格。[41] 一种本地产品是否与某一种进口产品同类，将取决于

㊴ 见，例如，上诉机构报告，欧共体-石棉，[99]；上诉机构报告，日本-酒精饮料 *II*，21；Robert Hedec，“‘Like Product’：The differences in Meaning in GATT Articles I and III”，in Cottier and Mavroidis，*Regulatory Barriers*，101；Donald Regan，“Regulatory Purpose and‘Like Products’ in Article III：4 of the GATT（With Additional Remarks on Article III：2）”（2002） 36(3) *Journal of World Trade* 443，444－5。

㊵ 着重为后加。

㊶ 上诉机构报告，日本-酒精饮料 *II*，20－1。

(a) 产品的效能、性质和质量；

(b) 产品的最终用途；

(c) 消费者的品味和习惯；[42]以及

(d) 产品在“协调后系统”中的关税分类。[43]

将这些因素适用于文化产品，产品的文化重要性对产品的效能、性质和质量或最终用途可能有一些影响。例如，本国的虚构故事书和进口的虚构故事书，作为有形物有可能十分相近，并且都有可能被用于获得阅读的愉悦。但是，由于其文化性质，对于消费者它们可能代表不同的事物。一部以外文写的虚构故事书，可以被用于特定的教学目的（学习一种外语）。即使是一部从外语翻译成本地
77 语的虚构故事书，性质上也可能不同于一部最初以同种本地语言写的书。可是，以同种语言写的两部虚构故事书情况又怎样？文化差异越不具体，越难于证明这些文化产品为不同类。

伯尼尔认为，进口和本国的文化产业的产品，并不明显地为同类，因为它们“以自己的艺术和智力内容为特征，并由于这个原因不可能容易地将一种与另一种进行比较”。[44] 按照这个推论，对进口的虚构故事书征收比本国的虚构故事书更高的税，也许不违反第 III∶2 条第一段，根据是他们并非同类产品。这里的假定是，进

---

[42] 上诉机构报告，加拿大-期刊，21；上诉机构报告，日本-酒精饮料 *II*，20；专家组报告，印度尼西亚-汽车，[14.109]-[14.110]。另见 GATT Working Party Report, *Border Tax Adjustments*，[18]。

[43] 上诉机构报告，日本-酒精饮料 *II*，22；专家组报告，多米尼加共和国卷烟进口和销售，[7.330]。协调后制度由世界海关组织制定并为贸易货物分类提供了广泛接受的方法。

[44] Bernier，“Cultural Goods and Services”，121.

口的虚构故事书为外国的文化产品，而本国的虚构故事书为本地文化产品。另一种做法是，将文化政策更密切地与产品的文化性质联系在一起，对外国的虚构故事书（即由外国人撰写的或出版的书）征收比本地的虚构故事书（即由本国人撰写或出版的书）更高的税，无论这些书是进口的还是在本地生产的。同样，成员可以争论说，从文化的角度，外国的虚构故事书与本地的虚构故事书不同类，因此，差别征税不违反第 III：2 条第一段当中的国民待遇义务，尽管外国图书比本地书更有可能是进口的。

专家组和上诉机构在几起争端（与文化产品无关）[45]中的陈述显示，这个论点不大可能获胜，至少在歧视被设定得如此宽泛的情况下。“消费者的趣味和习惯因国家而异”，在确定同类产品时有参考作用。[46] 但是，在前面涉及酒精饮料的几个案例中，专家组和上诉机构对消费者调查结果表示怀疑，理由是，进行调查的时候，背景是一个被指控带有歧视性的征税制度。[47] 例如，上诉机构可以认为，消费者对本地文化产品的偏好，是由于长期实行保护主义 78
措施而形成的。专家组和上诉机构还强调了消费者习惯的“易变”性[48]和消费者反馈的“难免的不确定”性。[49] 简言之，“同类”产品不

---

[45] 上诉机构在加拿大-期刊一案中否决了专家组就本国和进口期刊的同类性提出的意见。但是，它自己没有能够就这些期刊的同类性提出意见：上诉机构报告，加拿大-期刊，22－3。

[46] 上诉机构报告，日本-酒精饮料 *II*，20；GATT，专家组报告，日本-酒精饮料 *I*，[5.6]，[6.28]；专家组报告，日本-酒精饮料 *II*，[6.21]。

[47] 专家组报告，日本-酒精饮料 *II*，[6.28]，[6.31]。

[48] GATT，专家组报告，日本-酒精饮料 *II*，[5.7]；专家组报告，日本-酒精饮料 *II*，[2.7]。

[49] GATT，专家组报告，日本-酒精饮料 *II*，[5.13]；专家组报告，日本-酒精饮料 *II*，[2.7]。

会仅仅因为一个国家内地方消费者传统上的差异而变成“不同类”的产品”。[50]

GATT 1994 中第二个主要的国民待遇条款是第 III∶4 条，该条说：

> 任何成员领土的产品进口至任何其他成员的领土，被给予的待遇，优惠程度不得低于给本国起源的同类产品的，此要求涉及影响产品的内部销售、提供销售、购买、运输、分销或使用的所有法律、条例和规定。[51]

上诉机构裁决说，“第 III∶4 条中‘同类’的范围，比第 III∶2 条第一段中的‘同类’要宽”。[52] 所以，在第 III∶4 条之下，本国和进口的文化产品也许比在第 III∶2 条第一段之下更有可能被定为“同类产品”。此外，上诉机构裁决说，“在第 III∶4 条之下判断‘同类性’，从根本上讲，是判断诸产品之间和当中竞争关系的性质和程度”。[53] 专注于本国和进口文化产品的竞争关系，还可能增加在第 III∶4 条之下确定同类性的机会，因为即使文化产品在文化上有相当差异，它们也很可能彼此有激烈的竞争。

无论怎样，专家组在第 III∶4 条之下确定产品的同类性时考虑的因素，与在第 III∶2 条第一段之下考虑的那些因素相近：效能、性质、质量、最终用途、消费者趣味和习惯；以及关税分类。[54]

---

[50] GATT，专家组报告，日本-酒精饮料 *II*，[5.9]。

[51] 着重为后加。

[52] 上诉机构报告，欧共体-石棉，[99]。

[53] 同上，[99]。

[54] 见，例如，专家组报告，欧共体-石棉，[8.112]-[8.115]；专家组报告，欧共体-香蕉 *III*（厄瓜多尔），[7.62]；专家组报告，美国-汽油，[6.9]。

上诉机构赞同这个一般的方法，并更具体地讲到，消费者的趣味和习惯这个因素，涉及"产品在何种程度上被消费者感觉为并当作是 79
行使特定功能以满足特定愿望或要求的替代手段"。[55]

在欧共体-石棉一案中，上诉机构考虑到，与石棉有关的健康隐患可能影响消费者的趣味和习惯，因此也会影响到某些石棉纤维和某些替代纤维之间同类性的程度。[56] 连同其他事项，上诉机构认为，专家组不应该因为可能有变化和可能不提供明确结果而决定不考虑消费者的偏好。[57] 上诉机构还具体陈述说，即使"在正常的竞争环境因管制或财务的壁垒而受到扰乱的市场中"，消费者的趣味和习惯对于分析同类性仍然具有参考价值。[58] 仅就此来看，这些陈述显示可以接受这样的观点，即消费者的偏好即使是由系统性的歧视造成的，现在也可能成为地方文化的一部分，因此可以作为在文化产品之间进行区分的一个有效依据。然而，上诉机构接着讲到，在这些案例中，"一个成员可以提供证据表明，在那个市场中有潜在的或受到抑制的消费者需求，或者可以从某个有关的第三方市场就可替代性提供证据"。[59] 这意味着，如果消费者的偏好似乎是受到市场扭曲的影响，在对产品进行区分时，上诉机构将不依据现实的消费者偏好。相反，它将以没有这些扭曲时可能

---

[55] 上诉机构报告，欧共体-石棉，[100]-[103]，[109]，[133]。

[56] 同上，[122]。另见 Mary Footer，'European Communities-Measures Affecting Asbestos and Asbestos-Containing Products: The World Trade Organization on Trial for Its Handling of Occupational Health and Safety Issues'(2002) 3 *Melbourne Journal of International Law* 120，136－40。

[57] 上诉机构报告，欧共体-石棉，[109]，[117]-[123]。

[58] 同上，[123]。

[59] 同上。

的消费者偏好为证据。因此，如果同时有证据表明存在歧视性的文化政策措施，关于消费者对本地文化产品和对外国文化产品感受不同的证据，有可能不被接受。

用一个专家组的话讲，GATT 1994 第 I 条之下的 MFN 义务，要求“提供给任何国家的产品的一项优惠，必须提供给所有 WTO 成员的同类产品，不得有基于来源的歧视”。[60] 这条义务涉及的优惠，包括对进口或出口征收关税的标准、这些税的征收方
80 法、与进口和出口有关的规则和手续，以及影响出售、分销等的内部收费和规定。[61] 关于 GATT 第 I 条之下“同类产品”的含义，WTO 裁决中涉及的相对很少，特别是在上诉层次。[62] 这一概念在第 I 条(MFN)中的含义，与在第 III 条(国民待遇)之下的不一样。[63] 然而，从 GATT 1947 和 WTO 专家组早先的决议以及条款的原文来看，大部分评论者都会同意，确定同类性的有关标准是相近的，虽然第 I 条之下“同类产品”的范畴比在第 III：2 条第一段之下的要宽。[64] 因此，以文化为由认为文化产品可以有区分，以此为违反 MFN 和国民待遇义务作解释，成员会面临相似的困难。

---

[60] 专家组报告，加拿大-汽车，[10.23]（着重为后加）。

[61] GATT 1994，第 1：1 条说：“就针对或联系进口或出口规定的关税和任何形式的收费而言，就此种关税和收费的征收方法而言，就与进口和出口有关的所有规定和手续而言，以及就第 III 条第 2 和 4 款* 有关的所有事项而言，一个成员给予源自或去往任何一个其他国家的任何产品的任何好处、优惠、特权或豁免，应当立即和无条件地给予源自和去往所有其他成员领土的同类产品。”

[62] 见上诉机构报告，欧共体-橡胶 *III* [190]；上诉机构报告，加拿大-汽车[76]。

[63] 见上，76，n. 39。

[64] 见 Trebilcock and Howse，*Regulation of International Trade* (3rd edn) 65 - 72；Won-Mog Choi，*“Like Products” in International Trade Law：Towards a Consistent GATT/WTO Jurisprudence* (2003) 94 - 7。

B. 直接竞争或可替代的产品

GATT 1994 第 III:2 条第二段规定,"任何成员均不得以违反"第 III:1 条"规定之原则的方式对进口或本国的产品以另外方式适用内部税或其他内部收费",这个总括性的第 III:1 条称:

> 成员承认,对产品的内部销售、提供销售、购买、运输、分销或使用有影响的内部税和其他内部收费、法律、条例和规定,以及要求产品以一定数量或比例混合、加工或使用的内部数额规定,不得适用于进口或本地产品以为本地的生产提供保护。*

第 III:2 条增补(在附件 1 中)解释说,只有在受到不同征税的进口和本地产品为"直接竞争或可替代"的情况下,符合第 III:2 条
第一段的征税才会违反第 III:2 条第二段。"直接竞争或可替代" 81
的范围比"同类产品"更宽,[65]所以,在第 III:2 条第一段之下不属于"同类"的两种产品,在第二段之下仍然可能是直接竞争或可替代的。

上诉机构对加拿大-期刊一案的裁决[66],为根据第 III:2 条第二段分析"直接竞争或可替代"产品的含义,提供了有益的案例。在该案中,上诉机构在第 III:2 条第二段之下审查了加拿大对拆装发行版期刊中的广告征收的货物税。[67] 在确定进口的拆装版期

---

[65] 上诉机构报告,日本-酒精饮料 *II*,25;Choi,*Like Products*,109-10。

[66] 见上,40。

[67] 专家组报告,加拿大-期刊,[2.6]-[2.9]。

刊与本地的非拆装版期刊[68]是否直接竞争或可替代时，上诉机构专注于"有关市场中的竞争"以及产品的"替代"或"互换性"。[69] 加拿大争论说，加拿大的期刊和外国的期刊不直接竞争或可以替代（或同类），因为它们的内容不同：

> 为或针对加拿大市场开发的内容，不可能与外国的内容相同。为加拿大市场的内容，会包含加拿大的事件、题目、人物和观点。也许内容不完全是加拿大的，但是侧重看得出来地甚至显著地不同于外国出版物，后者无非复制了为或针对一个非加拿大市场开发的编辑内容。[70]

上诉机构拒绝了加拿大的论点。它陈述说，存在差别征税的制度，表明这些期刊在为广告收入进行竞争。它还提到一份由加拿大政府任命的专门小组提交的关于杂志行业的报告，该报告提到美国杂志对于加拿大杂志的替代性，本地和进口杂志之间的价格竞争，以及它们之间为广告进行的竞争。[71] 上诉机构认为：

82 > 一种主要包括时事新闻的期刊，对于专门介绍园艺、棋类、体

---

[68] 上诉机构接着考虑对进口拆装版期刊的征税是否超过本国的非拆装版期刊。对待这个问题的另一个方式是看对进口期刊（拆装版和非拆装版）的征税是否超过本国的期刊（拆装版和非拆装版）。见上诉机构报告欧共体-石棉，[100]；Lothar Ehring, '*De Facto* Discrimination in World Trade Law: National and Most-Favoured-Nation Treatment—or Equal Treatment?'(2002) 36(5) *Journal of World Trade* 921, 941-2。

[69] 上诉机构报告，加拿大-期刊，25。

[70] 同上，6。

[71] 同上，26-7。

> 育、音乐或烹饪的期刊，不具有直接竞争性或可替代性。但是，像《时代》(*TIME*)、《时代加拿大》(*TIME Canada*)和《麦克林斯》(*Maclean's*)这样的新闻杂志，具有直接竞争性或可替代性，尽管《麦克林斯》的内容是"加拿大的"。[72]

确定产品是否直接竞争或可替代，其他可能有参考作用的因素有(类似在确定产品是否同类时考虑的因素)：有形特征、最终用途、分销渠道、价格(包括交叉定价幅度)、消费者偏好以及关税分类。[73] 但是，如特雷弗·奈特(Trevor Knight)从加拿大-期刊一案得出的结论，"只要保护不同产品的文化内容的措施在实行中影响到竞争的商业关系，试图根据文化产品的相对于'商业'的'文化'方面来区分它们，不大会得到积极的认同"。[74]

C. 目的——效果检验标准

在涉及 GATT 1947 第 III：2 条的情况下，有两个 GATT 专家组采用了所谓的"目的——效果"检验标准。[75] 基本上讲，在确定争议中的本地和进口产品是否同类或"直接竞争或可替代"时，这个检验标准审查一项措施的目的和效果。例如，如果一项措施的目的和效果是保护环境，有人可以争论说，就该项措施而言，两

[72] 同上，28。

[73] 专家组报告，智利-酒精饮料，[7.14]，[7.16]；专家组报告，韩国-酒精饮料，[10.40]，[10.43]-[10.44]。

[74] Knight, "Dual Nature of Cultural Procucts", 186.

[75] GATT 专家组报告，美国-麦芽饮料，[5.25]-[5.26]；GATT 专家组报告，美国-汽车税，[5.9]-[5.10]。这两个决定似乎有悖于两个较早的 GATT 专家组报告：GATT 专家组报告，希腊-进口税，[5]；GATT 专家组报告，美国-环保超级基金，[5]。

种近似的产品是可以区分的(就是说,既不类似也不直接竞争或可替代),如果仅有一种产品是环境友好的。所以,两种产品是否同类或直接竞争,如果在考虑传统标准如最终用途之外,再考虑有关措施的目的与效果,回答就有可能不一样。对于一项目的和效果为促进地方文化的措施,也可以进行类似的争论。

美国[76]及某些评论者争执说,第 III 条之下的目的——效果检验标准,应当用于判断看起来中立的措施,因为 GATT 第 XX 条
83 之下的一般性例外条款更适合用来评价明显歧视进口的措施。[77]这个意见部分地反映了这样一种观点,即实行后一种措施一定是"以便于提供保护",而实行前一种措施不一定是为了提供保护。在前一种情况下,使用目的——效果检验标准,也许会迫使专家组和上诉机构去公开分析那些措施背后的管制目标,而不是在第 III 条之下,借助分析动机或者借助掩蔽在"最终用途"之类没有效果的标准背后的"嗅觉检验",对措施进行评估[78](在涉及到第 XX 条之前)。在这些情况下,目的——效果检验标准可以维护 WTO 成员的财政自主权[79]并可以确认,超出第 XX 条所列举那些以外的

---

[76] 专家组报告,日本-酒精饮料 *II*,[4.16],[4.32]。

[77] Robert Hudec,"GATT/WTO Constraints on National Regulation: Requiem for an'Aim and Effects' Test"(1998) 32 *International Lawyer* 619,622 - 3,626;Serena Wille,"Recapturing a Lost Opportunity:Article III :2 GATT 1994,Japan-Taxes on Alcoholic Beverages 1996"(1998) 9(1) *European Journal of International Law*,"Current Developments",<www.ejil.org>(仅在网上,2006 年 8 月 4 日访问)9 - 10。参见 Regan,"Regulatory Purpose and Like Products",455 - 6,提到"regulatory purpose"而非"aims-and-effects":Choi,*Like Products*,81 - 4。

[78] Hudec,"GATT/WTO Constraints",634;Wille,"Recapturing a Lost Opportunity",6 - 7.

[79] Wille,"Recapturing a Lost Opportunity",6.

合法管制目标[80],包括文化政策,是可能的。

目的——效果检验标准的参考作用,可能取决于第 III:2 条
的哪一段适用。在 GATT 1994 第 III:2 条之下受到质疑的差别
征税措施,只有其实施是第 III:1 条定义中的"以便为本地生产提
供保护",才违反第二段。这一规定的原文根据是,第 III:2 条第
二段提到"以违反"第 III:1 条"规定之原则的方式"实行征税或收
费。对比之下,第 III:2 条第一段里没有明确提到第 III:1 条。
由于这个原因,上诉机构认为,第一段里没有另外要求措施的实施
必须是"以便提供保护",尽管第 III:1 条在第 III:2 条的两段当
中均有所体现。[81] 相应地,在日本-酒精饮料 *II* 一案中,一个
WTO 专家组拒绝在第 III:2 条之下使用目的——效果检验标准,
因为这项标准依据的措辞是"以便提供保护",它出现在第III:1条
但是没有出现在第 III:2 条第一段。[82] 上诉机构肯定了专家组就
这一条进行的推论(没有直接地对目的——效果检验标准作出裁 84
决)。[83] 在欧共体-橡胶 *III* 一案中,上诉机构显然拒绝了在第 III
:2 条任何部分之下使用目的——效果检验标准,尽管第 III:2 条
第二段明确提到第 III:1 条。[84]

然而,上诉机构指出,确定一项措施的实施是否为第 III:2 条
之下的"以便提供保护","措施的设计、框架以及显露用意的结构"
有参考意义,表明这些可以使人对措施"背后的标准"有"客观"的

---

⑳ 见上,10。

㉑ 上诉机构报告,日本-酒精饮料 *II*,18-19,24。

㉒ 专家组报告,日本-酒精饮料 *II*,[6.16]。

㉓ 上诉机构报告,日本-酒精饮料 *II*,23。

㉔ 上诉机构报告,欧共体-香蕉 *II* [216],[241]。参见 Regan,'Regulatory Purpose and Like Products',446-7。

理解。[85] 上诉机构还陈述说，虽然立法者的主观动机不足为凭，但是“立法意图或目标”是有关联的——“也就是，一个成员的立法机构和政府作为整体的意图或目标——只要它们在立法本身中有真实的反映”。[86] 这个推论至少与对目的－效果检验标准的一种表述相一致——也就是，专注于为措施和法规自身所证明的措施的真实目的，而不是着眼于立法者的主观意图。[87]

在加拿大-期刊一案中，上诉机构在确定实行期刊差别税是否是“以便提供保护”从而违反第 III：2 条时，确实对其意图进行了检查。不过，上诉机构没有支持加拿大的观点，即有关产品所以受到差别对待是因为它们在文化上是独特的，而是认为措施的意图确定了其保护主义的性质。上诉机构不仅考虑了法规中表达的立法目标，还考虑了“加拿大政府关于制定该措施的明确政策目标的声明”，[88]包括加拿大负责文化遗产的部长和一个由政府任命的特别工作组所作的声明，以及政府对特别工作组报告的答复。上诉
85 机构关注的是证据，证实政府的意图是“保护”自己以对付从美国来的分拆版期刊，保护“加拿大期刊业的经济基础”，并使加拿大的广告收入流向加拿大的杂志，[89]例如，加拿大遗产部长提到，消费者有可能偏好美国期刊的文化内容：“比起美国对加拿大，加拿大人对美国人的日常生活更感兴趣，无论是政治或体育生活还是其他任何方面。因此，现实情况是，我们必须保护自己，以对付从外

---

[85] 上诉机构报告，日本-酒精饮料 *II*，29。

[86] 上诉机构报告，智利-酒精饮料 [62]，[71]。

[87] 参见 Hudec，‘GATT/WTO Constraints’，631－2；Regan，‘Regulatory Purpose and Like Products’，476－7。

[88] 上诉机构报告，加拿大-期刊，32。

[89] 同上，30－1。

国，特别是从美国来的分拆版。”[90]

上诉机构引用了一份部长声明，声明称加拿大期刊业为“加拿大文化表现形式的一个至关重要的成分”，表示政府致力于“保证加拿大人通过真正加拿大的杂志获得加拿大的思想和信息”。[91] 但是，上诉机构没有对加拿大保护期刊业的目标所依据的文化理由进行评估。这表示，如果一项措施的目的是保护一个特定的文化产业，而该措施又是照此实施的，便不符合第 III：1 条，从而违反第 III：2 条第二段，无论保护该产业的意图是否仅仅是向促进或保存文化的初始目标迈出的一步。

3.3.2 GATS 之下的同类服务和服务提供人

GATS 之下的国民待遇义务，见于第 XVII 条，该条第一段规定：

> 在列入自己减让表的部门里，在遵守减让表中所列任何条件和资格的前提下，每个成员在所有影响到服务提供的措施方面，对任何其他成员的服务和服务提供者给予的待遇，不得低于其给予本国同类服务和服务提供者的待遇。[92]

GATT 第 III 条讲的是歧视“进口产品”（在其他一个成员领土内生产的货品）和优待“本地同类产品”或“源自本国的同类产品”（在成员自己领土内生产的货品）。这就是说，歧视依据的是货品的起

---

[90] 同上，28（引用专家组报告，[3.118]）。

[91] 上诉机构报告，加拿大-期刊，31。

[92] 着重为后加。

源：它在哪儿生产的。GATS 的国民待遇条款有一点不同。86 GATS 第 XVII 条讲的是歧视“任何其他成员的服务和服务提供者”和优待“自己的同类服务和服务提供者”。在 GATS 之下，服务是通过四种模式之一提供的：

> 模式 1——跨境提供：从一个成员的领土向任何其他成员的领土内提供；
>
> 模式 2——境外消费：在一个成员的领土内向任何其他成员的服务消费者提供；
>
> 模式 3——商业驻在：由一个成员的服务提供者，通过在任何其他成员领土内的商业驻在提供；以及
>
> 模式 4——自然人驻在：[93]由一个成员的服务提供者，通过一个成员的自然人驻在任何其他成员领土内提供。[94]

在通过模式 1 或 2 提供的服务的方面，违反国民待遇的歧视，依据的是服务提供者的地点（尤其是，假设服务提供者的地点在成员领土之外）。在通过模式 3 或 4 提供的服务方面，歧视是根据服务提供者的起源（即假设服务提供者不是成员的国民，尽管它的处所是在成员领土内）。[95] 无论在哪种情况下，除非有关的服务或服务提供者为“同类”，就不发生歧视。“同类的服务提供者”一词，大概包

---

[93] 另见 GATS，关于根据协议提供服务的自然人流动的附件。

[94] GATS，第 I：2 条。

[95] GATS，第 XXVII(f)，(g)条；Werner Zdouc，“WTO Dispute Settlement Practice Relating to the GATS”(1999) 2(2) *Journal of International Economic Law* 295, 327－31. 参见专家组报告，墨西哥-远程通讯，[7.25]-[7.45]。

括提供"同类服务"的提供者,[96]虽然也可能在其他情况下指出同类的服务提供者。[97]

类似地,GATT 1994 中一般的 MFN 义务(第 I 条)讲的是为"产品"和"同类产品"提供的待遇,而 GATS 中对等的条款(第 II 条)讲的是为"服务和服务提供者"以及"同类服务和服务提供者"提供的待遇。GATS 第 II:1 条规定:

> 就本协定涵盖的任何措施而言,每个成员对任何其他成员的服务和服务提供者,应当立即和无条件地给予不低于其给予任何其他国家同类服务和服务提供者的待遇。[98] 87

上诉机构指出,GATS 第 II 条和第 XVII 条都没有"具体的依据……支持这一论点,即在确定一项措施是否符合这些条款时,该措施的'目的和效果'多少总有参考作用"。[99] 另外,由于上诉机构已经在 GATT 1994 范围内拒绝了目的一效果检验标准,[100]无论是专家组还是上诉机构都不可能同意在 GATS 之下于今后的案例中适用这一检验标准。不过,如我们在 GATT 1994 范围内见过的,这不必然意味着,通过其结构和设计反映出来的一项措施的目

---

[96] 专家组报告,加拿大-汽车,[10.248],[10.289];专家组报告,欧共体-橡胶 *III*(厄瓜多尔),[7.322]。

[97] Zdouc,"WTO Dispute Settlement Practice",333 - 4. 进一步讨论见 Mireille Cossy, WTO, *Determining "Likeness" Under the GATS: Squaring the Circle?*, Staff Working Paper ERSD - 2006 - 08 (September 2006) 7 - 12。

[98] 着重为后加。

[99] 上诉机构报告,欧共体-橡胶 *III*,[241];Zdouc,"WTO Dispute Settlement Practice",340 - 2。

[100] 见上,84。

标，不具有参考性。[101]

在欧共体-香蕉 *III* 一案中，上诉机构对专家组参照 GATT 第 III 条的国民待遇义务来解释 GATS 第 II 条之下 MFN 待遇的义务提出了批评，认为将 GATS 第 II 条与 GATT 1994 中“MFN 和 MFN 类型的义务”进行比较可能更恰当。[102] 上诉机构提出这个意见，虽然是针对“优惠程度不更低的待遇”这句话，同样的推论大概也可以适用于“同类产品和服务提供者”这句话。换言之，在 GATS 第 II 条（MFN）之下评估服务和服务提供者的同类性，参考 GATT 第 I 条 1（MFN）之下关于同类产品的含义也许比参考 GATT 第 III：2 条或第 III：4 条（国民待遇）更恰当。GATS 第 XVII 条（国民待遇）也是同样的情况。然而，考虑同类产品的含义，更经常在国民待遇义务之下，而不是在 GATT 1994 的 MFN 待遇义务之下，并且，如前边提到的，专家组在这两种 GATT 义务之下评估同类性时曾经采用过相似的因素。[103]

在 GATT 1994 和 GATS 之下，还有在这些协定当中不同的
88 条款之下，“同类性”可能有不同的含义，[104]记住这一点，便有理由假定，在 GATT 1994 之下评估产品的同类性所采用的因素，对于在 GATS 第 II 条之下评估服务的同类性也有参考作用。对于一

---

[101] 见，例如，专家组报告，欧共体-香蕉 *III*（第 21.5 条-厄瓜多尔），[6.127]。

[102] 上诉机构报告，欧共体-香蕉 *III*，[231]。

[103] 见，例如，专家组报告，印度尼西亚-汽车，[14.141]。

[104] 见上，76，n. 39。对 GATS 下“同类性”的进一步讨论，一般性见 Cossy，*Determining “Likeness” Under GATS*；Sacha Wunsch-Vincent，“The Internet，Cross-Border Trade in Services，and the GATS：Lessons from US-Gambling”（2006）5（3）*World Trade Review* 319，329－35。

种服务，这些因素从而可以包括：[105]效用、性质和质量[106]（比起在GATT的范围里，这些因素可能较少依托于有形的特征）；服务分类；[107]最终用途；以及消费者的趣味和习惯。在消费者的趣味和习惯方面，上面关于尝试在GATT第III条之下根据文化重要性区分产品的讨论，很大部分也许同样适用于GATS。由于已经提到的原因（尤其包括上诉机构在加拿大-期刊一案中的裁决），这些尝试不可能成功，除非服务之间的文化差异通过有关服务的效用和可替代性反映出来。

有"同类性"的这些方面在脑子里，我们来考察印度在GATS之下为合作制作的电影和电视开列的MFN豁免。这项豁免所适用的措施，是"提供国民待遇给予外国合作制作的电影和电视节目，而这些外国与印度之间有合作制作的协议"。[108]假定这些措施是GATS第I:1条定义中影响服务贸易的措施，它们是否符合GATS之下的MFN义务，将取决于措施的特定性质。例如，这项豁免可能涵盖一项措施，它允许以自然人驻在印度（根据一项合作制作协议）的方式合作生产的电影向印度政府申请补贴，以有助于偿付生产成本，同时不许从其他国家来的非印度电影申请补贴。在没有豁免的情况下，这似乎是要人实行欠优惠的待遇而违反

---

[105] 参见 Aaditya Mattoo，"MFN and the GATS"，刊载于 Cottier and Mavroidis，*Regulatory Barriers*，51，74；Cossy，*Determining"Likeness"Under GATS*，16－23。

[106] 见专家组报告，欧共体-香蕉 *III*（厄瓜多尔），[7.322]。其中专家组提到所涉及服务的"性质和特点"。

[107] 专家组报告，加拿大-汽车，[10.285]，[10.289]；专家组报告，欧共体-香蕉 *III*（厄瓜多尔），[7.322]。关于 Document W/120，见上，71，n.14；关于 CPC，见下，89，n.109。

[108] WTO，*India-Final List of Article II (MFN) Exemptions*，GATS/EL/42 (15 April 1994).

89 GATS 第 II：1 条，除非有关的服务或服务提供者根据该条款的定义被认为是同类的。

这个例子中涉及的服务可以归入中心产品分类（CPC）[109]子类 96121，它包括“制作和完成提供电影院放映的电影”。这些服务要通过模式 4 提供。服务提供者可以是在印度从事制作的自然人或那些自然人的雇主。无论提供者来自一个与印度有生产协议的国家，还是来自一个没有这种协议的 WTO 成员，生产服务的特点是非常相近的，并从属于相同的分类。生产服务的终端用途也是一样的，并体现在制作完成的电影上。这些服务之间唯一存在的区别，可能在于消费者的趣味和习惯。只有生产完成的电影可以根据具体的文化特征进行区分，如所使用的语言，这些服务才有可能是不同类的。产生这种效果，可能是合作制作协议中有合作制作的电影必须以印度为实景的要求或类似的要求。但是，在其他情况下，这些服务可能会被视为同类，使得这些措施在没有正当豁免的情况下可能不符合 MFN 待遇的义务。

概言之，在 GATS 国民待遇和 MFN 义务之下确定同类性的时候，试图以文化为依据对文化产品进行区分，成员会面临与在 GATT 1994 之下遇到的类似的困难。目的——效果检验标准，目前并不是考虑文化政策的一个途径，而现有的法律裁决表明，以文化为由进行区分，消费者的偏好这个标准不足为据。

---

[109] CPC 是联合国的货物和服务分类制度。CPC 在乌拉圭回合服务贸易谈判时为 UN，临时中心产品分类，统计文件，Series M，No. 77 (1991)。最近修订为 UN，中心产品分类第 1.1 版，统计文件，Series M，No. 77 (2004)。

3.4 不均衡和不确定的例外规定

如果专家组和上诉机构不用同类性来允许歧视性的文化政策措施和最大限度减少贸易限制，接下来的问题便是，GATT 1994 和 GATS 之下现有的例外或豁免[110]能否满足这个目的。在本节 90
中，我考察与文化产品最有关系的若干例外，即将政府提供的服务从 GATS 排除，GATT 中有关放映配额和补贴的例外，以及 GATT 第 XX(f)条之下为国家珍宝的一般性例外和 GATT 第 XX(a)条和 GATS 第 XIV(a)条之下关于公共道德的一般性例外。这些例外，在 GATT 1994 和 GATS 之间是不平衡的，而且不够明确用来保护歧视性的文化政策措施，即使在这些措施是合法的并且不过分限制贸易的情况下。可以用来为这些措施辩护的，在两个协定之下确实还有其他的例外，如下面提到的（如 GATT 1994 之下允许的反倾销补贴[111]和保障措施[112]，为公共卫生的例外，[113]给为确保遵守符合 WTO 的法律或条例所必需的措施的例外，[114]以及为自由贸易协定的例外）。[115] 不过，这些例外与文化关切

[110] 关于与文化有关的例外、豁免、保留和放弃之间的区别，见 Bernier，'Trade and Culture'，785。

[111] 见下，237。

[112] 见下，239。

[113] 见下，159。

[114] 见下，166。

[115] 见下，117。另一个可能有关的例外是为国家安全的：GATT 1994，第 XXI 条；GATS，第 XIV 条之二。例如，一个成员可以争辩说，由于国家安全的原因，它需要采取歧视或限制贸易的措施以保证维持一个强劲的音像产业（包括活跃和独立的电视和电台广播）。但是，尽管事关文化产品的交流性影响，这种措施可以说不是一项"文化政策措施"——即是说，它不是为了促进或保护文化。

的联系不紧密，也不足以对情况有所改善。因此，大部分成员往往通过它们在 GATS 之下固有的灵活性来维护自己的文化政策。[116]

3.4.1 政府提供的服务

关于“服务”，GATS 的定义只是“包括任何部门的任何服务，行使政府职权过程当中提供的服务除外”，后者意味着所提供的服务既非商业性的也不与一个或更多服务提供者发生竞争。[117] 有些
91 国家，政府在文化产业中提供服务，例如通过公共广播者。[118] 公共
广播者的例子有印度广播公司（Prasar Bharati）（印度），[119]巴基斯坦广播公司和巴基斯坦电视有限公司，[120]广播和电视联盟（埃及），[121]加拿大广播公司/加拿大电台，[122]以及英国广播公司。[123] 在一

---

[116] 见下，109。

[117] GATS，第 1：3 条。关于此条款的含义，见 Krajewski，*National Regulation and Trade Liberalization in Services*，68－73；Eric Leroux，'What is a"Service Supplied in the Exercise of Governmental Authority" Under Article 1：3(b) and (c) of the General Agreement on Trade in Services? '(2006) 40(3) *Journal of World Trade* 345；Rudolf Adlung，'Public Services and the GATS' (2006) 9(2) *Journal of International Economic Law* 455，462－5；Markus Krajewski，'Public Services and Trade Liberalization：Mapping the Legal Framework' (2003) 6(2) *Journal of International Economic Law* 341。

[118] 在乌拉圭回合服务贸易谈判中，GATT 秘书处承认电视广播中出现公共垄断的频度：音像服务工作组，乌拉圭回合服务谈判组，GATT，*Matters Relating to Trade in Audiovisual Services：Note by the Secretariat*，MTN. GNS/AUD/W/1 (4 October 1990) [9]，[11]。另见 Withers，'Broadcasting'，109－10；Hesmondhalgh，*Cultural Industries*，121－6。

[119] Mukherjee，'Audio-Visual Policies'，223.

[120] WTO，TPRB，*Trade Policy Review*，*Pakistan：Report by the Secretariat*，WT/TPR/S/95 (21 December 2001) [IV：93].

[121] Ghoneim，'Audio-Visual Sector in Egypt'，194，202.

[122] Acheson and Maule，'Canada—Audio-Visual Policies'，158.

[123] Doyle and Hibberd，'UK Audio-Visual System'，132.

些国家，如德国，[124]这些广播者部分地通过向电视机和收音机的使用者或拥有者征收的许可证费得到资助。与其他许多公共广播者一样，德国的公共电视频道"较少依靠广告收入，因此依靠高收视率"，所以"它们的内容更多侧重信息和文化节目，更少侧重娱乐、故事和广告"。[125]

如果 GATS 不适用于这些服务，公共广播者可能选择只广播本地的节目，而不顾及有关 WTO 成员作出的承诺，也不管选择这样做的理由是什么。不过，这些服务也许不是"在行使政府职权过程当中"提供的，因为许多公共广播者与私人广播者竞争，而且前者的运作越来越具有商业性。因此，这些服务常常要受 GATS 的管辖。GATS 还为成员规定了更多的义务，针对垄断和独占性的服务提供者，[126]其中也会包括一些公共广播者。

政府还可能制作自己的电影或经营自己的电影院。例如，虽然"埃及国家……于 1971 年停止制作故事影片……并早从 1970 年代起便将过去拥有的电影院出售"，但在 2001 年，它通过成立一个新的独立的制作和发行机构，又开始从事故事片的制作。[127] 埃 92
及政府还是"一个主要的制作者，制作不十分注重盈利的短纪录片"。[128] 但是，在许多情况下，这些服务仍然被 GATS 涵盖，因为提供它们，或者是商业性的，或者与其他的服务提供者竞争。

因此，在 GATS 之下将政府提供的服务排除，并非好像提供

[124] Perino and Schulze, 'Competition, Cultural Autonomy', 62.

[125] 同上，71。

[126] GATS，第 VIII 条。

[127] Ghoniem, 'Audio-Visual Sector in Egypt', 193.

[128] 同上。

一种手段，成员可以藉此制定带有合法的歧视性的文化政策措施。如下边各节中显示的，这样做也不解决在 GATT 1994 和 GATS 之下给予这些措施的例外当中的不平衡。

3.4.2 放映配额

在拟定 GATT 1947 之下的国民待遇义务时，某些国家认为关税不能有效地保护本国的电影业，因而需要实行配额。它们“争论说，对电影业的管制更多关系到本国的文化政策，而不是经济方面的考虑如……贸易”。[129] 例如，英国主张，“不能仅仅因为进口电影在商业上组织得更好，国家就让对自身文化和思想有影响的自己的电影生产被进口电影湮没”。[130] GATT 1994 第 IV 条反映了 WTO 成员在文化产品待遇方面达成的妥协（至少就货物贸易而言），所以值得全文刊录：

第 IV 条

与电影有关的特别条款

如果任何成员就已经曝光的电影胶片制定或保留内部的数额规定，此种规定应当采取符合下列要求的放映配额的方式：

---

[129] GATT, *Application of GATT to International Trade in Television Programmes*: *Report of the Working Party*, L/1741 (13 March 1962) [8]; GATT，乌拉圭回合服务谈判组，音像服务工作组，*Matters Relating to Trade in Audiovisual Services*: *Note by the Secretariat*, MTN. GNS/AUD/W/1 (4 October 1990) [3]。另见 Jackson, World Trade and GATT, 293。

[130] UN, *Extract of the Summary Record of the Second Session of the Preparatory Committee of the United Nations Conference on Trade and Employment*, *Commission A*, E/PC/T/A/SR/10 (6 June 1947).

> (a) 放映配额可以要求，放映本国起源的电影，在不短于
> 一年的一定时段内商业性放映任何产地的所有电影所实际使 93
> 用的全部放映时间中，占一定的最低比例，全部放映时间应当
> 以每个剧场每年的放映时间或与此同等的方法为基础计算；
>
> (b) 根据放映配额为本国起源的电影保留的放映时间除外，放映时间，包括通过行政行为从为本国起源的电影保留的放映时间中放开的，不应正式地或事实上在供应来源之间进行分配；
>
> (c) 尽管有本条(b)项的规定，任何成员可以沿用符合本条(a)项规定的放映配额，为实行此种放映配额的成员以外的一定来源的电影保留最低比例的放映时间；条件是，这种最低比例的放映时间不得增加至1947年4月10日已实施的水平之上；
>
> (d) 放映配额应当可以通过谈判决定其限度、放宽或取消。

一方面，这个条款包含对于一般的国民待遇义务的一个例外，允许成员为放映本国起源的电影规定最低放映配额。这个例外是第III:10条当中明确承认的，该条称“本条”国民待遇的规定“不应妨碍任何成员制定或保留针对已经曝光的电影胶片的并符合第IV条要求的内部数额规定”。另一方面，第IV条为保护本国电影订立了一些规则，如要求数额管制必须以放映配额的形式而不能以任何其他方式，要求配额应当遵守第IV(a)条的条件。类似地，第IV条对一般性的MFN义务规定了一个有限的例外，允许在符合第IV(a)条规定条件的情况下对某一来源的电影适用最低放映配

额，要求是保留的最低比例不得高于1947年4月10日实施的水平。

第IV(d)条中关于进一步谈判的条款显示，在1947年，或甚至在1995年，争论都尚未结束。一些国家规定的放映配额，是它们大概可以在第IV条之下找到根据的。[131] 第IV条还延及"1947年4月10日在新西兰实行的出租商的电影配额"。[132] 不过，第IV条的范围仍旧不明确。

94 1961年，应美国的请求，成立一个工作组审查GATT 1947对电视节目适用的情况。[133] 美国争论说，电视节目是GATT 1947管辖下的货物，但是第IV条不应延及这些节目，因为这个行业的性质较之电影不同。它另外建议对成员提出要求，为本国制作者保留播放时间的任何国内规定，要有合理接触外国节目的条款作为平衡。[134] 工作组的其他成员建议，第IV条应当同样适用于电视节目，或者电视节目制作是不在GATT 1947范围的一种服务。[135] 工

---

[131] 见，例如，Condron，'Cinema'，209；Kim，'Screen Quotas in Korea'。

[132] GATT 1994，附件A。

[133] GATT，*Application of GATT to International Trade in Television Programmes*，L/1615 (16 November 1961).

[134] GATT，*Application of GATT to International Trade in Television Programmes*：*Statement Made by the United States Representative on 21 November 1961*，L/1646 (24 November 1961). 另见GATT，*Application of GATT to International Trade in Television Programmes*：*Proposal by the Government of the United States*，L/2120 (18 March 1964)；GATT，*Application of GATT to International Trade in Television Programmes*：*Revised United States Draft Recommendation*，L/1908 (10 November 1962)。

[135] GATT，*Application of GATT to International Trade in Television Programmes*：*Report of the Working Party*，L/1741 (13 March 1962) [6]，[10]. 另见GATT，乌拉圭回合服务谈判组，音像服务工作组，*Note on the Meeting of 27 –28 August 1990*，MTN. GNS/AUD/1(27 September 1990) [8]，其中日本声明GATT第IV条不适用于广播或电视。

作组提出了建议草案[136]但是没有解决这个问题。[137] 约翰·杰克逊(John Jackson)在1969年写道:"美国最初的建议指出,当时存在的一些有关电视的限制可能是违反GATT的……大概,被指称的违反仍在继续。"[138]

1989年10月3日,欧共体委员会通过"无疆界电视指导文件"。[139] 指导文件总体地要求欧共体成员,"在可行的情况下和通过适当的手段",保证广播者将它们的播放时间大部分保留给欧洲的作品,[140]还要将它们播放时间的至少10%,或它们节目制作预算 95
的至少10%,保留给由独立于广播者的制作者创作的欧洲作品。[141] 指导文件具体提到电视在提供信息、教育、文化和娱乐方面的作用,[142]而"这段内容的起草,主要是在法国的坚持之下,并多半与法国音像政策的主要方面一致"。[143] 美国要求在GATT 1947之下与

---

[136] GATT, *Application of GATT to International Trade in Television Programmes: Report of the Working Party*, L/1741 (13 March 1962) annex 1.

[137] Jon Filipek, '"Culture Quotas": The Trade Controversy over the European Community's Broadcasting Directive' (1992) 28(2) *Stanford Journal of International Law* 323, 342.

[138] Jackson, *World Trade and GATT*, 294.

[139] 关于该指导文件及后来的争议,一般性见 Filipek, 'Culture Quotas'; Clint Smith, 'International Trade in Television Programming and GATT: An Analysis of Why the European Community's Local Program Requirement Violates the General Agreement on Tariffs and Trade' (1993) 10(2) *International Tax & Business Lawyer* 97; Rolf Weber 等, *Kulturquoten im Rundfunk* (2006) 215-27。

[140] 无疆界电视指导文件,第4(1)条。

[141] 同上,第5条。

[142] 同上,第4(1),5,19(a)条。

[143] Cocq and Messerlin, 'French Audio-Visual Policy', 22. 另见 Jean-Charles Paracuellos, 'Le paysage audiovisual français' (1993) *Regards sur l'actualité* 3, 20; Hans-Peter Siebenhaar, 'Européanisation ou américanisation? Option pour la promotion de la production audiovisuelle dans l'Union européenne' (1994) 379 *Revue du Marché Commun et de l'Union Européenne* 357。

欧共体和一些欧洲国家就指导文件进行磋商，声称指导文件的某些条款可能要求欧共体成员国采取违反 GATT 的行动。[144] 美国贸易代表还将欧共体列入其“特别 301 优先观察名单”。[145] 欧共体反驳说，指导文件不在 GATT 1947 范围之内。[146] 最后，这一争执被并入乌拉圭回合的服务谈判中。[147] 有些评论者指出，鉴于成员后来的做法（尤其是乌拉圭回合服务谈判中关于电视的讨论），现在还不能认为 GATT 第 IV 条可以适用于电视节目制作。[148] 作为另外办法，电视节目被归到 GATS 的音像服务待遇之下。

---

[144] GATT, *Austria/Luxembourg/Netherlands/Norway/Spain/Sweden/Switzerland/United Kindom — Measures to be Taken under the European Convention on Transfrontier Television: Request for Consultation under Article XXII:1 by the United States*, DS4/1 (11 September 1989); GATT, *EEC—Directive on Transfrontier Television: Request for Consultations under Article XXII:1 by the United States*, DS4/3 (8 November 1989); GATT, *France — Television Broadcasting of Cinematographic and Audiovisual Works: Request for Consultations under Article XXII:1 by the United States*, DS4/5 (8 May 1990); GATT，乌拉圭回合服务谈判组，音像服务工作组，*Matters Relating to Trade in Audiovisual Services: Note by the Secretariat*, MTN. GNS/AUD/W/1 (1991) n. 8。

[145] Filipek, 'Culture Quotas', 326 (引用美国贸易代表，'Hills Announces Implementation of Special 301 and Title VII'，新闻发布稿 (26 April 1991))。

[146] GATT, *EEC—Directive on Transfrontier Television: Response to Request for Consultations under Article XXII:1 by the United States*, DS4/4 (8 November 1989) 1.

[147] GATT, *Major Proposals Tabled on Safeguards while First Sectoral Discussions Take Place in Services Group*, NUR 029 (7 July 1989); Bruno de Witte, 'Trade in Culture: International Legal Regimes and EU Constitutional Values', in Gráinne de Búrca and Joanne Scott (eds.), *The EU and the WTO: Legal and Constitutional Issues* (2001) 237, 243.

[148] Andrew Carlson, 'The Country Music Television Dispute: An Illustration of the Tensions Between Canadian Cultural Protectionism and American Entertainment Exports' (1997) 6 *Minnesota Journal of Global Trade* 585, 599－600; Witte, 'Trade in Culture', 245－6.

明显地，GATT 第 IV 条的具体标准仍旧不清楚。不过，这种 96
不确定性在 WTO、一般国际条约或者甚至国内立法的范围内，都不罕见。这就是为什么也许需要争端解决来澄清 WTO 的条款。[149] GATT 第 IV 条的一个更重要的问题是，在 GATS 之下没有对应的条款与之平衡。因此，举例讲，在 GATT 第 IV 条之下得到豁免的配额，有可能看上去违反 GATS 第 XVI 条。在该种情况下，可以争论说，各缔约方清楚地想要把这些措施排除在它们的协定之外，所以不应当出现违反 GATS 的情况。另一方面，如果一个成员就音像服务作出提供市场准入的具体承诺，并且没有为配额保留一个限度，也许可以断定该成员已经放弃 GATT 第 IV 条隐含的任何经一致同意的排除。

3.4.3 补贴

A. GATT 第 III：8(b)条和第 XVI 条以及 SCM 协定

为本国文化产品生产者提供补贴，有可能违反国民待遇原则，因为这间接地给进口文化产品以低于本国来源的同类产品的待遇。然而，GATT 1994 第III：8(b)条明确讲，第 III 条“不得妨碍专门向本国的生产者支付补贴”。一项具体的支付是否属于第III：8(b)条的范围，取决于支付的具体情况，包括由谁向谁支付，支付的程序，以及是否有任何其他人从支付中受益。如果确实属于第III：8(b)条的范围，一项为增加产品出口或减少产品进口而

[149] 见下，123。

实行的补贴,还应当符合某些关于透明度的规定。[150] 此外,一项基于第III:8(b)条之下的例外不违反国民待遇要求的补贴,仍然必须遵守GATT 1994第XVI条当中另外的规则,如SCM协定中详述的。

加拿大-期刊一案为成员可能根据第III:8(b)条为其主张豁免的文化政策措施提供了一个例子,它还澄清了属于该豁免范围的补贴支付的性质。在该案中,连同其他事项,美国对加拿大政府
97 提供资金给加拿大邮政局(一个皇家公司)以支持包括期刊在内的够资格的加拿大出版物享受较低邮寄费率("资助的费率")提出了质疑。[151] 资格方面的要求,包括加拿大对出版物的所有权和控制,以及期刊在加拿大出版、印刷并在加拿大境内邮递。不够资格享受资助费率的人,可以转而申请与加拿大邮局达成协议,为在加拿大境内的大宗期刊邮寄取得较低的邮寄费率("商业费率")。给加拿大境内出版印刷的期刊的商业费率,低于给其他地方出版的期刊的,对前者还另外有折扣而对后者则没有。[152]

专家组认为,该商业费率违反了GATT第III:4条,[153]加拿大没有对此提出上诉。专家组认为资助费率也违反了GATT第III:4条,但是加拿大争辩说,资助费率仍然是第III:8(b)条允许的补贴。[154] 美国回应说,第III:8(b)条并不适用,因为加拿大支付补贴不是"专门"给本国的期刊生产人。实际上,它支付给加拿大邮

[150] GATT1994,第XVI:1条。
[151] 专家组报告,加拿大-期刊,[2.10]-[2.19]。
[152] 同上,[2.10]-[2.19]。
[153] 同上,[5.39]。
[154] 同上,[5.40]。

政局。[155] 美国依据的是 GATT 的欧洲经济共同体-油籽一案，该案中的专家组称，“可以合理地推定，一项支付，不是直接给生产人的，就不是“专门”给它们的”。[156] 该案专家组虽然没有对这份早先的专家组报告提出不同意见，但是认为补贴是专门给本国生产人的，因为考虑到加拿大邮局并不从资助费率的项目中留取任何经济利益。[157]

在上诉当中，上诉机构称，欧洲经济共同体-油籽一案中专家组就支付的“直接”性质发表的意见是附带的意见。[158] 这可能意味着，间接向本国生产人的支付也许够得上第 III∶8(b)条之下的补贴。不过，上诉机构指出，第 III∶8(b)条讲得是带有“政府收入的开支”的支付。[159] 所以，给本国产品或生产人的税收奖励或削减不包括在第 III∶8(b)条的范围内，而受第 III∶2 条和第 III∶4 条管辖。[160] 上诉机构认为没有“理由将降低一种产品的征税标准与降低交通或邮政的收费标准区分开来”。[161] 虽然发生过一次政府资 98
金的内部转账以使加拿大邮政局向本国期刊生产人提供资助的费率，虽然这些生产人也许结果从较低邮寄费率得到益处，但是加拿大实际上没有给它们以任何支付。所以，资助的费率不是补贴，因此上诉机构否定了专家组关于资助的费率作为补贴是正当的这个

---

[155] 同上，[5.41]。

[156] GATT 专家组报告，欧洲经济共同体-油籽，[137]。

[157] 专家组报告，加拿大-期刊，[5.42]-[5.44]。

[158] 上诉机构报告，加拿大-期刊，33。

[159] 同上，34。

[160] 上诉机构报告，加拿大-期刊，34；专家组报告，印度尼西亚-汽车，[14.43]。

[161] 上诉机构报告，加拿大-期刊，34。

结论。[162]

然而，对于希望像许多成员一样补贴自己文化产业的成员，GATT 1994 第 III：8(b)条提供了相当的灵活性，[163]只要支付补贴符合要求，如必须含有一项政府开支等。然而，GATS 之下的情况有所不同。

B. GATS 第 XV 条

GATS 第 XV：1 条讲，“成员认识到，补贴在某些情况下可能对服务贸易有扭曲作用”。大概是呼应这一认识，以及在乌拉圭回合结束时未就如何规范服务补贴达成一致的情况下，第 XV：1 条接着规定，“各成员应当进行谈判，以便制定必要的多边规则来避免这样的贸易扭曲作用”。鉴于仍未在第 XV 条之下就规则达成一致，[164]GATS 按照目前起草的，在向服务或服务提供者发放补贴方面规定了很少的义务。GATS 规定的主要具体义务是，根据第 XV：2条，如果一个成员“认为其受到另一个成员补贴的不利影响”而请求与发放补贴的成员磋商，发放补贴的成员应当对这个请求“给予积极的考虑”。这项义务相当有限，也最可能是难以推脱的一项。正像上诉机构和专家组表现出有些不愿意认定成员违反其对于“善意”原则的义务，[165]他们同样可能会避免断言一个成员没有对在第 XV：2 条之下进行磋商的请求给予积极的考虑。因此，认为自己在音像领域或者在其他任何服务领域中受到另一个

[162] 同上，35。

[163] 见上，22。

[164] 见下，228。

[165] 见下面的讨论，206－9。

成员补贴的"不利影响",对这样的成员,这个条款如果不修改,没有多大用处。因此,1993 年,在乌拉圭回合接近尾声时,对有关音 99
像领域的辩论给予回应,GATT 总干事彼得·萨瑟兰(Peter Sutherland)发表了一项声明。在谈到其他事项的同时,萨瑟兰强调说,GATS 丝毫不会"妨碍各国政府资助音像的项目。显然,本土的电影制作很大部分要依靠政府的支持,因此政府支持可以继续下去。"[166]

但是,GATT 可能会以一种关键的方式限制成员发放补贴。GATS 第 XVII 条中关于国民待遇的规定,与 GATT 第III:8(b)条中对于补贴的国民待遇豁免,没有相对应的对于发放补贴的豁免。由于这个原因,"1993 年减让表制定指南"(包含在 GATT 秘书处一份旨在帮助 GATT 缔约方制定新的 GATS 减让表的文件中)结论说:

> 第 XVII 条适用于补贴类型的措施,方式与它适用于所有其他措施的一样……因此,根据第 XVII 条定义构成歧视性措施的任何补贴,必须或者作为对国民待遇的一个限制列入减让表,或者被改成与该条一致。补贴类型的措施,同样不排除在第 II 条(最惠国)的范围之外。排除此种措施,要求对补贴有法律定义,这个定义目前在 GATS 之下没有规定。[167]

"2001 年减让表制定指南"包含一个类似的声明。不过,它另外还

---

[166] GATT, *Peter Sutherland Responds to Debate on Audiovisual Sector*, NUR 069 (14 October 1993).

[167] 1993 年减让表制定指南,[9]。另见 Mattoo, 'National Treatment in the GATS', 119; WTO 秘书处, *A Handbook on the GATS Agreement* (2005) 38。

讲,"第 XVII 条之下一项关于发放补贴的约束,不要求一个成员对位处另一个成员领土内的服务提供者给予此种补贴",[168]因为 GATS 不迫使成员在领土管辖范围以外采取措施。[169]

尽管"1993 年减让表制定指南"既不作为解释一个成员的 GATS 减让表的"背景",[170]也不作为 GATS 第 XVII 条的权威解释(因为此种解释可以专门由部长级会议和总委员会制定),[171]但是上诉机构认为,在确定不明晰的 GATS 条款的含义时,可以用
100 它来作为"解释的辅助手段"。[172] 上诉机构还明确表示,"2001 年减让表制定指南",不作为"此后惯例"用于根据 VCLT 第 31(3)(b)条解释 GATS 条款或 GATS 减让表的目的。[173]

然而,如果两套减让表制定指南中采用的解释都正确,这意味着,对于提供歧视性的服务补贴,GATS 订立了具有潜在威力的规则。[174]

---

[168] 2001 年减让表制定指南,[16]。

[169] 同上,[15];1993 年减让表制定指南,[10]。但是见 Mattoo,'National Treatment in the GATS',120 - 1。

[170] 上诉机构报告,美国-博彩业,[178]。

[171] 《马拉喀什协定》,第 IX:2 条。

[172] 上诉机构报告,美国-博彩业,[196]. 关于上诉机构就 1993 年和 2000 年减让表制定指南的解释方法,见 Federico Ortino,'Treaty Interpretation and the WTO Appellate Body Report in 美国- *Gambling*: A Critique'(2006) 9(1) Journal of International Economic Law 117,128 - 30。

[173] 上诉机构报告,美国-博彩业,[193]。第 4 章讲解了 WTO 条款的解释规则,包括依据 VCLT 第 31 条。

[174] WTO,GATS 规则工作组,*Communication from Argentina and Hong Kong, China*:*Development of Multilateral Disciplines Governing Trade Distortive Subsidies in Services*,S/WPGR/W/31 (16 March 2000) [10(e)];WTO,GATS 规则工作组,*Subsidies and Trade in Services*:*Note by the Secretariat*,S/WPGR/W/9 (6 March 1996) 8。另见 Pierre Sauvé,'Completing the GATS Framework:Addressing Uruguay Round Leftovers'(2002) 57(3) *Aussenwirtschaft* 301,326。

另外，有些成员或许不在受补贴的服务领域作出国民待遇的承诺，就是为了躲避这个规则。关于歧视性补贴可能违反一项GATS的国民待遇义务的结论，也突显出需要解决GATT 1994和GATS之间的重叠和不一致。由于服务有些时候"体现"在货物中，"情况例如上面录有音乐的光盘"，"有些影响到服务提供的补贴就像是或者被当作是对货物的补贴"。[175] 一项违反了GATS国民待遇义务的歧视性补贴，如果属于SCM协定的范围并遵守了它的规定，WTO法律对它会有不同的对待么？反过来说，如果对文化产品的补贴但凡能够由GATT 1994和SCM协定管住，由GATS之下对补贴规范不足而来的行动自由是不是虚幻的？

3.4.4 一般性例外(GATT 第XX条，GATS第XIV条)

A. 结构和导言

GATT 第XX条与文化产品最有关的细款内容如下：

> 在遵守关于适用此种措施不得成为在情况相同国家之间实行任意或无理歧视的手段或不构成对国际贸易的变相限制的要求的前提下，本协定任何规定不得理解为阻止任何成员制定或实施以下措施： 101
>
> (a) 为维护公共道德所必需的；
>
> ……

---

[175] WTO，GATS规则工作组，*Subsidies and Trade in Services: Note by the Secretariat*，S/WPGR/W/9 (6 March 1996) 4。

(f) 为保护具有艺术、历史或考古价值的国家珍宝而采取的；[176]

……

迄今，还没有成员以第XX(a)或(f)条作为文化政策的理由。不过，从现有案例可以知道此种争辩会如何进行。上诉机构曾经裁定，根据第XX条评估一项措施的恰当途径是，首先根据措施的性质确定其是否属于(a)至(j)项列举的例外之一；如果是，然后确定措施的实施是否符合导言（第XX条开头一段，如上边出示的）。在两个阶段中，举证的责任都在应诉方。[177]

例如，假定一项文化政策措施根据GATT第XX条的细款之一暂时可以认为正当，接下来要在第XX条导言之下进行评估。如已经提到的，[178]一般而言是第XX条，尤其是导言，为通过个案裁决尽可能减少贸易限制提供了一种手段。在美国-海虾一案中，上诉机构指出，必须有三个因素才能证明一项措施以其实施的方式构成"在情况相同国家之间实行任意或无理歧视的手段"：

首先，措施的实施必须造成歧视。如我们在美国-汽油一案中陈述的，这种歧视的性质和程度，不同于对待产品中的歧视，后者已经被认定与GATT 1994，如第I、第III或第XI条的实质性义务之一不一致。第二，歧视的性质，必须是任意的或无理的……第三，这种歧视必须发生在情况相同的国家

[176] 参见，《欧共体条约》第30条。

[177] 上诉机构报告，美国-海虾，[118]；上诉机构报告，美国-汽油，22-3。

[178] 见上，66。

之间。[179]

在这个案例中,上诉机构还确认,第 XX 条导言既涵盖在出口成员当中(或进口物当中)实行的歧视,也涵盖在出口成员和制定歧视性措施的进口成员之间(或进口产品和本地产品之间)实行的歧视。[180] 看来,实施一项措施,有可能含有违背导言的"任意或无理"的歧视,如果它给不同的 WTO 成员或不同的产品[181]在没有具体、客观标准的情况下[182]以不同的待遇,或者如果它对所有成员或它们的产品给予与本地产品相同的待遇而不对那些成员领土内的不同情况进行调查。[183] 由于第 2 章探讨过的原因,实行文化政策措施,要根据具体、客观的标准,做起来还要考虑不同国家的不同情况,成员可能有困难。这也许使成员更难于在第 XX 条之下为一项歧视性的文化政策措施找到理由。 102

至于什么便构成第 XX 条导言含义中的"对国际贸易的变相限制",上诉机构一直不明确。在它的第一个报告,美国-汽油一案中,上诉机构陈述说:

> "变相限制"包括国际贸易中的变相歧视,这对我们来讲是清楚的。同样清楚的是,国际贸易中隐蔽的或不宣布的限制或歧视,并非是"变相限制"的全部含义。我们认为,"变相

---

[179] 上诉机构报告,美国-海虾,[150](着重为原有,脚注省略)。
[180] 同上。另见上诉机构报告,美国-汽油,23-4。
[181] 专家组报告,阿根廷-生皮和制革,[11.314]。
[182] 专家组报告,欧共体-关税优惠,[7.232]。
[183] 上诉机构报告,美国-海虾,[164]-[166]。

限制”，无论还包含其他什么，可以恰当地解读为包含构成国际贸易中任意或无理歧视的限制，这些限制是在一项措施的掩盖之下进行的，而该措施形式上又在第XX条所列一项例外的条件之内。用稍微不同的方式讲，确定一项特定措施的实施是否构成“任意或无理的歧视”，当中有关的种种考虑，在确定是否存在对国际贸易的“变相限制”时，也可以作为参考。要义在于这样的目的和宗旨，即避免滥用或非法利用第XX条提供的对于实质性规则的例外。[184]

这段话意思是，“对国际贸易的变相限制”在某些程度上与“任意或无理的歧视”有交叉。然而值得注意的是，一项非歧视性的措施仍
103 然可以是“对国际贸易的变相限制”。这个解读，为证明一项措施在第XX条导言之下是正当的给出略微更高的门槛。在美国-汽油一案中，在评估一项被质疑的措施是否带有任意或无理的歧视或带有对国际贸易的变相限制时，上诉机构考虑了，该措施的目标是否能够通过非歧视性的方式实现。[185] 这个做法，使导言的要求更加接近第XX条细款中关于措施必须为实现有关政策目标所“必需”的要求，即便上诉机构在美国-汽油一案中考虑的是受质疑的措施在(g)款之下是否正当，该款涵盖“与保存可枯竭自然资源有关”的措施，并且没有使用“必需”一词。无论怎样，对受到质疑的措施，即使它不是歧视性的，审查其目标是否能够以非贸易限制或较少贸易限制的方式实现，完全符合导言的原文(尤其是“对国

---

[184] 上诉机构报告，美国-汽油，[25]（着重为原有）。

[185] 同上，[25]，[29]。

际贸易的变相限制”的提法)。同样,这将使在第 XX 条之下为一项文化政策措施寻找理由变得困难。

在欧共体-石棉一案中,专家组也考虑了第 XX 条导言中“对国际贸易的变相限制”一语的含义。它解释说,一项限制,“形式上符合要求于”第 XX 条的细款之一,“如果这种符合实际上只是一种伪装,掩盖的是追求贸易限制的目标,将构成滥用”。[186]意识到确定受质疑措施的目标有难度,专家组借助了上诉机构过去有关 GATT 第 III 条的裁决记录。它具体地提到措施的“设计、结构和……条理”在揭示其目标方面的参考作用,如上诉机构在日本-酒精饮料 II 一案中表述的。[187]专家组还审查了措施的效果,以确定该措施对本国产品是否比对外国产品更为照顾。[188]专家组认为,欧共体的受到质疑的措施在 GATT 1994第 XX(b)条之下是正当的。加拿大就专家组关于(b)款的意见提出上诉,但是没有涉及导言,上诉机构因此也没有谈到导言。专家组的做法,用到类似目的-效果的检验标准,这个标准有可能证明对文化政策措施更加宽容。不过,如 104
前面就 GATT 第 III 条讨论过的,如果一项文化政策措施的目的和效果是保护本地文化产品,它有可能被视为对贸易的变相限制,即使它是为促进本地文化而采取的一个过渡性步骤。

GATS 在第 XIV 条之下包含有若干一般性的例外,该条与 GATT 第 XX 条大致相当。一项属于 GATS 第 XIV 条范围的措施,不会违反 GATS,即使它在其他情况下看上去与另一个条款不一致。GATS 第 XIV 条与文化产品最有关系的是规定:

---

[186] 专家组报告,欧共体-石棉,[8.236]。

[187] 同上,[8.236]-[8.238]。

[188] 同上,[8.239]。

在遵守关于适用此种措施不得构成在情况相同国家之间实行任意或无理歧视的手段或不构成对服务贸易的变相限制的要求的前提下，本协定任何规定不得理解为阻止任何成员制定或实施以下措施：

(a)为保护公共道德或维持公共秩序所必需的；[5]

[5]只有在社会根本利益之一受到真正和足够严重的威胁时，才可以动用公共秩序的例外。

明显地，GATS第XIV条当中包含的例外，与GATT第XX条当中的不同，即使有一条类似的例外，措辞也不一定相同。然而，GATT 1994之下就各个单项例外现有的裁决，对于分析GATS之下的一般性例外有参考作用，[189]反之亦一样。[190] GATS第XIV条当中的所有例外，都受制约于导言，后者与GATT第XX条导言的措辞差不多。照应自己根据GATT第XX条所作的推理，上诉机构认为，分析一项在另外情况下不符合规定的措施是否能够在GATS第XIV条之下找到理由，要分两步。第一，这项措施是否属于第XIV条的细款之一？第二，这项措施是否符合导言的要求？[191]

B. 国家珍宝

第XX(f)条适用于"为保护具有艺术、历史或考古价值的国家珍宝而制定"的措施。这一条承认，成员决定就文化产品建立贸易

---

[189] 上诉机构报告，美国-博彩业，[291]。

[190] 上诉机构报告，多米尼加共和国-卷烟进口和销售，[69]-[70]。

[191] 上诉机构报告，美国-博彩业，[292]。

壁垒,可能是出于保存自己文化遗产的合理意愿。与第 XX 条其 105
他一些细款不同,(f)款仅仅要求措施是"制定来用于"明确的目的,而不是要求措施是为该目的"所必需"的。这可能意味着,反映在(f)款当中的"相关措施与合法政策之间的关系"[192],不需要像第 XX 条其他细款要求的那样紧密(虽然上诉机构对于导言的严格解读可能限制了这一区分的重要性)。

尽管第 XX(f)条有可能为文化产品提供所需要的灵活性,但是它有一些限度。第一,所涉及的物项必须不仅是"珍宝",而且还是"国家的"。这可能使得无法通过限制来保护跨国界的珍宝或低于国家层次的珍宝。第二,这个例外不涉及"文化价值",因此,用到这个概念,只是在其含意与"艺术、历史或考古价值"相同的限度上。音像和印刷出版业的新的或"时下"的产品,不可能具有历史或考古价值,它们也不可能具有足够的艺术价值而被称为国家珍宝。一种观点认为,第 XX(f)条"应该恰当地解读为与带有国家重要性的具体的、有形的手工制作物有关,而且主要是为出口限制而不是为进口限制提供理由"。[193] 格雷伯甚至宣称,"这一条明显地不能在涉及音像媒介贸易的情况下提出来"。[194] 最后,以这项例外作为歧视性文化政策措施的理由,一个主要问题是,在 GATS 之下没有与之相对应的例外。这个排除还助长这样的看法,即"国家珍宝"不包括文化产业的产品。

第 4 章阐述了有关文化和文化财产的国际法如何能够有助于解释第 XX(f)条并且也许能够使该条在维护文化政策措施方面更

[192] 上诉机构报告,美国-海虾,[135](讨论第 XX(g)条)。

[193] Broude,'Geographical Indications and Cultural Protection',682.

[194] Graber,'Audio-Visual Policy',2000(着重为原有)。

加有用。[195]

C. 公共道德和公共秩序

美国认为，GATT 第 XX(a)条是一条途径，使 WTO 的贸易规则“将[音像]部门的文化特殊性考虑进去”。[196] 第 XX(a)条中的“公共道德”一词没有定义，但是，史蒂夫·恰尔诺维茨(Steve
106 Charnovitz)注意了 GATT 起草期间一些述及什么是对什么是错的关于“道德”的词典定义。[197]“贸易措施常常带有多重目的”，[198]而一项文化政策措施的动因既可能是文化方面又可能是道德方面的关切。这可能使得难于证明这样一种措施是单为保护公共道德所必需的。或者，也许可以认为文化关切本身就反映了公共道德标准。所以，举例讲，只要一项禁止展示含有种族诬蔑[199]或色情内容的节目的措施可以被称作是一件文化政策的事(因为可能有宗教或更广泛的文化价值贯穿在措施中)，第 XX 条(a)便可以为文化政策措施提供一个例外。[200] 但是，如果它要更一般地涵盖文化政策措施，专家组和上诉机构就必须给这一条以宽泛的解释，而它们

---

[195] 见下，143。

[196] WTO，服务贸易委员会，*Communication from the United States—Audiovisual and Related Services*，S/CSS/W/21 (18 December 2000) [8]。

[197] Steve Charnovitz，'The Moral Exception in Trade Policy'(1998) 38 *Virginia Journal of International Law* 689，700.

[198] 同上，692。

[199] 见，例如，*Cable Television Networks Rules* 1994 (India) GSR 729 (E)，r. 6 (c)。

[200] 见 Christoph Feddersen，'Focusing on Substantive Law in International Economic Relations：The Public Morals of GATT's Article XX(a) and "Conventional" Rules of Interpretation'(1998) 7 *Minnesota Journal of Global Trade* 75，115。

可能不愿意这样做，因为这会使例外容易受到滥用，不仅在文化和文化产业方面[201]，还在一个未知范围的其他领域中。另外，这项例外与通常含义的文化的联系，大大低于第 XX(f)条（国家珍宝）。[202] 专家组和上诉机构可能会因此下结论说，第 XX(f)条乃是给成员打算提供的文化例外设定的限度，保护公共道德的其他措施留给第 XX(a)条来处理。[203]

第 XX(a)条之下的中心问题是，受质疑的措施本身是否为保护公共道德所“必需”，而不是该措施中的歧视是否为保护公共道德所必需。[204] 与第 XX 条任何使用了“必需”一词的细款情况一样，在第 XX(a)条之下评估一项措施是否为保护公共道德所“必需”，可能要经过“权衡和斟酌一系列因素的过程”，[205]因素包括“为 107
受质疑的措施建议的替代措施是否能够合理地得到”，而这要取决于“若干因素如措施对贸易的影响，受措施保护的利益的重要性，或措施对实现追求的目标所起的作用”。[206] 上诉机构认为，所追求的“共同利益或价值越关键或越重要”，就越容易满足必要性的要

---

[201] Broude 还建议不要联系文化对 GATT1994 第 XX(a)作过宽解读：Broude, ‘Geographical Indications and Cultural Protection’, 681－2。

[202] 见上，104。

[203] 参见 Charnovitz, ‘Moral Exception’, 692; Jeremy Marwell, ‘Trade and Morality: The WTO Public Morals Exception After Gambling’ (2006) 81 New *York University Law Review* 802, 823。

[204] 上诉机构报告，美国-汽油，16。

[205] 上诉机构报告，韩国-牛肉，[164]（就 GATT 1994 而言，第 XX 条(d)）。

[206] 上诉机构报告，多米尼加共和国-卷烟进口和销售，[70]（就 GATT 1994 而言，第 XX 条(d)）。另见 GATT 专家组报告，泰国-卷烟，[75]，[81]。对这种方式的批评，见 Steve Charnovitz, ‘An Analysis of Pascal Lamy's Proposal on Collective Preferences’ (2005) 8(2) *Journal Of International Economic Law* 449, 467－9。

素条件。[207] 因此，在第 XX(a)条之下为一项文化政策措施寻找理由，可能要取决于专家组或上诉机构对文化价值的重视程度。也许可以预期专家组或上诉机构认为文化价值的重要性低于如“通过消除或减少石棉纤维对健康的众所周知和致命的危害以保护人类生命和健康”，关于后者，上诉机构称“关键和重要程度都是最高的”。[208] 不过，如第 4 章进一步讨论的，文化产品与文化权利的联系，可能有助于显示措施的必要性。[209]

像对待 GATT 第 XX(a)条一样，美国认为，GATS 第 XIV(a)条可以适用于音像部门，鉴于它的“文化特殊性”。[210] 上诉机构最近在美国-博彩业一案中的裁决，显示其在适用 GATT 1994 和 GATS 之下一般性例外时采用的方法是相近的。在解释第 XIV(a)条中的“必需”一词时，上诉机构提到它早先就 GATT 第 XIV(a)条所作的论证。问题实质是，实现维护公共道德的目标，不采取受质疑的与 WTO 不一致的措施，是否能够合理地找到与 WTO 一致的措施。[211] GATS 第 XIV(a)条的范围超出 GATT 第 XIV
108 (a)条，因为它还提到维护公共秩序并在脚注 5 中解释了这一措辞的含义。马夫罗迪斯就公共秩序的例外建议了一种宽式的解读。[212]

遗憾的是，美国-博彩业一案对于公共道德或公共秩序的含义

---

[207] 上诉机构报告，韩国-牛肉，[162]。

[208] 上诉机构报告，欧共体-石棉，[172]。

[209] 见下，149。

[210] WTO 服务贸易委员会，*Communication from the United States — Audiovisual and Related Services*，S/CSS/W/21 (18 December 2000) [8]。

[211] 上诉机构报告，美国-博彩业，[307]。

[212] Mavroidis，'Like Products'，130 - 1.

没有给出什么提示。不过，专家组倒是显示出有意不对成员的价值和管制目标的多样性加以限制，它声称：

> 我们十分清楚，在第 XIV 条的范围内解释“公共道德”和“公共秩序”，会有一些敏感性。专家组认为，这些概念的内容，对于成员来说，因时间和空间而异，取决于一系列因素，包括通行的社会、文化、种族和宗教价值……应当给成员以某些余地，以便在各自领土内根据自己价值的体系和范围，自己对“公共道德”和“公共秩序”的概念予以定义和适用。[213]

专家组还就第 XIV(a)条中的一些语词给出一般性的定义：

> “公共道德”指由代表一个社群或国家维持的关于行为对错的标准。[214]
>
> “公共秩序”指通过公共政策和法律体现的对一个社会的根本利益的维护。这些根本利益可以是与法律标准、安全和道德，以及其他因素有关的。[215]

援引一些辅助性的资料用于自己的解释(如 ICJ 一位法官的一条独立意见，对单个成员 WTO 贸易政策的审查，国际联盟经济委员会内部提交的一份宣言草案，以及其他一些管辖范围内的法律制度)，专家组认为，“禁止赌博和彩票服务的措施……可能属于第

[213] 专家组报告，美国-博彩业，[6.461]。

[214] 同上，[6.465]。

[215] 同上，[6.467]。

XIV(a)条的范围,如果实施它们所依据的政策,宗旨和目的是'维护公共道德'或'维持公共秩序'"。[216] 上诉机构未进行太多分析便维持了专家组就此作出的裁决,至少部分原因是安提瓜和巴布达藉以对此提出上诉的依据有限。[217]

由于前面就 GATT 第 XX(a)条提到的原因,专家组和上诉机构可能不会将 GATS 第 XIV(a)条当中为公共道德的例外适用于
109 一项文化政策措施,除非在该措施与通常被认为涉及"行为对错标准"的其他事项相符的程度上。[218] 例如,在埃及,"难得有这样一部外国电影,它不冒犯埃及社会的宗教和民间传统因而可以得到音像产品审查机关的许可"。[219] 这种措施可能事实上带有对外国电影的歧视,但是,如果被国民待遇的义务涵盖,它很可能在第 XIV(a)条之下得到保留。中国的不许推广"西方意识形态和政治"的措施,[220]可能不大容易被说成是保护公共道德的措施。在第 4 章,我回到第 XIV(a)条的解释上来,特别是承认文化价值或规范为该条脚注 5 含义中的"社会根本利益"的可能性。[221]

---

[216] 同上,[6.470]-[6.474]。

[217] 上诉机构报告,美国-博彩业,[296]-[299]。

[218] 专家组报告,美国-博彩业,[6.465]。

[219] Ghoneim,'Audio-Visual Sector in Egypt',201.

[220] Joe McDonald,'China Shuts Door on New Foreign TV Channels',*The Guardian*(Beijing,5 August 2005).另见 Eric Jones,*Cultures Merging*:*A Historical and Economic Critique of Culture*(2006) 208。

[221] 见下,149。

3.5 GATS的结局

3.5.1 有限的国民待遇和市场准入承诺

虽然GATS是全体WTO成员赞成的单一事务的组成部分，它却是一个“量体去做”的协定。制定自己在GATS之下的权利和义务，成员在其中有相当的灵活性。然而，在目前的文本中，GATS既没有与GATT 1994关于补贴的条款相对应，也没有与GATT第IV条或XX(f)条相对应的内容。缺少这种“逃避途径”或“安全阀”，加上为公共道德的例外的不确定性，可能是成员不愿意在GATS之下就文化产品作出承诺的一个原因。当然，成员可以在有限度的情况下就文化产品作出承诺，但是鉴于这个问题对许多成员的政治敏感度和重要性，也许实在无法让步。比较GATS框架本身的条款，这些限度可能更受今后回合谈判的影响。这或可说明为什么大部分成员宁可不就音像服务作任何承诺，也 110
不作带有限度的承诺。[222] 如第1章中提到的，在音像服务方面，国民待遇和市场准入的承诺尤其缺少。[223] 已有的成员经常能够说服新加入的成员作出这些承诺，[224]但是这并不缓解音像部门的难题。入盟程序可能提高这个部门中承诺的程度或比重，但是无法改变许多拥有较大音像产业的成员承诺有限或没有承诺的状况。因

[222] Roy, ‘Audiovisual Services’, 934 – 5; Adlung and Roy, ‘Hills into Mountains’, 1176.

[223] 见上，25。

[224] 见上，25，n. 145 和 26，n. 147。

此，新成员加入只能是部分和不公平的解决办法。

我已经概述了GATS之下的国民待遇义务。[225] GATS之下的市场准入义务包括承诺不保留或制定这种措施，如限制服务提供者的数量，服务交易的总额，一特定服务部门可雇用自然人的总数，或外国资本参与的程度。[226] 在一些方面，这与GATT第XI条之下关于禁止数额限制的一般规定相似。但是，在GATS之下，成员在国民待遇和市场准入两个方面都有灵活性，因为这些义务适用的部门和程度，仅限于各个成员的相关减让表中具体提到的。[227] 对于成员在其中没有作出国民待遇承诺的服务领域，就不要求国民待遇；同样原则也适用于市场准入。如果成员在某一个部门作出国民待遇或市场准入的承诺，它们的减让表可以写入商定的为那些承诺保留的限度。这些限度显示成员可能希望采取的文化政策措施的种类和程度。

虽然对印刷和出版服务的承诺不像对音像服务的那样有限（也许因为许多期刊和图书以实物形式交易，反正明显地受GATT管辖），但是在这两个方面，国民待遇和市场准入的限度都可以反映出一种文化的关切。图书和期刊方面一种国民待遇的限
111 度，一个例子是对编辑人国籍和居所的要求。[228] 在2002年，印度为了某些电影和录像发行服务而停止对模式3（商业驻在）适用其国民待遇的限度，[229]该限度要求有一定主管部门出具的证明，表明

[225] 见上，85。

[226] GATS，第XVI：2条。

[227] GATS，第XVI：1；XVII：1条。

[228] WTO，冰岛-特别承诺减让表，GATS/SC/41 (15 April 1994)。

[229] Mukherjee，'Audio-Visual Policies'，231.

电影或录像在比方说一个国际电影节上得到一个奖项。[230] 在音像行业方面，一种常见的市场准入限制是配额，它由成员写入自己的 GATS 减让表，或由成员以其他的方式适用。例如，马来西亚在自己的 GATS 减让表中作出一项承诺于"通讯服务—音像服务—广播服务：包括从外国领土通过电视或广播从外国广播台传送外国的节目(7524*)"。这项承诺，以模式 1(跨国界提供)中下列市场准入的限度为条件："总放映时间的 20%；可以要求以本国语言配音"。[231] 根据"1993 年减让表制定指南"，限制给予外国电影的播放时间，涉及市场准入上的一种"对服务经营总量或服务产出总额"的限制[232](第 XVI：2(c)条)。

一个成员在一个特定部门为自己的国民待遇或市场准入承诺保留了一个限度，不意味着他一定要适用那个限度。印度写入了一个模式 3(商业驻在)中的市场准入限度，用于"通讯服务—音像服务—电影或录像带发行服务(CPC 96113)"："进口的片目"限于每年 100 个。[233] 事实上，直到乌拉圭回合结束，这个限度也没有适用过。它在 1992 年被取消。[234] 另外，一条法律写在纸上，并不意味着它一定被实施。在埃及，从 1973 年起就开始实行每年 300 部外国电影的非约束性进口配额。[235] 但是，一项不实施或未充分实施的贸易限制，仍然会有贸易限制的"压抑"作用。

许多成员作出横向的承诺(一般适用于所有写入减让表的服

---

[230] WTO，印度-特别承诺减让表，GATS/SC/42 (15 April 1994)。

[231] WTO，马来西亚-特别承诺减让表，GATS/SC/52 (15 April 1994)。

[232] 1993 年减让表制定指南，[6(c)]。

[233] WTO，印度-特别承诺减让表，8。

[234] Mukherjee，'Audio-Visual Policies'，231，245.

[235] Ghoneim，'Audio-Visual Sector in Egypt'，200.

务部门),包括横向的限度,特别是为模式3(商业驻在)的。加拿
112 大在自己的GATS减让表中写入为模式3除银行以外的横向承诺。它对这个承诺保留的市场准入限度包括:

> 获得对加拿大公司的控制,或者由非加拿大人成立一个与加拿大文化遗产或国家特征有关的新公司,必须经过批准……[236]

“与加拿大的文化遗产和国家特征有关的”企业,定义为包括从事以下工作的人:出版、发行或销售图书或期刊;制作、发行、销售或展放电影、录像或录音;以及广播、电视和电缆播放。[237] 主管部长将对有关的企业收购给予批准,“如果他认为这个投资有可能最终对加拿大有好处”,适用的情况下还考虑若干因素,如“这个投资是否符合国家的工业、经济和文化政策”。[238]

成员为通过模式3提供的服务列入减让表或者适用的限制,有些是专门针对文化产品的。例如,墨西哥加入一条,要求投资人领取电影放映许可证。[239] 泰国为外国人参股广播—电视制作以及电影—录像制作和发行服务规定了49%的限制。[240] 根据对WTO贸易政策的检查,澳大利亚和美国限制外国对电视广播许可的控

[236] WTO,加拿大-特别承诺减让表,GATS/SC/16 (15 April 1994)。

[237] 同上,3。

[238] 同上,2。

[239] 墨西哥-特别承诺减让表,GATS/SC/56 (15 April 1994) 16-17。

[240] 泰国-特别承诺减让表,GATS/SC/85(15 April 1994) 21。

制。[241] 加拿大通过这样的政策限制外国广播的竞争，即“如果加拿大的服务获得的许可，在安排上与经授权的非加拿大卫星服务的安排发生竞争，非加拿大服务的电缆传送权可能被终止”。[242] 这项政策引起加拿大和美国在 NAFTA 之下发生一次较大争执，当时，加拿大广播-电视和远程通讯委员会(CRTC)在向加拿大的 24 小时音乐录像服务“乡村网络”发放广播许可证时，撤销了美国卫星服务“乡村音乐电视”的发行权。[243] 最后，达成一项商业协议，成 113
立一个名为“乡村音乐电视(加拿大)”的单一网络，事情就此解决。[244]

欧共体在自己的 GATS 减让表中对“商业服务—其他商业服务—印刷和出版(CPC 88442)”作出承诺。对这个承诺，该减让表以一项模式 3 市场准入限制的形式为意大利作出保留：“出版公司中外国人的参与，不超过资产或表决权的 49%”。[245] 欧共体作出承诺的领域还有“娱乐、文化和体育服务(除音像服务以外的)—新闻

---

[241] WTO, TPRB, *Trade Policy Review, Australia: Report by the Secretariat*, WT/TPR/S/104 (26 August 2002) [104; WTO, TPRB, *Trade Policy Review, United States: Report by the Secretariat*, WT/TPR/S/126 (17 December 2003) [IV:32]; 参见 WTO, TPRB, *Trade Policy Review, United States: Report by the Secretariat*, WT/TPR/S/160/Rev. 1 (20 June 2006) [IV:95]。

[242] CRTC, *Revised Lists of Eligible Satellite Services*, Public Notice CRTC 1994-61 (6 June 1994); CRTC, *Structural Public Hearing*, Public Notice CRTC 1993-74 (3 June 1993).

[243] CRTC, '*The Country Network' — A Country Music Video Service — Approved, Decision* CRTC 94-284 (6 June 1994); CRTC, *Revised Lists of Eligible Satellite Services*, Public Notice CRTC 1994-61 (6 June 1994).

[244] 'USTR Announces Commercial Agreement in the US—Canada Country Music Television Dispute', 新闻发布稿 96-22 (7 March 1996)。

[245] WTO, 欧共体及其成员国-特别承诺减让表, GATS/SC/31 (15 April 1994) 47。

和新闻机构服务(CPC 962)”,其中为法国保留了以下模式 3 市场准入的限制:“出版法文出版物的公司中外国人的参与,不能超过公司资产或表决权的 20%。”[246]这个市场准入的限制,不是根据 MFN 适用的,因此不以一项 MFN 豁免为条件。

WTO 秘书处还评论说,在音像行业中,“临时到国外工作太经常,因此,对自然人驻在[模式 4]的市场准入承诺,限制的程度可能意味着严重的贸易壁垒”。[247] 此外,一般地讲,GATS 之下的市场准入限制(就像 GATT 1994 之下的数额限制)有悖于第 2 章得出的结论,即文化政策措施也许有理由需要进行歧视,但是它们不需要禁止或限制外国文化产品的流入。[248]

3.5.2 过度的 MFN 豁免

如国民待遇的情况一样,GATS 之下的 MFN 义务给成员以相当的灵活性。虽然 MFN 义务适用于所有部门(而非仅仅是一个成员在减让表中列举的那些部门),成员可以在自己的减让表中
114 列入对 MFN 义务的豁免。具体地,GATS 第 II:2 条允许成员保留与第 II:1 条中 MFN 义务不一致的措施,“前提是此种措施列入并在条件上符合关于第 II 条豁免的附件”。

成员享有的 MFN 豁免,有助于我们理解成员可能希望以文化为由采取的几种歧视性措施。已经被列入的豁免尤其有启发,因为有关的附件要求成员解释“产生需要豁免的条件”。成员写入

---

[246] 同上,84。

[247] WTO,服务贸易委员会,*Audiovisual Services: Background Note by the Secretariat*,S/C/W/40 (15 June 1998) [27]。

[248] 见上,66。

了一项对MFN的豁免，不一定表示它们真的要适用这项豁免。[249]就像在GATT 1994之下出现“承诺的”和“实施的”关税标准之间的区别，[250]一个成员因此也可以选择提供比自己在GATS之下有义务提供的更多的MFN待遇。然而，成员在何种程度上愿意将自己置于GATS的义务之下是重要的。[251]对于贸易经营者，GATS之下一项对一个特定服务部门的有约束力的MFN义务（不带豁免的），有可能在对待该部门方面提供安全度和可预见性。因此，有这个义务存在，比政府为保证MFN待遇作出的一项单方面决定，有更大的放宽作用。成员开列的MFN豁免，还可以提供意向中文化政策措施的例子，无论这些豁免实际上是否被规定或得到实施。

一个常见的MFN豁免，经常被列入以为文化的原因而适用的，是针对电影或电视的合作制片项目。例如，加拿大列入一项有关电影、录像和电视节目制作的豁免，以给在与某些特定国家的合作制片协议或项目下的合作制作提供差别待遇。需要这项豁免，除其他因素，还“由于文化政策的原因”。[252]以色列基于同样的理由给合作制片项目以豁免，[253]而其他许多成员列入类似的豁免，或

[249] “一个成员可以保留一项与第一款不一致的措施，只要这一措施列入并合乎条件于有关第II条豁免的附件”（着重为后加）：GATS，第II条。

[250] 一个成员“承诺”的关税是它承诺规定的最高税率；其“实行”的关税是它实际规定的税率，可能低于承诺的税率。

[251] Bernard Hoekman, ‘Toward a More Balanced and Comprehensive Services Agreement’, in Jeffrey Schott (ed.), *The WTO After Seattle* (2001) 119, 125.

[252] WTO，加拿大-第II条（*MFN*）豁免最后清单，GATS/EL/16（15 April 1994）。

[253] WTO，以色列-第II条（*MFN*）豁免最后清单，GATS/EL/44(15 April 1994)。

115 “由于文化的原因”；[254]或为了促进“文化联系”，[255]“共同的文化目标”[256]或“文化交流”；[257]或为了“保持阿拉伯文化和特征”。[258] 合作制片的项目通常将国民待遇的好处提供给项目中涵盖的作品，例如“在资助机会和税收减让方面，以及在技术人员临时入境的简化程序方面”。[259]

有些 MFN 豁免针对特别为促进地区文化或特定一组国家的文化而开展的项目。例如，挪威为在北欧国家（即芬兰、挪威、瑞典、冰岛和丹麦）制作发行电影和电视节目开列了一项 MFN 豁免。这项豁免的目的是“保护和促进有关国家的地区特征”。[260] 欧共体的一项对于 MFN 的豁免，针对“欧洲来源的”音像作品以及需要“既在欧共体成员国内部又与欧洲其他国家一道推广文化价值，以及实现语言方面的政策目标”。[261] 这项豁免的用意，大概是要涵盖欧共体的无疆界电视指导意见。[262] 不过，加入合作制片项

[254] 见，例如，WTO，新西兰－第 II 条（*MFN*）豁免最后清单，GATS/EL/62 (15 April 1994)。

[255] 见，例如，WTO，欧共体及其成员国－第 II 条（*MFN*）豁免最后清单，GATS/EL/31 (15 April 1994)；WTO，约旦王国－第 II 条（*MFN*）豁免最后清单，GATS/EL/128 (15 December 2000)。

[256] 见，例如，WTO，瑞士－第 II 条（*MFN*）豁免最后清单，GATS/EL/83(15 April 1994)。

[257] 见，例如，WTO，巴西－第 II 条（*MFN*）豁免最后清单，GATS/EL/13 (15 April 1994)；印度－第 II 条（*MFN*）豁免最后清单，GATS/EL/42 (15 April 1994)。

[258] WTO，埃及－第 II 条（*MFN*）豁免最后清单，GATS/EL/30 (15 April 1994)。

[259] WTO，澳大利亚－第 II 条（*MFN*）豁免最后清单，GATS/EL/6 (15 April 1994)。

[260] WTO，挪威－第 II 条（*MFN*）豁免最后清单，GATS/EL/66 (15 April 1994)。

[261] WTO，欧共体及其成员国－第 II 条（*MFN*）豁免最后清单，GATS/EL/31 (15 April 1994)。

[262] 见上，94。

目的，不一定是文化上相似或地理上相近或相关的国家。澳大利亚为这些项目开列的豁免适用于“意大利、英国、加拿大和法国，以及可望有文化合作和准备依照澳大利亚合作制片项目规定的条件互换优惠待遇的其他任何国家”。[263] 在 2001 年，申请在加拿大的合作制片资格，其中 85％来自英国、法国、中国和澳大利亚。[264] 以 116
色列与澳大利亚、比利时、加拿大、法国、德国、意大利和瑞典有合作制片的协议。[265] 合作制片的安排不一定在两个国家之间达成。加拿大列入一项单独的 MFN 豁免，为的是与魁北克的合作制片安排。[266]

另一个 MFN 豁免的例子，不过涉及的可说是与印刷品有关而非与音像服务有关的文化政策措施，见于欧共体开列的 MFN 豁免清单中。欧共体要求（在“新闻机构服务”而非“印刷，出版”之下）“法国境内出版法文出版物的公司中，外国人的参与，可以超过资产或表决权的 20％，前提是在对等的条件下”。[267] 不过，这项豁免允许提供更优惠的待遇给提供类似待遇的国家，这不大像是为了文化，而像是为法国的投资开辟国外市场。这倒是与为该措施提出的理由一致，其表述是：“需要保证法国的服务提供者享有有

---

[263] WTO，澳大利亚-第 II 条（*MFN*）豁免最后清单，GATS/EL/6（15 April 1994）。

[264] Acheson and Maule，‘Canada－Audiovisual Policies’，175.

[265] WTO，服务贸易委员会，*Communication from Israel－Review of Article II Exemptions：Replies to Questions Posed on Israel's MFN Exemptions in the Area of audiovisual Services in the Course of the Review of MFN Exemptions*，S/C/W/158（10 July 2000）。

[266] WTO，加拿大-第 II 条（*MFN*）豁免最后清单，GATS/EL/16（15 April 1994）1。

[267] WTO，欧共体及其成员国-第 II 条（*MFN*）豁免最后清单，GATS/EL/31（15 April 1994）6。

效的市场准入和对等的待遇”。[268]

这些豁免，大部分冲突于第2章提出的意见，即文化政策措施可以实现它们的文化目标而无须专门在外国文化产品(在GATS之下指服务或服务提供者)之间实行歧视[269]。不过，GATS自身承认，这些豁免可能带来不必要的贸易扭曲。有关第II条豁免(即MFN的豁免)的GATS附件包含有下列条款：

> 5. 一个成员就一项特定措施对其在本协定第II条第1款之下的义务享有的豁免，在该豁免规定的日期终止。
>
> 6. 原则上，此种豁免的期限不得超过10年。无论如何，这些豁免应当可以在此后的贸易自由化回合中谈判商定。

117 由于《马拉喀什协定》在1995年1月1日生效，第6款提到的10年期限于2004年12月31日终止。这些条款因而可以为与文化产品有关的现行MFN豁免提供一个解决办法。但是，条文中没有明确讲发生冲突时适用哪一款。例如，如果一个成员的MFN豁免被说成无限制地延续或者20年后终止，这个根据第5款所作的特别声明，是否优先于第6款中关于豁免持续最长应为10年的说法？第6款中的“原则上”几个词，可以表示10年期限为优先。另一个说法是，这些词可以表示10年期限是灵活的，在单个成员的豁免清单中可以明文有相反的说法。WTO成员一直在服务贸易委员会中商讨这些问题，但是仍未就如何处理现有的MFN豁

[268] 同上，6。

[269] 见上，60。

免达成一致。[270] 因此,尽管有写在条文里的时间限制,这些豁免可以继续有效。

如果这些豁免期满,成员仍有一些余地实行与 MFN 规则相抵触的文化政策措施。最值得注意的是,GATS 第 V:1 条申明,GATS 不妨碍成员为放宽服务贸易达成经济整合的协定。这类似于 GATT 1994 第 XXIV:5 条之下为自由贸易区和关税同盟的例外。然而,GATS 第 V 条之下的要求,似乎没有 GATT 第 XXIV 条当中对应的条件严格,[271]以至于成员可能更容易在前一个条款之下为文化政策措施寻找理由。例如,在一个更广泛的服务贸易自由化协定的成员当中达成的合作制作电影或电视节目的协议,可能藉此得到豁免,取决于该合作制作协议和更广泛的自由化协定的结构。[272]

3.6 结语

目前的 GATS 谈判要"在 GATS 现有框架和原则范围内进行并……尊重该框架和原则,包括有权确定将在其中作出承诺的部门和服务提供的四种模式"。[273] GATS 框架和原则的目的,看起来 118

[270] 见,例如,WTO,服务贸易委员会,*Report of the Meeting Held on 30 November 2004: Note by the Secretariat*, S/C/M/76 (4 February 2005)。

[271] Bernard Hoekman, *Tentative First Steps: An Assessment of the Uruguay Round Agreement on Services*, World Bank Policy Research Working Paper 1455 (1995) 8.

[272] Cocq and Messerlin, 'French Audio-Visual Policy', 25.

[273] WTO,服务贸易委员会,*Guidelines and Procedures for the Negotiations on Trade in Services*, S/L/93 (29 March 2001) [4]。

是为了保证“权利和义务的总体平衡，同时充分尊重国家政策的目标”，如序言中声明的。但是，为音像服务达成的结果，过分倾向于成员自行其是进行管制的权利，因为很少有成员在这个部门作出任何承诺。这不仅对希望消除音像服务贸易壁垒的其他成员（如美国和智利）[274]来说是个问题。即使是那些出于文化原因希望促进或保护自己文化产业的国家（如欧共体和加拿大），也可能有错综的动机和利益。欧共体可能在录音制作方面有竞争力[275]，因而希望打开这些产品的国外市场。澳大利亚可能想在广播方面保留关于本地内容的规定[276]，但是为自己的文化产品开辟国外市场。[277]如果欧共体当初将音像政策纳入它的GATS减让表，还可能使它免受“来自美国的单方面贸易压力”。[278] 开放文化产品市场，并对文化政策有适当保障，符合所有成员的利益。

根本的问题在于，在WTO法律中，文化产品受到相当不同的对待，取决于它们划归货物还是划归服务。如果是货物，它们便受GATT 1994之下严格规则的管辖。对这些特定的产品，唯一的特殊待遇，在有关放映配额的第VI条中。而同时，对于通过一般适用的规定，如允许某些种类的补贴，来实行文化政策措施的成员，GATT 1994提供了更多的余地。对照之下，如果文化产品是服

---

[274] 见下，193。

[275] Held et d. ,*Global Transformations*,353.

[276] 见，例如，Donald Rothwell，‘Quasi-Incorporation of International Law in Australia：Broadcasting Standards，Cultural Sovereignty and International Trade’(1999) 27 (3) *Federal Law Review* 527。

[277] 一般性见澳大利亚通讯信息技术和艺术部，*Report on Access to Overseas Markets for Australia's Creative Digital Industry*(December 2003)。

[278] Falenberg，‘Audiovisual Sector’，432.

务，GATS便施加较少的一般性规则，同时也提供较少的一般性免
责途径。成员可以不在GATS之下就文化产品作出国民待遇或
市场准入的承诺；但是，如果真的没有限度地作出这种承诺，它们
在发放补贴方面会遇到比在GATT 1994之下更多的限制，同时 119
在放映配额方面也没有豁免的便利。在裁决机构不愿意承认文化
产品可以由于文化原因而不是“同类”的情况下，现有的GATS框
架限制了能够为文化产品（尤其是音像产品）取得的自由化的程
度。另外，GATT 1994和GATS之下做法的不一致，加重了一些
事情上的不确定性，如数字产品作为货物或服务的划分，就单独一
项文化政策措施适用一个以上的WTO协定，以及为公共道德、国
家珍宝和放映配额的例外的范围。

如果维持现状，有可能限制文化产业的进一步自由化（特别是在GATS之下），妨碍WTO成员间自由化的目标和与此连带的利益。这还会留下若干不确定性的领域，以及今后就文化产业有更多WTO争端的可能性。这些因素，与贸易—文化争论中无论哪一方的成员应当都有关系。

第 II 部分

今后的选择方案

4. 通过争端解决和国际法裁定 123

《维也纳公约》第31(3)(c)条……允许在解释WTO的条约时考虑非WTO的国际法规则——可以反映或强调贸易自由化以外的价值和利益的规则……①

4.1 引言

为照顾参与起草的不同个人或团体的意见，所有的法律都有一些未决的方面，甚至可能故意含混不清。WTO协定的起草者承认他们不可能预见今后或许产生的每个问题，因之条文中呈现出模棱两可。根据这种情况，WTO争端解决机制的目的之一就是澄清条文的含义，从而为国际贸易提供安全感和可预见性。②目前WTO法律之下对文化产品的做法遇到的难题，一个可能的解决办法是维持有关的条款不变，让WTO的争端解决部门在适当的情况下解决这些不确定性，或许由它在条文中没有明确指导

① Robert Howse,'Adjudicative Legitimacy and Treaty Interpretation in International Trade Law: The Early Years of WTO Jurisprudence', in Joseph Weiler (ed.), The EU, the WTO and the NAFTA: Towards a Common Law of International Trade (2000) 35,55 (着重为原有)。

② DSU第3.2条。

的情况下促成现实态度的妥协。实际上，自从 WTO 协定于 1995 年 1 月 1 日生效以来，WTO 成员对这个问题一直采取这此种态
124 度。自 1990 年代中期以来，各成员也确实是以这种方式解决 WTO 协定中的大部分问题和不确定性。③ 但是，只有一件关于文化产品的争端进展到通告专家组报告的阶段，即加拿大-期刊一案。1997 年 7 月 30 日，争端解决机构通过了专家组和上诉机构在该案中的报告。④ 这为今后如果其他文化政策措施受到质疑将怎样进行评估，留下相当的推测空间。

通过 WTO 争端解决改进文化产品的待遇，一个有希望的可能性出自与文化产品、文化权利以及文化的其他方面有关的国际公法。如下面解释的，通过《关于争端解决的规则和程序的谅解》(DSU)第 3.2 条，并间接地通过《维也纳条约法公约》(VCLT)第 31 条，国际法影响到 WTO 条款的解释。在若干过去的争端中，专家组和上诉机构已经利用这些条款来考虑国际法，但是尚未涉及到文化政策措施。如果专家组和上诉机构更多地考虑国际法，它们能够仅仅通过以一种特定方式解释与文化产品有关的现有条款来改进 WTO 法律之下对文化产品的做法吗？下面，我考察一下关于文化产品的 WTO 法律通过争端解决和国际法实现演变的可能性、合法性以及可取性(从 WTO 成员的角度)。在此之前，我集中谈解释，而将这些问题放到一边，即与文化有关的国际法如何可能影响 WTO 成员的行为，如何可能导致违反 WTO，或如何可能在一个 WTO 争端中适用来作为独立的为违反 WTO 的辩护。

---

③ 见 Tomer Broude, *International Governance in the WTO: Judicial Boundaries and Political Capitulation*(2004) 61－4。

④ 见上，9，n. 42。

4.2 国际法在解释 WTO 法律中的作用

在讲述国际法在解释 WTO 法律中的作用时，我首先介绍有关此种解释的主要法律条款，即 DSU 第 3.2 条，该条隐含地涉及 VCLT 第 31 条和第 32 条。然后，我考察上诉机构迄今在裁决中运用国际法解释 WTO 具体条款的情况。

4.2.1 有关条款 125

A. DSU 第 3.2 条

DSU 第 3.2 条讲述了 WTO 争端解决的宗旨，以及解释 WTO 条款的正确方法，条文如下：

> WTO 的争端解决机制，是给多边贸易体系提供安全和可预见性的一个中心因素。成员承认它可以维护成员在所涵盖协定下的权利和义务，可以依照国际公法关于解释的通常规则澄清那些协定的现行条款。争端解决机构(DSB)的建议和裁决不会对所涵盖协定之下的权利和义务有所增加或减少。

关于在 WTO 争端中运用国际法，第 3.2 条作出了两项主要规定。第一，国际公法清楚地起到一种作用，至少是在这种程度上，即为 WTO 协定的“解释”提供“通常的规则”。依照同样的原则，《反倾销协定》第 17.6(ii)条规定，特别是在反倾销的范围内，“专家组应当根据国际公法关于解释的通常规则对协定的有关条款作出解释”。[5] 第二，国际公法不能用来取代或补充 WTO 的各项协定，如果这等于增加或者减少那些协定之下的“权利和义务”。豪斯认为，这两条原则是相辅相成的：“AB(上诉机构——译者注)在根据通常规则(包括其变动的情况)解释现行条款时，没有在不允许的情况下增加或减少……现有的义务”。[6] 类似地，上诉机构自己也申明，它“难以想见，如果专家组的决定反映了对所涵盖协定的条
126 款的正确解释和运用，它会使一个 WTO 成员的权利和义务”有所增加。[7] 如第 5 章中讨论到的，其他人认为，第 3.2 条最后一段限制了非 WTO 的国际法在 WTO 争端解决中的适用。

我现在考察第 3.2 条中“国际公法关于解释的通常规则”的含义。

B. VCLT 第 31 条

1996 年，在第一次上诉案中，上诉机构指出，VCLT 第 31(1) 条表达了“条约解释的一项根本规则”，这项规则已经“取得通常或一般国际法的地位”，因此是根据 DSU 第 3.2 条解释 WTO 协定

---

⑤ 上诉机构将反倾销协定第 17 条 6(ii) 当作只是确认适用 DSU 之下条约解释的通常规则：上诉机构报告，美国-热轧钢，[57]。

⑥ Robert Howse, ‘The Most Dangerous Branch? WTO Appellate Body Jurisprudence on the Nature and Limits of the Judicial Power’, in Thomas Cottier and Petros Mavroidis, *The Role of the Judge in International Trade Regulation: Experience and Lessons for the WTO* (2003) 11, 15.

⑦ 上诉机构报告，智利-酒精饮料，[79]。另见 ILC, UN, *Fragmentation of International Law: Difficulties Arising from the Diversification and Expansion of International Law—Report of the Study Group—Finalized by Martti Koskenniemi*, A/CN. 4/L. 682 (13 April 2006)[447]。

时适用的规则。[⑧] 从那时以来，上诉机构在数个场合确认了VCLT中有关解释的规则的地位，[⑨]因此现在已经“在WTO判例法中充分肯定，写入《维也纳公约》第31条和第32条的原则……为……”DSU第3.2条含义中的有关解释的“通常规则”。[⑩] 在通过上诉机构报告的DSB会议上发表的声明中，成员（包括美国）一般性地支持上诉机构对DSU第3.2条的解读，即该条至少涉及到VCLT中有关解释的某些原则。[⑪] 如迈克尔·伦纳德（Michael Lennard）指出的，虽然美国和WTO其他一些成员不是VCLT的缔约方，[⑫]但是没有关系，因为这些规则构成通常国际法的一部分。

在WTO争端解决范围，最重要的VCLT条款也许是第31条，该条规定：

---

⑧ 上诉机构报告，美国-汽油，16-17。

⑨ 见，例如，上诉机构报告，欧共体-计算机设备，[84]；上诉机构报告，欧共体-沙丁鱼，[200]；上诉机构报告，印度-专利（美国），[46]；上诉机构报告，日本-酒精饮料II，10。

⑩ 上诉机构报告，美国-碳钢，[61]。

⑪ 见，例如，WTO，DSB，*Minutes of Meeting Held in the Centre William Rappard on 25 September 1997*，WT/DSB/M/37（4 November 1997）15（EC的声明）；WTO，DSB，*Minutes of Meeting Held in the Centre William Rappard on 16 January 1998*，WT/DSB/M/40（18 February 1998）3，8（印度的声明）；WTO，DSB，*Minutes of Meeting Held in the Centre William Rappard on 23 May 1997*，WT/DSB/M/33（25 June 1997）10（美国的声明）；WTO，DSB，*Minutes of Meeting Held in the Centre William Rappard on 23 October 2002*，WT/DSB/M/134（29 January 2003）[48]（墨西哥的声明）。

⑫ Michael Lennard，'Navigating by the Stars: Interpreting the WTO Agreements'（2002）5(1) *Journal of International Economic Law* 17，18-19.

127 **第 31 条**

解释的一般规则

1. 对一项条约,应当根据在符合上下文以及条约宗旨和目的情况下赋予条约用词的通常含义,给予善意的解释。

2. 为解释的目的,一项条约的上下文,除正文以外,应当包括其前言和附件:

(a) 由所有缔约方就缔结该条约达成的任何与该条约有关的协议;

(b) 由一个或多个缔约方就缔结该条约达成的并由其他缔约方同意作为与该条约有关文件的文件;

3. 与上下文一起,应当考虑

(a) 缔约方之间就条约的解释或其条款的适用达成的任何后续协议;

(b) 条约适用当中任何体现缔约方就条约解释达成一致的后续惯例;

(c) 在缔约方之间关系中适用的任何有关的国际法规则。

4. 一个词应当被赋予特殊的含义,如果该含义是按照缔约方的意图确立的。

基于 VCLT 第 31(1)条,上诉机构多年来赋予原文以压倒性的优先地位,同时经常在分析原文的时候,以考虑上下文以及宗旨和目的作为补充。约瑟夫·韦勒(Joseph Weiler)曾经说这是一种对原文的“沉迷”。[13] 采取以原文为主的方法意味着，如果解释没有原文作为基础，成员将更加不能通过鼓动对 WTO 条款进行特定的解释为自己的文化政策措施寻找理由，无论国际法的含义以及它们的文化目标的合法性如何。然而，从一开始，上诉机构便明确了这一点，即 GATT 1994“不能脱离国际公法进行临床隔离式的解读”。[14] 此外，更近些时候，“上诉机构似乎试图将自己从严格的依附原文的方式解脱出来”。[15] 尽管可能还要有一段过程，但是这可能使国际公法有更大机会影响就文化产品对 WTO 法律的解 128
释。

如下一节显示的，上诉机构运用国际法解释 WTO 条款，主要根据 VCLT 第 31(1)条，尤其是在确定特定用词的“通常含义”时。另外，上诉机构有时借助 VCLT 第 31(3)(c)条来引述国际法。我对这两种情况分别进行考察。VCLT 第 32 条还允许借助国际法或筹备性文件，将其作为“解释的补充手段”，以确认由第 31 条产生的含义，或在因适用第 31 条造成含义模糊或带来明显荒谬或不合理的后果时确定该含义。不过，对于下面的讨论，第 31 条比第 32 条更为有关系。

---

⑬ 见 Joseph Weiler, ‘The Rule of Lawyers and the Ethos of Diplomats: Reflections on the Internal and External Legitimacy of WTO Dispute Settlement’ (2001) 35 *Journal of World Trade* 191, 206。

⑭ 上诉机构报告，美国-汽油，17。

⑮ Ortino, ‘Treaty Interpretation’, 120. 另见 Robert Howse and Susan Esserman, ‘The Appellate Body, the WTO Dispute Settlement System, and the Politics of Multilateralism’, in Giorgio Sacerdoti, Alan Yanovich and Jan Bohanes (eds.), *The WTO at Ten: The Contributions of the Dispute Settlement System* (2006) 61, 72–74。

4.2.2 上诉机构对国际法的运用

A. 上诉机构过往报告的意义

在本节中，我考察上诉机构在迄今所作决定中对国际法的运用，以此为基础来了解与文化产品有关的 WTO 法律通过依照国际法的解释进行演变的前景。在谈及上诉机构在这方面的实质性陈述之前，我解释一下这些陈述作为先例对于预见今后做法的价值，以及我为什么决定专注于上诉机构（而非专家组）的报告。

DSU 没有要求专家组或上诉机构遵循沿用前例的正式原则。[16] 因此，通过的专家组和上诉机构报告[17]“不具有约束力，除非对于解决发生在争端当事方之间的特定争端”。[18] 尽管如此，上诉机构认为，通过的专家组和上诉机构报告[19]“在 WTO 成员中产生合法的预期，所以只要它们对任何争端有参考作用就应当给予考
129 虑”。[20] 在解释这个做法时，上诉机构提到，国际法院（ICJ）章程第 59 条指出，“本法院所作裁决不具有约束力，除非在当事方之间和对于该特定案例”，但是这没有妨碍 ICJ 形成“一套判例法，其中不难看出对以往裁决的价值的相当借重”。[21]

---

⑯ 一般性见 Raj Bhala，‘The Myth About Stare Decisis and International Trade Law (Part One of a Trilogy)’ (1999) 14 *American University International Law Review* 845。

⑰ 上诉机构报告，美国-海虾（第 21.5 条-马来西亚），[109]。

⑱ 上诉机构报告，日本-酒精饮料 *II*，14。

⑲ 上诉机构报告，美国-海虾（第 21.5 条-马来西亚），[109]。

⑳ 上诉机构报告，日本-酒精饮料 *II*，14。

㉑ 同上，n. 30。另见 Mohamed Shahabuddeen，*Precedent in the World Court* (1996)。

最近，上诉机构声明，“遵从上诉机构在早先争端中的结论，不仅是恰当的，而且可能是专家组被希望做的，特别是在所涉问题相同的情况下”。[22] 对成员预期的这种关切，部分原因可能是，DSU 第 3.2 条中强调了争端解决“为多边贸易体系提供安全和可预见性”。[23] 假如专家组和上诉机构对所涵盖的协定经常有新的解释或抵触的做法，成员就难以筹划和构建自己的与 WTO 义务相一致的贸易制度和法律。所以，专家组和上诉机构总是考虑以往专家组和上诉机构的决定，而专家组和上诉机构的报告一般都与以往上诉机构的报告一致。[24] 这样，便可以预见，上诉机构在今后争端中对国际法的掌握，将与过去的裁决总地一致。

有的时候，专家组不同意或拒绝遵循特定的上诉机构裁决。[25] 不过，如人们可以想见的，专家组显示这种独立性的情形很少。[26] 此外，上诉机构指出，专家组的裁决，没有被明确提出上诉而经 DSB 通过，尽管表示有关的争端已经最终裁定，但是不能认为得到上诉机构的批准，可以在后续的上诉中重新审查。[27] 因此，对上诉机构的裁决给予特别关注是有道理的。有时候，上诉机构还与 130

---

[22] 上诉机构报告，美国-产油国管型货品定期检查，[188]。

[23] 见上诉机构报告，美国-软木材 *V*，[112]。

[24] 一般性见 Raj Bhala，'The Precedent Setters: De Facto Stare Decisis in WTO Adjudication (Part Two of a Trilogy)' (1999) 9 *Journal of Transnational Law and Policy* 1。另见 Raj Bhala，'The Power of the Past: Towards De Jure Stare Decisis in WTO Adjudication (Part Three of a Trilogy)' (2001) 33 *George Washington International Law Review* 873。

[25] 见，例如，专家组报告，阿根廷-桃脯，[7.24]；专家组报告，美国-陆地棉，[7.623]；专家组报告，美国-关税归零（日本），[7.99]；另见专家组报告，巴西-飞机（第 21.5条-加拿大 *II*），[5.243]，[5.245]。

[26] 见 Waincymer，*WTO Litigation* 514。

[27] 上诉机构报告，加拿大-期刊，n.28。

过去一项上诉机构裁决中的陈述保持距离或有所区别。[28] 在其他时候，上诉机构在解释一个特定条款时采取不同的推理或不同的侧重，但不明确承认有任何改变。[29] 因此，值得记住这一点，即在合适的情况下，上诉机构可能会在运用国际法方面隐含地或明确地接受一个新的论点。

B. 通常含义（VCLT 第 31(1)条）

有两项裁决显示出，在确定特定语词的通常含义时，上诉机构愿意根据 DSU 第 3.2 条依照 VCLT 第 31(1)条来考虑一般的国际法：美国-海虾一案和欧共体-关税优惠一案。我考察一下上诉机构在这两个争端中对国际法的运用，然后谈解释者应当在什么时候确定一个条约用词的"通常含义"。

(i)国际文件的参考作用

在最早和最有名的 WTO 争端之一美国-海虾一案中，印度、马来西亚、巴基斯坦和泰国指控美国的一项对进口某些海虾的禁令，实行该禁令据称是为了保护海龟在捕捞海虾时不被无意中捕获。专家组认为这项禁令不符合 GATT 1994 第 XI：1 条，并且无法在 GATT 第 XX 条之下找到理由。[30] 上诉围绕第 XX(g)条，该条涉及"与保护可枯竭自然资源有关的"措施。[31]

---

[28] 见，例如，上诉机构报告，美国-抗腐蚀钢材定期检查，n. 94 中对上诉机构报告，美国-拨款法案 211 条款的述及。

[29] 例如，比较以下两个报告：上诉机构报告，欧共体-床单，[55]-[60]；上诉机构报告，美国-软木材 V，[55]-[60]，[90]-[103]。另见上诉机构报告，阿根廷-鞋类（欧共体），[130]-[131]；上诉机构报告，美国-钢进口保全，[345]-[361]。

[30] 上诉机构报告，美国-海虾，[2]-[7]。

[31] 关于 GATT 1994 第 XX 条一般条理及其导言的解释，见上，100。

上诉机构认为，第 XX(g)条中“可枯竭自然资源”一语，“必须由条约的解释者根据当时国际社会对保护和维持环境的关切进行解读”[32]。在此基础上，上诉机构结论说，“自然资源”一语包括有 131
生命的资源，[33]并以《联合国海洋法公约》，[34]《生物多样化公约》，以及与《迁徙物种公约》连带通过的“关于帮助发展中国家的决议”作为支持。接着，在认定海龟为第 XX(g)条含义中的“可枯竭的”自然资源时，上诉机构提到了[35]《关于濒危野生动植物物种的国际贸易的公约》。[36] 上诉机构注意到了，WTO 成员，甚至本争端中的当事方，并非都是所有这些国际文件的缔约方。[37] 这显示上诉机构认为，对于它，这不是审查这些国际文件的必要条件，表明上诉机构无意借助这些国际文件作为 VCLT 第 31(3)(c)条之下的“在缔约方之间关系中适用的国际法有关规则”(虽然有些作者认为上诉机构这样做了)。[38] 实际上，情况似乎是，上诉机构在 VCLT 第 31(1)条之下借助这些国际文件证明有关语词的通常含义，而这个做法看起来是有道理的。[39]

在欧共体-生物技术一案中，专家组也好像以这个方式解读上

[32] 上诉机构报告，美国-海虾，[129]。

[33] 同上，[130]-[131]。

[34] UNTS 3;21 ILM 1261 (1982 年 12 月 10 日通过)。

[35] 上诉机构报告，美国-海虾，[132]。

[36] UNTS 243;12 ILM 1085 (1973 年 3 月 3 日通过)。

[37] 上诉机构报告，美国-海虾，nn. 110 - 11,113。

[38] 见，例如，Campbell McLachlan, 'The Principle of Systemic Integration and Article 31(3)(c) of the Vienna Convention' (2005) 54 *International & Comparative Law Quarterly* 279,315. Pauwelyn, *Conflict of Norms*, 256。

[39] Pauwelyn, *Conflict of Norms*, 260; McLachlan, 'Principle of Systemic Integration', 315.

诉机构在美国-海虾一案中对国际文件的援引。专家组陈述说：

> 就我们理解，上诉机构援引国际法的其他规则，原因是它认为这些规则可以提供情况并有助于确定“可枯竭的自然资源”一语的含义和范围。欧洲委员会正确地指出，上诉机构援引了不对所有争议方适用的公约。但是，一个或多个争议方不是一个公约的缔约方，仅此并不一定意味着一项公约不能对被解释的条约语词的含义和范围有提示作用。[40]

没有就专家组的报告提出上诉。

132 在美国-海虾一案中，上诉机构还认为，受到质疑的措施是与第 XX(g)条含义中保护可枯竭自然资源“有关的”措施，因为美国使用的手段与保护海龟“的目的有合理的联系”。[41]（附带地，这显示出，除第 XX 条导言以外，第 XX 条不同细款中如“有关的”和“必需的”这些词，如何可能要求以平衡或合理性作为检验贸易限制性的一个标准。[42]）但是，在涉及导言本身的适用时，上诉机构认为，美国的措施不符合第 XX 条，因此无法在作为整体的第 XX 条之下找到理由。[43] 在作出这个结论时，除其他方面，上诉机构还借助了《生物多样化公约》，《关于迁徙物种的公约》，《关于环境与发展的里约声明》[44]和《保护和保存海龟的泛美公约》，所有这些都专

---

[40] 专家组报告，欧共体-生物技术，[7.94]（另见[7.92]）。

[41] 上诉机构报告，美国-海虾，[141]。

[42] 见上，66，101。

[43] 上诉机构报告，美国-海虾，[187(c)]。

[44] UN，《关于环境与发展的里约宣言》，A/CONF. 151/5/Rev. 1；31 ILM 874 (13 June 1992)；上诉机构报告，美国-海虾，[41]。

注于自然保护的多边解决办法。[45] 因此,上诉机构认为,这些文件表明,美国与向其出口海虾的一些成员而不与其他成员谈判(以找到保护海龟的自愿办法),是进行无理歧视,有悖于导言。[46] 如约斯特·保韦林(Joost Pauwelyn)解释的,上诉机构在这里借助非WTO的国际文件,也许主要不是为了确定WTO条款中特定语词的通常含义,而更多是"作为一个'事实参照',审查是否存在GATT第XX条导言意义上的歧视"。[47]

美国-海虾一案有些时间之后,在欧共体-关税优惠一案中,印度根据GATT 1994和《授权条款》(该条款为给发展中国家成员以某些关税优惠规定了一条对于MFN待遇的例外)对欧共体的《一般性优惠制度》(GSP)计划提出质疑。[48] 特别地,印度指控欧 133
共体给某些GSP的受益方提供额外优惠以"打击毒品生产和走私"。[49]

欧共体辩称,"毒品问题"是《授权条款》第3(c)段之下的一种"发展、财政[或]贸易的需要",证明这一点的有某些WTO文件,以及一些非WTO文件[50],如联合国《反麻醉毒品和精神毒品非法

---

[45] 同上,[167]-[169];美国提交给专家组的第一份书面材料,Exhibit AA。

[46] 上诉机构报告,美国-海虾,[172]。但是见上诉机构报告,美国-博彩业,[317],[336](在评估一项受质疑的措施是否为GATS第XIV(a)或(c)条下的"必需"时,拒绝视双边磋商为一项合理的替代措施)。

[47] Pauwelyn, Conflict of Norms, 269(引用上诉机构报告,美国-海虾(第21.5条-马来西亚),[130])。另见Gabrielle Marceau, "WTO Dispute Settlement and Human Rights" (2002) 13(4) *European Journal of International Law* 753, 791。

[48] 上诉机构报告,欧共体-关税优惠,[98]-[99]。

[49] 同上,[2]-[4]。

[50] 同上,n. 335;专家组报告,欧共体-关税优惠,[4.73]。

买卖公约》[51]和联合国关于非法毒品作物的行动计划。[52] 上诉机构没有对这一点进行裁决。但是它建议，证明是第3(c)段之下一个有关的需要，应该有一条“客观标准”，这个标准可以产生于“对一种特定需要的广泛的认同，显示在WTO协定或国际组织通过的多边文件中”。[53] 上诉机构没有具体讲，是否应当要求WTO成员或争端各方是被用来确定有关的发展、财政或贸易需要的国际公约或文件的缔约方，再次表示它并非根据VCLT第31(3)(c)条来借助这些文件。这个决定确认了美国-海虾一案中显示的，即上诉机构在根据VCLT第31(1)条确定特定语词的通常含义时，愿意参考其他多边公约，也许还有非约束性的国际文件。

在结果的报告中，上诉机构结论说，欧共体的“毒品措施”不属于《授权条款》的范围，因为该条款起先仅限于十二个特定的国家。[54] 不过，为满足一个特定的“发展、财政[或]贸易需要”而在GSP受益方之间进行区分，不一定有悖于《授权条款》，[55]只要“提供优惠的国家……将相同的关税优惠提供给所有处在类似条件下的受益方”[56]，并根据清楚和客观的标准选定哪些受益方是处在类似条件下。[57]

在DSB通过上诉机构的报告时，印度指出“这个裁决的令人

---

[51] E/CONF.82/15 (1988年12月20日通过)。

[52] 大会，UN，就消除非法毒品作物和替代开发进行国际合作的行动计划，A/RES/S-20/4 (10 June 1998)。

[53] 上诉机构报告，欧共体-关税优惠，[163] (着重为原有)。

[54] 同上，[187]-[189]。

[55] 同上，[162]-[165]。

[56] 同上，[154]。

[57] 同上，[183]，[187]-[188]。

极度不安的后果……即从其他国际组织，甚至从那些与 WTO 的目标无关的，输入标准和概念，不经 WTO 成员同意就纳入 WTO 134
的法律中”。[58] 但是，这些概念不是被“输入”进 WTO 法律中；如上面解释过的，在解释 WTO 协定使用的语词的通常含义时参考其他国际文件，根据在于 VCLT 第 31(1)条，并间接地在于 DSU 第 3.2 条。

最近，国际法委员会(ILC)研究组完成就国际法的“支离化”(fragmentation) 问题进行了四年的工作，事情缘由是“出现新的和特殊形态的法律、“自成一体的制度”以及有地理范围和功能限度的条约体系，给国际法内的一致性带来问题”。[59] 马尔蒂·科斯肯涅米(Martti Koskenniemi)主持这个研究组并最后完成它的报告。对于以 VCLT 第 31(1)条为途径将国际法用于解释 WTO 法律，研究组持否定态度，它指出，“将‘其他条约’考虑进来作为‘通常含义’的证明，以此避免 WTO 法律‘临床隔离’”于国际公法的其他部分，“似乎是一个相当勉强的办法”。[60]

(ii) 根据当时或根据发展进行解释

参照国际法对 WTO 条款进行解释，连带产生的一个问题是，在 VCLT 第 31(1)条的意义上，条约措词的“通常含义”是指条约缔结时的含义(根据当时情况的(contemporaneous) 解释)还是指

---

[58] WTO, DSB, *Minutes of Meeting Held in the Centre William Rappard on 20 April 2004*, WT/DSB/M/167 (27 May 2004) [49].

[59] UN, ILC, *Fragmentation of International Law: Difficulties Arising from the Diversification and Expansion of International Law — Report of the Study Group — Finalized by Martti Koskenniemi*, A/CN. 4/L. 682 (13 April 2006) [15].

[60] 同上，[450]。

条约被解释时的含义(根据发展情况的(evolutionary)解释)。

国际公法的传统规则可能是,赋予条约用词的通常含义是那些词在该条约缔结时的含义。例如,用伊恩·辛克莱(Ian Sinclair)的话说,“一个条约条款的通常含义,原则上应当是条约缔结时要赋予它的含义”。[61] 杰拉尔德·费茨莫里斯(Gerald Fitzmau-
135 rice)称这为“当时性原则”,[62]而阿诺德·麦克奈尔(Arnold McNair)强调了解缔约方共同意图的重要性[63],并就此规则作了如下解释:

> 这个规则是有根据的,即如果对条约缔约方遣词的用意有疑问,那些词应当取得它们在条约缔结时所具有的含义;除非该用意通过使用表示相反意思的词而被否定掉。[64]

保韦林认为,在 WTO 法律中,通常的规则被反了过来,因此,WTO 用词的含义一般确定为解释时候的含义而不是 WTO 协定生效时候的含义。[65]

不过,回顾这点是重要的,即 1969 年通过的 VCLT,其中的第 31(1)条同时提到“通常含义”与“宗旨和目的”。由于第 31(1)条

---

[61] Ian Sinclair, *The Vienna Convention on the Law of Treaties* (2nd edn., 1984) 124 – 5.

[62] Gerald Fitzmaurice, “The Law and Procedure of the International Court of Justice 1951 – 4: Treaty Interpretation and Other Treaty Points” (1957) 33 *British Yearbook of International Law* 203, 212.

[63] Arnold McNair, *The Law of Treaties* (1961) 366 – 7.

[64] 同上,467。

[65] Pauwelyn, *Conflict of Norms*, 268.

没有规定条文、背景以及宗旨和目的之间孰高孰低，[66]可以认为它采取了一个平衡，一边是特定语词的当前含义（包括在“通常含义”中），一边是使用这些语词的最初意图（包括在“宗旨和目的”中，“宗旨和目的”也许可以通过筹备工作文件（*travaux préparatoires*）显示出来或为它所贯穿，[67]虽然第32条亦明确提到这些材料可以作为解释的补充手段）。无论如何，起草者显然想避免作出这样的表示，即解释只是要寻找缔约方的意图而不管条文：“解释的起点是阐明条文的含义，而不是从头开始调查缔约方的意图”。[68] 此外，虽然有可能将ICJ的某些裁决解读为支持当时性原则，[69]但是其他人同样地坚持根据发展的情况进行解释。[70] 因此，136
运用国际法确定WTO用词的“通常含义”，不应当先验地限于有关的WTO协定起草时存在的国际法。这与上诉机构迄今的一般做法是一致的，也符合ILC研究组的结论，即“试图在过去与现今

---

[66] 这在专家组报告，美国－贸易法案301条款，[7.22]中有所承认。但是，Sinclair称，参考宗旨和目的是“次级或从属的程序”，因为具体情况下的通常含义要根据宗旨和目的“进行验证以及确认或修正”：Sinclair，*Vienna Convention*，130。专家组报告，另见上诉机构报告，美国－海虾，[114]；美国－抗腐蚀钢材定期检查，[7.43]-[7.44]。

[67] Sinclair同意这个观点：Sinclair，*Vienna Convention*，141。

[68] UN，ILC，Yearbook，II (1966) 220.另见T. Elias，“The Doctrine of Intertemporal Law” (1980) 74(2) *American Journal of International Law* 285，302－5；Lennard，“Navigating by the Stars”，21－2；McLachlan，“Principle of Systemic Integration”，289，292，313，316－7。

[69] 见，例如，*Land and Maritime Boundary between Cameroon and Nigeria* (*Cameroon v Nigeria*) (*Merits*)[2002] ICJ Rep. 1，[59]。

[70] 见，例如，*Aegean Sea Continental Shelf Case* (*Greece v Turkey*) (*Jurisdiction*)[1978] ICJ Rep. 3，[77]-[80]；*Gabcíkovo-Nagymaros Project* (*Hungary v Slovakia*) (*Merits*)[1997] ICJ Rep. 7，[140]。另见McLachlan，“Principle of Systemic Integration”，317。

之间设定任何泛泛和抽象的优先选择，似乎没有意义”。[71]

在美国-海虾一案中，上诉机构特别提到ICJ过去的裁决并结论说，GATT第XX(g)条中“可枯竭自然资源”一语，“按照定义，是发展性的”。[72] 因此，在确定这些词的含义时，它借助了“现代的国际公约和宣言”[73]以及“国际社会近来在为保护有生命自然资源而采取双边或多边协调行动的重要性方面的共识”[74]，而不是与这些词“50多年前”在GATT 1947当中起草时的含义有关的文件。[75] 不过，被参照的文件都是1970和1990年代通过的，时间在第XX(g)条最初条文被吸收进GATT 1994之前。在DSB通过这项报告时，泰国、巴基斯坦和印度(申诉方)以及菲律宾对上诉机构采取“发展性的”解释方法表示关切，认为这可能导致所涵盖协定中不曾考虑的无法预见的结果。[76] 然而，美国(应诉方)和瑞士欢迎上诉机构提到当代国际上对于环境的关切。[77]

---

[71] UN, ILC, *Fragmentation of Law: Difficulties Arising from the Diversification and Expansion of International Law—Report of the Study Group—Finalized by Martti Koskenniemi*, A/CN. 4/L. 682 (13 April 2006) [478].

[72] 上诉机构报告，美国-海虾，[130](quoting *Legal Consequences for States of the Continued Presence of South Africa in Namibia (South West Africa) notwithstanding Security Council Resolution 276 (Advisory Opinion)* [1971] ICJ Rep. 16, [53])。

[73] 上诉机构报告，美国-海虾，[130]。

[74] 同上，[131]。

[75] 同上，[129]。

[76] WTO, DSB, *Minutes of Meeting Held in the Centre William Rappard on 6 November 1998*, WT/DSB/M/50 (14 December 1998) 3－5, 9, 14. 另见 Duncan French, “Treaty Interpretation and the Incorporation of Extraneous Legal Rules” (2006) 55(2) *International & Comparative Law Quarterly* 281, 298。

[77] WTO, DSB, *Minutes of Meeting Held in the Centre William Rappard on 6 November 1998*, WT/DSB/M/50 (14 December 1998) 11, 14.

在欧共体-关税优惠一案中，上诉机构没有具体讲，它在确定《授权条款》第3(c)段中“发展、财政[或]贸易的需要”一语的“通常含义”时，用的是当时性还是发展性的解释方法，它也没有具体讲，对确定这些需要可能有参考作用的“由国际组织通过的多边文件”[78]，是解释的时候适用还是制定的时候适用的那些。不过，弄清楚这些需要为什么会随着时间而变化因此应从发展的角度去看，比弄清楚美国-海虾一案中涉及的“可枯竭的自然资源”为什么会这样要更加容易。这个方法也符合上诉机构经常做的，即参考当代的、1994年以后版本的词典，如《简明牛津英语词典》[79]或《布莱克法律词典》，[80]来确定WTO特定语词的通常含义。 137

最近在欧共体-鸡肉块一案中的专家组报告结论说，“‘通常含义’应在有关条约签订的时候判断”。[81] 上诉机构在其报告中没有涉及这一具体问题。

C. 缔约方之间的国际法(VCLT第31(3)(c)条)

第3(c)段包含有VCLT第31条的另一个主要成分，它可以使专家组和上诉机构在解释WTO条款时参考非WTO的国际法规则。根据第31(3)(c)条，条约解释者“应当”参考“适用于缔约方之间关系的有关国际法规则”。由这个规定，产生两个主要的问题。第一，什么是“有关国际法规则”？也即是，什么样的国际法规则必须给予考虑？

---

[78] 上诉机构报告，欧共体-关税优惠，[163]。

[79] 见，例如，上诉机构报告，美国-钢进口保全，nn.196-7,232。

[80] 见，例如，上诉机构报告，欧共体-床罩，n.44。

[81] 专家组报告，欧共体-鸡肉块，[7.99]（着重为原有）。

"对关于法律的正式有效的陈述",ICJ 章程第 38(1)条"事实上仍然是其出处的一个权威陈述"。[82] 虽然这一条无意成为对国
138 际法来源的一个抽象的最终声明,[83]并且,虽然必须与更晚近的国际法联系起来解读,[84]但是它为找出可以在 WTO 争端中用来帮助解释 WTO 条款的不同类型的国际法提供了有益的基础。在与本章有关联的程度上,第 38 条(1)规定:

本法院,职能为根据国际法审理向其提交的争端,应当适用以下:

a. 国际公约,一般性或特定的,其订立的规则为争议各国所明确承认的;

b. 国际惯例,用以证明一种普遍的做法已被接受成为法律;

c. 文明国家承认的一般法律原则……

加布里埃勒·马索(Gabrielle Marceau)认为,在根据 VCLT 第 31(3)(c)条解释 WTO 法律时,至少 ICJ 章程第 38 (1)条从(a)到(c)款中的各项可以有参考作用,[85]虽然有人会争论说,ICJ 章程第

---

[82] Martti Koskenniemi, 'Introduction', in Martti Koskenniemi (ed.), *Sources of International Law* (2000) xi, xi. 另见 Malcolm Shaw, *International Law* (5th edn, 2003) 66-7。

[83] Gerald Fitzmaurice, 'Some Problems Regarding the Formal Sources of International Law' (1958) *Symbolae Verzijl* 153, 173.

[84] Robert Jennings, 'What is International Law and How Do We Tell It When We See It?' (1981) 37 *Schweitzerisches Jahrbuch für Internationales Recht* 59, 61.

[85] Gabrielle Marceau, 'Conflicts of Norms and Conflicts of Jurisdictions: The Relationship between the WTO Agreement and MEAs and Other Treaties' (2001) 35(6) *Journal of World Trade* 1081, 1087; Marceau, 'WTO Dispute Settlement and Human Rights', 780.

38(1)(c)条之下的一项一般“原则”不能同时又是 VCLT 第 31(3)(c)条之下的一条国际法“规则”。[86]

由 VCLT 第 31(3)(c)条产生的第二个问题是：什么是“在缔约方之间关系中适用的规则”？尤其是，在 WTO 范围内，在解释 WTO 条款时，要求专家组和上诉机构考虑在所有 WTO 成员之间适用的国际法规则，还是在争议各方之间适用的国际法规则？根据马索和 ILC 研究组就国际法支离问题的意见，只有有关争议中当事方的 WTO 成员才需要遵守这些规则。[87] 与此对照，保韦 139
林认为，如果专家组或上诉机构想根据 VCLT 第 31(3)(c)条(相对于第 31(1)条)运用非 WTO 的国际法规则，这些规则必须适用于所有 WTO 成员，至少得到它们的默认。[88] 伦纳德持有类似观点，他指出，否则的话，WTO 条款的含义就不确定，而要取决于一个特定争议中当事各方的身份。[89]

我现在根据上诉机构迄今所作的裁决，看一下它在这两个问题上的明显观点。在美国-海虾一案中，上诉机构提到“善意”原则，认为该原则“既是法律的一般原则又是国际法的一般原则”，[90]

---

[86] 见，例如，专家组报告，欧共体-生物技术，[7.67]。参见 C. McLachlan，‘Principle of Systemic Integration’，290；French，‘Treaty Interpretation’，301。关于原则和规则的区别，以及原则在 WTO 争端解决中的用处，一般性见 Andrew Mitchell，*Legal Principles in WTO Disputes*(Cambridge：Cambridge University Press，即将出版)。

[87] UN，ILC，*Fragmentation of International Law：Difficulties Arising from the Diversification and Expansion of International Law — Report of the Study Group — Finalized by Martti Koskenniemi*，A/CN. 4/L. 682 (13 April 2006) [472]；Marceau，‘Conflicts of Norms’，1087. 另见 French，‘Treaty Interpretation’，306 - 7。

[88] Pauwelyn，*Conflict of Norms*，257 - 8，260 - 1.

[89] Lennard，‘Navigating by the Stars’，35 - 8. 另见 McLachlan，‘Principle of Systemic Integration’，315。

[90] 上诉机构报告，美国-海虾，[158]。另见上诉机构报告，美国-*FSC*，[166]。

它反映在 GATT 1994 第 XX 条的导言当中。在同一段里，上诉机构继续陈述说：

> 在这里，我们的任务是解释导言的措词，适当情况下，从国际法的一般原则中为解释寻求更多的指导。[157]
>
> [157]《维也纳公约》，第 31(3)(c)条

在谈及善意问题时提到 VCLT 第 31(3)(c)条，显示上诉机构认为这一条至少允许考虑“国际法的一般原则”(它可以指作为通常国际法一个细类的 ICJ 章程第 38(1)(b)条之下的通常国际法，或者指 ICJ 章程第 38(1)(c)条之下的一般法律原则的一个细类)。上诉机构似乎将“国际法的一般原则”和“一般国际法的原则”互换使用。在美国-热轧钢一案中，上诉机构陈述说，“善意的原则……既是法律的一般原则又是一般国际法的原则，它贯穿在所涵盖协定的条款中”，[91]这个说法将上诉机构在美国-海虾一案中陈述同一原则的措词稍微倒换了一下顺序。

在另两起上诉案件中，上诉机构在解释 WTO 条款时借助了 VCLT 第 28 条中包含的“国际法的一般原则”[92]。第 28 条规定：

> 140 除非条约显示出或者另外证实有一个不同的意图，就在条约对一个缔约方生效前发生的任何行为或事实，或已经不复存在的任何情况，条约的条款对该缔约方没有约束力。

---

[91] 上诉机构报告，美国-热轧钢，[101]。

[92] 上诉机构报告，巴西-椰子粉，15；上诉机构报告，加拿大-专利期限，[71]。另见上诉机构报告，欧共体-橡胶 *III*，[235]。

接下来，在欧共体-沙丁鱼一案中，上诉机构将条约的非追溯性当作解释的一项原则："如我们在过往争端中讲过的，第28条规定的解释原则对于解释所涵盖的协定有参考作用。"[93]杰弗里·温西莫(Jeffrey Waincymer)认为，第28条是否为DSU第3.2条直接讲到的一条解释规则，并不清楚。[94] 上诉机构也许无意认为情况是这样，尤其是因为它经常提到VCLT第31条和32条体现了国际公法关于解释的通常规则，而且那些条款并不包含"非追溯性"原则(至少没有明确规定)。的确，虽然第28条和第31.2条属于VCLT第III章"条约的遵守、适用和解释"的范围，但是第31.2条出现在第III章第3节"条约的解释"当中，而第28条出现在第III章第2节"条约的适用"当中。实际上，上诉机构的意思也许是，与条约的非追溯性有关的国际法规则对于解释WTO法律有参考作用，因为作为通常的国际法，它是VCLT第31(3)(c)条之下的"在缔约方之间关系中适用的有关国际法规则"。

在涉及国家责任的规则的另两次上诉中，上诉机构的陈述显示，它认为ICJ章程第38(1)(b)条之下的通常国际法属于VCLT第31(3)(c)条之下的"在缔约方之间关系中适用的有关国际法规则"的范围。这几次上诉还表明，上诉机构在谈及"国际法的一般规则"、"一般国际法的原则"或"一般国际法的规则"时，都是在讲通常的国际法。

在美国-棉纱一案中，上诉机构承认"关于国家责任的一般国际法规则，该原则要求，针对国家违反其国际义务的反措施，应当 141

[93] 上诉机构报告，欧共体-沙丁鱼，[200]（脚注省略）。

[94] Waincymer, *WTO Litigation*, 410.

与受到的损害相对称”。[95] 上诉机构引用这些规则支持自己的结论，即根据《纺织品协定》第6.4条第二段，“严重损失的总量中归咎于一个出口成员的部分，必须与来自该成员的进口造成的损失相对称”。[96] 用上诉机构的话说，在没有任何违法的情况下，而一般国际法的对称性原则(principle of proportionality)同时又要求回应与实际发生的违反相对称，如果可以采取惩罚性的保障措施对付增加的进口(与倾销或某些形式的补贴相比，这不是不公平或非法的贸易行为)，将是“荒谬的”。[97] 就上诉机构提到对称性，欧共体表示欢迎。[98]

在美国-棉纱一案作出裁决后不久，上诉机构在美国-线路管道一案中称有关国家责任的规则为“通常国际法”和“一般国际法的规则”，并将与反措施有关的对称性原则称为“得到承认的国际法规则”。[99] 上诉机构引用这些规则和原则，支持自己将《保障措施协定》第5.1条第一段解读为“要求使用保障措施的程度仅限于解决因增加的进口造成的严重损害”。[100]

这些决定没有显示上诉机构是否认为，作为VCLT第31(3)(c)条之下的“在缔约方之间关系中适用的国际法有关规则”，它可以只考查那些适用于争议各方而不是适用于所有WTO成员之间的国际法规则。然而，注意这点是有意思的，上诉机构提到VCLT

---

[95] 上诉机构报告，美国-棉纱，[120]。

[96] 同上，[119]。

[97] 同上，[120]。

[98] WTO，DSB，*Minutes of Meeting Held in the Centre William Rappard on 5 November 2001*，WT/DSB/M/112 (4 December 2001) [36].

[99] 上诉机构报告，美国-管线管道，[259]。

[100] 同上，[260]。

第 31(3)(c)条，与它提到 ICJ 章程第 38(1)(a)条含义中的任何“国际公约”并没有联系。情况确实是，上诉机构经常不具体说明，在解释过程中的任何特定阶段，它在适用 VCLT 的哪一个条款。使上诉机构的裁决与将它们纳入 DSU 第 3.2 条的框架衔接起来，142
一个途径是，上诉机构承认，它对根据 VCLT 第 31(3)(c)条援引只有一些 WTO 成员参加的国际公约持谨慎态度，[101]但是也承认(如前面提到的)，它愿意根据 VCLT 第 31(1)条在确定一个用词的通常含义时运用这样的公约，或以其作为“事实的”而非法律的“参照”。[102]

另外，专家组在欧共体-生物技术一案中的做法有助于说明这个问题。专家组的报告结论说，“在‘缔约方’之间关系中适用的国际法规则，对于同意遵守被解释的并为它们而实施的条约的国家，是在国家之间关系中适用的国际法规则。”[103]由于没有上诉，上诉机构没有机会澄清第 31(3) (c)条中“缔约方”一语的含义。

4.3 运用国际法解释关于文化产品的 WTO 法律

对运用国际法解释 WTO 法律的依据作了一般性考察之后，我现在来讨论运用国际法解释具体适用到文化产品的 WTO 法律。如第 3 章中讲到的，在以下各节中，我考虑与文化产品有特别关系的三个 WTO 条款。它们是，GATT 1994 第 XX(f)条中为国家珍宝的例外，GATS 第 XIV(a)条中为公共道德和公共秩序的

[101] 另见专家组报告，阿根廷-禽肉反倾销税，[7.40]-[7.41]。

[102] 见上，000，000。

[103] 专家组报告，欧共体-生物技术，[7.68]。

例外(此例外亦以修订后的形式见于 GATT 第 XX (a)条),以及 GATT 1994 第 VI(c)条中为某些放映配额的例外。在对解释这些条款有参考价值的情况下,我评估一下国际法在确定“通常含义”(VCLT 第 31(1)条之下)中的作用和“在缔约方之间关系中适用的国际法一般规则”(VCLT 第 31(3)(c)条之下)的作用。在谈到为公共道德的例外之前,我提出一种从“人权角度”看待 WTO 法律中文化产品待遇的可能性,因为许多有关人权的文件(特别是涉及文化权利的)对这个问题有参考价值。

接下来,我谈到其他两种例外,以更带创意的观点去看,它们
143 亦与文化产品有关,也就是 GATS 第 XIV(6)条中“为保护人类、动物或植物的生命或健康所必需的”措施的例外(类似于 GATT 1994 第 XX(b)条中的例外),以及对 GATT 第 XX(d)条中“为确保遵守不与本协定条款相悖的法律或条例所必需的”措施的例外(与 GATS 第 XIV(c)条有几分相同)。虽然这些条款似乎与文化产品有较少的直接关系,但它们仍然是值得考虑的,因为如上面提到的,[104]上诉机构对扩展想象的各种论点可能持开放态度,即使它们会要求对过去的判例法有所发展。

4.3.1 国家珍宝

如第 3 章中指出的,GATT 1994 第 XX(f)条为“为保护具有艺术、历史或考古价值的国家珍宝而采取的”措施规定了一项例外,条件是遵守导言。[105] 这一条尚未在 WTO 争端解决中遇到解

---

[104] 见上,130。

[105] 见上,101。

释的问题。但是,第 XX(f)条中有一些概念可能被认为需要从"发展的"角度解释。确定某件东西是"珍宝"并评估其"艺术、历史或考古价值",要取决于人们不断变换的趣味和侧重点。类似地,一件珍宝是否具有国家重要性而非仅有地方重要性,也会随时间而改变。的确,这些用语,比较第 XX(g)条中的"可枯竭自然资源"一语,似乎更明显具有"发展的"性质,而如前面讲到的,"可枯竭自然资源"被上诉机构理解为具有发展的含义。[106] 因此,即使认为第 XX 条是在 1947 年起草的,那时以来的国际法,在依照 VCLT 第 31(1)条解释"具有艺术、历史和考古价值"一语的通常含义时,仍然可能有参考作用。

在 WTO 的框架之外,有一大批国际法适用于文化产品和更
一般的文化。其范围包括从宣言和建议[107]到国际条约。[108] 在本节 144
中,我只考察也许可以被用来解释 WTO 特定条款的语段中的少
数一些,并且从 XX(f)条开始。尤其是,WTO 框架之外的国际法
可能有助于澄清,哪类东西有资格成为国家珍宝,为国家珍宝的例
外是否延及一个成员为保护其他成员的国家珍宝实行的措施。我
分别就这些问题进行考察,采用的文化政策措施,是假设成员为了
防止非法倒卖文化财产而可能打算制定的。

---

[106] 见上,136,n.72。

[107] 见,例如,UNESCO,关于文化财产国际交流的建议,19 C/Resolutions, annex I,16 (26 November 1976);UNESCO,关于保护和保存活动影像的建议,21 C/Resolutions, annex I,156 (27 October 1980);UNESCO,关于保护传统文化和民间文学的建议,25 C/Resolutions, annex I(B),238 (15 November 1989)。

[108] 见,例如,《武装冲突中文化财产公约》;《保护文化遗产公约》;《本土和部落族人公约》。

《UNESCO 文化财产公约》通过于 1970 年[109],现有 102 个缔约国,WTO 的 150 个成员有许多包括在其中。[110] 该公约第 1 条指出,“电影档案”是可以由国家指定为“具有考古……历史……[或]艺术重要性”的一种“文化财产”。(我专注于文化财产的这一个方面,因为它属于我对文化产品定义的范围,但是类似的推理也适用于其他形式的文化产品)。在第 2(1)条中,缔约国承认,“文化财产的非法进口、出口和交易,是造成此种财产的起源国文化遗产枯竭的主要原因之一”。进行这些交易,如果违背该公约,就是“非法的”。[111] 在第 6 条之下,缔约国承诺采用一种证书显示特定一件文化财产的出口是经过允许的,并禁止在没有证书的情况下出口文化财产。此外,第 13 条要求缔约国“采取所有适当手段,防止可能助长文化财产非法进口或出口的此种财产的所有权交易”。

《UNESCO 文化财产公约》缔约国同时又是 WTO 成员的,可以根据公约第 13 条禁止从《UNESCO 文化财产公约》其他缔约国(包括其他 WTO 成员)进口电影档案,只要这些档案没有附加起源国政府颁发的证书表明它们是从该国合法出口的。以这种方
145 式,成员希望能够防止文化财产的非法进口,从而帮助其他缔约国保护它们的文化财产并鼓励它们相应地采取类似措施。

总地讲,像这种对于进口的禁止,有可能与 GATT 1994 第 XI 条中禁止数额限制的一般规定相冲突。这也可能潜在地违反

---

[109] UNESCO, *Records of the General Conference, 16th Session, vol. I: Resolutions*(14 November 1970) 135.

[110] < www.unesco.org/culture/laws/1970/html_eng/page3.shtml> (accessed 4 August 2006).

[111] 《UNESCO 文化财产公约》,第 3 条。

GATT 1994 第 I 条，因为它给来自同是《UNESCO 文化财产公约》缔约国的 WTO 成员的某些进口物的待遇，低于来自其他 WTO 成员的同类进口物。为禁止进口某些电影档案进行辩护的成员可以争论说，这个措施属于第 XX(f)条之下的例外，因为“具有艺术、历史或考古价值的珍宝”包括“电影档案”。(该成员还可以争论说，为一项与 WTO 的不一致，《UNESCO 文化财产公约》提供了某种辩护理由，这是第 5 章中谈到的一个问题。)

根据上面讨论的上诉机构的过往裁决，是不是所有的 WTO 成员或所有的 WTO 争议各方同时也是《UNESCO 文化财产公约》的缔约方，并没有关系。实际上，即使应诉的成员不是这项公约的缔约方，它仍然可以争论说，该公约对于确定第 XX(f)条中“珍宝”的通常含义有参考价值。专家组和上诉机构有可能接受这类国际文件中的有直接关系的陈述，用以确定这些用词的通常含义或作为事实证据。[112]

另一个有潜在参考作用的文件是 1995 年通过的《国际统一私法协会文化物品公约》(目前有 27 个缔约国)，[113]它将“文化物品”定义为包括电影档案。[114] 该公约确认《UNESCO 文化财产公约》中关于电影档案具有“艺术、历史或考古价值”的表述。在其他证据和论点的支持下，这些国际法可以表明，这种档案在一个特定情况下达到国家“珍宝”的层次。但是，“档案”一词强调这些作品的历史方面，因此，在解释为什么现代电影作品或其他文化产品应当 146

[112] 见上，132。

[113] ＜www. unidroit. org/english/implement/i-95. pdf＞ (accessed 4 August 2006).

[114] 《国际统一私法协会文化物品公约》，第 2 条，附件。

属于第 XX(f)条之下的例外时,这些公约便可能有较少的参考作用。虽然关于文化的国际法无疑会影响与许多文化物品有关的对于第 XX(f)条的解释,但是,希望就此处定义的文化产品借助第 XX(f)条的成员,要证明有关的文化产品是国家珍宝,确实有可能面临一个总体性的麻烦。

我们假定电影档案有资格成为一个特定国家的国家珍宝,而把这个问题放到一边,即档案和国家之间必须有什么联系才能被视为该国的珍宝。[115] 在上面举出的例子中,一个 WTO 成员禁止从《UNESCO 文化财产公约》缔约国进口没有证书的电影档案。也许,这些档案不是禁止进口它们的 WTO 成员的国家珍宝,但它们可能是出口国或其他一些国家的国家珍宝。这样一来,禁止没有证书的进口物,该成员是在最直接地保护《UNESCO 文化财产公约》其他缔约国的"国家珍宝",而不是自己的国家珍宝。[116] 由此产生的问题是,第 XX(f)条中的"国家"一词是否仅指实行措施的成员的国家地位。换言之,一个 WTO 成员是否能以第 XX(f)条作为例外,用于"为保护"其他 WTO 成员的"国家珍宝而采取的"措施,或者只能用于为保护自己国家的珍宝而采取的措施?

在电影档案方面实行的措施受到质疑的 WTO 成员,对第 XX

[115] 对这个问题有启发的非 WTO 法律,可以包括《欧共体条约》中为"以……保护具有艺术、历史或考古价值的国家珍宝为由禁止或限制进口、出口或过境货物" 的对禁止进口或出口数量限制的例外:《欧共体条约》第 30 条。

[116] 这与 UNESCO 文化财产公约的目的一致,该目的据一位评论者认为是"通过限制其进口到市场国家" (即对此种财产的需求超过供应的国家-主要是发达国家)"限制文化财产流出起源国" (即"抢手文化产品的供应大于内部需求" 的国家-主要是发展中国家):John Merryman,'Two Ways of Thinking about Cultural Property' (1986) *American Journal of International Law* 831,832,843。

(f)条之下的这个问题，可以有两个大略的回答。第一，它可以争辩说，第XX(f)条没有明确讲受争议的“国家珍宝”必须是依赖该项例外的成员的，所以该成员可以在第XX条之下保护其他国家 147
的国家珍宝。以类似的口吻，恰尔诺维茨坚持说，GATT 1994第XX(a)条中的“道德的例外”不能被限止于“内部指向的”措施，即在制定该措施的成员境内保护公共道德的措施。[117] 特里比尔科克和豪斯甚至认为，“第XX(f)条总的观点……是它不仅允许限制一个[成员]自己的国家珍宝的出口，还允许限制其他[成员]的国家珍宝的进口和出口。”[118]

支持关于第XX(f)条的这个观点，成员可以援引表明每个国家的文化遗产对整个世界之重要性的国际文件。例如，《武装冲突中文化财产公约》的前言强调说，“以任何手段损害属于任何民族的文化财产，意味着损害全人类的文化遗产，因为每个民族都对世界的文化做出自己的贡献”。类似地，UNESCO大会宣称，“所有的文化财产均构成人类共同文化遗产的一部分，因此每个国家都在这方面负有责任，不仅对于它自己的国民，而且对于整个国际社会”。[119] 根据下面要进一步谈到的某些人权文件，成员甚至可以争论说，所有国家都有责任在全球范围保护文化财产。这样解读第XX(f)条，“国家的”一词仍有实际意义，因为它可以显示在“珍宝”和某个“国家”之间肯定存在一种联系。需要有这种联系，符合刚

---

[117] Charnovitz, ‘Moral Exception’, 742.

[118] Trebilcock and Howse, Regulation of Trade (3rd edn) 523 (着重为原有)。

[119] UNESCO，关于文化财产国际交流的建议，19 C/Resolutions, annex I, 16 (26 November 1976)。

才提到的公约前言中所承认的，即属于一个“民族”的文化财产体现该“民族”对于世界文化的贡献。

或者，如果成员未能证明 GATT 第 XX(f)条涵盖了保护其他国家的国家珍宝的措施，[120]它可以争辩说，受到质疑的措施实际上
148 保护它自己的国家珍宝。通过坚持要求有起源国颁发的证书，成员加强了在《UNESCO 文化财产公约》之下建立的文化财产保护制度，并由此间接地保护了自己的国家珍宝。实行禁止措施的成员的国家珍宝，有可能得益于一项更有力的防止非法进出口的 UNESCO 制度，这个假定事实可以使禁止措施与那些国家珍宝之间有“足够的联系”[121]。

预见上诉机构对这些争辩的回应是有困难的。成员是否可以利用第 XX 条的例外在境外保护其利益，对此，上诉机构的最终态度在第 XX 条所有不同细款上可能是一致的，这样一来，有关文化的国际法的含义在这个决定中便没有多少分量。迄今，上诉机构尚未给出答案。在美国-海虾一案中，[122]三个申诉方争论说，美国对海虾的进口禁令不能属于第 XX 条(g)的范围，因为它是在美国的管辖范围以外保护可枯竭自然资源。[123] 上诉机构的考虑是，它不需要判定第 XX(g)条是否含有“暗示的管辖范围限制”，因为涉及的海龟“众所周知地存在于美国对其行使管辖权的水域”，这“为

---

[120] 见 UN，联合国高级人权专员办公室，*Human Rights and World Trade Agreements: Using General Exception Clauses to Protect Human Rights*，HR/PUB/05/5 (2005) 17。

[121] 上诉机构报告，美国-海虾，[133]。

[122] 见上，130。

[123] 专家组报告，美国-海虾，[7.24]。

第XX(g)条的目的在所涉及的濒危迁游海洋种群和美国之间提供了足够的联系”。[124]

上述分析显示各项国际法如何可能被用来确定GATT第XX(f)条中“具有艺术、历史或考古价值的国家珍宝”一语的通常含义。很有可能的是，上诉机构在解释过程中会至少考虑上述几种文件，并且可以在DSU第3.2条和VCLT第31(1)条中为这样做找到合法依据。但是，从希望推广和保护自己文化产品的成员的角度，“国家珍宝”这个类别的范围可能相当有限，即使国际法显示它包括“电影档案”之类的东西。另外，成员无法肯定专家组或上诉机构会把第XX(f)条解释成涵盖保护其他国家的国家珍宝的措施。成员可能希望在讲到的一个以外的其他范围里实行这些措施，如在一个合作制片项目中，以帮助一个发展中国家扩大其文化 149
产业。[125]

因此，在实行歧视性或以其他形式限制贸易的文化政策措施方面，第XX(f)条不大可能在GATT 1994之下为成员提供很多的进一步灵活性。转过来，成员也不大可能认为第XX(f)条为它们的文化政策措提供了足够的便利从而可以在GATS之下对文化产品给予更多承诺。

4.3.2　从人权角度看待文化产品

联合国人权委员会就贸易和WTO提出一个“人权角度”的建议，讲到“人权的原则和标准”可以用作“贸易自由化的社会层面的

[124] 上诉机构报告，美国-海虾，[133]。

[125] 见下，163。

法律框架”。[126] 类似地，联合国特别报告员(Special Rapporteurs)也呼吁“WTO主管下国际贸易法的基本原则与国际人权法之间的更大的互补性”。[127] 的确，在贸易与人权的辩论中，一个共同的呼吁是，WTO争端解决的裁决者以与人权法律一致的方式解释WTO法律。[128] ILC研究组就此问题陈述说，“在解释相关权利和义务的内容时，WTO各机构必须将这些权利和义务置于一般国际法的总体范围内(包括有关的环境和人权条约)”。[129]

150 一些评论者更具体地建议，运用人权文件解释GATT 1994第XX条之下的例外。[130] 罗伯特·韦(Robert Wai)认为，“国际人

---

[126] UN，人权委员会，*Globalization and Its Impact on the Full Enjoyment of Human Rights：Report of the High Commissioner for Human Rights Submitted in Accordance with Commission on Human Rights Resolution 2001/32*，E/CN. 4/2002/54 (15 January 2002)[10]。另见UN，联合国高级人权专员办公室，*Human Rights and Trade：Statement to the Fifth Ministerial Conference of the WTO*(10 - 14 September 2003) 4。

[127] UN，人权委员会，促进和保护人权分委员会，*Globalization and Its Impact on the Full Enjoyment of Human Rights：Final Report Submitted by J. Oloka-Onyango and Deepika Udagama，in Accordance with Sub-Commission Decision 2000/105*，E/CN. 4/Sub. 2/2003/14(25 June 2003) [26]。

[128] Christine Breining-Kaufmann，'The Legal Matrix of Human Rights and Trade Law：State Obligations versus Private Rights and Obligations'，in Thomas Cottier，Joost Pauwelyn and Elisabeth Bürgi (eds.)，*Human Rights and International Trade*(2005) 95，117；Marceau，'WTO Dispute Settlement and Human Rights'，779.

[129] UN，ILC，*Fragmentation of International Law：Difficulties Arising from the Diversification and Expansion of International Law — Report of the Study Group — Finalized by Martti Koskenniemi*，A/CN. 4/L. 682 (13 April 2006) [170].

[130] 见，例如，Robert Howse，'Human Rights in the WTO：Whose Rights，What Humanity? Comment on Petersmann' (2002) 13(3) *European Journal of International Law* 651，7；Robert Howse and Makau Mutua，*Protecting Human Rights in a Global Economy：Challenges for the World Trade Organization* (2000)；Ernst-Ulrich Petersmann，'Time for a United Nations "Global Compact" for Integrating Human Rights in-

权制度的多边性质，部分地抵制保护主义的动机”。[131]这意味着，人权并非像有些人担心的那样是保护主义的一种伪装，[132]它实际上可以有助于最大限度减少由文化政策之类的非贸易目标造成的贸易限制。在解释WTO法律时考虑国际人权法，可以使WTO争端解决机制有机会推广人权，尽管争端解决机制的管辖范围必然有限，而且个人或个人组织因此无法将与人权有关的问题或其他方面的主张带到这个论坛上来。[133]这还可以减少对国际法当中的支离问题的担心，使WTO法和人权法靠得更近。[134]

弄清人权法如何可能用于联系文化产品解释WTO的条款，有必要先考察一下有关文化权利的一些主要文件的内容。我们可以从《世界人权宣言》(UDHR)开始，它是联合国大会的一项决

---

to the Law of Worldwide Organizations: Lessons from European Integration' (2002) 13 (3) *European Journal of International Law* 621, 19, 22; Robert Wai, 'Countering, Branding, Dealing: Using Economic and Social Rights in and around the International Trade Regime' (2003) 14 *European Journal of International Law* 35, 61 - 2; Ernst-Ulrich Petersmann, 'Human Rights Constitution', in Frederick Abbott, Christine Breining-Kaufmann and Thomas Cottier (eds.), *International Trade and Human Rights: Foundations and Conceptual Issues* (2006) 29, 54。参见 Joost Pauwelyn, 'Human Rights in WTO Dispute Settlement', in Cottier, Pauwelyn and Bürgi (eds.), *Human Rights and Trade*, 205, 208。

[131] Wai, 'Countering, Branding, Dealing', 54.

[132] 见，例如，John Jackson, 'Reflections on the Possible Research Agenda for Exploring the Relationship between Human Rights Norms and International Trade Rules', in Abbott, Breining-Kaufmann and Cottier (eds.), *Trade and Human Rights*, 19, 26。

[133] 关于WTO法律和人权法律之间的这个以及其他区别，见 Thomas Cottier, 'Trade and Human Rights: A Relationship to Discover' (2002) 5(1) *Journal of International Economic Law* 111, 120 - 1。

[134] UN，联合国高级人权专员办公室，*Human Rights and World Trade Agreements: Using General Exception Clauses to Protect Human Rights*, HR/PUB/05/5 (2005) 12。

151 议，规定了普遍承认的人权，包括一些与文化有关的。UDHR 具有特殊的地位，首先是因为它要求联合国的成员国承认联合国自己根据《联合国宣言》承诺要促进的权利，[135]其次是因为它在当今常被视为宣示了通常的国际法，至少是部分地，尽管它根据自身条款无意成为有约束力的文件。[136] UDHR 第 22 条规定：

> 每个人，作为社会的一员……有权通过国家努力和国际合作并根据各国的制度和资源实现为自身尊严和人格自由发展所必需的经济、社会和文化权利。

第 27(1)条更加具体地提到文化权利可能要求的活动种类。它申明：

> 人人有权自由地参加社群的文化生活，享受艺术并分享科学进步及其益处。

UDHR 由联合国人权委员会“实施”，这是在可以就国家侵犯人权

---

[135] UN，《联合国宪章》(1945 年 6 月 26 日签署)，第 1(3)，55，56 条。

[136] 见，例如，*Applicability of Article VI，Section 22，of the Convention on the Privileges and Immunities of the United Nations (Advisory Opinion)*[1989] ICJ Rep. 177，211 (Separate Opinion of Judge Evensen)；*Legal Consequences for States of the Continued Presence of South Africa in Namibia (South West Africa) notwithstanding Security Council Resolution 276 (Advisory Opinion)*，[1971] ICJ Rep. 16，76 (Separate Opinion of Vice-President Ammoun)；*United States Diplomatic and Consular Staff in Tehran (United States v Iran) (Merits)*[1980] ICJ Rep. 3，[91]；Asbjørn Eide and Gudmundur Alfredsson，'Introduction'，in Asbjørn Eide et al. (eds.)，*The Universal Declaration of Human Rights：A Commentary* (1992) 5，7；UN，联合国高级人权专员办公室，*The United Nations Human Rights Treaty System：An Introduction to the Core Human Rights Treaties and the Treaty Bodies (Fact Sheet No. 30)*3。

时向该委员会提出申诉的意义上。[137] 该委员会重申，“根据UDHR，自由的个人享有免于恐惧和困苦的自由，这一理想只有在创造条件使每个人可以享受他或她的经济、社会和文化权利的情况下，才能够实现”。[138] 可以认为第 27 条保护的权利还包括个人作为创造者或观赏者或“消费者”参加文化生活。[139] “社群的文 152
化生活”涉及的，还可以比国家文化更宽。[140]

《经济、文化和社会权利国际公约》(ICESCR)是从 UDHR 派生出来的两个条约之一。[141] 它于 1976 年生效，目前有 153 个缔约国。[142] 比较整个联合国的 192 个成员国，这显然是挺大的国家数

---

[137] UN，经济和社会理事会，Procedure for Dealing with Communications Concerning Human Rights，Res. 2000/3 (16 June 2006)；UN，经济和社会理事会，Procedure for Dealing with Communications Relating to Violations of Human Rights and Fundamental Freedoms，Res. 1503(XLVIII) (27 May 1970)。

[138] UN，人权委员会，*Question of the Realization in All Countries of the Economic, Social and Cultural Rights Contained in the Universal Declaration of Human Rights and in the International Covenant on Economic, Social and Cultural Rights, and Study of Special Problems which the Developing Countries Face in Their Efforts to Achieve these Human Rights*，E/CN. 4/RES/2003/18 (22 April 2003)。

[139] Ragnar Adalsteinsson and Páll Thórhallson，‘Article 27’，in Gudmundur Alfredsson and Asbjørn Eide (eds.)，*The Universal Declaration of Human Rights：A Common Standard of Achievement*(1999) 575，579.

[140] Göran Melander，‘Article 27’，in Eide et al. (eds.)，*Universal Declaration of Human Rights Commentary* 429，431.

[141] 另一个是 ICCPR. 关于这三个文件之间的关系，一般性见 UN，联合国高级人权专员办公室，*The International Bill of Human rights*(Fact Sheet No. 2(Rev. 1))(June 1996)。联合国大会已经确认它“致力于通过建立国际人权标准及促进和保护这些标准的机制继续寄希望于[UDHR]的鼓舞”：大会，UN，*Fiftieth Anniversary of the Universal Declaration of Human rights*，A/RES/52/117 (12 December 1997)[10]。

[142] UN，交存秘书长的多边条约，ST/LEG/SER/E/—，＜http://untreaty. un. org＞ (accessed 4 August 2006)。

目，而且它包括许多 WTO 成员。[143] ICESCR 不仅适用于同时是其缔约国的 WTO 成员，还在体现通常国际法的情况下适用于所有其他 WTO 成员。ICESCR 第 2(1)条要求每个缔约国

> 承诺采取步骤，单个地或通过国际援助和合作，特别是经济和技术方面的，以可有资源的最大限度，目的是通过所有适当手段，尤其包括采取立法措施，不断使本条约承认的权利得到充分实现。

根据与 UDHR 第 27(1)条相同的 ICESCR 第 15(1)(a)条，缔约国承认每个人"参加文化生活"的权利。[144] 第 15(2)条还讲，缔约国"为充分实现这个权利"采取的步骤"应当包括那些为保存、发展和传播……文化所必需的"。1985 年成立经济、社会和文化权利委
153 员会，以监督缔约国遵守 ICESCR。[145] 该委员会明确要求缔约国在给它的报告中，以数量和质量的数据反映过去时间中在不断实现 ICESCR 第 2(1)条规定的权利方面取得的进步。[146] 该委员会关于缔约国报告形式和内容的指导意见，有助于说明第 15 条提到的文

---

[143] <www.un.org/Overview/unmember.html> (accessed 4 August 2006).

[144] 一般性见 Roger O'Keefe, 'The "Right to Take Part in Cultural Life" under Article 15 of the ICESCR' (1998) 47 *International & Comparative Law Quarterly* 904。

[145] UN，经济和社会理事会，*Review of the Composition, Organization and Administrative Arrangements of the Sessional Working Group of Governmental Experts on the Implementation of the International Covenant on Economic and Cultural Rights*, 1985/17 (28 May 1985)。

[146] UN，经济、社会和文化权利委员会，*General Comment No. 1: Reporting by States Parties*, E/1989/22 (24 February 1989) [7]。

化权利，肯定了这些权利与文化产品的相关性。联系第15条，这些指导意见要求缔约国在报告中就诸如下列事项提供信息："为实施促进公众参与文化的政策而建立的基础设施"，包括图书馆和电影院；"大众传媒和通讯传媒在促进参与文化生活方面的作用"；以及"为支持……从事创作活动的……组织和机构而采取的措施"。[147]

UNESCO关于参与文化生活的建议肯定了文化权利为人权，建议UNESCO成员国"作为人权来保障与进入和参加文化生活有关的权利"。[148] UDHR和ICESCR中包括的文化权利，在一系列国内和国际文件中得到进一步承认。[149] 但是，文化权利一直被称 154

---

[147] UN，经济、社会和文化权利委员会，*Revised Guidelines Regarding the Form and Contents of Reports to be Submitted by States Parties under Articles 17 and 17 of the International Covenant on Economic, Social and Cultural Rights*, E/C. 12/1991/1, 附件，第15条，[1(b)]，[1(e)]，[5(c)]。经济、社会和文化权利委员会对在伊拉克发生"政府控制少数群体语言广播节目的选择和播放"表示了关切：经济、社会和文化权利委员会，*Report on the Sixteenth and Seventeenth Sessions*, E/1998/22 (20 June 1998) [268]。它还就是否"巴拉圭人接收巴西和阿根廷的电视节目"表示了兴趣：经济、社会和文化权利委员会，*Summary Record of the 4th Meeting: Paraguay*, E/C. 12/1996/SR. 5 (6 May 1996) [30]。

[148] UNESCO，关于参与文化生活的建议，第4(a)条。

[149] 见，例如，关于人和民族权力的非洲宪章，1520 UNTS 217；21 ILM 58 (adopted 27 June 1981) 第17.2条；美洲人权公约，1144 UNTS 143；OAS Treaty Series No. 36 (signed 22 November 1969) 第14.1(a)条；第19届美洲国家国际会议，关于人之权力和义务的美洲宣言(1948)，第XIII条；欧洲人权公约，第9，10条；儿童权力公约，1577 UNTS 3 (adopted 20 November 1989) 第31条；塞浦路斯 *v* 土耳其(2001) ECHR Application No. 25781/94，[250]，[254]；本土和部落族人公约；UNESCO，关于国际文化合作原则的宣言，14 C/Resolution 8 (1966年11月4日) 第2.2(b)条。另见 Lyndel Prott, 'Cultural Rights as Peoples' Rights in International Law', in James Crawford (ed.), *The Rights of Peoples* (1988) 93；Bruno De Witte and Harry Post, 'Educational and Cultural Rights', in Antonio Cassese et al. (eds.), *Human Rights and the European Community: The Substantive Law* (1991) 123。

为“最不发达的人权类别”。[150]

我对从人权角度看待文化产品的讨论，至今还集中在文化权利上。格雷伯认为，表达自由（更经常被认为是一种公民或政治权力而不是文化权利）也可能与 WTO 中的文化产品有关系。他借助相应的欧共体法律文件进行了一些有意思的分析，以支持他的这一观点，即上诉机构应当根据表达自由修正其对于“同类性”的理解[151]。格雷伯争论说，用欧共体法院（ECJ）的话讲，以保障表达自由为目的的文化政策是“与公共利益有关的压倒性理由”之一[152]，它应当成为与贸易规则一个偏离的理由。在采取这一态度时，ECJ 强调了其在保证遵守《欧洲人权公约》中的作用。[153]在 WTO 的范围，格雷伯指出，《社会和政治权力国际公约》（ICCPR，从 UDHR 派生出的第二个条约）第19（2）条为有关的人权义务的来源。格雷伯陈述说，WTO 成员大部分是《社会和政治权力国际公约》的缔约国，因此，WTO 法律的解释，应当根据 VCLT 第31（3）（c）条并考虑第

---

[150] Lyndel Prott，‘Understanding One Another on Cultural Rights’，in Halina Niec（ed.），*Cultural Rights and Wrongs*（1998）161，164. 另见 Hélène Ruiz Fabri，*Analyse et commentaire critique de l’avant-projet de convention sur la protection de la diversité des contenus culturels et des expressions artistiques dans la version soumise pour commentaries et observations aux gouvernements des Etats members de l’UNESCO：Etude réalisée à la Francophonie*（August 2004）[18]；Melander，‘Article 27’，429。

[151] 见上，75。

[152] 见，例如，*Commission of the European Communities v Kindom of the Netherlands*（C-353/89）[1991] ECR I-4069，[17]-[18]（另见[29]-[30]）。另见 *Criminal Proceedings Against Burmanjer*（C-20/03）[2005] ECR I，[32]；*Vereinigte Familiapress Zeitungsverlags-und vertriebs GmbH v Heinrich Bauer Verlag*（C-368/95）[1997] ECR I-3689，[18]。

[153] *Elliniki Radiophonia Tiléorassi AE v Dimotiki Etairia Pliroforissis*（C-260/89）[1991] ECR I-2925，[41]。

19条当中体现的“多样化原则”。[154]第19(2)条说：

> 每个人都应当有自由表达的权力；这个权力应当包括自
> 由地寻求、接受和传授各种信息和思想，没有疆界限制，无论 155
> 口头、书写或印刷，以艺术的形式，或通过其自己选择的任何
> 其他媒介。

格雷伯争论说，在评估同类性的时候，专家组和上诉机构应当承认成员根据第19(2)条谋求文化多样性的权利。[155] 负责监督和实施ICCPR的人权委员会表示过，“大众传媒的过分集中”会干扰享受第19(2)条赋予的表达自由。[156] 所以，一个成员可以为了促进表达自由的目的而制定歧视性或贸易限制的文化政策措施以降低市场的集中程度。但是，有人可能会同样争论说，这些措施侵犯了表达自由。[157] 另外，考虑到上诉机构当前对同类性和第3章所讨论的目的——效果检验标准的掌握，在公共道德例外的问题上，格拉伯的论点更有可能占上风。

对于解决有关文化产品的WTO争端，欧共体的经验和法律

---

[154] Graber, Handel und Kultur, 341-2（原文中的“Vielfaltsprinzip”意为“principle of diversity”）。

[155] 同上，318。

[156] UN，人权委员会，*Concluding Observations of the Human rights Committee: Italy*, CCPR/C/79/Add. 37 (3 August 1994)。另见 UN，人权委员会，*General Comment No. 10: Freedom of Expression (Art. 19)*, reprinted HRI/GEN/1/Rev. 1, 11 (29 June 1983) 10；UN，人权委员会，*Consideration of Reports Submitted by States Parties under Article 40 of the Covenant: Concluding Observations of the Human Rights Committee*, CCPR/C/ITA/CO/5 (24 April 2006) [20]。

[157] 见 Barton, ‘International Video Industry’, 95-8, 103-5。

文件确实可能提供丰富的想法来源。在根据 VCLT 第 31 条和第 32 条解释 WTO 法律的过程中，欧共体的经验不一定有正式参考作用。但是，考虑到欧共体的人权框架和相应的贸易自由化规则，在这一领域作更多研究，也许有助于找到可能的替代方法。例如，有一系列的欧共体案例[158]可以提供一条途径通过争端解决处理货物——服务的两难问题，而无需通过修订 WTO 的规则，以这个办法，产品"在服务是主要交易对象的情况下"可作为服务对待。[159]不过，即使这个规则也可能是有问题的。[160]

156 ### 4.3.3　公共道德和公共秩序

如第 3 章中解释过的，GATS 第 XIV(a)条为"为保护公共道德和维护公共秩序所必需的"措施规定了例外，条件是遵守导言。[161] GATS 脚注 5 还说，"只有在社会根本利益之一受到真正和足够严重的威胁时，才可以动用公共秩序的例外"。按其定义，公共道德和公共秩序恰恰是那种具有发展性的概念，[162]"社会根本利益"这个概念也是同样。这似乎是上诉机构自己的观点，因为"美国-博彩业一案中没有这样的意思，即公共道德应当完全按照

---

[158] 见，例如，*Her Majesty's Customs and Excise v Schindler*(C－275/92) [1994] ECR I－1039，[21]－[29]；*Criminal Proceedings Against Burmanjer* (C－20/03) [2005] ECR I，[35]。

[159] Smith and Woods，'Distinction Without a Difference'，35.

[160] 同上，35－40。

[161] 见上，104。

[162] Sinclair，Vienna Convention，139；Marwell，'Trade and Morality'，820；Marceau，'WTO Dispute Settlement and Human Rights'，784；UN，联合国高级人权专员办公室，*Human Rights and World Trade Agreements*：*Using General Exception Clauses to Protect Human Rights*，HR/PUB/05/5 (2005) 7－8。

GATT 最初谈判时可能已有理解的内容去解释”。[163] 因此，VCLT 第 31(1)条之下这些词的通常含义(或它们在某一时间点上都包括什么这一事实问题)可能会受当前关于文化的国际法的影响。

GATT 第 XX(a)条和 GATS 第 XIV(a)条关于公共道德的例外，为人权影响 WTO 法律的解释提供了最有可能的途径之一。[164] 联合国高级人权专员就人权与服务贸易自由化的关系提出一份报告，报告说到：

> 保护公共道德、生命和隐私是人权法律常见的主题，将它们包括进 GATS 可被视为与人权促进和保护的一个联系……这个联系可以……对 WTO 争端解决机构在今后裁决中确定与解释 GATS 条款有关的国际法的恰当来源有参考作用……[165]

不过，高级专员也承认确定“公共道德”里边可能包含哪些人权的 157
困难。[166]

---

[163] Howse, Langille and Burda, ‘WTO and Labour Rights’, 203. 关于美国-博彩业的讨论，见上，107。

[164] UN，联合国高级人权专员办公室，*Human Rights and World Trade Agreements: Using General Exception Clauses to Protect Human Rights*, HR/PUB/05/5 (2005) 4, 9。

[165] UN，人权委员会，促进和保护人权分委员会，*Liberalization of Trade in Services and Human Rights: Report of the High Commissioner*, E/CN. 4/Sub. 2/2009/9 (25 June 2002) [63]。

[166] UN，人权委员会，*Analytical Study of the High Commissioner for Human Rights on the Fundamental Principle of Non-Discrimination in the Context of Globalization: Report of the High Commissioner*, E/CN. 4/2004/40 (15 January 2004) [33]-[34], [52]。

假定一个成员对所有的广播电台规定“本地内容”的要求，将外国音乐的广播限制在播放时间的50%。根据它的制定方式，有人会认为这项措施违反了GATS第XVII条的国民待遇义务，如果该成员对音像服务作出国民待遇的承诺。该成员可以争论说，如果参照关于文化，特别是文化权利的国际文件来解释，这项措施属于GATS第XIV(a)条允许的例外。

说UDHR和ICESCR反映了通常的国际法，[167]对此是有争议的(至少在WTO的范围内)。[168] 但是，一个规定本地内容配额的成员很可以证明情况是这样的。如果被接受，这将意味着UDHR和ICESCR中包括的权利和义务适用于所有WTO成员，无论它们是否为这些文件的缔约国。[169] 相应地，在解释GATS第XIV(a)条时，这些文件作为VCLT第31(3)(c)条所说“在缔约方之间关系中适用的有关国际法规则”，将有参考作用。即使它们不体现通常的国际法，其配额规定受到质疑的成员可以争辩说，只要争议各方是ICESCR的缔约国，UDHR和ICESCR对解释这一条仍然有
158 参考作用。[170] 不过，根据本章前面讨论过的WTO上诉案件来判

---

[167] 如ICJ章程第38(1)(b)条中表述的。

[168] 见，例如，Philip Alston，‘Resisting the Merger and Acquisition of Human Rights by Trade Law：A Reply to Petersmann’(2002) 13(4) *European Journal of International Law* 815，20；Jose Alvarez，‘How Not to Link：Institutional Conundrums of an Expanded Trade Regime’(2001) 7 *Widener Law Symposium Journal* 1，9；Petersmann，‘Time for a Global Compact’，19。

[169] 所以，联合国高级人权专员声明说，“被承认为通常国际法的那些人权法领域具有普遍的适用性，这意味着贸易规则应当被解释为与那些规范和标准一致，无论各国在贸易事务中对条约的承诺如何”：UN，人权委员会，促进和保护人权分委员会，*Liberalization of Trade in Services and Human Rights：Report of the High Commissioner*，E/CN. 4/Sub. 2/2002/9 (25 June 2002) annex [5]。

[170] 如ICJ章程第38(1)(a)条中表述的。

断，上诉机构不大会接受这个论点。

无论怎样，从那些同样的上诉案件看，如果目的是依照 VCLT 第 31(1)条确定“公共道德”、“公共秩序”或“社会根本利益”的通常含义，UDHR 和 ICESCR 在国际法中的地位并不要紧。如第 3 章中指出的，WTO 就这一条迄今有限的判例认为，“公共道德”指“由或代表一个社群或国家维护的关于行为对错的准则”，[171]“公共秩序”指维护社会的根本利益，包括通过公共政策和法律体现的道德标准。[172]

可以认为 UDHR 和 ICESCR 就文化产品提出了行为对错的标准，并且表明文化权利代表了社会的根本利益。据此，对本地内容有规定的成员可以争论说，它在按照那些文件的设想，通过采取步骤实现文化权利来维护公共道德和公共秩序。如果该成员制定有一系列法律和政策促进文化权利(而不仅仅是贸易限制的措施)，并且是联合国的成员国和 ICESCR 的缔约国，这个论点可能会更有力。有实际数据反映其民众对文化权利的态度，论点也可以得到支持。[173]

在确定公共道德和社会根本利益的内容时，上诉机构很可能承认 UDHR 和 ICESCR 的参考价值。但是，规定本地内容配额的成员可能还必须证明，这个措施是 GATS 第 XIV(a)条之下为维护公共道德或公共秩序所“必需”的，而且符合第 XIV 条的导

---

[171] 上诉机构报告，美国-博彩业，[6.465]。

[172] 同上，[6.467]。

[173] 更一般反映对人权问题态度的资料，见 Adriaan van der Staay, ‘Public Opinion and Global Ethics: A Descriptive Study of Existing Survey Data’, in UNESCO (ed.), *World Culture Report*(1998) 266-7,285-6。

言。联合国高级人权专员认为，尽管“人权不应该被利用来当作隐蔽的贸易壁垒”，但是“对一项措施的贸易限制性作任何判断，都应
159 当考虑各国在人权法律下的义务”。[174] 这要包括“有关履行的义务”，它“要求各国采取适当的立法、行政、预算、司法和其他措施以充分实现”文化权利。[175] 高级专员更具体地陈述说，“适用国民待遇的条款不应当：削弱各国为促进文化权利而实行本地内容规定的能力”。[176] 这个表态可以支持这样的见解，即本地内容配额是维护由文化权利体现的公共道德所必需的。然而，要根据第 XIV(a)条和第 XIV 条导言中的“必需”一词，证明成员为实现它在文化权利方面的目标不可能采取贸易限制性更低的措施，可能是困难的。

概言之，国际人权法律可以为理解 GATS 第 XIV(a)条之下公共道德和公共秩序的概念提供有价值的依据。随着时间，成员可以在更多争端中检验这一条的限度，它们有越多的国际法来支持自己为一项与 WTO 不一致的措施提出的道德理由，就越可能成功。有关文化权利的国际法，还可以用来确立文化政策和文化产品作为一方与公共道德和公共秩序作为另一方之间的联系。这能够减少一些怀疑，即文化政策不过是保护主义的体现。不过，为自己的文化政策措施在 GATS 下寻求更多灵活性的 WTO 成员，

---

[174] UN，人权委员会，促进和保护人权分委员会，*Liberalization of Trade in Services and Human Rights*：*Report of the High Commissioner*，E/CN. 4/Sub. 2/2009/9 (25 June 2002) [14]，[58]。

[175] ‘The Maastricht Guidelines on Violations of Economic，Social and Cultural Rights’，in Theo van Boven et al. (ed.)，SIM Special No. 20：*The Maastricht Guidelines on Violations of Economic，Social and Cultural Rights*(1998) 1，[6]。

[176] UN，人权委员会，*Human Rights，Trade and Investment*：*Report of the High Commissioner for Human Rights*，E/CN. 4/Sub. 2/2003/9 (2 July 2003) 3。

不大可能同意在依赖第 XIV(a)条中的例外方面作进一步承诺。该条的措辞过于含混，今后如何解释太不确定。因此，在最近的将来，有关这一条款的争端解决不大有望解决 WTO 中的文化产品问题。

4.3.4 放映配额

如在第 3 章中解释过的，GATS 1994 第 IV(c)条对 MFN 义务提供了有限的例外，允许为本国来源以外一特定来源的电影规定最低放映配额，措词如下：

> (c)尽管有本条(b)的规定，任何成员可以沿用符合本条 160
> (a)要求的放映配额，为从实行此种放映配额的成员以外一个特定来源的电影保留最低比例的放映时间；条件是此种放映时间的最低比例不得提高至 1947 年 4 月 10 日已经实施的水平之上……

上诉机构和任何 WTO 专家组都没有必须对第 IV 条作出解释。

由第 IV 条(c)产生的一个问题是，“1947 年 4 月 10 日已经实施的水平”，是指为来自一个特定成员的电影保留的放映时间的水平，还是指为来自任何其他成员的电影保留的总水平。换句话讲，在 1947 年 4 月 10 日，如果成员 A 为来自成员 B 的电影保留 10% 的放映时间并为来自成员 C 的电影保留 10%，这是否意味着成员 A 现在不可以将成员 B 的放映时间增加到 10% 以上和将成员 C 的增加到 10% 以上，或者它不可以将为来自任何其他成员的电影保留的放映时间的总水平，提高到 20% 以上？显然，后一种解释给成员 A 以更大的灵活性，例如可以允许它为来自成员 B 的电影保留 5%的放映时间而为来自成员 D 的保留 15%。成员 A 可能希望这样做，因为，举例讲，成员 A 内一个有独特文化的少数群体起源于成员 D。在这些情况下，成员 C 有可能在 WTO 争端解决机制中对这个做法提出质疑。

为自己的措施进行辩护，成员 A 可以援引一系列有关文化的文件。联合国人权委员会在一些场合承认，“促进和保护属于民族或种族、宗教和语言少数群体的人的权利……使整个社会的文化遗产得到丰富”。[177] 此外，联合国高级人权专员也说，“在采用……有关本地内容的规定上保留灵活性，对于促进特定的文化或语言少数群体的文化权利，有时可能是恰当的”。[178] 不过，问题中假设
161 的措施不是有关“本地”内容的规定（由成员 A 为放映成员 A 或成员 A 内部某些群体的电影而实行），而是有关内容的优惠性质的规定（由成员 A 为放映成员 B 和 D 的电影而实行）。然而，成员 A 可以争辩说，该措施的作用是保护某一个少数群体作为电影观众而不是电影创作者的文化权利。

一个确认少数群体文化权利重要性的国际文件是《联合国少数群体宣言》，由联合国大会于 1992 年通过。宣言第 1(1)条要求各国“应当在各自领土内保护少数群体的生存及他们的民族或种族、文化、宗教和语言特征，并应当为促进该特征增进条件”。第 1(2)条具体要求各国采取“适当的立法和其他措施”来实现这个要

---

[177] 见，例如，UN，人权委员会，Rights of Persons Belonging to National or Ethnic, Religious and Linguistic Minorities，E/CN. 4/RES/2000/52 (25 April 2000) 序言。

[178] UN，人权委员会，*Human Rights, Trade and Investment: Report of the High Commissioner for Human Rights*，E/CN. 4/Sub. 2/2003/9 (2 July 2003) 19。

求。以让人联想起 UDHR 第 27 条和 ICESCR 第 15 条的措辞，《联合国少数群体宣言》第 2(2)条宣称，“属于少数群体的人有权切实参与文化……生活”。

前述例子中的成员 A 要借助这些条款会有困难。GATT 1994 第 VI(c)条没有提到文化或少数群体。它也不含有《联合国少数群体宣言》通过根据 VCLT 第 31(1)条澄清“通常含义”可以帮助解释的任何其他语词。另外，《联合国少数群体宣言》的条款，不大可能已经具有通常国际法的地位，并且它们也不是成立规则的惯例。因此，它们似乎不属于 VCLT 第 31(3)(c)条含义中的“在缔约方之间关系中适用的有关国际法规则”，而且难以看出它们怎样能帮助成员 A 为其受到质疑的措施辩护。

也许成员 A 可以求助 ICCPR，其第 27 条规定：

> 在有种族、宗教或语言的少数群体存在的国家，属于这种少数群体的人，不应被剥夺与本群体中其他成员一道享受自己的文化、接受和奉行自己的宗教或使用自己的语言的权利。

人权委员会强调说，第 27 条“给缔约国规定了具体的义务”。[179] 尤其是，“缔约国有义务保证这个权利的存在和行使不被剥夺或侵 162
犯。积极的保护措施是……必需的”。[180]

虽然 ICCPR 第 27 条可能体现通常的国际法，并因此可以作为适用于所有 WTO 成员的法律而属于 VCLT 第 31(3)(c)条的

---

[179] UN，人权委员会，*General Comment No. 23: The Rights of Minorities (Article 27)*，CCPR/C/21/Rev. 1/Add. 5 (8 April 1994) [9]。

[180] 同上，[6.1]。

范围，它仍然不大可能帮助成员A将GATT 1994第IV(c)条解释成涵盖自己的优惠性放映配额。ICCPR第27条也许有助于成员A的主张，即它希望实行这种配额以保护少数群体的权利，但是这个问题与正确解释第IV(c)条关系甚远。援引第27条好像将车驾放到挽马前头，如此例中的要求作特别解释以保护少数群体的权利。这里的问题在于，要回答第IV(c)条是指放映时间的全面上限水平还是指给每一个单独国家放映时间的上限水平，不能根据受质疑措施的性质。换句话说，如果第IV(c)条允许成员在不同国家中重新分配上限的放映时间以保护少数群体的权利，它还必须允许在所有其他情况下进行这种重新分配。这使得难以借助少数群体权利的重要性来决定这个问题。

4.3.5 保护人类生命或健康

如GATT第XX(b)条，GATS第XIV(b)条含有一项例外(以符合导言为条件)[181]，用于“为保护人类、动物或植物生命或健康所必需的”措施。同样，生命或健康面临的危险以及防范这些危险的措施可能随时间而改变。所以，发展性地解释这些用词也许是适当的，这样可以根据VCLT第31(1)条参照有关的国际文件，包括对于文化权利的承认。[182]

在美国-汽油一案中，专家组认为，“减少因消耗汽油产生的空气污染的政策是”GATT第XX(b)条之下“与保护人类、动物和

---

[181] 见上，100。

[182] 见UN，联合国高级人权专员办公室，*Human Rights and World Trade Agreements: Using General Exception Clauses to Protect Human Rights*, HR/PUB/05/5 (2005) 7-8,12。

植物的生命或健康有关的一系列政策中的一项”。[183] 就这个问题没有提出上诉。在欧共体-石棉一案中，就欧共体禁止生产、销售或进口石棉纤维和含有这些纤维的产品，上诉机构考虑了第 XX 163
(b)条。[184] 上诉机构认为，专家组结论说这些产品对人类的生命或健康构成危害，并没有超越它作为事实认定者的权限，上诉机构还维持了专家组的这个意见，即这项禁令是必要的，因为无法合理地有贸易限制性更低的措施用以实现欧共体希望的健康保护水平。[185] 这两个案例都涉及对人体健康的危害。

这也许看起来与文化产品相去甚远。不过，上诉机构已经承认，需要根据《马拉喀什协定》前言中提到的目标来解读 GATT 1994 第 XX 条中的例外。[186] 因此，一个 WTO 成员可以争论说，解释 GATS 第 XIV 条中的例外，也应当根据那些目标，包括“提高生活水准”和“保证发展中国家，特别是其中的最不发达国家，从国际贸易的增长中获得与其经济发展需要相称的份额”。如果与有关文化的国际法一起来读，这些目标可以确认文化政策措施对于实现发展和保护人类生命或健康的关系。

首先，来考虑一个成员为发展的目标可能希望采取的各种文化政策措施。一个例子是与澳大利亚本土文化有关的：

> 音乐出品、电影、电视节目、图书、艺术-本身便能够表现本土意识，因此对原住民的自决进程至关重要……这种经济

---

[183] 专家组报告，美国-汽油，[6.21]。

[184] 上诉机构报告，欧共体-石棉，[2]。

[185] 同上，[162]，[172]-[175]。

[186] 上诉机构报告，美国-海虾，[129]-[130]。

> 和表达因素的混合，使得文化产业成为原住民经济社会发展计划的显见目标。[187]

在国际层次，一个成员可能还希望采取文化政策措施以帮助发展中国家成员发展有成效的文化产业。例如，联合国贸易与发展大会(UNCTAD) 秘书处就提到，通过“与来自美国和欧共体国家的国际知名歌手的合作制作协议”，塞内加尔的音乐人获得了知识、
164 国际声誉和制品销售。[188] WTO成员自己可能希望开展这种合作制作，以“使小国的音像服务提供者进入出口市场”。[189] 例如，欧共体为非洲、加勒比和太平洋地区国家的电影生产提供了支持。[190]

接下来，考察文化产品、人类健康和发展之间的联系。一项文化政策措施要在第XX(b)条之下找到理由，仅证明该措施保护一个发展中国家成员的文化产业从而提高那些产业对该成员经济发展的贡献，也许还不够。在那种情形中，与人类生命或健康的联系过于勉强——由或就一个发展中国家实行的措施，几乎任何一项都有可能据此另外找到理由。所以，发展中国家(或发达国家中的本土或其他少数群体)也许很可能从成功的文化产业获得经济好

---

[187] Gibson and Connell, 'Cultural Industry Production in Remote Places', 245 - 6.

[188] UNCTAD, *Audiovisual Services: Improving Participation of Developing Countries — Note by the UNCTAD Secretariat*, TD/B/COM. 1/EM. 20/2 (30 September 2002) [24].

[189] GATT，乌拉圭回合服务谈判组，音像服务工作组，*Note on the Meeting of 27 -28 August 1990*, MTN. GNS/AUD/1 (27 September 1990) [15] (瑞士)。

[190] UNCTAD, *Report of the Expert Meeting on Audiovisual Services: Improving Participation of Developing Countries, 13 - 15 November 2002*, TD/B/COM. 1/56; TD/B/COM. 1/EM. 20/3 (4 December 2002) [23].

处，这个假设的事实并没有关系。在欧共体-关税优惠一案中，对于欧共体根据 GATT 1994 第 XX(b)条为其"毒品措施"进行的辩护，专家组似乎采取类似的观点。专家组陈述说：

> 没有出示给专家组的证据表明提供改善的市场准入是为了保护毒品进口国人民的生命或健康。实际情况是，所有的有关国际公约和决议表明，开发多种选择，包括改进的市场准入，是为了帮助深受毒品生产和交易影响的国家转向可持续的发展方式。[191]

对专家组关于其措施不属于第 XX(b)条的范围的结论，欧共体没有提出上诉。

其他国际机构中的一些声明显示，文化产品与人类生命或健康之间可能存在一种更紧密的联系。例如，联合国开发计划署认为，"使人有充分的文化表达，本身就是一个重要的发展目标"。[192]
UNCTAD 提出，音像服务传导"文明的价值"，因此"值得在各国 165
的发展中给予特殊地位，无论该国的经济发展阶段和水平"。[193] 另外，UNESCO 的一些活动也强调文化发展的重要性。世界文化与

---

[191] 专家组报告，欧共体-关税优惠，[7.207]。

[192] 联合国开发署，*Human Development Report 2004*，v. 另见 Ruiz Fabri，*Analyse et commentaire pour la Francophonie*，12。

[193] UNCTAD，*Report of the Expert Meeting on Audiovisual Services: Improving Participation of Developing Countries, 13 -15 November 2002*，TD/B/COM. 1/56；TD/B/COM. 1/EM. 20/3 (4 December 2002) [1].

发展委员会于1991年成立，[194]之后提出一份题为《我们有创造力的多样化》的报告。[195] 该报告指出文化在发展领域的两个作用：文化对实现发展的促进作用，以及"文化因给我们的生存以意义而本身作为值得追求之目标的作用"。[196] 1998年召开为发展的文化和传媒政策政府间会议，通过了为发展的文化政策行动计划，该计划前言也承认"文化创造力"是"人类进步的来源"，"文化多样性"是"发展的一个至关重要的因素"。[197] 前面提到的各种人权文件也能够支持这个论点，因而表明文化政策措施对于GATS第XIV(b)条含义中的保护人类生命或健康的重要性。

在此阶段，对GATS第XIV(b)条，这似乎是一种很不寻常的解读，许多成员可能会反对它，因为文化产品与人类生命或健康之间的关联相当勉强。它同样面对前边在谈及GATT 1994第XX条当中可能的地域限制时提到的疑问，因为可能会涉及一个WTO成员(最有可能是一个发达国家)以保护另一个WTO成员(一个发展中国家)的人类生命或健康作为自己措施的理由。[198] 假如一项为发展中国家成员的文化产品提供准入优惠的措施，是GATS第XIV(b)条意义上的健康措施，可能难于证明它是"必需"的(因为也许可以采用一项贸易限制性更低的措施帮助文化发展)并且符合导言的要求(特别是如果它只提供给某些而不是所有

---

[194] UNESCO, *World Report on Culture and Development*, 26 C/Resolution 3.4 (6 November 1991) [1].

[195] UNESCO, *Our Creative Diversity* (1995).

[196] 同上，引言。

[197] UNESCO, Final Report: *Intergovernmental Conference on Cultural Policies for Development*, CLT-98/Conf. 210 (31 August 1998).

[198] 见专家组报告，欧共体-关税优惠，[7.210]。

的发展中国家成员)。所以,在将来年份中,第 XIV(b)条不大可 166
能在给任何文化政策措施提供理由上起重要作用。不过,应当记住这个可能性。如果不能就文化产品的待遇重新谈判,有些成员就会试图滥用现有的例外,如第 XIV(b)条。取决于国际法如何发展,这一条也许有一天证明与文化产品有更多关系。

4.3.6 确保遵守其他法律或条例

GATT 第 XX(d)条和 GATS 第 XIV(c)条涉及为确保遵守其他法律和条例所必需的措施。这两个条款都不专门适用于文化产品或文化政策措施。这意味着,比起例如为实施隐私法而采取的措施,一项文化政策的措施可能更难于被证明属于这些例外的范围。然而,两个条款都使用了"包括"一词,这显示所列举以外的一些法律或条例有可能适用。

GATT 第 XX(d)条规定了一项例外,在符合导言的前提下,[199]适用以下措施

> 为确保遵守与本协定条款不相抵触的法律或条例所必需的,包括与海关执法,实施在第 II 条第 4 款和第 XVII 条之下运作的垄断,保护专利、商标和版权,以及与防止欺诈行为有关的……

类似地,GATS 第 XIV(c)条为以下措施规定了一项例外,条件是符合导言

---

[199] 见上,100。

为确保遵守与本协定条款不相抵触的法律或条例所必需的，包括那些与下列有关的

(i) 防止欺骗或欺诈行为或消除违反服务合同的后果；

(ii) 在处理和传播私人数据中保护个人隐私以及保护个人记录和账户的机密；

(iii) 安全；

……

167 现在我具体来看 GATT 1994 第 XX(d)条，因为成员在几次争端中都举出这一条作为辩护。[200] 在韩国-牛肉一案中，上诉机构认为，一项在其他情况下与 WTO 不一致的措施，可以暂时地在第 XX(d)条之下找到理由，只要它符合两个条件。“第一，该措施的目的必须是‘确保遵守’本身不违反 GATT 1994 一些条款的法律或条例。第二，该措施必须为确保此种遵守所‘必需’”。[201] 上诉机构嗣后确认了这个两步分析法。[202]

指出 GATT 第 XX(d)条之下的“与本协定条款相抵触的法律或条例”，必然要时常依靠现有的法律和条例，免不了要根据当前的情况在 VCLT 第 31(1)条之下解释通常含义。最近一起争端显示出有关文化的国际法如何可能与第 XX(d)条相关(而且还潜在地与 GATS 第 XIV(c)条相关)。

在墨西哥-软饮料税一案中，美国指控说，墨西哥对进口和转

---

[200] 在加拿大-期刊一案中，面对专家组，加拿大借助第 XX(d)条不成功，但是它未就这点提出上诉：专家组报告，加拿大-期刊，[3.5]，[5.11]。

[201] 上诉机构报告，韩国-牛肉，[157]。

[202] 见，例如，上诉机构报告，多米尼加共和国-卷烟进口和销售，[65]。

运软饮料和糖浆的征税违反 GATT 1994 第 III 条的国民待遇义务。[203] 墨西哥回应说，即使该征税不符合第 III 条，但是针对美国在 NAFTA 之下的义务，它作为“为确保遵守所必需的”措施，在第 XX(d)条之下是正当的。[204] 这似乎包含对第 XX(d)条的两种新的解读。第一，它意味着该语段中的“法律和条例”可能不仅指国内的，还指地区或国际的法律或条例。第二，它意味着被豁免的措施可能是为“确保”另一个 WTO 成员“遵守”这些法律“所必需的”，而不是由实行该措施的成员领土内的个人遵守。

专家组将这两点都考虑到了。对于“法律和条例”的含义，它
认为这些词指国内措施而不是指国际协定。[205] 关于确保遵守，它
认为这是指一个国家针对自己国民进行的执法，以及一个国家对 168
另一个国家采取反措施（这个解释得到第 XX(d)条所举有关法律
或条例的例子的支持）。[206] 无论怎样，在该案的情况下，专家组“没
有被说服”[207]，即墨西哥的征税确实能够“有助于确保遵守”[208]或“目
的是为了确保遵守，[209]因为不能肯定它们对美国具有效力。[210]

在上诉中，虽然上诉机构维持了专家组的结论，即墨西哥的受

[203] 专家组报告，墨西哥-软饮料税，[3.1]；US，WTO，在墨西哥-对软饮料和其他饮料的征税措施一案中向专家组的第二次提交（2005 年 1 月 21 日）[9]-[10]。

[204] 专家组报告，墨西哥-软饮料税，[8.162]；US，WTO，在墨西哥-对软饮料和其他饮料的征税措施一案中向专家组的第二次提交（2005 年 1 月 21 日）[42]，[49]，[53]。

[205] 专家组报告，墨西哥-软饮料税，[8.194]，[8.197]。

[206] 同上，[8.175]，[8.178]-[8.179]。另见上诉机构报告，墨西哥-软饮料税，[70]。

[207] 专家组报告，墨西哥-软饮料税，[8.190]。

[208] 同上，[8.186]。

[209] 同上，[8.182]（引用上诉机构报告，韩国-牛肉，[157]）。

[210] 专家组报告，墨西哥-软饮料税，[8.185]-[8.188]。

到质疑的措施未在第XX(d)条之下找到理由，[211]但是它的推理与专家组略有不同。上诉机构陈述说，“动用第XX(d)条的成员可能要求确保遵守的‘法律或条例’，不包括另一个WTO成员在一项国际协定之下承担的义务”。[212] 因此，它同意专家组的意见，即第XX(d)条不适用于声称为“确保”另一个成员“遵守”其非WTO的义务所必需的措施。[213] 但是，上诉机进行了更细的分析，明确表示，第XX(d)条中的“法律或条例”包括“构成一个WTO成员国内法律体系之一部分的规定，包括已经被吸收进一个WTO成员国内法律体系或根据该成员法律制度而有直接效力的由国际协定派生的规定”。[214] 上诉机构称，这是它的论证与专家组的论证不同的“方面”之一(它也不同意专家组的意见，即第XX(d)条之下的措施必须确实能保证遵守)。[215] 专家组自己在这一点上的说法颇为拐弯抹角。它陈述说：

> 专家组不认为国际协定在国内法中可能的直接效力的问题与本案范围有关。一项协定无论是否具有该种效力，它都保持自己的国际性质，正是这种性质，以及由此产生的义务的国际性，才导致有可能采取反措施以敦促尊重那些义务。因
> 169 此，即使由于直接效力的原则使得协定的一些规则成为国内法的一部分，情况仍然是，正是协定规则的国际层面，才是在

---

[211] 同上，[8.204]，[9.3]；上诉机构报告，墨西哥-软饮料税，[84]，[85(d)]。

[212] 上诉机构报告，墨西哥-软饮料税，[69](着重为原有)。

[213] 同上，[79]。

[214] 同上。

[215] 同上。

解释"法律或条例"一语时需要考虑的"。[216]

也许专家组不过是表示，一项国际协定通过国内法得到实施，并不意味着第 XX(d)条允许为确保另一个成员遵守该协定而采取的措施-这个观点我怀疑上诉机构自己会同意。[217] 与上诉机构的解读不同，专家组没有直接涉及这个问题，即一个成员是否可以借助第 XX(d)条支持一项措施，其目的是确保自己的国民遵守恰好是实施一项国际协定的国内法或条例。然而，上诉机构的论证确实更清楚地表示有这种可能性。

事关自己的文化政策措施，实施国际法的国内法律或条例，恰恰是成员可能希望在第 XX(d)条之下为之找到理由的。根据上诉机构在墨西哥-软饮料税一案中对有关"法律和条例"的解读，一个成员能不能以存在一项国际文化公约(如《UNESCO 公约》)下的义务为由，使一项在另外情况下与 WTO 不一致的文化政策措施合理化？如果该成员借助第 XX(d)条使一项与 WTO 不一致的文化政策措施合理化，而该措施是为确保自己国民遵守符合 WTO 的实施《UNESCO 公约》的国内法律或条例所必需的，它很可能成功。不过，《UNESCO 公约》在这里几乎是不相干的；对于国内法律或条例与 WTO 的一致性，或以第 XX(d)条作为辩护的机会，它都不会有所影响。

乍看起来，上诉机构在墨西哥-软饮料税一案中的裁决可能表示第 XX(d)条可以起更重要得多的作用，即是说，使一个成员有

---

[216] 专家组报告，墨西哥-软饮料税，[8.196]（着重为原有）。

[217] 上诉机构报告，墨西哥-软饮料税，[75]。

理由出于确保自己遵守非 WTO 的国际义务的需要采取与 WTO 不一致的文化政策措施，只要这些义务构成其国内法律或条例的
170 一部分，并且不与 WTO 法律相抵触。[218] 这有可能招致在第 XX(d)条之下大量引用国际公法作为违反 WTO 的理由。然而，更仔细一读便可看出，上诉并不认为会出现这种局面，而且只要解释适当，第 XX(d)条也不允许这样做。按照 WTO 的讲法，国际义务，如《UNESCO 公约》之下的，一般不会被表述为或者符合或者"不符合"WTO 法律(虽然它们之间的"冲突"可能会引起争议)。实际上，WTO 协定关切的是成员自己的法律与 WTO 规则的一致性。至于第 XX(d)条下的"确保遵守"，上诉机构似乎认为这是指遵守一个成员的法律和条例(不管那些法律是否从国际法派生)，而不是指遵守国际义务。[219] 对第 XX(d)条的这个解释似乎是正确的。

在墨西哥-软饮料税一案中，上诉机构还指出，它不具备条件确定成员是否在遵守其在 WTO 之外的国际义务(例如，美国是否在遵守其 NAFTA 的义务)：

> 墨西哥的解释可能暗示，为解决本案，WTO 专家组和上诉机构将不得不推定申诉方违反了有关的国际协定(如 NAFTA)，否则它们必须要评估有关的国际协定是否受到违反。这样，WTO 专家组和上诉机构便成为非 WTO 争议的

---

[218] 我自己在 Tania Voon, 'UNESCO and the WTO: A Clash of Cultures?' (2006) 55(3) 中提出过这个建议 *International & Comparative Law Quarterly* 635, 648-9。

[219] 上诉机构报告，墨西哥-软饮料税，[75]。

裁决者……这不是 DSU 意图中专家组和上诉机构的职能。[220]

专家组和上诉机构大概同样不愿意确定一个成员的文化政策措施是否为确保遵守《UNESCO 公约》所必需。以这个理由拒绝承认国际法为第 XX(d)条之下的“法律或条例”,更加有问题。如欧共体在 DSB 通过本案中专家组和上诉机构的报告时表明的,“解释和适用非 WTO 的法律以及对非 WTO 的义务进行判定,尽管对决断一个 WTO 争端有法律上的意义,但并不意味着“裁决”一个非 WTO 的争端”。[221] 我在第 5 章回到这个问题,在该章中,我联系
墨西哥在墨西哥-软饮料税一案中的其他一些论点,讨论非 WTO 171
的法律,如《UNESCO 公约》,在 WTO 争端中的“适用”。[222]

尽管上诉机构在墨西哥-软饮料税一案中联系第 XX(d)条提到国际法,想根据有关文化的国际法给文化政策措施以更多灵活性,该条没有带来什么希望。同样的道理也适用于 GATS 第 XIV(c)条之下为“确保遵守与本协定条款不相抵触的法律或条例所必需的”措施的例外。

4.4 结语

本章显示出 WTO 专家组和上诉机构如何可能运用各种形式的有关文化的国际法解释 GATT 1994 和 GATS 中与文化产品有

---

[220] 同上,[78](脚注省略)。

[221] WTO,DSB,*Minutes of Meeting Held in the Centre William Rappard on 24 March 2006*,WT/DSB/M/208 (20 April 2006) [7].

[222] 见下,208。

特别关系的例外。过往的一些争端，如美国-海虾，欧共体-关税优惠和美国-棉纱，反映出这是一个现实的可能性。这个方法的法律依据，在于 DSU 第 3.2 条，上诉机构将其解读为（至少）与 VCLT 第 31 条和第 32 条有关。可以期待专家组和上诉机构运用非约束性的宣言（或称“软法律”）[223]和多边公约这两者来在 VCLT 第 31(1)条之下确定 WTO 特定用词的“通常含义”，无论所有 WTO 成员甚至争议当事方是否是那些公约的缔约方。它们还可能运用上升到通常国际法地位的规则，根据是 VCLT 第 31(3)(c)条，该款允许参照“在缔约方之间关系中适用的有关的国际法规则”。不过，上诉机构迄今的决定显示，它在根据 VCLT 第 31(3)(c)条解释 WTO 条款时，可能不愿意引用不对争议当事方或所有 WTO 成员适用的多边公约。

在这些条件范围内，运用国际法解释 WTO 条款肯定是合法的。这可以在涉及文化产品时对 GATT 1994 和 GATS 中的例外
172 予以澄清，给成员以及文化产品提供者带来更大的确定性。有关文化的国际文件还可以证明需要在这个领域实行差别对待，以及证明成员实行文化政策措施的动机。专家组和上诉机构也许可以找到成员声称的文化政策措施的目标与有关文化和文化多样性的价值的多边声明之间的相互联系。

然而，仅仅这个方法，可能有的效果太有限，无法解决当前

---

[223] 见 French, ‘Treaty Interpretation’, 310 - 12。一般性见 Christine Chinkin, ‘The Challenge of Soft Law: Development and Change in International Law’ (1989) 38 *International & Comparative Law Quarterly* 850; Dinah Shelton, ‘Normative Hierarchy in International Law’ (2006) 1002(2) *American Journal of International Law* 291, 319 - 22。

WTO 中在文化产品问题上的僵局。例如，它不大可能有助于判断是否有贸易限制性更低的替代措施可以实现相同的目标。另外，WTO 争端解决不能改写 WTO 协定或消除 GATT 1994 和 GATS 之下对文化产品做法之间的差距。专家组和上诉机构都不具备身份通过以任何特定方式就文化产品解释现有条款来促进 GATS 之下的自由化。这些限制意味着，光是争端解决无法处理当前对文化产品做法中的所有问题。

173

5. 在 WTO 之外制定一个新的协定

> 理想的解决方案……——从长远看唯一有可能为当前国际贸易协定中对文化产品所予关注上的冲突提供回答的——可能是一项涉及文化领域国际贸易的特别公约，即这样一个公约，它可以通过强调保持文化多样性的需要，清楚地指出给文化产品以一种特定地位的理由和这种特定地位的限度。[①]

5.1 引言

前面一章结论说，虽然 WTO 争端解决可以澄清 GATT 1994 和 GATS 之下适用于文化产品的例外当中的一些，但是靠争端解决自己无法处理本书第 I 部分指出的当前对文化产品做法中的其他问题从而就这个事情给出令人满意的长期解决方案。第二个可能性是制定一项新的协议，专门处理文化政策措施和 WTO 义务之间的关系。与通过争端解决进行裁定相比较，这个做法潜在的好处包括，在广泛范围的有关问题上有更多的可预见性，有一个在

---

① Ivan Bernier, 'Cultural Diversity and International Trade Regulations', in UNESCO (ed.), *World Culture Report* (2000) 70, 71. 另见 Bernier, 'Trade and Culture', 790 - 1。

成员中有更高接受度和民主合法性的结果。[②] 不过，WTO 成员在 WTO 中达成这样一个协议，可能性相当渺茫。就这些问题进行谈判的难度，说明为什么乌拉圭回合自始就未能解决它们。 174

从“倾向于文化”的角度，改进当前 WTO 有关文化产品的规则，最好的可能性也许是在 WTO 之外达成一项关于贸易和文化的协议。[③] 在这个范围，谈判者的根本利益和目标可能不那么集中于贸易或受贸易的左右，[④]即便参与的国家可能是 WTO 成员。在本章中，我评估一下，想制定这样一种协议有多现实，它能否解决 WTO 中文化产品的问题，或者这也许会使目前的情况更糟。从一开始，很清楚的是，从全体 WTO 成员的角度，WTO 之外一个单方面的协议不可能提供令人满意的解决办法。

实际上，有几个团体已经在推动这个想法，即达成一个新的国际文件或条约来关照“文化的多样性”，包括与为本书目的所定义的文化产品有关的。一般讲，这些团体关切的，是促进文化的多样

---

② 见 Rostam Neuwirth，'The Cultural Industries and the Legacy of Article IV GATT: Rethinking the Relation of Culture and Trade in Light of the New WTO Round'（paper presented at the Conference on Cultural Traffic: Policy, Culture, and the New Technologies in the European Union and Canada, Carleston University, 2002）19; Sauvé and Steinfatt，'Towards Multilateral Rules'，13. 3。

③ 见，例如，Bernier，'Trade and Culture'，789，791; Gilbert Gagné，'Une Convention internationale sur la diversité culturelle et la dilemma culture－commerce'，in Gilbert Gagné (ed.)，*La diversité culturelle: Vers une convention internationale effective?*（2005）37，51－3; Joost Smiers，*Artistic Expression in a Corporate World: Do We Need Monopolistic Control?*（2004）24－5，33; UNCTAD，*Audiovisual Services: Improving Participation of Developing Countries－Note by the UNCTAD Secretariat*，TD/B/COM. 1/EM. 20/2（30 September 2002）16－17。

④ Martti Koskenniemi and Päivi Leino，'Fragmentation of International Law? Postmodern Anxieties'（2002）15(3) *Leiden Journal of International Law* 553，572，574.

性以及为实现这个目标需要有特殊或例外的措施（包括对贸易的限制）。从 WTO 成员和 WTO 作为一个机构的角度，这些当中最有关系的是《UNESCO 公约》。从这个公约，弗朗索瓦·贝尼亚穆（Françoise Benhamou）认为有一个“国际层次谈判文化政策合法性的中心地从 WTO 向 UNESCO 的战略性转变”。[5] 这显然是一种夸大。WTO 从来就不是谈判文化政策的“中心地”；实际上，它过去是并且仍将是谈判国际贸易规则的“中心地”，这些规则可能触及一系列其他的政策领域。然而，考虑到 UNESCO 作为一个国际组织的合法性和影响范围，[6]它在这个问题上开展活动的正
175 式程度和速度，[7]以及与 WTO 规则发生冲突的明显可能性，《UNESCO 公约》对于 WTO 具有特别的重要性。

在第 4 章，我讨论了国际法对于解释现有 WTO 规定的含义。一个关于文化多样性的新国际文件，如《UNESCO 公约》，可能也会影响 WTO 法律的解释。[8] 但是，在本章中，我把在解释方面的影响放到一边，而是集中谈《UNESCO 公约》对 WTO 成员行为的直接影响，可能联系《UNESCO 公约》提出的申诉，以及公约可能在 WTO 争端中的适用。在分析《UNESCO 公约》对 WTO 的含义之前，值得对近年为制定一项关于文化多样性的国际文件采取的其他切实主动行动中的一些进行一下考察。这些主动行动为了

---

⑤ Françoise Benhamou, ‘Comment’ (2004) 28 *Journal of Cultural Economics* 263, 264.

⑥ 见 Ivan Bernier and Hélène Ruiz Fabri, *Evaluation de la faisabilité juridique d'un instrument international sur la diversité culturelle* (2002) 22－3。

⑦ Ruiz Fabri, *Analyse et commentaire pour la Francophonie*, [1].

⑧ 见，例如，Bernier and Ruiz Fabri, *Un instrument sur la diversité culturelle*, 38－40。

解《UNESCO 公约》的起因和看出推动这样一个文件的各种利益方，提供有用的背景情况。

5.2 政府和非政府的主动行动

5.2.1 加拿大外交和国际贸易部

在 1980 年代，成立了一些“国际贸易部门咨询组”(SAGIT)为加拿大国际贸易部作咨询。[9] 其中一个是文化产业国际贸易部门咨询组，里边有本领域的学术领军人物，如伯尼尔和莫尔。在 1999 年的一项报告中，这个咨询组为加拿大的文化政策考虑了两个主要方案：将文化从国际贸易协定中排除出去，如加拿大几个双边自由贸易协定里已经做到的；[10]或者谋求一项新的有关文化多样性的国际文件。咨询组在报告结尾建议第二个方案，设想这个文件(最好在 WTO 框架内)[11]能够

- 承认文化多样性的重要性 176
- 承认文化产品和服务与其他产品有很大不同；……
- 就各国为促进文化及语言多样性可以和不可以采取的内部管制及其他措施制定规则；以及

---

[9] 见 Michael Hart, ‘Canada’ in Macrory, Appleton and Plummer, *The World Trade Organization* (vol. III) 29,43。

[10] 见，例如，加拿大智利自由贸易协定(1996 年 12 月 5 日签署) 第 O－06 条；NAFTA，附件 2106。

[11] 加拿大外交和国际贸易部，文化产业国际贸易部门咨询组，*Canadian Culture*, recommendation 14。

• 确定贸易规范如何适用于或不适用于符合商定规则的文化措施。[12]

在 2002 年 9 月间，文化产业国际贸易部门咨询组提出一项新的报告，提到文化政策国际网络(INCP)和文化多样性国际网络(INCD)(如下边谈到的)连同其他方面为达成一项有关文化多样性的国际文件所做的努力。该报告称:“当前，就文化多样性和全球化有关的问题，正在进行活跃的国际对话。以自己的[1999 年]报告为启动这个对话发挥了作用，本国际贸易部门咨询组感到有些自豪。”[13]供部长考虑，2002 年的报告还提出一项“建议的关于文化多样性的新文件……作为行为准则，用于认为保存和推广独特的文化表达以及文化多样性本身是全球化一项基本内容的国家，并作为这些国家能够在其他国际讲坛用作共同立场的一份参照文件”。[14] 现在，该国际贸易部门咨询组建议这个文件在 WTO 之外达成，[15]虽然它没有就设想中的机构框架有明确表述。

这个作为讨论稿的“关于文化多样性的国际协定”，适用于“成员国就文化内容的创作、制作、发行、表演和展览，以及就文化行业的活动采取的措施”。[16] 而“文化内容”则被定义为包括“电影、录像、录音、图书、杂志、广播节目、多媒体作品以及其他独创性的个

⑫ 同上。

⑬ 加拿大外交和国际贸易部，文化产业国际贸易部门咨询组，*An International Agreement on Cultural Diversity: A Model for Discussion*(September 2002) 2。

⑭ 同上，9。

⑮ 同上，7－9。

⑯ 同上，12(第 V:1 条)。

人表达的媒介形式……中的声音、图像和文字”,[17]“文化行业”被定义为“制作、出版、发行、展出或提供文化内容的人员、组织和公司”。[18] 但是,这个协定一般不涉及制造例如CD等的有形货品,或 177
向不是“公众成员”的使用者或消费者提供的货品或服务。[19]

该草案开头列举一些“原则”,表明起草者的观点,即文化产品不同于其他产品,因此必须在贸易框架内给予特殊的待遇。举例说,第1条提到的原则包括:

> 2. 政府理应发挥作用支持、保护和促进文化多样性……
>
> 5. 文化多样性是人类持续发展的关键,仅靠市场力量无法保证其得到保存和促进。

草案具体提到,成员国有“权利”(而不是有义务)采取以下措施,如有关广播中本国内容的规定,根据GATT 1994第IV条实行的放映配额,以及“支持本国起源的文化内容的创作、生产、发行、展出、表演和销售的措施,支持方式为补贴、财政措施以及对内容创作者或提供这些内容的文化行业给予其他奖励”。[20] 但是,有些措施是不允许的,包括“由成员国内法院批准的剥夺表达自由的法律保障”的措施。[21]

该协定草案没有具体讲它与管辖相同或相近事项的国际文件

---

⑰ 同上,12(第V:2(b)条)。

⑱ 同上,12(第V:4条)。

⑲ 同上,12(第V:3条)。

⑳ 同上,12,16(第VI条,附件1)。

㉑ 同上,13(第VII:1条)。

有怎样的关系。不过，它提到，成员国同意在其他国际讲坛就例如推广协定的原则等事项进行磋商和协调，[22]还提到，为处理机构事务而成立的执行委员会将与“所负责任与本协定的那些有关的”其他政府间组织进行磋商与合作。[23] 草案中有一项机制，解决成员之间在保护和推动文化表达多样性的措施方面发生的争议。[24] 这个争端解决机制似乎部分地依照了 WTO 的争端解决机制。然而不是由争端解决机构，而是由一个“文化争端解决机构”来管理这个机制。[25] 就像在 WTO 中一样，进入成立专家组之前，争议各方必须进行磋商。[26] 不过，与 WTO 不同的是，专家组的决定“仅为
178 建议性”，并且不存在上诉的机会。[27] 规定这个争端解决机制，在 WTO 争端解决与涉及类似或相同措施的其他形式争端解决的关系方面，产生一些问题，如下面进一步谈到的。

5.2.2 文化政策国际网络

文化政策国际网络(INCP)为一驻在加拿大的组织，在加拿大遗产部长 1998 年邀集的一次文化政策会议之后成立。[28] 它为负责文化事务的部长们提供一个非正式讲坛，讨论并“提出促进文化

---

[22] 同上，11（第 III：1 条）。

[23] 同上，14（第 IX：8 条）。

[24] 同上，11（第 III：1 条）。

[25] 同上，14（第 X 条）。

[26] 同上，14（第 XI 条）。

[27] 同上，15（第 XIV 条）。

[28] 加拿大文化遗产，“Copps to Host International Meeting on Culture”，新闻发布稿(1 June 1998)。

多样性的战略”。[29] 2000 年，来自成员国（目前有 68 个）[30]的部长开始起草一项旨在促进文化多样性的国际公约。2002 年，在法国的坚持下，部长们取得一致，即 UNESCO 最适合充任容纳和执行这个公约的机构。[31] 在 2003 年 10 月举行的第六届部长年会上，来自成员国的部长们审查了由“文化多样性与全球化工作组”起草的“文化多样性公约”第二稿，[32]一致认为 INCP 应当将其工作纳入 UNESCO 关于达成一项新的文化多样性文件的讨论中。[33]

INCP 的公约草案的目标，包括“保证文化多样性在面临全球化、贸易自由化和技术等带来的机遇和挑战的情况下得到促进和保护”。[34] 它管辖“缔约方的文化政策”，[35]指的是“就文化表达和文化的多样性”采取的措施。[36] 文化表达被定义为“文化内容的创作……制作、发行、交流、展出和销售”，[37]文化内容包括“电影、录像、录音、图书、杂志、报纸、广播节目和包括多媒体在内的其他媒 179
介中的声音、图像和文字”。[38]

INCP 的公约草案提出以下主要原则：

㉙ <http://incp-ripc.org>，‘About Us’ (accessed 4 August 2006).

㉚ <http://incp-ripc.org>，“Member Countries” (accessed 4 August 2006).

㉛ Gagné，“Une Convention internationale”，46；INCP，*Fifth Ministerial Meeting：Final Report* (Cape Town，14－16 October 2002).

㉜ INCP，*Draft International Convention on Cultural Diversity* (29 July 2003).

㉝ INCP，*Sixth INCP Annual Ministerial Meeting：Ministerial Statement* (Opatija，16－18 October 2003).

㉞ INCP，*Draft International Convention on Cultural Diversity* (29 July 2003) art. 2.

㉟ 同上，第 3 条。

㊱ 同上，第 1.3 条。

㊲ 同上，第 1.2 条。

㊳ 同上，第 1.4 条。

> 缔约方重申，根据联合国宪章和国际法的原则，它们拥有主权采取措施在自己的管辖范围内保护和促进文化的多样性，并且，根据本公约的条款，担负起共同责任以在全球范围保护和促进文化多样性。[39]

公约没有要求缔约方采取具体种类的文化政策措施保护或促进文化多样性。这样做，它便近似于上面谈到的加拿大文化产业国际贸易部门咨询组起草的文件稿，把重点放在缔约方采取自认为合适的文化政策措施的权利上。但是，INCP 的公约草案的确要求缔约方"根据其具体的条件和能力，制定符合本公约原则和目标的保护和促进文化多样性的文化政策框架"。[40] 同时，任何文化政策措施"必须顾及促进本国文化表达与向其他缔约方的文化内容开放之间的平衡"。[41]

第 4 条申明，"本公约丝毫不损害缔约方在任何其他国际条约之下可能已有的相互间权利和义务"。这个写法被认为是"可能的方案之一"[42]，用以讲清公约草案与包括 WTO 协定在内的其他国际条约的关系。这个问题被表述为"专家们正在争论当中的议题"，因此它"应当是可以继续讨论的"。[43] 另外，第 12 条规定了缔约方对于其他国际讲坛的义务，要求缔约方"努力保证它们各自在本公约之下的权利和义务与其在可能对文化多样性有影响的其他

---

[39] 同上，第 6 条。
[40] 同上，第 9 条。
[41] 同上，第 7 条。
[42] 同上，14（第 4 条的注）。
[43] 同上，14（第 4 条的注）。

公约之下的相一致”，并“尽最大努力以不损害本公约原则和宗旨的方式解释和适用已有的条约”。[44] WTO 的义务与其他有关文化的国际义务之间关系的问题，如第 4 条和第 12 条当中反映的，在 180
《UNESCO 公约》的范围内变得严重起来，如本章后面详细谈到的。

像 SAGIT 文件一样，INCP 的公约草案含有一个争端解决机制。但是，争端解决的条款不如 SAGIT 文件或 DSU 当中的全面。INCP 的公约草案第 18 条只是要求缔约方一道进行磋商，在没有争端裁决的情况下允许它们将问题提交给“争端解决程序”。[45] 这个程序可以包括“成立一个文化专家小组”，但是详细规则将由缔约方大会制定。[46] 争端解决限于“缔约方之间与相互义务有关”的争议，[47]如在收集有关文化多样性的数据方面进行合作的义务[48]和保证文化政策措施与公约规定的原则相一致的义务。[49] 然而，这个制度潜在的范围涉及广泛，因为保证文化政策措施符合公约的这一项义务，意味着这些措施必须“在考虑实际的市场情况和竞争环境的时候遵守平衡原则”。[50] 如前面提到的，要求文化政策措施必须让促进文化表达有向其他文化开放作为平衡，[51]这可能间接地涉及文化政策与贸易自由化目标之间的平衡。因此，一

[44] 同上，第 12.2，12.3 条。
[45] 同上，第 18.1，12.2 条。
[46] 同上，第 18.3 条。
[47] 同上，第 18.1 条。
[48] 同上，第 14.1(b)条。
[49] 同上，第 13.1 条。
[50] 同上，第 13.2(c)条。
[51] 同上，第 7 条。

项措施被指责对其他缔约方的文化产品不够开放，也可以被指责为过分限制贸易而违反 WTO 规则。假定争议当事国既是 INCP 公约的缔约方也是 WTO 的成员，两种争端解决机制可能发生冲突。这一可能性，我在下面要联系《UNESCO 公约》进一步谈到。

2004 年 10 月举行的 INCP 第七次部长年会，注意力较少放在 INCP 公约草案的进展上，更多关注 INCP 在支持 UNESCO 内部筹备 UNESCO 公约的工作方面发挥的作用。[52]

181 5.2.3 文化多样性国际网络

文化多样性国际网络（INCD）是另一个驻在加拿大的组织，它称自己为一个世界性的“致力于反对全球化导致文化单一化的艺术家和文化团体的网络”。[53] 像 INCP 一样，INCD 在 2000 年开始起草一项促进文化多样性的公约。2003 年 3 月，INCD 提交给 UNESCO[54] 一份供其考虑的“文化多样性公约建议稿”。[55]

INCD 建议的公约的一个目标，如其前言中表示的，是“维护和加强所有主权国家保护和促进文化多样性的能力……考虑到国

---

[52] 见 INCP，*Report for Ministerial Consideration on the 2003 - 2004 Workplan of the Working Group on Cultural Diversity and Globalization* (2004)；INCP，*Seventh INCP Annual Ministerial Meeting*：*Ministerial Statement* (Shanghai，14 - 16 October 2004)。

[53] <www. incd. net/about. html>(accessed 4 August 2006). INCD 于 2001 年和 2003 年参加了 WTO 部长级会议：<www. wto. org/english/forums_e/ngo_e/ngo_e. htm>(accessed 4 August 2006).

[54] INCD，*Advancing Cultural Diversity Globally*：*The Role of Civil Society Movements*—*Report from the Fourth Annual Conference of the International Network for Cultural Diversity in Partnership with Culturelink Network/IMO*(Opatija，13 - 15 October 2003)17.

[55] INCD，*Proposed Convention on Cultural Diversity*(13 - 15 January 2003).

际贸易、投资和服务的规则可能对这些目标有潜在的妨碍”。这个公约具有不确定甚至无限止的范围,因为其“定义”部分声称,“本公约丝毫不得被理解为限制缔约方的主权当局对这类语词……如‘文化’[和]‘文化多样性’作出定义”。[56] 另外,公约的一些方面涉及“文化货品和服务”,虽然没有给这些词以定义。缔约方还可以决定怎样区分文化货品和服务,例如根据“艺术家起源国”或“此种货品或服务的性质、内容、语言或信息特点”。[57]

与 INCP 和 SAGIT 的文件草案相比,这个建议的公约为缔约方制定具体种类的文化政策措施规定了详细的义务。其中一些义务的表述,措词似乎有悖于 WTO 的核心义务。例如,在第 VII∶1 条之下:

> 各缔约方承诺,根据其能力,为实现本公约之目标的活动提供资金支持和激励。这些措施可以包括,但不限于:提供补贴和拨款;以及提供任何便利、照顾、特权或豁免,包括关税和/或税收优惠。

“任何便利、照顾、特权或豁免”这些词,使人联想到 GATT 1994 182
第 I∶1 条,该条就第 1 章提到的货物贸易规定了基本的 MFN 义务。建议中 INCD 公约的第 VII∶1 条似乎鼓励,或至少允许这样的文化政策措施,它们不仅有悖于 GATT 1994 和 GATS 之下的 MFN 待遇,也有悖于这些协定下的国民待遇。然而,同时也是

---

[56] 同上,第 II.1 条。

[57] 同上,第 II.2(b),(c)条。

WTO 成员的 INCD 公约一个缔约方，或许能够履行其义务去实行不违背 WTO 义务的文化政策措施。

建议的 INCD 公约第 XI：2 条要求缔约方制定“旨在保护和促进文化多样性，并鼓励思想、信息和艺术表达的地区、国内和国际交流的措施”，诸如：

> (a)对文化服务提供者的数量限制，无论形式为数量配额、垄断、独家服务提供商，或是要求进行经济需求上的检验；[和]
>
> (b)对文化服务交易或资产总额的限制，形式为数量配额或要求进行经济需求上的检验……

第 XI：2 条整个读下来，马上引人注意的是，细款(b)到(f)几乎与 GATS 第 XVI：2 条中的(a)到(e)相同，后者讲述第 3 章中讨论过的关于市场准入的承诺。[58] 建议中的 INCD 公约第 XI：2 条的导言明确讲，细款中提到的措施是缔约方同意制定的措施种类的举例，而 GATS 第 XVI：2 条的导言禁止成员在作出市场准入承诺的部门保留或制定细款中提到的措施，除非其 GATS 减让表中另有规定。这样做，INCD 的建议似乎在起草时有意与 GATS 的市场准入承诺作对。

对比 INCP 公约草案第 4 条的“不减损”(non-derogation) 原则，建议中的 INCD 公约表明它不减损现有的在某些知识产权条约之下的义务，这也许暗示它可以减损其他的国际义务，包括

---

[58] 见上，110。

WTO 协定中的。[59] 它还规定建立争端解决程序，并具体讲到，“在 183
缔约方当中或之间，就公约的含义或适用发生争议，将按照本公约的争端程序解决，而不是按照国际贸易协议规定的亦可以适用于争议中措施的那些程序”。[60] 这类似于 DSU 第 23.1 条，它规定，“如果成员寻求对违反义务进行纠正，或纠正对所涵盖协定下利益的其他取消或损害，或纠正对实现所涵盖协定的任何目标的妨碍，它们应当可以诉诸并遵守”DSU。

显然，涉及违反 WTO 条款的争端（可能需要在 DSU 之下处理）或许还会成为涉及建议中 INCD 公约的含义的争端（可能需要通过该公约的争端解决程序解决）。的确，某些 INCD 的声明显示，这类争端，正是建议中的公约试图管辖，以“保证有关文化货品和服务贸易的争端由文化专家根据自己的意见，而不是由贸易专家根据贸易协定来裁决”。[61] 此种冲突的含义，我在下一节联系《UNESCO 公约》予以考察。

5.3 《UNESCO 保护文化内容和艺术表现多样性公约》

5.3.1 背景

2003 年 3 月，由 UNESCO 起草的“与确立标准的文化多样性文件的可取性有关的技术和法律问题的初步研究”，被列入执行委员会的议程，这是“在加拿大、法国、德国、希腊、墨西哥、摩纳哥、摩

---

[59] INCD, Proposed Convention on Cultural Diversity (15 January 2003) art. XIII.

[60] 同上，第 XIV 条。

[61] <www. incd. net/about. html>(accessed 4 August 2006).

洛哥和塞内加尔的提议下，在UNESCO法语国家组的支持下”。[62]这项研究注意到如INCP和INCD所发起的国际主动行动，并注
184 意到现行与文化权利和文化多样性有关的国际文件。[63] 它详细探讨了各种方案，用于制定“一项新的，更有雄心并……有效力的文件……增加各国确定自己文化政策的能力”，[64]包括一个有关文化权利的新文件，一个有关艺术家地位的文件，以及一项关于《佛罗伦萨协定》的新议定书。[65] 2003年10月17日，在执行委员会一项建议的基础上，[66]UNESCO大会决议说，保护“文化内容和艺术表现的多样性，应当有一个国际公约”。[67] 大会请UNESCO总干事就为这个议题的管理提出的建议准备一个初步报告，并准备公约的一个初步草案，将这些文件提交给大会的第33次会议。

15名独立的专家（来自人类学、国际法、文化经济学和哲学领域）[68]于2003年12月至2004年5月间[69]开了三次会，以给总干事

---

[62] UNESCO, *Preliminary Study on the Technical and Legal Aspects Relating to the Desirability of a Standard-Setting Instrument on Cultural Diversity*, 166 EX/28 (12 March 2003) summary.

[63] 同上，[3]-[10]，附件。

[64] 同上，[18]-[19]。

[65] 同上，[20]-[22]。

[66] UNESCO, *Decisions Adopted by the Executive Board at its 166th Session*, 166/EX/Decisions (14 May 2003) 11.

[67] General Conference, UNESCO, *Resolution 34 Adopted at the 32nd Session* (29 September 2003 - 17 October 2003).

[68] UNESCO, *Preliminary Draft Convention on the Protection of the Diversity of Cultural Contents and Artistic Expressions: Preliminary Report of the Director-General*, CLT/CPD/2004/CONF. 201/1 (July 2004) [5], [7]. 专家中包括Ivan Bernier, Tyler Cowen and David Throsby。

[69] 会议于2003年12月20日、2004年3月30日至4月3日和2004年5月28至31日在巴黎UNESCO总部举行。

提供意见和草案的一个文本。[70] 接下来，于 2004 年 9 月至 2005 年 6 月间，[71]举行了三次政府间专家会议，最终确定公约初步草案的文本。在第一次会议上（参加者包括来自 UNESCO 成员国的近乎 550 位专家，以及来自政府间和非政府组织的代表），成立了一个起草委员会，[72]它对公约草案进行了修改，吸收的意见来自 UNESCO 成员国，15 个非政府组织以及 3 个政府间组织：UNCTAD、世界知识产权组织和 WTO。[73] 185

第三次政府间会议完成了文本并送交总干事，建议大会在 2005 年 10 月其第 33 次会议上通过公约，[74]大会照此做了。[75]对公

---

[70] UNESCO, *Report of the Third Meeting of Experts* (*Category VI*) *on the Preliminary Draft of the Convention on the Protection of the Diversity of Cultural Contents and Artistic Expressions*, CLT/CPD/2004/603/5 (23 June 2004).

[71] 会议于 2004 年 9 月 20 至 24 日、2005 年 1 月 31 日至 2 月 11 日和 2005 年 5 月 25 至 6 月 3 日在巴黎 UNESCO 总部举行。

[72] UNESCO, *Fist Session of the Intergovernmental Meeting of Experts on the Preliminary Draft Convention on the Protection of the Diversity of Cultural Contents and Artistic Expressions*: *Report by the Secretariat*, CLT - 2004/CONF. 201/9 (November 2004) [2].

[73] UNESCO, *Preliminary Draft Convention on the Protection of the Diversity of Cultural Contents and Artistic Expressions*: *Text Revised by the Drafting Committee*, *14 - 17 December 2004*, CLT/CPD/2004/CONF. 607/6 (23 December 2004) [7]. 另见 UNESCO, *Preliminary Draft Convention on the Protection of the Diversity of Cultural Contents and Artistic Expressions*: *Presentation of Comments and Amendments*, CLT/CPD/2004/CONF. 607/1, partie IV (December 2004).

[74] UNESCO, Third Intergovernmental Meeting of Experts, *Recommendation* (3 June 2005) [2], [5]. 事后随即的评论，见 Joost Pauwelyn, 'The UNESCO Convention on Cultural Diversity, and the WTO: Diversity in International Law-Making?' (15 November 2005) *ASIL Insight*; Tomer Broude, 'Cultural Diversity and the WTO: A Diverse Relationship' (21 November 2005) *ASIL Insight*; Robert Albro, 'Managing Culture at Diversity's Expense? Thoughts on UNESCO's Newest Cultural Policy Instrument' (2005) 35(3) *Journal of Arts Management*, *Law and Society* 247。另见 Jan

约进行投票的156个国家中,148个投了赞成票,以色列和美国投了反对票,澳大利亚、洪都拉斯、利比里亚和尼日利亚弃权。[76]经30个国家批准起3个月后,公约将于2007年3月18日生效。[77]

5.3.2 《UNESCO公约》的主要特点

《UNESCO公约》的明确目标之一,特别突出了其与WTO的关联。这就是"承认文化活动、货物和服务作为特征、价值和意义的传导的独特性质"。[78]这个目标反映在前言里,前言表达了缔约方的信念,即"文化活动、货物和服务兼有经济和文化的性质……因此不应以仅有商业价值对待"。[79]在寻求这一目标当中,《UNESCO公约》有相当广泛的适用范围,涵盖那些"缔约方制定
186 的[即]与保护和促进文化表现形式多样性有关的政策和措施",[80]这些表现形式产生于"个人、团体和社会的独创性,并具有文化内容"。[81]而"文化内容"则指"起源于或表现文化特征的象征性含义、艺术特点和文化价值"。[82]有些WTO成员对这些宽泛的定义表示

Wouters and Bart De Meester, 'UNESCO's Convention on Cultural Diversity and WTO Law: Complementary or Contradictory?' (Working Paper No. 73, KU Leuven Faculty of Law, Institute for International Law, 2005)。

⑮ UNESCO,"大会通过保护和促进文化表达多样性公约",新闻发布稿,2005-128(2005年10月20日)。

⑯ Alan Riding, 'U. S. all but alone in opposing Unesco cultural pact', *International Herald Tribune*(20 October 2005).

⑰ UNESCO公约,第29.1条;UNESCO,"保护和促进文化表达多样性公约将于2007年3月18日生效",新闻发布稿2006-155(2006年12月18日)。

⑱ 同上,第1(g)条。

⑲ 同上,序言[18]。

⑳ 同上,第3条。

㉑ 同上,第4.3条。

㉒ 同上,第4.2条。

担心，它们可以延伸到几乎无限范围的产品，包括“计算机游戏、设计物品、建筑服务、医疗服务、旅游服务、汽车、钢材、纺织品、铜，甚至稻米”。[83] 这样一来，《UNESCO 公约》可能影响到 GATT 1994、GATS 和 TRIPS 协定等 WTO 协定覆盖的许多领域。[84]

《UNESCO 公约》的实质部分，开头是第 2 条中的一些“指导性原则”。这些包括：尊重人权和基本自由的原则”；[85]“主权原则”，该原则宣称，“根据联合国宪章和国际法的原则，各国拥有主权制定措施和政策在自己领土内保护和促进文化表现形式的多样性”；[86]以及“公开和平衡原则”，根据这个原则，各国制定“支持文化表现形式多样性的措施……应当力求促进……对世界上其他文化的开放”。[87]

在这些一般性原则之后，有一系列条款规定缔约方的权利和义务。一个“权利”的例子见于第 6 条，该条称缔约方“可以制定目的为在自己领土内保护和促进文化表现形式多样性的措施”，[88]如“公共财政援助”[89]和“提供机会……用于创作、制作、传播、发行和

---

[83] 见，例如，UNESCO，*Preliminary Draft Convention on the Protection of the Diversity of Cultural Contents and Artistic Expressions: Presentation of Comments and Amendments*，CLT/CPD/2004/CONF. 607/1，partie IV（December 2004）24－5。另见 Richardson，“Hollywood's Vision”，115－6。

[84] 见，例如，服务贸易委员会，*Report of the Meeting Held on 23 September 2004: Note by the Secretariat*，S/C/M/74（10 November 2004）[72]（statement by Hong Kong，China）。

[85] UNESCO 公约，第 2.1 条。

[86] 同上，第 2.2 条。

[87] 同上，第 2.8 条。

[88] 同上，第 6.1 条。

[89] 同上，第 6.2(d)条。

享用……本国的文化活动、货品和服务”。[90] 这些措施可能与WTO中的国民待遇义务不一致。[91] 另一项行使起来可能违反国
187 民待遇的权利在第8条中,该条可称为文化保障措施条款。它说,一个缔约方“可以确定存在有特殊情况,即其领土内的文化表现形式面临灭绝的危险,受到严重威胁,或由于其他原因需要采取紧急保障措施”。[92] 在这种情况下,缔约方“可以采取所有适当措施保护和保存文化表现形式……所用方式要与本公约的条款一致”。[93]《UNESCO公约》之下的“义务”也可能在WTO范围引起国民待遇方面的关切。例如,第7:1条规定:

> 缔约方应在其领土内努力创造一种环境鼓励个人和社会群体:
>
> (a)创作、制作、传播并接触他们自己的文化表现形式,适当关注妇女以及各种社会群体,包括属于少数和本土民族的人的特殊情况和需要;
>
> (b)接触来自自己领土内的以及来自世界其他国家的各种各样的文化表现形式。

与WTO协定之下MFN义务发生冲突的可能性,也许还来自第

---

[90] 同上,第6.2(b)条。

[91] 见UNESCO中WTO成员提出的关切,*Preliminary Draft Convention on the Protection of the Diversity of Cultural Contents and Artistic Expressions: Presentation of Comments and Amendments*, CLT/CPD/2004/CONF. 607/1, partie IV (December 2004) 24。

[92] 《UNESCO公约》,第8.1条。

[93] 同上,第8.2条。

12 条等条款。连同其他事项，该条款要求缔约方“努力加强它们的双边、地区和国际合作，以创造有利于促进文化表现形式多样化的条件……尤其是为了……鼓励达成合作制作和合作发行的协议”。[94] 类似地，第 16 条讲到：

> 发达国家应当促进与发展中国家的文化交流，途径是通过适当的机构和法律框架，为来自发展中国家的艺术家和其他文化专业人士和从业者，以及文化货品和服务，提供优惠待遇。

这个要求的宽泛性质可能会鼓励 WTO 成员制定这种措施，即不符合 WTO 中一般的 MFN 规则并且没有得到有关发展中国家特殊和差别待遇的任何 WTO 条款的豁免的。

《UNESCO 公约》还在第 25 条中包括了一个争端解决机制。这一条要求缔约方在就“公约的解释或适用”发生争议时“通过谈判寻求解决”。[95] 如果不成的话，缔约方可以共同寻求一个第三方 188
从中斡旋或调停。[96] 最后的选择是由一个“调解委员会”进行没有约束力的调解。[97]

最后，有意思的是公约中管辖“与其他文件关系”的第 V 部分。第 20.2 条申明，“本公约丝毫不得被解释为修改缔约方在其参加的任何其他条约之下享有的权利和义务”。但是，这一看上去清楚的声明可能与同一部分中的某些其他条款相冲突。第 20.1

---

[94] 同上，第 12(e)条。

[95] 同上，第 25.1 条。

[96] 同上，第 25.2 条。

[97] 同上，第 25.3 条。

条称，缔约方“应当促进本公约与它们参加的其他条约之间的相互支持”，并且“在解释和适用它们参加的其他条约时或在承担其他国际义务时，缔约方应当考虑本公约的有关条款”。另外，第 21 条称，缔约方“承诺在其他国际讲坛推广本公约的宗旨和原则”，并为此目的在适当情况下进行相互磋商。也许这两项要求只是在不修改其他条约之下权利和义务的程度上适用。

《UNESCO 公约》中规定争端解决和与其他文件关系的条款，是文本定稿时最有争议的条款当中的。[98] 它们在连续几稿中历经修改，最终打了折扣。例如，早先一稿规定可以将争端提交给 ICJ 进行裁决，[99]另一个方案是《UNESCO 公约》可以优先于现有国际文件（与知识产权有关的除外），假如行使这些文件之下的权利和义务“会给文化表现形式的多样性带来严重损害或威胁”。[100]

《UNESCO 公约》的起草，大概是在“WTO 的影子下”进行
189 的。[101] 起草人十分清楚 WTO 协定的存在以及潜在的交叉或冲突，就像他们在谈判有关环境的协议，如《卡塔赫纳议定书》时的情况一样。[102] 早先那些谈判的经验应该为《UNESCO 公约》提供了有益的教训，也许能解释为什么《UNESCO 公约》的一些用语明显地有抵触并使人联想起各种有关环境的文件。例如，《UNESCO

---

[98] 见 Ruiz Fabri，*Analyse et commentaire pour la Francophonie*，[8]-[9]。

[99] UNESCO，*Preliminary Draft Convention on the Protection of the Diversity of Cultural Contents and Artistic Expressions：Preliminary Report of the Director-General*，CLT/CPD/2004/CONF. 201/1 (July 2004) art. 24.

[100] 同上，第 19 条（方案 B）。

[101] Sebastian Oberthür and Thomas Gehring，'Institutional Interaction in Global Environmental Governance：The Case of the Cartagena Protocol and the World Trade Organization' (2006) 6(2) *Global Environmental Politics* 1，14.

[102] 同上，第 25.2 条。

公约》第 20 条提到的“相互支持”、非修正和非从属，也出现在《卡塔赫纳议定书》的前言中，该前言结尾说：

> 承认贸易与环境的协定为了实现可持续发展的目的应当是相互支持的，强调本议定书不得被解释为暗示改变缔约方在任何现有国际协定之下的权利和义务，理解到以上陈述无意使本议定书服从于其他的国际协定……

这种关于冲突的条款无疑都是“结尾开放的”[103]，因此在提供具体指导的意义上或许没有帮助。另一方面，也许正是它们的含混，使得协议能够达成。

列表 5.1 概括了《UNESCO 公约》与本章前面提到的其他文件相比所具有的主要特点。

5.3.3 对于 WTO 的含义

A. WTO 成员对《UNESCO 公约》的看法

长期以来，UNESCO 承认，它的权限领域的某一些，与 WTO 的有交叉。[104] 如第 2 章中提到的，几乎所有的 WTO 成员也是 UNESCO

---

[103] UN, ILC, *Fragmentation of International Law: Difficulties Arisin from the Diversification and Expansion of International Law－Report of the Study Group－Finalized by Martti Koskenniemi*, A/CN. 4/L. 682 (2006) [280]（述及相互支持性的概念）。

[104] 见，例如，GATT, *Barriers to the Import and Export of Educational, Scientific and Cultural Material*, GATT/CP/12 (8 March 1949) 1－2; Sabrina Safrin, 'Treaties in Collision? The Biosafety Protocol and the World Trade Organization Agreements' (2000) 96 *American Journal of International Law* 606, 614－18。

表 5.1　四个建议的有关文化保护的文件

文件来源	包括的措施	成员的主要权利	成员的主要义务	与其他文件的关系	争端解决
文化产业 SAGIT，加拿大	成员国就文化内容的创作、制作、发行、表演和展览以及文化企业的活动采取的措施。	制定措施以支持本国来源的内容。	在信息交换方面进行合作并保证透明度。不采取限制言论自由的措施。	委员会与其他国际组织磋商。成员在其他国际论坛就推广本协定的原则等领域进行磋商与协调。	磋商；专家组的咨询性裁决。
INCP	成员的文化政策，例如公共部门就文化表达和文化多样性所制定措施的框架。	采取措施在其管辖范围内保护和促进文化多样性。	为保护和促进文化多样性制定文化政策框架。	不损害成员在其他国际条约下可能现有的相互间权利或义务。	磋商；专家组。
INCD	无具体条款涉及所涵盖措施的范围。	对“文化”，“文化多样性”以及“本土或民族文化”给予定义。制定措施实现本公约的目标。	给文化活动提供资金支持和奖励以实现本公约的目标。	不损害在某些确定的知识产权协议下现有的义务。	程序有待规定。

文件来源	包括的措施	成员的主要权利	成员的主要义务	与其他文件的关系	争端解决
UNESCO	成员就保护和促进文化表达多样性制定的措施和政策。	制定措施保护和促进文化表达多样性	努力在自己领土内创造鼓励创作和接触多种文化表达形式的环境	不更改成员在任何其他条约下的权利和义务。成员在解释和适用其他条约将有关条款考虑进去。 成员在其他国际论坛推广公约的原则和宗旨。	谈判；调停；非约束性调解。

192 的成员国或非正式成员。[105] 因此,《UNESCO 公约》对 WTO 成员有特别的利益关系,而《UNESCO 公约》的起草者也恰当地就 WTO 对其工作的看法感兴趣。UNESCO 的总干事就《UNESCO 公约》征求了 WTO 秘书处的反馈意见,而 WTO 总干事通过有关部门将此项征求转给了 WTO 成员。[106] 在 2004 年 11 月 11 日与 UNESCO 文化政策和文化间对话处主任进行的非正式讨论中,WTO 成员对 UNESCO 给予了回应。[107] 这给并非也是 UNESCO 成员国或非正式成员的 WTO 成员,如新加坡,提供了难得的机会表达其对《UNESCO 公约》的立场。[108] 对于在机构层次上协调两个组织的工作事项,这也是一个小的进展。[109]

也参与了《UNESCO 公约》起草的广大 WTO 成员,最好能将

---

[105] 见上,42,n. 27。

[106] UNESCO,*Preliminary Draft Convention on the Protection of the Diversity of Cultural Contents and Artistic Expressions*: *Preliminary Report of the Director-General*,CLT/CPD/2004/CONF. 201/1 (July 2004) [13]. WTO,总委员会,*Annual Report 2004*,WT/GC/86 (12 January 2005) 20;WTO,总委员会,*Minutes of Meeting Held on 20 October 2004*,WT/GC/M/88 (11 November 2004) [64]-[85]。

[107] UNESCO,*Preliminary Draft Convention on the Protection of the Diversity of Cultural Contents and Artistic Expressions*:*Presentation of Comments and Amendments*,CLT/CPD/2004/CONF. 607/1,partie IV (December 2004) 23;大会,UNESCO,*Preliminary Report by the Director-General Setting out the Situation to be Regulated and the Possible Scope of the Regulating Action Proposed*,*Accompanied by the Preliminary Draft of a Convention on the Protection and of the Diversity of Cultural Contents and Artistic Expressions*,33 C/23 (4 August 2005) [17]。

[108] WTO,总委员会,*Minutes of Meeting Held on 20 October 2004*,WT/GC/M/88 (11 November 2004) [69]。

[109] 关于此种协调的重要性,一般性见 Victor Mosoti,'Institutional Cooperation and Norm Creation in International Organizations',in Cottier,Pauwelyn and Bürgi,*Human Rights and Trade*,165。

对草案的同样意见在 UNESCO 和 WTO 内表达。[110] 但是，之所以需要分开征求 WTO 成员的意见，部分原因可能是，来自不同部门的不同政府的代表有可能介入到这两个范围里。通常，会希望有一名来自文化部门的代表参加 UNESCO 的会议，一名来自国际贸易部门的代表参加 WTO 的会议。[111] 因此，澳大利亚强调，需要有“适当的部门间协调，以保证就《UNESCO 公约》有一个总体的 193
政府立场”。[112]

情况似乎是，WTO 成员一般都认为《UNESCO 公约》与 WTO 应当是“相互支持的”。[113] 但是，如在 WTO 谈判中发生的，在涉及《UNESCO 公约》时，成员就贸易与文化的关系和 WTO 规则对文化产品的适用表达了相当不同的意见。除了 2004 年 11 月与 UNESCO 的讨论，在《UNESCO 公约》起草期间 WTO 举行的各种非正式会议上，成员也发表了自己的观点。2004 年 9 月，智利、中国台北、中国香港、日本、墨西哥和美国的 WTO 代表团举办了一个有关贸易与文化的非正式讨论会，以“推动在 WTO 成员当中就贸易对促进文化多样性的作用问题交换意见，并探讨 WTO 文件、UNESCO 文件和文化多样性的关系”。[114] 这些成员一

---

[110] 见 Ruiz Fabri，*Analyse et commentaire pour la Francophonie*，[4]。

[111] 见，例如，Keith Acheson and Christopher Maule，‘Convention on Cultural Diversity’ (2004) 28 *Journal of Cultural Economics* 243，245，251；Gagné，‘Une Convention internationale’，61。

[112] WTO，总委员会，*Minutes of Meeting Held on 20 October 2004*，WT/GC/M/88 (11 November 2004) [65]。

[113] UNESCO，*Preliminary Draft Convention on the Protection of the Diversity of Cultural Contents and Artistic Expressions*：*Presentation of Comments and Amendments*，CLT/CPD/2004/CONF. 607/1，partie IV (December 2004) 23.

[114] WTO，服务贸易委员会，*Report of the Meeting Held on 23 September 2004*：*Note by the Secretariat*，S/CM/74 (10 November 2004) [74]。

般都寻求在文化产品方面实现自由化，尤其是在音像服务方面。其他成员则更加与INCD的立场一致；作为2005年4月间WTO公共讨论会的一部分，INCD举办过一次有关《UNESCO公约》的讨论会。[115]

值得注意的是，如美国等一些WTO成员认为文化产品不需要在现行条款所提供的以外有任何特殊待遇，它们不大会成为《UNESCO公约》的缔约方，即使UNESCO大会已经通过该公约。或者，如果确实成为缔约方，它们也会利用对公约做出保留的
194 机会。[116] 果然，在2005年6月UNESCO会议上，要敲定《UNESCO公约》的文本提供UNESCO大会考虑，一些UNESCO成员对草案的最终文本做出部分或完全的保留。[117] 例如，美国正式反对草案中的某些方面。[118] 它还称《UNESCO公约》"有严重的缺陷"，有可能"损害其他国际协定下的权利和义务，并对成功完成多哈发展回合谈判的前景有负面影响"。[119] 这种保留的法律效果，将取决于

---

[115] WTO, *Information Note from the Director-General, WTO Public Symposium-"WTO After 10 Years: Global Problems and Multilateral Solutions", 20 to 22 April 2005*, WT/INF/87(13 April 2005) 5.

[116] 一般性见 Palitha Kohona, 'Reservations: Discussion of Recent Developments in the Practice of the Secretary-General of the United Nations as Depositary of Multilateral Treaties' (2005) 33(2) *Georgia Journal of International and Comparative Law* 415.

[117] 见，例如，大会，UNESCO, *Preliminary Report by the Director-General Setting out the Situation to be Regulated and the Possible Scope of the Regulating Action Proposed, Accompanied by the Preliminary Draft of a Convention on the Protection and of the Diversity of Cultural Contents and Artistic Expressions*, 33 C/23 (4 August 2005) [58]-[59], [61], [63]。墨西哥批准了UNESCO公约，但作出一项保留。

[118] 见，例如，同上[58]，[59]，[61]，[70]。

[119] Robert Martin, *Final Statement of the United States Delegation: Third Session of the Intergovernmental Meeting of Experts, UNESCO*(Paris, 3 June 2005).

保留的确切内容和形式。

在后面几节中，我考察《UNESCO 公约》对整个 WTO 的主要含义当中的一些，结合本书第 1 部分中指出的问题和指导意见，以判定《UNESCO 公约》是否可能提供一个切实的解决方案。我首先考虑，对于亦是《UNESCO 公约》缔约方的 WTO 成员，对它们在 WTO 谈判和在解决 WTO 争端过程中的举动，《UNESCO 公约》具有的潜在影响。然后，我估计一下 WTO 成员通过 WTO 争端解决对《UNESCO 公约》本身进行质疑的可能性。最后，我考虑一下，同为《UNESCO 公约》缔约方的 WTO 成员是否可以引用该公约为违反 WTO 作辩护，而无需借助第 4 章讨论过的专门例外当中的任何一个。

B. 《UNESCO **公约》缔约方在** WTO **中的举动**

同时也是《UNESCO 公约》缔约方的一个 WTO 成员，也许不希望在 GATS 谈判中就音像服务做出承诺。作为这一谈判立场的多边依据，该成员可能会在 GATS 之下指出对于“国家政策目标”合法性的承认[120]，以及在第 21 条之下指出对于推广《UNESCO 公约》原则的需要。这可以支持该成员的立场，即文化政策目标并非纯粹是伪装的保护主义。例如，艾奇逊和莫尔认为，《UNESCO 公约》也许 195
就是“设计来提高其成员在 WTO 谈判中讨价还价的地位”。[121]

---

[120] GATS，第 XIX：2 条。

[121] Acheson and Maule, “Convention on Cultural Diversity” 251. 另见 Bernier and Ruiz fabric, *Un instrument sur la diversité culturelle*, 42; Gagné, “Une Convention internationale”, 60; Trebilcock and Howse, *Regulation of International Trade* (3rd edn) 640; Wunsch-Vincent, WTO, *Internet and Digital Products*, 198－9。

这个举动未必会违反任何 WTO 义务。如在第 3 章中解释过的，GATS 的设计，有意要有灵活性，这样，没有 WTO 成员在 WTO 协定之下有法律义务就任何特定服务部门作出国民待遇或市场准入的承诺，无论它们是否在其他一个国际文件之下承诺这样做或不这样做。但是，文化产品作为一揽子谈判方案的一部分，拒绝改进对它的承诺，成员可能不得不“付出代价”。[122] 任何的谈判交易，都会影响到在相关部门中有利益关系的其他成员。另外，对于 WTO 作为一个机构，对于 WTO 成员作为一个整体，在 WTO 谈判中广泛借助《UNESCO 公约》，将有悖于通过 GATS 和更一般地通过 WTO 谋求递进式自由化的 WTO 目标。[123] 因此，UNESCO 就《UNESCO 公约》草案征求意见，一些 WTO 成员在答复时就对 WTO 谈判的这种潜在影响表示了担心。[124]

同时也是《UNESCO 公约》缔约方的 WTO 成员，有可能以对方违反《UNESCO 公约》的权利和义务为由，想对另一个同是《UNESCO 公约》缔约方的 WTO 成员的贸易措施提出质疑。在这种情况下，产生的问题是，WTO 成员是否可以选择在《UNESCO 公约》建立的争端解决机制内提起争议，而不是在 WTO 的争端解决机制内。果然，一些成员就这两家的争端解决之间发生冲突的可能性表示了担心。[125]

---

[122] 见 Lelio Iapadre, ‘Comment’ (2004) 28 *Journal of Cultural Economics* 267, 269。

[123] GATS，第 XIX：1 条；《马拉喀什协定》，序言。

[124] UNESCO, *Preliminary Draft Convention on the Protection of the Diversity of Cultural Contents and Artistic Expressions: Presentation of Comments and Amendments*, CLT/CPD/2004/CONF. 607/1, partie IV (December 2004) 25.

[125] 同上，26。

回顾一下,DSU 第 23.1 条讲道:

> 成员寻求纠正对所涵盖协定义务的违反或其他对所涵盖协定的利益的取消或损害,或对实现所涵盖协定的任何目标的妨害,应当诉诸,并且遵守本谅解的规则和程序。 196

这意味着,一个成员打算"寻求纠正"对 WTO 协定的违反,这样做的时候不能通过任何 WTO 争端解决机制以外的途径。这由第 23.2(a)条给予了确认,该条称,"在这种情况下",成员应当"不可以断定发生了违反行为,利益遭到取消或损害,或所涵盖协定的任何目标的实现受到妨害,除非根据"DSU"诉诸争端解决"。一个 WTO 专家组将第 23 条表述为包含了"根本原则",即 WTO 争端解决机制是"纠正对 WTO 协定任何条款的任何违反的唯一途径"。[126]

迄今,在因成员单方面行动发生的 WTO 争端中,这些条款一直被抬出来。例如,在美国-某些欧共体产品一案中,美国对从欧共体的进口实行报复性征税,据称是回应欧共体未能使在欧共体-香蕉 *III* 一案中被认定为与 WTO 不符的措施达到与 WTO 协定一致,欧共体对此提出了质疑。[127] 专家组认为美国的举动不符合 DSU 第 23.1 条,[128]实质上是自行处理事情,而不是通过 WTO 争端解决程序提出其对欧共体行为的关切。但是,第 23 条的"唯一"性质也可能使得 WTO 成员不能在另外一个讲坛,如《UNESCO

[126] 专家组报告,美国-某些欧共体的产品,[6.13]。

[127] 同上,[2.21]-[2.25]。

[128] 同上,[7.1(a)]。

公约》之下，提出争议。例如，马索认为，第23条阻止了成员带着“它们与WTO有关的争议……到另一个法庭去”。[129]

我认为，这要取决于争端的性质以及提出申诉的成员为争端的裁决采取的步骤。如尤瓦尔·沙尼（Yuval Shany）指出的，DSU第23条并没有规定“严格”的唯一性。[130] 如果成员以违反
197《UNESCO公约》为由质疑一项措施，它大概不是在要求纠正DSU第23.1条含义中的“对所涵盖协定义务的违反或对其他所涵盖协定的利益的取消或损害，或对实现所涵盖协定的任何目标的妨害”。它可以因此在《UNESCO公约》下提起争议而不违反任何WTO的义务。

假如一个成员出于其在《UNESCO公约》之下的承诺，决定不就另一个亦是《UNESCO公约》缔约方的WTO成员制定的文化政策措施提起WTO争议，因为该措施是推行《UNESCO公约》的目标，即使它好像与WTO协定不一致，这将会怎样？如在《UNESCO公约》第21条之下设想的，第一个成员或许可能仅仅去与另一个成员磋商。假如磋商的目的是对违反WTO提出关切，就可能出现不通过WTO争端解决机制“寻求纠正”对WTO的违反，而有悖于DSU第23.1条。另一方面，将DSU第23.1条解释成不允许WTO成员友好地解决WTO争端而不诉诸WTO争端解决机制内的正式磋商，似乎就过分了。这也不现实。实际

---

[129] Marceau, ‘Conflicts of Norms’, 1101. 关于WTO争端和其他场合中国际争端的交叉，见 Joost Pauwelyn, ‘Adding Sweeteners to Softwood Lumber: The WTO-NAFTA “Spaghetti Bowl” is Cooking’ (2006) 9(1) *Journal of International Economic Law* 197。

[130] Yuval Shany, The Competing Jurisdictions of International Courts and Tribunals (2003) 185.

上,成员经常在启动正式程序之前进行非正式磋商。的确,DSU第4.2条可能含蓄地承认,成员在提出磋商的正式请求前会交换意见,而这个正式请求必须要通知DSB。该条以一般性的措词称,“各成员承诺,对另一个成员就在前者领土内实行的对任何所涵盖协定的运作有影响的措施提出的任何申诉,给予同情的考虑并提供足够的磋商机会”。排除这个争端解决的渠道,有悖于争端解决机制的宗旨,这就是,解决争端最好通过“相互同意的办法”。[131]

因此,只要WTO成员不寻求通过《UNESCO公约》之下的正式争端解决来处理就其措施与WTO的一致性而发生的争议,DSU第23.1条看来不会阻止它们互相磋商以在考虑该公约目标 198
的情况下解决一项纠纷。[132]

以这样的方式,《UNESCO公约》可以帮助成员在不诉诸正式争端解决的情况下解决有关文化政策措施的纠纷。[133]如果双方成员都是《UNESCO公约》的缔约方,公约的条款作为它们同意的一套原则和目标,可以为磋商提供有益的背景。但是,这限制了《UNESCO公约》在化解WTO中在文化产品上的僵局中的作用,因为它仅可以帮助想法相同的成员解决其有关文化政策措施的纠纷。一个也是《UNESCO公约》缔约方的成员,知道其他也是缔约方的成员可能不会在正式的WTO争端解决机制内质疑自己的文

---

[131] DSU,第3.7条。

[132] 另见Pauwely,*Conflict of Norms*,317-18。

[133] 类似情况在有关环境的多边协定下也可能出现。见,例如,WTO,贸易和环境委员会,*Report (1996) of the Committee on Trade and Environment*,WT/CTE/1 (12 November 1996) [178]。

化政策措施，也许会觉得有些放心。但是，更大的担心在于不是《UNESCO 公约》缔约方的 WTO 成员的反应。正是这些成员最有可能对这些措施提出质疑，无论《UNESCO 公约》最终是否生效。

另外，从机构的角度看，相互同意的解决办法并非总是理想的。所以，DSU 第3.7条称，“争议各方共同接受的并且符合所涵盖协定的解决办法显然是更可取的”。[134]对一个在 WTO 体系内正式提起的争议，一种相互同意的解决办法，必须符合所涵盖的协定，并且必须通过 DSB 通报给 WTO 全体成员。[135]不过，如果成员友好地解决自己的纠纷，没有采取任何正式步骤在 WTO 内解决（专门通过正式提出一个磋商的请求），其他成员可能就不知道争端的存在以及争端是如何解决的。这种缺乏透明度和不专注于与 WTO 一致的争端裁决的做法，可能与 WTO 争端解决机制的宗旨相冲突，而该机制是“为多边贸易制度提供安全度和可预见性的一个中心因素”。[136]通过磋商解决争端而无须适用 WTO 的规则，可能意味着将贸易限制程度超过为实现其目标所必需的文化政策措施保
199 留下来。它还可能使争端解决机制无法发挥它的这个作用，即“维持成员在所涵盖协定下的权利和义务，以及[澄清]那些协定的现行条款”，[137]包括一些与文化产品尤其有关的不明确的例外。

C. 对《UNESCO 公约》的不满意见

上诉机构认为，“原则上，任何可以归诸于一个成员的行动或

---

[134] 着重为后加。

[135] DSU，第3.4，3.6条。

[136] 同上，第3.4，3.6条。

[137] 同上，第3.2条。

失职，为争端解决程序的目的，都可以是该成员的一项措施”，[138]而一个成员对另一个成员的措施，可以“就其本身”或在一个特定情形中“适用的”提出质疑。[139]《UNESCO公约》本身不会是WTO成员“采取的”[140]或“归诸于”WTO成员的措施，因此也许不会在WTO中被当成违规措施而受到质疑。

一个WTO成员可能就《UNESCO公约》质疑另一个成员的行为，最明显的方式是对另一个成员根据《UNESCO公约》采取的措施提出“违反行为”(violation)的申诉[141]——也即是，指称《UNESCO公约》在特定一项政府措施中的适用违反了一个或更多的WTO条款。下面，我探讨《UNESCO公约》是否可以为此种措施提供辩护。不过，一个WTO成员还可能想对另一个成员加入《UNESCO公约》这件事本身提出质疑。为了成为《UNESCO公约》缔约方，WTO成员可能要采取本身就有可能在WTO争端解决中受到质疑的步骤——如签署或批准《UNESCO公约》。如果这样一种质疑可以取得成功，将有力地表明《UNESCO公约》不可能为WTO中的贸易-文化问题提供解决办法。因此，这个可能性值得考虑，尽管从政治角度看也许不大可能有一个成员公开质疑另一个成员加入国际条约。

采取步骤加入《UNESCO公约》可能意味着，例如，承担起义务“努力在自己领土内创造一个环境鼓励个人和社会团体创作、制

---

[138] 上诉机构报告，美国-抗腐蚀钢材定期检查，[81]。另见DSU，第3.3条。

[139] 上诉机构报告，美国-抗腐蚀钢材定期检查，[82]。

[140] 见DSU，第3.3条。

[141] GATS，第XXIII:1条。

作、传播、发行和接触它们自己的文化表现形式”。[142] 然而，这个义
200 务本身不大可能违反 WTO 的任何义务。首先讲，这个义务不过是“努力”去做什么事情，并不必然要求有任何特定的结果或使用任何特定的手段。另外，尽管优先考虑一方“自己的文化表现形式”这个想法也许看起来有悖于国民待遇的精神，政府还是可以找到办法在无须限制外国文化产品的情况下保证这些表现形式的制作和被接触。的确，《UNESCO 公约》同一条便承认提供机会接触“来自自己领土内以及来自世界其他国家的多种多样的文化表现形式”的重要性。[143]

确实，一项措施可能以与 WTO 一致的或以与 WTO 不一致的方式实施，仅仅这个事实（换言之，即一项措施的相对于其义务性的自主决定性）不一定意味着这个措施本身与 WTO 一致。[144] 但是，极为不可能的是，一个 WTO 成员加入另一个包含有反映非贸易关切的诉求性条款的多边条约，专家组或上诉机构会断言其决定本身不符合 WTO。这将有悖于 GATS 承认的需要给“国家政策目标以应有的尊重”，[145]也有悖于上诉机构一向的“机构敏感度”、[146]“机构谨慎度”[147]和“对国内政策的敏感性”。[148] 这种断言也许还带有这样的意思，即一个 WTO 成员加入《UNESCO 公约》是出

[142] 《UNESCO 公约》，第 7.1(a)条。

[143] 同上，第 7.1(a)条。

[144] 上诉机构报告，美国-抗腐蚀钢材定期检查，[93]；专家组报告，美国-贸易法案 301 条款，[7.53]。

[145] GATS，序言，第 XIX：2 条。

[146] Howse，“Adjudicative Legitimacy and Treaty Interpretation”，64.

[147] Weiler，“Rule of Lawyers”，206.

[148] Footer，“EC—Asbestos”，141.

于恶意和无视自己其他的国际义务，这可是一个不寻常的说法。[149]

由此，便有可能提出"非违反行为"(non-violation) 的申诉[150]来针对一个 WTO 成员加入《UNESCO 公约》的行动。在非违反的申诉中，一个成员声称，另一个成员的措施取消或损害了它本来 201 有理由预期在一项 WTO 协定之下给自己带来的利益，即使该措施可能并不与那项协定冲突。[151] 申诉方通常会发现，提出非违反的申诉比提出违反的申诉要更加困难。[152] 在非违反的申诉中对《UNESCO 公约》本身提出质疑的申诉方，也许必须证明它对自己的文化产品进入应诉方成员领土内的市场有合理的预期，并且，由于应诉方加入《UNESCO 公约》，打乱了它自己的文化产品与外国文化产品的竞争关系，这种预期被取消或受到损害。[153]

要证明这一点是有难度的。如果一个成员能够在乌拉圭回合结束时已经合理地预见到这个利益会由于一种受质疑的措施而被

---

[149] 见下，206。

[150] 在 GATT 1994 下可能有第三种申诉：在第 XXII：1(c)条之下就"情况" 提出的申诉。但是，这种申诉在 GATS 下不存在，并且不管怎样无论在 GATT 1947 还是 WTO 之下几乎从未被动用过：Peter Morrison，'WTO Dispute Settlement in Services: Procedural and Substantive Aspects'，in (ed.)，*International Trade Law and the GATT/WTO Dispute Settlement System* (1999) 377，380。另见 Frieder Roessler，'The Concept of Nullification and Impairment in the Legal System of the World Trade Organization'，in Ernst-Ulrich Petersmann (ed.)，*International Trade Law and the GATT/WTO Dispute Settlement System* (1999) 124，139。

[151] GATT 1994，第 XXIII：1(b)条；GATS，第 XXIII：3 条。另见 DSU，第 26 条。

[152] 上诉机构报告，欧共体-石棉，186。

[153] 见专家组报告，欧共体-石棉，[8.288]；专家组报告，日本-胶卷，[10.61]，[10.82]。另见 Mary Footer and Carol George，'The General Agreement on Trade in Services'，in Macrory，Appleton and Plummer，*The World Trade Organization* (vol. I) 799，868。

剥夺，它就不可能合理地期望在 WTO 协定之下继续受益。考虑到乌拉圭回合期间的激烈辩论以及未能就如何对待文化产品（尤其是 GATS 下的音像服务）达成一致，一个倾向贸易的成员可能已经合理地预见到，一个倾向文化的成员可能会利用 WTO 条款中提供的所有灵活性来实行文化政策措施。另外，仅仅成为《UNESCO》公约的一个缔约方（相对于通过具体的歧视性或贸易限制措施实施公约）不大会打乱本地和外国文化产品之间的竞争关系。

上诉机构可能会更加不愿意支持一项非违反的申诉，因为这些申诉数量很少而且带有争议性。有些方面尤其倾向于取消非违反的申诉，并且认为，无论如何，专家组和上诉机构应当“仅在
202 WTO 全体成员通过一致决定或一贯做法给它们提供了规范性指导的少数情况下，才运用其通常的权力授权对拒绝承认‘非谈判的利益’实行报复”。[154]

继而概括地讲，仅仅是成为《UNESCO 公约》的缔约方，似乎不会涉及违反 WTO 的现有义务或以另外方式消除或损害其他成员在 WTO 协定之下的利益。另外，如已经提到的，正式质疑对方签署或批准某一个条约的外交政策决定，对这种想法 WTO 成员可能会感到畏缩。至少从这个角度，《UNESCO 公约》不应当一般地在 WTO 成员当中，或在 WTO 中贸易与文化产品的具体问题上，成为关切的理由。但是，要确定《UNESCO 公约》是否仍然可以恶化或改善 WTO 法律中对文化产品的做法，就必需要考虑它

---

[154] Frieder Roessler and Petina Gappah, ‘A Re-appraisal of Non-Violation Complaints under the WTO Dispute Settlement Prodecures’, in Macrory, Appleton and Plummer, *The World Trade Organization* (vol. I) 1371, 1383.

是否能够在一个 WTO 争端中用来作为辩护。

D.《UNESCO 公约》作为违反 WTO 的辩护理由

由于申诉方不大可能在 WTO 争端中成功地对一个成员加入《UNESCO 公约》本身提出质疑，它可以转而选择去质疑另一个成员为适用或执行《UNESCO 公约》而采取的文化政策措施。自己的一项文化政策措施被指控违反了 WTO 的义务，应诉方可以借助《UNESCO 公约》作为辩护么？对这个问题的简短回答是不行，因为《UNESCO 公约》用自己的话讲不得“被解释为修改缔约方在其作为成员的任何其他条约之下的权利和义务”。[155] 这就限制了《UNESCO 公约》能够改善（或恶化）WTO 中对文化产品做法的程度。但是值得考虑的是，如果没有这个明确的“冲突”条款会发生什么，因为，如上面强调过的，对《UNESCO 公约》是可以有保留的。另外，其他这类的多边文件有可能采取不同的做法。

认为《UNESCO 公约》为违反 WTO 提供辩护的成员，需要克服两个障碍。第一，它需要证明，专家组和上诉机构在解决 WTO
争端中有权适用 WTO 协定中没有具体讲到的国际法。第二，它 203
需要证明，有关的冲突规则的意思是，在不一致的情况下，要求或允许受质疑的措施的《UNESCO 公约》条款优先于禁止该措施的 WTO 条款。这些问题，我在下面分别予以考虑。如果成员设法将两个障碍都克服了，会使它在以符合 WTO 的方式推行文化目标方面有更多的灵活性。这在一些成员看来可以改善目前的情况，因此可能促使它们在 GATS 下增加对文化产品的承诺。

---

[155] 《UNESCO 公约》，第 20.2 条。

(i) 在 WTO 争端中适用《UNESCO 公约》

假如上诉机构同意将《UNESCO 公约》或类似文件的一个条款作为独立的辩护用于违反 WTO 的行为，它会在一个 WTO 争端中适用该文件，而不仅仅是以第 4 章讨论过的方式将其用来作为解释的辅助。在 WTO 争端中适用国际公法，较之运用它来解释 WTO 的条款，更有争议更有问题。DSU 说得相当清楚，专家组和上诉机构只受理根据 WTO 协定提出的申诉。[156] 不过，保韦林认为，“WTO 专家组的实质管辖权限于在 WTO 涵盖的协定之下提出的申诉，这个事实并不必然意味着 WTO 专家组可以适用的法律仅限于 WTO 涵盖的协定”。[157] 关于国际法支离问题的 ILC 研究组对此表示同意。[158]

DSU 没有具体说明专家组和上诉机构是否可以在审理 WTO 申诉中适用国际法。如第 4 章中提到的，DSU 第 3.2 条的第二句称，争端解决机制“承担维护成员在所涵盖协定之下的权利和义
204 务，并根据国际公法中关于解释的通常规则对那些协定的现行条款作出澄清”。有些评论者认为，这一句排除了诉诸有关解释的规

[156] 见 DSU，第 1.1，11，17.6，19.1 条。另见 Marceau，'Conflict of Norms'，1107；Marceau，'WTO Dispute Settlement and Human Rights'，763，767；Pauwelyn，*Conflict of Norms*，444。但是见 Joel Trachtman，'Review of Joost Pauwelyn，Conflict of Norms in Public International Law: How WTO Law Relates to Other Rules of International Law' (2004) 98 *American Journal of International Law* 855，857。

[157] Joost Pauwelyn，'The Role of Public International Law in the WTO: How Far Can We Go?'(2001) 95 *American Journal of International Law* 535，560. 另见 Lorand Bartels，'Applicable Law in WTO Dispute Settlement Proceedings' (2001) 35(3) *Journal of World Trade* 499，499，502，519。

[158] UN，ILC，*Fragmentation of International Law: Difficulties Arising from the Diversification and Expansion of International Law-Report of the Study Group — Finalized by Martti Koskenniemi*，A/CN. 4/L. 682 (13 April 2006) [45]，[166].

则以外的通常国际法。[159] 马索和特拉奇曼就 DSU 第 7.1 条和第 7.2 条使用了类似的反向推理。在第 7.1 条之下，专家组的一般职能包括"根据"WTO 有关协定中的"有关条款"对事项作出审查。根据第 7.2 条，专家组必须"处理争端当事方提到的任何一个或多个所涵盖协定中的有关条款"。这可能表示专家组也许不会根据国际公法审查被提交的事项或在其报告中讨论这种法律。[160] 马索和特拉奇曼还指出 DSU 的一些条款，如第 19.2 条和第 3.2 条的第三句(这些条款不允许专家组、上诉机构和 DSB 作出"对所涵盖协定中规定的权利和义务有所增加或减少"的建议或裁决)，认为它们表明这些机构不可以适用 WTO 条款中没有明确写入或提到的国际法。[161]

与此对照，保韦林认为，WTO 法律不过是国际公法的一个分支[162]，因此，除非所涵盖的协定排除其他的国际法规则，专家组和

---

[159] 见，例如，John McGinnis, 'The Appropriate Hierarchy of Global Multilateralism and Customary International Law: The Example of the WTO' (2003) 44 *Virginia Journal of International Law* 229, 255, 266 - 8。

[160] Marceau, 'Conflicts of Norms', 1102; Joel Trachtman, 'The Domain of WTO Dispute Resolution' (1999) 40(2) *Harvard International Law Journal* 333, 342.

[161] Marceau, 'Conflicts of Norms', 1102 - 4; Marceau, 'WTO Dispute Settlement and Human Rights', 763 - 4; Trachtman, 'Domain of WTO Dispute Resolution', 342. 另见 Debra Steger, 'The Jurisdiction of the World Trade Organization' (2004) 98 *American Society of International Law Proceedings* 142, 143 - 4; Joel Trachtman, 'The Jurisdiction of the World Trade Organization' (2004) 98 *American Society of International Law Proceedings* 139, 140 - 1。

[162] Pauwelyn, *Conflict of Norms*, 25 - 40. 另见 Pieter Jan Kuijper, 'The Law of GATT as a Special Field of International Law' (1994) *Netherlands Yearbook of International Law* 227.

上诉机构可以适用这些规则以恰当地裁定提交的申诉。[163] 根据保韦林的意见，虽然 DSU 第 7.2 条要求专家组考虑 WTO 的条款，
205 但是并没有不许它们考虑其他的国际法规则。实际上，保韦林认为，第 7.1 条(在该条之下专家组的一般职能要求专家组“得出可以帮助 DSB 提出或作出” WTO 有关协定当中“规定的建议或裁决”的意见)和第 11 条(在该条之下专家组要“得出可以帮助 DSB 提出建议或做出裁决”的其他意见)显示，专家组可以就 WTO 协定之外的国际法得出意见。[164]

这个对进行中激烈争论的简要综述，清楚地反映出 DSU 条款可以被解释来支持或反对将国际法适用于 WTO 的争端。我个人认为，专家组和上诉机构必然要适用国际法一些有限的方面，即使这些方面没有明确纳入 WTO 协定中。没有这种可能性，裁决机构便无法承担起协定起草者赋予它们的职能。不过，对现时目的来说更重要的，是上诉机构对在 WTO 争端中适用非 WTO 的国际法所持的态度。要预见上诉机构就《UNESCO 公约》而言在这个问题上的态度，有必要考察它迄今为止就在 WTO 中适用国际法所作的陈述，以及成员对这种陈述的反应。我先考察涉及通常国际法和非 WTO 条约的某些早期上诉案，然后讨论几个涉及国际法中善意原则的争端，再回过来看最近的墨西哥-软饮料税一案。[165]

---

[163] Pauwelyn, Conflict of Norms, 465. 另见 Bartels, ‘Applicable Law in WTO Disputes’, 518；专家组报告，韩国-采购，[7.96]。

[164] Pauwelyn, *Conflict of Norms*, 466, 469. Joost Pauwelyn, ‘The Jurisdiction of the World Trade Organization’ (2004) 98 *American Society of International Law Proceedings* 135, 138.

[165] 见上，167。

一般讲，上诉机构虽然没有排除适用国际法，但它一直谨慎这样做。这体现在1998年上诉机构对欧共体-激素一案的裁决中，该案涉及到“预防性原则”(precautionary principle)。[166] 上诉机构对“有关环境的通常国际法”和“一般或通常的国际法”作了区分，[167]认为预防性原则的地位在前一领域中可能比在后一领域中更加肯定。注意到学术界和法律界就这一原则的地位没有一致意 206
见，上诉机构拒绝就此问题采取立场(欧共体-生物技术一案中的专家组得出过类似结论)。[168] 尽管如此，上诉机构在欧共体-激素一案中陈述说，预防性原则反映在《实施卫生和植物卫生措施的协定》第5.7条当中。[169]

几个月之后，在阿根廷-纺织品和服饰一案中，就美国对阿根廷提出的一项申诉，上诉机构不得不就阿根廷和国际货币基金组织之间的一项“备忘录”发表意见。阿根廷争辩说，这项备忘录要求阿根廷实行受到美国质疑的征税，并且说，订立这条要求得到美国的默认。[170] 上诉机构裁定，阿根廷既没有证明在备忘录之下有一个“具法律约束力”的义务要求实行受质疑的征税，也没有证明在备忘录和WTO的有关条款之间存在“不可调和的冲突”。[171] 因

---

[166] 一般性见 Gabrielle Marceau, ‘La jurisprudence sur le principe de précaution dans le droit de l’OMC’ (paper presented at the Leçon inaugurale, Faculté de Genève, 19 May 2005)。

[167] 上诉机构报告，欧共体-激素，[123](着重为原有)。

[168] 上诉机构报告，欧共体-生物技术，[7.88]-[7.89]。

[169] 上诉机构报告，欧共体-激素，[124]。

[170] 上诉机构报告，阿根廷-纺织品和服饰，[13]。

[171] 同上，[69]。另见 Deborah Siegel, ‘Legal Aspects of the IMF/WTO Relationship: The Fund’s Articles of Agreement and the WTO Agreements’ (2002) 96 *American Journal of International Law* 561, 572-6。

此，上诉机构不需要确定在冲突的情况下哪一个文件为优先。

此后不久，在欧共体-禽肉一案中，上诉机构遇到争议各方（欧共体和巴西）之间在 WTO 协定生效之前达成的一项双边的“油籽协定”。[172] 上诉机构拒绝审查欧共体的 GATT 减让表是否如欧共体声称的终结了这项“油籽协定”，[173]因为它认为该协定“不是 DSU 第 1 和 2 条含义中的‘所涵盖协定’”[174]因而不“构成本争端的法律依据”。[175]

我现在来看善意原则。DSU 第 3.10 条规定，“如果发生争端，所有成员将善意地加入这些程序以解决该争端”。在欧共体-沙丁鱼一案中，上诉机构陈述说，“我们必须推定所有 WTO 成员将善意地遵守自己在条约下的义务，如 VCLT 第 26 条讲述的有
207 约必守的原则”。[176] 这个情况本身并不必然表明上诉机构认为 WTO 成员必须善意地履行其 WTO 的义务-实际上，这可能不过是上诉机构对 WTO 成员表示尊重的一个例子。

在美国-抵消法案（伯德修正案）一案中，上诉机构更直接地谈到这个问题，它参照 VCLT 第 26 条而非 DSU 第 3：10 条陈述说：“因此，在适当的案件中，争端解决的专家组显然有依据来确定一个成员是否没有善意地行事。”[177]这说明，上诉机构有可能愿意在 DSU 讲述的范围以外适用善意原则。不过，在美国-抵消法案（伯德修正案）一案中，上诉机构否决了专家组关于美国没有善意行事

---

[172] 上诉机构报告，欧共体-禽类，[2]。

[173] 同上，[78]-[79]。

[174] 同上，[79]。

[175] 同上，[81]。

[176] 见，例如，上诉机构报告，欧共体-沙丁鱼，[278]。

[177] 上诉机构报告，美国-抵消法案（伯德修正案），[297]。

的结论。[178]

在 DSB 通过专家组和上诉机构就此案的报告的会议上,美国同意成员应当根据国际法善意地履行自己的义务。但是它表示,上诉机构认为专家组可以判定一个成员没有善意地行事,这令它"不安",因为争端解决机制的权限"是确定与'所涵盖协定'的一致性,而不是与更一般的国际法的一致性。在为 DSU 的目的限定所涵盖协定的 DSU 附件 1 中,没有任何地方提到国际法的善意原则"。[179] 就专家组接下来关于善意原则的一项陈述,[180]美国提出类似的批评,它指出,引述上诉机构关于善意原则的报告,并非是适用这个原则的充分依据,因为经通过的专家组和上诉机构报告不是所涵盖协定的一部分,所以不能对那些协定之下的权力或义务有所增加或减少。[181]

在 DSB 会议上,其他成员也批评专家组和上诉机构在 VCLT 第 26 条之下运用实体国际法的善意原则。例如,在韩国-采购一
案中,专家组结论说 WTO 成员有义务善意地进行条约谈判,否则 208
会使条约变得无效,并为此提到第 26 条和 VCLT 的谈判过程。[182]韩国[183]和菲律宾批评专家组就这件事情动用国际法。尤其是,菲

[178] 同上,[298]-[299]。另见上诉机构报告,欧共体-糖出口补贴,[319]-[320]。

[179] WTO, DSB, *Minutes of Meeting — Held in the Centre William Rappard on 27 January 2003*, WT/DSB/M/142 (6 March 2003) [57].

[180] 专家组报告,阿根廷-禽类反倾销税,[7.35]-[7.36]。

[181] WTO, DSB, *Minutes of Meeting — Held in the Centre William Rappard on 19 May 2003*, WT/DSB/M/150 (22 July 2003) [57].

[182] 专家组报告,韩国-采购,[7.93]-[7.101]。

[183] WTO, DSB, *Minutes of Meeting — Held in the Centre William Rappard on 19 June 2000*, WT/DSB/M/84 (24 July 2000) [58].

律宾

> 对这个陈述表示担心，因为专家组解释成员的权利和义务，应当以符合所涵盖协定的方式并依照通常国际法关于解释的一般规则。通常国际法关于解释的规则和通常国际法之下的权利和义务之间是有区别的。成员同意遵守争端解决的程序，是为了处理涉及它们在所涵盖协定之下的权利和义务的争端。成员无意使 WTO 成为它们在通常国际法之下的权利和义务的裁定者。[184]

更近来，在欧共体-糖的出口补贴一案中，欧共体声称“禁止翻供是国际法的一条一般原则，它从属于更宽泛的善意原则”。[185] 在当时情况下，上诉机构不需要确定禁止翻供是否是国际法的一项一般原则。[186] 但是，它对在 WTO 争端解决中适用这个原则表示有些疑虑：

> 禁止翻供原则在 WTO 争端解决的范围内适用，这一点远未清楚。[187]
>
> 即使为争论的目的假定禁止翻供的原则可以适用于 WTO，其适用也在 DSU[第 3.7 条和第 3.10 条]讲述的狭窄范围内。[188]

---

[184] 同上，[64]。

[185] 上诉机构报告，欧共体-糖出口补贴，[311]。

[186] 同上，[313]。

[187] 同上，[310]。

[188] 同上，[312]。

在墨西哥-软饮料税一案中，关于上诉机构的权限和 WTO 争端中可适用的法律，上诉机构就自己的意见作了更详细的解释。墨西哥请求专家组作出拒绝行使职权的初步决定，并建议墨西哥和美国通过 NAFTA 的争端解决机制解决它们的分歧，对此美国迄今予以拒绝。[189] 专家组拒绝作出这个决定，理由是它没有权力不行使职权，而且这样做会违反自己在 DSU 第 11 条之下对事情作出 209
客观评估的义务，侵犯成员在 DSU 第 23 条之下提出申诉的权利，也削弱申诉方成员的权利而违反 DSU 第 3.2 条和第 19.2 条。[190] 上诉机构维持了专家组的决定，像专家组一样援引了 DSU 第 3.2 条、第 11 条、第 19.2 条和第 23 条，认为 DSU 第 7 条中关于专家组职权的条款也要求专家组就受到质疑的措施作出裁定[191]（虽然上诉机构裁定专家组在有些情况下可以实行裁决程序的简化）。[192] 上诉机构还重申，它认为"DSU 中没有依据让专家组和上诉机构裁决非 WTO 的纠纷"。[193] 借助 DSU 第 3.2 条，它暗示 WTO 争端解决机制不能"被用来确定所涵盖协定以外的权利和义务"。[194]

对于在这些案例中适用国际法，上诉机构一般持谨慎态度，这与它在解释 WTO 条款时总是重视原文相一致，[195]从中可以看出一种意愿，即对成员谈判达成的协定反映出的它们的意志给予相

[189] 专家组报告，墨西哥-软饮料税，[4.4]，[4.71]-[4.75]。
[190] 同上，[7.8]-[7.9]，[7.18]。
[191] 上诉机构报告，墨西哥-软饮料税，[48]-[53]。
[192] 见，例如，上诉机构报告，加拿大-小麦出口和谷物进口，[133]。
[193] 上诉机构报告，墨西哥-软饮料税，[56]。
[194] 同上。
[195] 见上，127。

当的尊重。[196] 这一点，通过上诉机构自己对 WTO 协定的表述得到确认，即协定包含了“认真谈判确定的语言”[197]，不同地反映了一个“仔细设计的成员权利和义务的平衡”，[198]一个“微妙的和认真商定的平衡”，[199]一个“小心谈判达成的妥协”，[200]以及一个“认真谈判达成的权利和义务的平衡”。[201] 这种谨慎表明，在没有原文依托的
210 情况下，上诉机构不大会在一个 WTO 争端中适用《UNESCO 公约》作为独立的辩护。WTO 中围绕文化产品发生的争议，会使 WTO 成员对此种举动可能给予的批评更加多起来。

在一些情形下，上诉机构表现出十分不情愿就尤其有争议性的事项作出裁决，特别是(而非仅仅是)如果无一方明确要求作出裁决。鲁道夫·阿德隆(Rudolf Adlung)认为，“鉴于其地位，专家组和上诉机构显然力求克制并将裁决涉及的法律限于为解决一个案件所绝对必需的”。[202] 例如，在一些问题上，争议方可能得益于另外的指导，上诉机构有时候便采取简化的裁决方法。举例讲，在美国-钢进口保障措施一案中，上诉机构否定了专家组的这个意见，即根据《保障措施协定》，某些钢材产品进口的增加严重损害了

---

[196] “文义解释的方法相对保险，并且……其结果比用其他解释手段得出的更容易被接受”：Claus-Dieter Ehlermann, ‘Six Years on the Bench of the ‘World Trade Court’: Some Personal Experiences as Member of the Appellate Body of the World Trade Organization’ (2000) 36(4) *Journal of World Trade* 605, 617。

[197] 上诉机构报告，美国-内衣，15。

[198] 同上。另见上诉机构报告，美国-毛衫和毛裤，16。

[199] 上诉机构报告，欧共体-激素，[177]。

[200] 上诉机构报告，美国-碳钢，[90]。

[201] 上诉机构报告，巴西-飞机，[139]。另见上诉机构报告，欧共体-香蕉 *III*，[136]，同意并引用专家组。

[202] Rudolf Adlung, ‘GATS and Democratic Legitimacy’ (2004) 59(2) *Aussenwirtschaft* 127, 137.

美国国内的有关产业。但是，上诉机构自己“没有就是否已经证明这些产品之间恰好有联系提出意见”。[203] 在执行 DSB 根据专家组和上诉机构报告作出的建议和裁决时，以及在将这些建议适用于今后涉及保障措施的调查中，美国不会知道其主管部门在查证因果关系时采取的行动是否符合 WTO 的有关条款。它们所知道的，只是其他一些成员已经对查证因果关系提出质疑并且还会再这样做。[204]

再考虑一下上诉机构怎样对待 GATT 1994 第 XXIV:5 条，该条为某些地区性贸易协定对某些 WTO 义务规定了一个例外-上诉机构的意见是，关税同盟和自由贸易区应符合某些要求。上诉机构认为有各种理由坚持拒绝确定这一例外是否允许一个 WTO 成员将地区性贸易协定中的伙伴排除在一项保障措施之外，[205]即使《保障措施协定》第 2.2 条要求这些措施“适用于无论来 211
自何地的进口产品”。最引人注意的，如保韦林指出的，[206]上诉机构似乎提出“平行主义”(parallelism) 的概念，一边是一项保障措施调查中涉及的进口物，一边是为避免触及这个问题后来对之适用了保障措施的进口物。[207] 对于上诉机构不愿意就这个事项作出裁决的说法，前上诉机构成员克劳斯-迪特尔·埃勒曼(Claus-Di-

[203] 上诉机构报告，美国-钢进口保全，[493]。

[204] 另见上诉机构报告，欧共体-糖出口补贴，[339]。

[205] 见，例如，上诉机构报告，阿根廷-鞋类(欧共体)，[109]；上诉机构报告，美国-管线管道，[198]。

[206] Joost Pauwelyn, 'The Puzzle of WTO Safeguards and Regional Trade Agreements' (2004) 7(1) *Journal of International Economic Law* 109, 121 - 2.

[207] 见，例如，上诉机构报告，美国-钢进口保障措施，[441]；上诉机构报告，美国-小麦麸质，[98]。

eter Ehlermann)支持说:“我同意这个观点,即 WTO 的政治部门也许比专家组和上诉机构更适合确定……一个地区性的贸易协定是否符合第 XXIV 条。”[208]

当然,提交到上诉机构的纠纷,即使不全部也许多是引起争议的,[209]而上诉机构并不回避解决它们。随着时间,对于意识到的自己的权威和合法性,上诉机构也会越来越有信心,这使它在 2005 年第一次就一个特别敏感的问题提出独立(应说是“不同意”)的意见。[210] 尽管如此,在最近的将来,《UNESCO 公约》似乎不会是在 WTO 争端中被用来作为辩护的一个候选。与文化产品有关的 WTO 协定条文,反映出成员未能就 WTO 法律中如何对待这些产品达成一致。在目前回合的谈判中,这个分歧仍然在继续。如果上诉机构裁定《UNESCO 公约》可以为违反 WTO 提供辩护,它将以一种开先例和不恰当的方式介入这些谈判。这不仅意味着首次将一个非 WTO 的条约直接适用于 WTO 争端,还意味着给主张对文化产品有特殊待遇的 WTO 成员群体以很大鼓舞,同时使其他许多成员感到沮丧。

(ii) 解决《UNESCO 公约》与 WTO 法律之间的冲突

在前一节,我得出结论说,上诉机构(故而也包括专家组)不大会在一项 WTO 争端中直接适用《UNESCO 公约》。但是,假如这个结论证明是对的,接下来的问题将是,在 WTO 协定条文中没有
212 明确辩护的情况下,《UNESCO 公约》是否可以优先于 WTO 规则

---

[208] Ehlermann,‘Six Years on the Bench’,634.

[209] 见仲裁人裁决,欧共体-关税优惠,[56]。

[210] 上诉机构报告,陆地棉,[631]-[641]。在欧共体-石棉一案中,一位上诉机构成员发表了一项“赞同声明”:上诉机构报告,欧共体-石棉,[149]-[154]。

为一项不符合 WTO 的措施提供辩护。严格地来说，两个国际协定之间不会发生冲突，除非它们规定了相互排斥的义务；换言之，不可能在同一个时间对两个协定都遵守。[211] 举例讲，假定一项协定禁止另一项协定允许的行为，这两个协定并不冲突，因为一个国家只要不做出该行为就同时遵守了两个协定。采取措施保护文化多样性，但所用的方式不带有与 WTO 不一致，通过这样做，一个 WTO 成员应该可以遵守自己的 WTO 义务和自己在《UNESCO 公约》之下的义务。这样，应诉方便不需要利用《UNESCO 公约》作为辩护。

这种解释有可能使成员无法采取《UNESCO 公约》中设想的某些措施。例如，一项关于本国内容最低比例的要求，可能属于《UNESCO 公约》第 6.2(b)条中承认的权利，但是与 GATT 1994 或 GATS 之下的国民待遇义务相冲突。一项为有些国家而非为所有 WTO 成员提供特殊优惠的合作制作协议，可能属于《UNESCO 公约》第 12 条下"努力加强……双边……合作"的义务，但是与 GATT 1994 或 GATS 之下的 MFN 义务相冲突。

更广一点看，在这些情形下确实会发生冲突，因为行使第二个协定中授予的权利不可能不违反第一个协定："否则的话，一方便总会将国际法中的义务抬高到国际法中的权利之上。"[212]换句话讲，"如果两条规则或原则就处理一个问题提出不同的方法"，就可

---

[211] 见，例如，上诉机构报告，印度尼西亚-汽车，n. 649；Marceau，'Conflicts of Norms'，1084；Marceau，"WTO Dispute Settlement and Human Rights"，792-4。

[212] Pauwelyn，'Public International Law in the WTO'，551. 另见 Pauwelyn，*Conflict of Norms*，329。参见 Erich Vranes，'The Definition of "Norm Conflict" in International Law and Legal Theory' (2006) 17(2) *European Journal of International law* 395，405，415。

能见到冲突。[213] 根据这个观点，如果 WTO 协定禁止一项得到《UNESCO 公约》允许或鼓励的措施，《UNESCO 公约》和 WTO
213 协定之间就发生冲突。结果是，援引《UNESCO 公约》的应诉方便需要证明，冲突的解决应当对《UNESCO 公约》有利。

两个条款明显冲突，假若其中一个写在一个文件里，该文件明确说它服从于另外一个文件，冲突最容易解决。在该种情况下，根据 VCLT 第 30(2)条，另外一个文件优先。《UNESCO 公约》第 20.2 条具体讲到，它不修改缔约方在它们加入的任何其他条约之下拥有的权利和义务。前面已经提到，这表明目前起草的《UNESCO 公约》不能为违反 WTO 提供辩护，即使《UNESCO 公约》第 20.1 条声称它不从属于任何其他条约。

第 20.2 条是否意味着，《UNESCO 公约》不更改的，仅仅是缔约方在《UNESCO 公约》生效时已经存在的 WTO 协定之下的权利和义务，或者还包括在今后修订或签署的 WTO 协定之下的权利和义务，就此可能产生一些疑问。不过，第 20.2 条没有任何地方提到其他条约签署的时间，意味着这个条款并不限于已经存在的条约。《UNESCO 公约》的起草者似乎有意拿掉了这个限制：第 20.2 条的前一稿讲，“本公约丝毫不应当影响缔约国在任何其他已有国际文件之下的权利和义务”，[214]而目前的第 20.2 条讲，

---

[213] UN, ILC, *Fragmentation of International Law: Difficulties Arising from the Diversification and Expansion of International Law — Report of the Study Group — Finalized by Martti Koskenniemi*, A/CN. 4/L. 682 (13 April 2006) [25].

[214] 见，例如，UNESCO, *Preliminary Report of the Director-General Containing Two Preliminary Drafts of a Convention on the Protection of the Diversity of Cultural Contents and Artistic Expressions*, CLT/CPD/2005/CONF. 203/6 (3 March 2005), 附件 1(辑合文本)，第 19 条(方案 B)(着重为后加)。

《UNESCO 公约》不更改"缔约方在它们加入的任何其他条约之下的权利和义务"。[215] 至多,也许可以理解为第 20.2 条没有就《UNESCO 公约》与今后的 WTO 协议之间的关系作出说明。如果是那样,如再下面将看到的,有关先后条约的一般国际法规则可能意味着,《UNESCO 公约》不能变动 WTO 成员在今后的 WTO 协定之下的权利或义务。

WTO 协定就自己与其他条约的关系讲得很少,我现在来看都讲了什么。马尔蒂·科斯肯涅和佩伊维·莱伊诺(Päivi Leino)认为,"如果发生冲突,例如说,在一项未被包含在内的人权或环境条约与一项 WTO 协定之间,WTO 的机构按照章程不可以得出 214
结论必须将 WTO 的标准搁置一旁"。[216] 但是,DSU 没有这么明确。洛兰·巴特尔斯(Lorand Bartels)认为,DSU 第 3.2 条和第 19.2 条不允许对 WTO 协定中的权利和义务有所增加或减少,这构成一条"冲突规则",它"保证在所涵盖协定的条款与任何其他可适用的法律发生冲突的情况下,所涵盖的协定应当优先"。[217] 不过,对于确立任何此种规则,这些条款远不够明确,而不管怎样这些条款也许会被在 WTO 协定之后签署的条约否定。[218]

假定《UNESCO 公约》和有关的 WTO 协定都不包含明确的冲突条款,可能要适用国际公法中的各种冲突规则。[219] 结局将取

---

[215] 着重为后加。

[216] Koskenniemi and Leino, 'Fragmentation of International Law?', 572.

[217] Bartels, 'Applicable Law in WTO Disputes', 507.

[218] 见 Pauwelyn, *Conflict of Norms*, 329, 335-6, 344, 352-5。

[219] 见,例如, UN, ILC, *Fragmentation of International Law: Difficulties Arising from the Diversification and Expansion of International Law—Report of the Study Group—Finalized by Martti Koskenniemi*, A/CN. 4/L. 682 (13 April 2006) [56] (*lex specilis*), [225] (*lex posterior*), [361] (*jus cogens*)。

决于争议中的 WTO 成员在《UNESCO 公约》之下的地位。VCLT 第 41 条管辖的是“为修改仅在某些缔约方之间的多边条约达成的协议”。假如只有一些 WTO 成员成为《UNESCO 公约》的缔约方,《UNESCO 公约》将不得不服从第 41 条。第 41(1)条允许有修改某些缔约方之间的多边条约的协议,只要:

(a) 条约规定可以进行此种修改;或者

(b) 所涉及的修改不被条约禁止并且

(i) 不影响其他缔约方享有其在条约下的权利或履行其义务;

(ii) 不牵涉一个条款,该条款带来的损害与有效实现整个条约的宗旨和目的不符。

加布里埃勒·马索认为,这些协议在 WTO 的范围是不可能的,因为它们有可能影响到其他成员的权利。[220] 特拉奇曼·乔得出类似
215 的结论,理由是 WTO 关于修订和放弃的明确规定(第 6 章中要进一步谈到)禁止成员自己之间进行的更改。[221] 土耳其-纺织品一案中的专家组报告似乎支持这些立场,[222]卡莫迪(Garmody)的结论也是,他认为 WTO 的义务是共同而不是双边性质的。[223] 保韦林持有不同的意见。他认为,“WTO 条约并非不受关于规范之间

[220] Marceau,‘*Conflicts of Norms*’,1105.

[221] Trachtman,‘Review of Pauwelyn’,858 - 9.

[222] 专家组报告,土耳其-纺织品,[9.181]-[9.182]。

[223] Chios Carmody,‘WTO Obligations as Collective’(2006) 17(2) *European Journal of International Law* 419,441 - 2.

相互作用的一般国际法规则的约束”，所以成员自己之间进行更改是可能的。[224] ILC 研究组也同意。[225]

如果这是正确的，并且《UNESCO 公约》服从 VCLT 第 41 条，第 30 条便适用。[226] VCLT 第 30 条管辖“与相同主题有关的先后条约”的适用，这个表述可以适用于《UNESCO 公约》和某些 WTO 协定。[227] 根据 VCLT 第 30(4)(a)条，如果争议方成员也是《UNESCO 公约》的缔约方，(早先)的 WTO 协定便继续适用，但仅在其条款符合(后来的)《UNESCO 公约》的程度上。换句话讲，在与 WTO 发生不一致的情况下，《UNESCO 公约》便优先。但是，如果只有应诉方是《UNESCO 公约》的缔约方，第 30(4)(b)条规定 WTO 协定将优先。最终结果将与前边谈到的类似，即《UNESCO 公约》成员不在 WTO 争端中质疑不符合 WTO 的文化政策措施。[228] 对《UNESCO 公约》其他缔约方提出的 WTO 质疑，这些缔约方也许有辩护理由，而对不是《UNESCO 公约》缔约方的 WTO 成员提出的质疑，则可能没有辩护理由。这不会给《UNESCO 公约》缔约方提供什么保险使其寻求贸易限制或歧视性的文化政策措施。

---

[224] Pauwelyn, *Conflict of Norms*, 475. 另见 McLachlan, ‘Principle of Systemic Integration’, 315。

[225] UN, ILC, *Fragmentation of International Law: Difficulties Arising from the Diversification and Expansion of International Law—Report of the Study Group—Finalized by Martti Koskenniemi*, A/CN. 4/L. 682 (13 April 2006) [306].

[226] Pauwelyn, *Conflict of Norms*, 382.

[227] 仲裁人在仲裁人决定中借助了 VCLT 第 30(3)条，欧共体-激素(美国)(第 22.6 条-欧共体)，[51]。

[228] 见上，197。

216 5.4 结语

各种团体要求就文化多样性，包括与贸易有关的文化政策措施，制定一项新的文件，其频繁程度和速度，突显出这个领域对许多国家的重要性。虽然加拿大和法国站在这场运动的前沿，而且一些主动行动由加拿大发起或可追溯到加拿大，但是从 UNESCO 内采取的步骤也可以看出其他国家的支持。《UNESCO 公约》就其目前状况不大可能对 WTO 谈判或争端有重大影响。尤其是，它声称不影响缔约方在其他国际条约之下的权利或义务，这意味着它不可能对 WTO 中的贸易-文化僵局有重大影响。即使《UNESCO 公约》意图优先于 WTO 规则，在最近的将来，在一个 WTO 争端中，专家组或上诉机构也不会允许它这样做。

《UNESCO 公约》的这个局限性，对 WTO 也许是一个积极迹象，因为《UNESCO 公约》从纯粹文化的角度看待这个问题，因而不可能充分考虑贸易自由化的积极效应。另外，所有 WTO 成员应该感到欣慰的是，成为《UNESCO 公约》的缔约国似乎并不违反 WTO 协定，或以另外形式取消或损害其他成员在那些协定之下的利益。然而，《UNESCO 公约》缔约方可以借助《UNESCO 公约》提出的原则在当前的 GATS 谈判中为自己的承诺设定限度，并尝试在 WTO 之外解决因与 WTO 不一致的文化政策措施发生的纠纷。这引起对其他 WTO 成员的关切，以及对 WTO 作为一个机构的关切。因此，对于 WTO 成员，更为紧迫的是，通过谈判就 WTO 中文化产品的问题达成解决办法。

6. 改进现有的 WTO 协定

217

显然必须找到一个中间地带，藉此，一个国家合法的文化需求可以得到满足，又最小影响到国际贸易和投资流动……各国没有理由要求自由行事权来促进和保护自己的文化产业。然而，同样不合理的，是要求给文化产品以与任何其他商业活动的产品完全一样的待遇。[①]

6.1 引言

既然光是 WTO 争端解决无法在文化产品方面给 WTO 成员之间提供令人满意的妥协，既然《UNESCO 公约》或任何其他国际文件似乎都不大可能解决这个问题，WTO 成员应当考虑第三个、最终的达成一个解决办法的方案：再次进行努力达成协议。这个途径将给成员以最佳机会协调文化和贸易价值，使它们能最大限度地掌控事情的结局。

成员一直困在作为多哈发展计划一部分的紧张谈判中，以改进并寄希望于乌拉圭回合的协议。但是，这些谈判受到严格的结束时间的限制（有些已经超过）[②]和一定权限的限制，更不用讲谈

① William Merkin, 'United States Trade Policy and Culture: Future Strategies', in UNESCO (ed.), *World Culture Report* (2000) 68, 68.

② 见，例如，7 月一揽子方案，[3]；《多哈宣言》，[45]。

218 判的临时中断。[3] 例如，如第 3 章中提到的，GATS 谈判“的进行要不超出并……尊重 GATS 的现有框架和原则，包括明确在其中作出承诺的部门和指定四种服务提供模式的权利”。[4] 类似地，虽然多哈谈判包含如发展等一些交叉问题，但是这些谈判当中没有审查 GATT 1994 的一般性授权。多哈谈判的结果还要取决于各种政治议题和交易。换句话讲，成员在文化产品问题上的立场和灵活性，有可能受一些因素的影响，如文化产业的游说，以及在如农业等其他谈判领域中的所得或让步。因此，本章既不想为谈判提供指南，也无意预见多哈回合将在文化产品方面取得什么成果。而要做的，是就目前对文化产品做法的可能改善持一种更加彻底、更加长远的观点，以推动就这个领域进行有想象力的思索和考虑，并就如何兼顾 WTO 成员的不同观点提出一个建议。

第 2 章和第 3 章中得出的结论，在本章中有重要作用，为评估建议中的变革提供了一个途径。这些结论包括：由于不确定性以及 GATT 1994 和 GATS 之间的冲突，有关货物和服务贸易的 WTO 法律中目前对文化产品的做法存在问题；WTO 成员可以有真正的文化理由对外国的文化产品进行事实上或法定的歧视，或在这些产品之间进行事实上的歧视；以及，文化政策措施的贸易限制性应当被减至最低。

在评估改善现有协定的各种方案时，考虑到 GATT 1994、GATS 以及 WTO 作为整体的宗旨也是重要的。《马拉喀什协定》前言表明成员希望致力于更广泛的目标，如提高生活水平和保障

③ 见上，28，n. 163。

④ WTO，服务贸易委员会，*Guidelines and Procedures for the Negotiations on Trade in Services*，S/L/93 (29 March 2001) [4]。

充分就业，手段是“达成对等和互惠的安排用以实质性地降低关税和其他壁垒，以及消除国际关系中的歧视待遇”。GATT 1994 的前言中有几乎相同的措辞。[⑤] 类似地，GATS 前言反映出成员希望“通过旨在以互利为基础促进所有参与方利益的连续回合的多边谈判，及早实现服务贸易自由化水平的不断提高”。在 GATS 第 XIX 条和 2005 年 12 月中国香港部长宣言之下进行连续回合的服务贸易自由化，作为其组成部分的议程，反映了这一宗旨。[⑥] 在此背景下，似乎清楚的是，WTO 协定的目的是为全体成员的相互利益最终消除贸易壁垒。所以，原则上，为照顾文化政策措施而对协定进行任何变更或澄清，都不得削弱现有的规则。 219

在以下几节中，我先探讨对文化产品在 GATT 1994 之下的待遇可能进行的改善，然后谈 GATS 之下的。当然，两个协定的修改必须被视为一个整体。一个协定中发生较大修改，可能意味着成员将同意另一个协定中的较小修改。修改还必须协调，尤其是如果改进的目标之一是缩小 GATT 1994 和 GATS 之下对文化产品做法的差距。从性质和内容方面讨论过 GATT 1994 和 GATS 的可能修改，包括一项给音像服务以与远程通讯、航空运输服务和金融服务有关的现行 GATS 附件相同的部门待遇的建议，我考察这些修改可能采取的形式。

---

⑤ GATT 1994 前言中含有被引用的话，然而结尾是“国际商业”而不是“国际关系”。

⑥ 《香港宣言》，[26]。

6.2 改进 GATT 1994 下对文化产品的做法

6.2.1 放映配额：取消还是修改

将电影置于 GATT 1994 的一般规则之下，一个办法是取消第 IV 条。如第 3 章提到的，第 IV(d)条规定，配额的限度、放宽或取消，应当可以谈判。取消第 IV 条会意味着，放映配额将受有关国民待遇和 MFN 待遇的 GATT 通常条款的约束，另外还受一般性例外的约束，例如允许某些种类的补贴和某些有关公共道德的
220 措施。如本章后面解释的，如果需要有保护性的措施，通常认为，从经济角度，补贴对贸易的扭曲较小，比限额或关税更为可取。但是，鉴于这个条款由来已久，一些成员对之有依赖，就取消第 IV 条达成共识，可能有实际困难。

代替完全取消 GATT 1994 第 IV 条的一个办法，是对该条作小的改动。目前，与 MFN 义务相抵触的放映配额（即为本国起源以外其他特定来源的电影提供的最低配额）要遵守维持现状的义务，而与国民待遇义务相抵触的放映配额（即为本国起源的电影提供的最低配额）则不受该义务限制。对第 IV 条的一个相对简单和适度的改动，是给后一种配额规定维持现状或削减的义务。做到这一点，可以通过在第 IV(a)条末尾加上引自第 IV(c)条的话，如"条件是放映时间的这种最低比例均不得增加到在"通过谈判确定的特定日期"实施的水平之上"。其他自由贸易协定里的"文化例外"中，也使用了类似的条款，表明这个建议也许是许多成员可

以接受的。[7] 第 IV(c)条还可以通过修订，不仅允许为特定来源的电影提供优惠待遇的措施，还允许为符合某些公开和客观的文化标准的电影提供优惠待遇的措施。这符合第 2 章中提出的观点，即在外国文化产品之间实行法定歧视是没有道理的。

6.2.2 一项新的一般性例外？

在第 3 章，我讨论了 GATT 1994 之下两个可能适用于文化政策措施的现行例外，即给为维护公共道德所必需的措施（第 XX(a)条）和给为保护具有艺术、历史或考古价值的国家珍宝而制定的措施（第 XX(f)条）的例外。鉴于这些例外的范围不确定，在第 XX 条之下为文化产品增加一条新的例外也许是有帮助的，特别是如果第 IV 条被取消。

文化产品的例外可能采取什么形式，某些地区性和双边的协定也许有启发。例如，如第 1 章讨论过的，《欧共体条约》、NAFTA 和各种自由贸易协定就文化方面的豁免提供了不同的例子，[8] 221
显示了若干重大让步，这些让步，在那些协定的具体范围内，对此问题持最强硬态度的 WTO 成员当中的一些（美国、欧共体和加拿大）也认为可以接受。但是，乌拉圭回合和关于投资的多边协定(MAI)使人想到通往这样一种妥协的艰难过程和成功机会的有限。[9]

---

⑦ 见上，33。

⑧ 进一步讨论，见 Carniaux，'L'audiovisuel'；Mary Footer，'The Future for a Cultural Exception in the World Trade Organization'（paper presented at the Meeting of the International Trade Law Committee of the International Law Association，Geneva，22 - 23 June 1995）。

⑨ 见上，23，31。

如果没有对“文化产业”的一个总体豁免，GATT 1994 第 XX 条之下的一个新例外可能采取其他什么样的形式？哈恩倾向于一个“严格设计的关于文化的例外，在以维护文化价值为一方面和以给有能力的音像货品生产者提供市场准入和公平竞争条件为另一方面之间达成合理平衡”。[10] 这也许说起来容易做起来难。哈恩赞成的例外是以品质或类型为根据的。[11] 格雷伯建议一条“限于保护电影艺术的文化豁免”。[12] 伯尼尔建议一条例外“用于保存文化和语言的多样性，包括民族文化”。[13] 梅瑟林主张一种“工业和文化音像材料之间的区分”，同时有一项豁免使“文化音像材料不受制于 WTO 规则”。[14] 但是，这几种例外难以谈判下来，并且范围不容易限定。“艺术电影”或“文化”电影的定义可能就难以说清楚，即使假定电影的“文化”方面值得特殊保护。

至少在 GATT 1994 的范围内，所有这些关于新的文化例外的建议存在的另一个问题是，它们都是倒退的。在达成 GATT 1994 的时候，WTO 成员同意货物贸易要有显著的自由化。这是一个重大的成果，如果今天需要就 GATT 1994 再度达成一致，都
222 不一定有可能。举例讲，就像有些成员或许希望自己能坚持要求在对待文化产品方面有更大的灵活性，其他成员可能希望自己从来就没有同意过国民待遇的原则。不去试图削减 1994 年同意的

---

⑩ Hahn, ‘Eine kulturelle Bereichsausnahme’, 352 (Hahn’s English summary).

⑪ 同上，350。

⑫ Graber, ‘WTO: A Threat to European Films?’, 18. 另见 Christoph Graber, ‘Audiovisual Media and the Law of the WTO’, in Graber, Girsburge and Nenova, *Free Trade versus Cultural Diversity* 15, 62, 64; Graber, “Audio-Visual Policy”, 212－14。

⑬ Bernier, ‘Cultural Goods and Services’, 147.

⑭ Messerlin, ‘Regulating Culture’, 17.

承诺(假定成员对此真能同意),研究一下怎样解决成员对文化产品的关切同时又向贸易的更大自由化迈进,可能更有利于减少贸易壁垒和消除歧视性待遇的目标。做到这一点,可以通过专注于GATT 1994第IV条和维持这样的可能性,即GATT 1994第XX条中现有的一般性例外已经为保护文化产品提供了一些余地(如在第3章和第4章中讨论的)。

如前面提到的,联合国高级人权专员呼吁有一种"方式将促进和保护人权[包括文化权利]确定为贸易自由化的目标,而不是当作例外"。[15] 这可能意味着,文化权利必须在GATT 1994之下得到促进和保护,而不是通过第IV条和第XX条。但是,如上诉机构联系其他的WTO例外阐述过的,"一个特定条款的地位和相对重要性,不取决于为分派举证责任的目的它被称为一项应由申诉方证明的主张还是被称为一条应由应诉方证明的辩护理由"。[16] 正如"将《授权条款》视为一项例外[并不]降低其在鼓励给WTO发展中国家成员以特殊和差别待遇中的关键作用",[17]正如在第XX(g)条的例外之下允许保护环境的措施并不减少"环境保护作为国家和国际政策的一个目标的重要性和合法性",[18]因此,通过GATT 1994第IV条和第XX条维护文化政策措施,与承认文化权利作为基本权利的性质也是一致的。

---

⑮ UN,人权委员会,促进和保护人权分委员会,*Liberalization of Trade in Services and Human Rights: Report of the High Commissioner*, E/CN. 4/Sub. 2/2002/9 (25 June 2002) [7]。

⑯ 上诉机构报告,欧共体-关税优惠,[98]。

⑰ 同上,见上,132。

⑱ 同上,[95];上诉机构报告,美国-海虾,[129]。

223 6.3 改进GATS之下对文化产品的做法

6.3.1 数字文化产品作为服务

如第3章中提到的，将文化产品划分为货物或服务时发生一些困难。一个困难涉及如何对待数字产品，如以电子形式（如通过互联网、电视或广播）递送的电影或音乐。本书撰写时，成员决定在电子递送的情况下延缓履行将关税适用于这些产品。[19] 这个备忘录的前景提出两个有交叉的问题：这些产品应当被明确视作货物还是服务，成员是否应当可以对它们征税？

关于其中第一个问题，数字产品如果未以"协调后制度"中认可的实物形式递送，将它们作为货物对待是勉强的，情况正如，即使它们以实物形式（例如在CD上）递送，仍将所有可数字化产品都当成服务，也是勉强的。确实，为避免贸易扭曲，某一种货物最好应当在国际贸易中被以同样的方式对待，无论它具有的形式或为提供它所使用的技术（这就是"技术中立"（technological neutrality）的原则，它在WTO协定中没有具体反映）。[20] 然而，WTO制度已经在货物和服务之间作出明确区分。在有些情况下，对于有些产品，这个区分也许有些生硬，但是GATT 1994下对货物的做法由来已久，并且可以容易地适用于通过实物过境进行交易的

⑲ 见上，74，n. 35。

⑳ Aaditya Mattoo and Ludger Schuknecht, *Trade Policies for Electronic Commerce*, World Bank Policy Research Paper 2380 (2000) 11; Wunsch-Vincent, WTO, *Internet and Digital Products*, 55, 58.

产品。对比之下，通过互联网或类似途径电子传送的产品，更容易归入GATS这个新领域，在其中，成员仍然在探索并在决定最好怎样制定贸易规则。

因此，我明确地建议，承认数字文化产品为服务，由GATS而非GATT 1994管辖。这与哈恩的建议略有不同，他主张，所有音像产品或是由GATS或是由GATT 1994管辖。[21] 按照我的建议，如果GATT 1994和GATS之下对文化产品制定的规则协调得更密切，如本章后面建议的，因数字文化产品的待遇有别于非数 224
字产品（如纸印书）而产生的任何贸易扭曲，都可以减到最小。从政治的角度，这个协调过程还会减轻分类问题的严重性。欧共体争论说数字产品应当作为服务对待，主要是因为它在目前的GATS框架下在文化产品方面有广泛的决定权。反之，美国希望将数字产品划分为货物，因为GATT的规则更有分量。[22] 如果GATT 1994和GATS在文化产品方面衔接得更紧密，这些国家不一致的地方就少了。这个做法比凯瑟琳·曼（Catherine Mann）和萨拉·奈特（Sarah Knight）建议的让步更为可取，该建议是"避开分类的问题，要求WTO成员趋向于最自由地对待"数字产品，要么在GATT之下，要么在GATS之下。[23] 这样一个规则，有可能造成而不是减少混淆和不可预见性。

明确地把数字形式的文化产品纳入GATS，需要成员解决若

---

[21] Hahn, 'Eine kulturelle Bereichsausnahme', 349. 另见 Graber, Handel und Kultur, 237（建议所有音像节目的制作、发行和放映受GATS管辖）。

[22] 见上，73。

[23] Catherine Mann and Sarah Knight, 'Electronic Commerce in the WTO', in Schott, *WTO After Seattle* 253, 259.

干有关问题，如音像服务的适当分类以及音像服务和远程通讯服务之间的区分，如前面强调的。[24] 另外，如温施-文森特指出的，现有的 GATS 规则不明确讲以电子形式从一个成员向另一个成员提供的服务应当被模式 1 还是被模式 2 涵盖。[25] 但是，如果按我下面的建议将承诺变成强制性的，这些分类问题当中的一些会变得不那么严重或困难。[26]

至于成员是否应当将它们的协定引申为不对数字产品征收关税，可以说，如果这些产品是服务，它们通常不会被征收关税。另外，技术上的限制也许使成员在一段时间内无法实行这些征税。[27]
225 所以，考虑到 GATS 的基本目标（包括促进所有贸易伙伴的经济增长和发展中国家的发展）和为实现这些目标设想的途径（包括不断提高服务贸易自由化的水平），将关税的暂缓履行永久并有约束性地延展下去，似乎是可取的，至少对于本书定义下的数字文化产品。这有可能因为鼓励电子而不是其他手段递送而对贸易形成扭曲，但是这还可以减少发行成本从而使发展中国家成员更容易进入外国的文化产品市场。另外，尽管失去关税会在收入方面有一些影响，这对发展中国家成员关切更大，但是调查表明这些影响是有限的。[28] 不过，为数字文化产品实行关税暂缓，在目前的 GATS 框架下，还不足以将文化政策措施的贸易限制性降到最低。

---

[24] 见上，72。

[25] Wunsch-Vincent, WTO, *Internet and Digital Products*, 65 - 70.

[26] 另见同上，79。

[27] Mattoo and Schuknecht, *Trade Policies for Electronic Commerce*, 10, 13.

[28] 同上，10。

6.3.2 强制的国民待遇，市场准入和 MFN

为使 GATS 关于文化产品的规则与 GATT 1994 之下的更接近一致，为争取不断扩大 GATS 之下的自由化的目标，可以采取一个新的途径。目前，GATS 框架主要实行一种“自下而上”或“肯定式清单”的办法，由成员选择自己愿意在其中作出国民待遇或市场准入承诺的服务部门。与此相对照，GATT 1994 之下国民待遇和数额限制方面的义务是全面适用的，除了具体规定的例外。这更多是一种“自上而下”或“否定式清单”的方式。

将 GATS 之下的责任倒过来，这样，除非得到豁免，国民待遇和市场准入的规则将适用（GATS 之下的 MFN 义务已经是这种情况），作为一个一般的主张，这可能不现实和不为人所愿。如帕特里克·洛（Patrick Low）和阿迪特亚·马托认为的，“成员根本就没准备在所有的服务领域中作出承诺，并且……即使这样做了，它们也会想在自己的否定式清单里具体规定一些严厉的限制性措施，这样可以在它们认为敏感的部门将承诺的实质抽掉”。[29] 不过，甚至在 2000 年，格扎·费克特库蒂（Geza Feketekuty）即看出 226
有“分步骤整合 GATT 和 GATS 规则的强烈主张”。[30] 阿迪特亚·马托（Additya Mattoo）和卢德格尔·舒克内希特（Ludger Schuknecht）也建议“深化和扩展”GATS 之下“对于跨境贸易的有

---

[29] Patrick Low and Aaditya Mattoo, ‘Is There a Better Way? Alternative Approaches to Liberalization under GATS’, in Sauvé and Stern, *GATS 2000*, 449, 468.

[30] Geza Feketekuty, ‘Assessing and Improving the Architecture of GATS’, in Sauvé and Stern, *GATS 2000*, 85, 110.

限承诺”，[31]而凯瑟琳·曼和萨拉·奈特建议将数字产品划归“服务，但是[让]所有这种产品受最惠国待遇和国民待遇条款的管辖”。[32] 类似地，温施-文森特在谈及“数字化递送的内容性产品”时主张，“最好最前瞻的单一方式无疑是采取否定式清单加很有限减免的做法”。[33]

我的建议更进一步：将GATS下的所有文化产品置于国民待遇和市场准入的规定之下。不仅包括数字产品，如通过互联网递送的电视和音乐，还包括被GATS收入的其他形式的文化产品，如电影制作服务和期刊出版。由于第2章中解释的原因，[34]不应当以需要保护或促进文化为由允许通过市场准入限制的形式进行贸易限制。没有数额的限制，文化将会得到更好的保护和促进，从而保证有广泛范围的外国和本国的表达。另外，虽然有些对外国文化产品的歧视或许有理由，[35]但是起点应当是国民待遇。

成员应当达成这样的一致意见，即1995年1月1日列入的有关音像部门的MFN豁免[36]许多已经失效。这符合有关第II条豁免的GATS附件第6款(它原则上将这些豁免的存续期限制在10年)，也符合GATS下递进式自由化的需要，而且，比起WTO成员同意的取消或实质性减少MFN豁免的总体目标，这更进了一

---

[31] Mattoo and Schuknecht, *Trade Policies for Electronic Commerce*, summary findings.

[32] Mann and Knight, ‘Electronic Commerce’, 259.

[33] Wunsch-Vincent, WTO, *Internet and Digital Products*, 78 - 9.

[34] 见上，64。

[35] 见上，59。

[36] 见上，25，n. 145。

步。[37] 但是，有些关于文化政策措施的 MFN 豁免仍将受到保护，
如果它们涉及的是符合 GATS 第 V 条的"放宽服务贸易的协定" 227
的成员。例如，符合第 V 条要求的地区性贸易协定的成员，或许可以给该协定其他成员的服务和服务提供者以比提供给其他 WTO 成员的同类服务和服务提供者的更优惠的待遇。

对以四种模式任何之一提供的文化产品，在 GATS 之下就国民待遇、市场准入和 MFN 采取一种否定式清单的办法，是可以做到的，只要成员为自己的文化政策措施有足够的"逃避途径"（除了那些已有的，例如为地区贸易协定和公共道德的），如下一节谈到的。

6.3.3 逃避的途径

A. **歧视性补贴**

在货物贸易中，补贴一般被视为对贸易扭曲最少的保护手段，之后是关税，其次是配额。在服务贸易的范围，从经济的角度，补贴也比配额更可取（也强于关税，假定关税在事实上能够适用）。[38] 另外，"补贴常常是最有效率的手段用来推行非经济目标"，[39]如通过文化产品保护和促进本地文化。[40] 所以，艾伦·赛克斯（Alan Sykes）在"好的"补贴（用于纠正市场失败或促进人权）和"坏的"补

---

[37] 《香港宣言》，附件 C，[1(e)(i)]。

[38] UNCTAD and World Bank, *Liberalizing International Transactions*, 53－5. 另见 Roy, 'Audiovisual Services', 943。

[39] Hoekman, 'A More Balanced Services Agreement', 129.

[40] 见 Barton, 'Economics of TRIPS', 499。

贴(完全用于将资源转移给“组织有方的利益集团”)两者之间作出区分。[41] 梅瑟林和科克建议就音像补贴制定一个 WTO“参照文件”[42]“以允许出于文化原因的补贴,同时禁止纯粹出于产业原因的补贴”。[43] 在这个背景下,道理上可以给成员以有限的例外,使其以补贴而非以任何其他的形式实行歧视性的文化政策措施。如果与 GATS 下的一般国民待遇和 MFN 义务结合起来,再加上关
228 于发放补贴的条件和规则,这个做法就变得与 GATT 1994 之下的做法相像了。

对服务贸易方面的补贴缺少统计,给 GATS 之下的补贴谈判带来一个问题,因为,可以理解,成员不想在商定出规则之前披露有关自己补贴计划的信息,虽然在第 XVI:1 条本身之下鼓励这样做。[44] 然而,如已经提到的,“娱乐服务”形成一个成员在其中经常使用补贴的领域,而补贴“通常是基于文化考虑的”。[45]

当然,其他许多部门里也发放补贴,相应地,怎样就这个领域中的规则达成一致,问题牵涉也广。在这个过程中要解决的一些问题包括:允许成员单方面采取抵消措施回应其他成员的补贴,还

---

[41] Alan Sykes,‘Subsidies and Countervailing Measures’, in Macrory, Appleton and Plummer, *The World Trade Organization* (vol. II) 81, 88 – 9.

[42] 见下,235。

[43] Cocq and Messerlin,‘French Audio-Visual Policy’, 48 – 9.

[44] 这个问题的一个方面是,在为 GATS 的目的就补贴的定义达成一致之前,成员可能确实无法提供准确、相应的信息:WTO,GATS 规则工作组,*Negotiations on Subsidies: Report by the Chairperson of the Working Party on GATS Rules*, S/WPGR/10 (30 June 2003) [16]。持更怀疑态度的解释可能是,成员不希望披露如果关于服务补贴的 WTO 规则最终生效可能被用来对付自己的信息。

[45] WTO,GATS 规则工作组,*Subsidies and Trade in Services: Note by the Secretariat*, S/WPGR/9 (6 March 2000) 2 – 3。另见上,22, n. 113。

是专注于由争端解决机制实施的多边规则;[46]如何定义 GATS 之下的补贴,鉴于它们可能经常通过规章或税收鼓励而非资金支持的方式;[47]以及,成员对通过一种模式提供的服务给予补贴,国民
待遇义务是否要求它对通过任何其他模式提供的同样服务也给予 229
对等的补贴。[48] 成员尚未达成一致意见,[49]虽然目标是在关于具体承诺(包括国民待遇和市场准入的承诺)的谈判结束之前达成协议。[50] 就服务补贴的问题提出一个全面的解决办法,不是本书的目的。[51] 下面的建议只限于对文化产品的补贴。

界定音像部门中的补贴,最好采取狭义的办法,专注于财政支

---

[46] 见,例如,WTO,GATS 规则工作组,*Communication from Argentina and Hong Kong,China:Development of Multilateral Disciplines Governing Trade Distortive Subsidies in Services*,S/WPGR/W/31 (16 March 2000) [10(c)];WTO,GATS 规则工作组,*Communication from Chile:The Subsidies Issue*,S/WPGR/W/10 (2 April 1996) 3;WTO,GATS 规则工作组,*Subsidies and Trade in Services:Note by the Secretariat*,S/WPGR/9 (1996 年 3 月 6 日) 2。

[47] 见,例如,WTO,GATS 规则工作组,*Communication from Chile:The Subsidies Issue*,1;WTO,GATS 规则工作组,*Subsidies and Trade in Services:Note by the Secretariat*,S/WPGR/9 (6 March 1996) 3。

[48] WTO,GATS 规则工作组,*Communication from Argentina and Hong Kong,China:Development of Multilateral Disciplines Governing Trade Distortive Subsidies in Services*,S/WPGR/W/31 (16 March 2000) [10(a)];WTO,GATS 规则工作组,*Subsidies and Trade in Services:Note by the Secretariat*,S/WPGR/9 (6 March 1996) 9。

[49] 《香港宣言》,附件 C,[4(c)];WTO,GATS 规则工作组,*Report of the Meeting of 10 February 2006*,S/WPGR/M/54 (22 February 2006) [17]。

[50] WTO,服务贸易委员会,*Guidelines and Procedures for the Negotiations on Trade in Services*,S/L/93 (29 March 2001) [7];WTO,服务贸易委员会,*Special Session—Report of the Meeting Held on 28,29 and 30 March 2001:Note by the Secretariat*,S/CSS/M/8 (14 May 2001) [6];WTO,GATS 规则工作组,*Negotiations on Subsidies:Report by the Chairperson of the Working Party on GATS Rules*,S/WPGR/10 (30 June 2003) [5]。

[51] 进一步讨论,见 Sauvé,'Completing the GATS Framework',327 - 33。

持上(包括直接转拨资金或放弃否则应有的政府税收),类似于SCM 协定中的做法。[52] 这样,可能有同等经济效果的管制或其他行动,便由通常的 MFN、国民待遇和市场准入的义务管辖。以这种方式缩小补贴方面的例外,会有贸易放宽的效果并尽可能减少"与补贴的认定和衡量相关联的问题"。[53]

关于歧视性地使用补贴,如果是音像产品,在符合条件的情况下是可以允许的。尽管有一般性的国民待遇要求,以法定或实际上歧视外国服务或服务提供者的方式为音像产品发放补贴,应当是允许的,鉴于我有结论说这种歧视基于文化原因可以是有理由的。[54] GATS 的做法是根据服务或服务提供者的起源。[55] 因此,一个成员可以补贴本国的服务提供者(如本国的电影制作者)或本国的服务(本国的电影制作),而不补贴通过四个模式任何之一的服务提供者(外国电影制作者,无论地处另一成员的领土内并通过模
230 式 1 或 2 提供服务,还是地处发放补贴的成员领土内并通过模式 3 或 4 提供服务)或它们提供的服务(制作外国电影)。如 GATT 1994 中的情形一样,在为发放补贴的目的确定有关服务或服务提供者的起源时,会发生一些困难(假定可能有各种来源的货物和服务用在如电影的生产中)。在这方面,成员可以就更详细的规则达成一致。基于它参加的自由贸易协定中的一些,美国可能愿意接受以这种方式歧视性地使用补贴。[56]

---

[52] SCM Agreement, art. 1.1(a)(1)(i),(ii).

[53] WTO, GATS 规则工作组, *Subsidies and Trade in Services: Note by the Secretariat*, S/WPGR/9 (6 June 1996) 3。

[54] 见上,59。

[55] GATS, art. XXVIII: (f); Zdouc, 'WTO Dispute Settlement Practice', 327 - 31.

[56] 见 Wunsch-Vincent, WTO, *Internet and Digital Products*, 214。

尽管有一般性的 MFN 要求,以在外国服务或外国服务提供者之间实行事实上歧视的方式给文化产品发放补贴,也是可以允许的。例如,根据客观和透明的文化标准,如语言,一个成员可以选择只补贴其他成员的某些电影。这类似于对希望在自己的一般性优惠制度(GSP)项目受益人之间进行区分的成员适用的标准,如前面讨论的。[57] 不过,如第 2 章说明的,在外国文化产品之间实行法定歧视,从文化上讲是没有必要的。[58]

从货物领域的《关于补贴和抵消措施的协定》可以明显看出,补贴可能有扭曲或损害贸易的作用,即使它们不歧视外国产品或在不同来源的产品之间实行歧视。在音像部门,一个成员可能希望发放补贴,保证文化产业持续有活力,即使它们在没有援助的情况下可能无力与外国产业竞争,以此来保护或促进本地文化。但是,通过文化产品保护文化的合理需要,不应当要求向海外推广文化产品或要求在制作过程中使用本国而非进口货物。[59] 无论怎样情况,这些补贴可能不如在货物领域里那样普遍。[60] 因此,如 SCM 协定第 II 部分中一样,音像部门中有关补贴的新 GATS 规则,应当禁止出口补贴(即那些以出口为条件的)和进口替代补贴(以使 231
用本国而非进口货物或服务为条件的)。[61] 对于违反这个禁令,成

[57] 见上,133。

[58] 见上,60。

[59] 但是,一种观点认为,一个国家补贴另一国家中对其语言的学习可能“使两个国家都受益”:Kónya,‘Modeling Cultural Barriers’,504-5。

[60] WTO,GATS 规则工作组,*Communication from Argentina and Hong Kong, China:Development of Multilateral Disciplines Governing Trade Distortive Subsidies in Services*,S/WPGR/W/31 (16 March 2000)[6]。

[61] 见 Adlung,‘Public Services and GATS’,485。

员可以像对违反大部分 WTO 条款一样通过争端解决提出争议。回应给其他成员造成损害或其他不利影响的补贴，也可以提起争端解决的诉讼（如在 SCM 协定第 III 部分中），虽然在服务的范围里证明发生损害或不利影响可能尤其困难。[62]

SCM 协定第 V 部分，涉及给其他成员国内产业带来损害的补贴，允许那些成员对受补贴的产品实行抵消关税（提高的关税）作为补偿，但是有严格的条件。不过，至少在音像范围，成员使用补贴，似乎经常是为了应付外国产品对市场的独占。发生这种外国对市场的独占，最经常地是由于规模经济或消费者趣味等因素，而不是由于外国的补贴。这不同于例如农业协定所管辖的情况，后者中，某些（一般为发达国家）[63]成员实行的大量补贴会导致廉价进口货涌入其他成员。[64] 这些实际情形中的差别意味着，在现阶段，另外规定单方面行动用以对付给其他成员造成不利影响的音像补贴，这个需要也许不那么紧迫。[65] 如果允许抵消措施，可能不必要地削弱 GATS 之下现有的基础广泛的 MFN 义务，因为这些措施会被有选择地用于一些发放补贴的成员[66]（如在 GATT

---

[62] 关于将 SCM 协定适用于补贴以吸引外国的音像生产，见 Claire Wright，'Hollywood's Disappearing Act：International Trade Remedies to Bring Hollywood Home'（2006） 39 *Akron Law Review* 739。

[63] WTO，GATS 规则工作组，*Communication from Argentina and Hong Kong，China：Development of Multilateral Disciplines Governing Trade Distortive Subsidies in Services*，S/WPGR/W/31 (16 March 2000) [6]。

[64] 见，例如，the recent major disputes：Appellate Body Report，EC-Export Subsidies on Sugar，Appellate Body Report，US-Upland Cotton。

[65] 见 Barton，'Economics of TRIPS'，499。

[66] 见 WTO，Working Party on GATS Rules，Subsidies and Trade in Services：Note by the Secretariat，S/WPGR/W/9 (6 March 1996)2。

1994 之下就货物发生的）。在服务范围内就抵消措施的规则达成一致，也会是困难的。[67]

B. 发展中国家成员 232

可以争论说，允许歧视性补贴为发达国家成员提供了逃避途径，而对发展中国家成员几无用处。[68] 这也许有点过于简单化。电影和电视一类文化产品，在资源密集性方面远远超过其他如图书或录音制品一类文化产品。[69] 不过，电影制作大国当中，有一些，如印度，是发展中国家。这不完全是一项发达国家的游戏。另外，一个成员的发展中国家身份，不一定意味着它没有能力提供补贴。所以，SCM 协定第 27 条为发展中国家成员就它们发放补贴规定了特殊和有差别的待遇。在农业的范围，发展中国家一直主张，在发放补贴方面有特殊和差别待遇（即对发展中国家有更宽容的补贴规则），而不是要求一般地禁止补贴。[70] 如其他成员一样，发展中国家成员也可以通过一项非歧视性的征税，例如票房收入税，来资助一项歧视性的补贴。

讲到这儿，发展中国家也许认为补贴的效果不如文化政策措

---

[67] Hoekman，'A More Balanced Services Agreement'，129.

[68] 见 Germann，'Culture in Times of Cholera'，118。

[69] 见 Hesmondhalgh，*Cultural Industries*，74－5。

[70] 见，例如，《农业协定》，第 6.2 条；WTO，部长级会议，*Agriculture-Framework Proposal：Joint Proposal by Argentina，Bolivia，Brazil，Chile，China，Colombia，Costa Rica，Cuba，Ecuador，El Salvador，Guatemala，India，Mexico，Pakistan，Paraguay，Peru，Philippines，South Africa，Thailand and Venezuela*，WT/MIN(03)/W/6 (4 September 2003) [1.3]，[1.4]，[3.4]。这些国家中许多为 G20 成员，G20 称自己为"于农业有特殊利益的一组发展中国家"：<www.g－20.mre.gov.br/>（2006 年 8 月 4 日访问）。

施,或是由于资金不足,或是因为它们缺乏技术发展自己的文化产业。[71] 因此,在文化产品补贴方面,也许有必要提供更多一些余地给发展中国家,或者至少是其中的最不发达者。例如,对出口补贴和进口替代补贴的禁令,可以只对发达国家适用,或者无限期地,或者在某个商定的时段内。

233 允许发展中国家对文化产品设置某些壁垒,其在收入和能力建设方面的意义,也可以暂时作为因壁垒产生的贸易扭曲的理由。一个一揽子的国民待遇限制,可以使发展中国家资助对于文化产品的补贴,办法是征税于生产那些文化产品的外国企业征税——也就是,通过模式 3(商业驻在)提供音像、印刷或出版服务的企业。对模式 3 和 4 还有一种国民待遇限制,可以允许发展中国家要求这些企业使用一些本地雇员(而非仅仅是通过模式 4 提供服务的自然人)作为一种形式的技术援助。

C. 放映配额

如果按上面建议的把 GATT 第 IV 条取消,[72]这将意味着,对电影或电视,不能再适用放映配额方面的专门豁免。但是,如果 GATT 第 IV 条以目前或修订的形式保留下来,便可能需要对 GATS 作某些修改。首先,为消除不确定性,成员可能希望确认,一项符合 GATT 1994 第 IV 条的措施不会被认为违反 GATS。

---

[71] 见 UNCTAD,*Audiovisual Services*:*Improving Participation of Developing Countries-Note by the UNCTAD Secretariat*,TD/B/COM. 1/EM. 20/2 (30 September 2002) 11;UNCTAD,*Report of the Expert Meeting on Audiovisual Services*:*Improving Participation of Developing Countries*,*13 - 15 November 2002*,TD/B/COM. 1/56;TD/B/COM. 20/3 (4 December 2002) [8]。

[72] 见上,219。

第二，如果为达成共识所必需，可以给成员以一种类似的权利对电视和广播节目实行本地内容的最低限额(虽然这些措施的功效正在减小，因为技术使消费者能以一系列方式得到音像材料)。[73] 可以有一个对所有成员适用的一般性的GATS条款，承认国民待遇义务不妨碍为电视和广播节目制定或保留本地内容的最低限额，限额水平可达到有关成员在某一个确定的日期实行的，而不需要在成员的减让表中有一个专门的限制。也许可以为发展中国家将这个维持现状的部分排除。

近来自由贸易协定的经验[74]显示，美国可能会接受这个更改，[75]这个更改既符合关心文化政策措施的成员的需要，又对措施的性质和程度作出限制。

6.4 实现更改 234

如上面解释的，本章无意作为解决WTO谈判中贸易——文化问题的实用指导，不管是在多哈回合里还是在另外的场合。但是，如果要进行更改的话，值得考虑一下建议中对WTO协定的更改可能会采取的不同形式。这些更改显然有意以一揽子的形式进行——例如，GATS下的文化产品补贴可以被豁免于国民待遇，同时遵守有关其性质的规则；GATT第IV条可以取消或修改，但必须同时对GATS作适当的修订。

如本章中建议的，在GATS之下按部门制定具体规则和例

---

[73] 见上，64，n. 142。

[74] 见上，33。

[75] 见Richardson，'Hollywood's Vision'，126。

外——尤其是，对与文化产品有关的补贴要求必须有承诺并为之提供例外，这可能不寻常，但并非未曾听说过。例如，现行的关于航空运输服务和金融服务的 GATS 附件，就 GATS 对这些特定服务部门适用的范围，作出了限定和澄清。关于远程通讯的 GATS 附件再进一步，就进入或使用公共远程通讯交通网络和服务，规定了更多实质性义务。所有这些附件适用于所有的 WTO 成员，[76] 就像相当大多数的 WTO 条款。成员可以在《马拉喀什协定》第 X 条下，通过对 GATS 的修订，就文化产品形成一个类似的附件。这是我倾向的做法。

根据第 X ∶5 条，本章设想的对 GATS 的修订将“在三分之二成员通过时对同意这些修订的成员生效，此后在每个成员同意时对该成员生效”。类似地，为取消或更改 GATT 1994 第 IV 条而进行的修订，将“带有变动成员权利和义务的性质”，因此，根据《马拉喀什协定》第 X ∶3 条，将“在三分之二成员通过时对同意这些修订的成员生效，此后在每一其他成员同意时对该成员生效”。本书撰写时，还从未对 WTO 协定进行过修改，虽然成员已经批准一项
235 与 TRIPS 协定和公共卫生有关的修订。[77] 实际中，成员可能不愿意在缺乏共识的情况下去寻求一项修改。通过共识实现修订，可以避免因对修订接受程度不同而产生“WTO 义务双层制度”的问题。[78] 这可能是解决与文化产品有关的贸易和文化问题的最好办

[76] GATS，XXIX；专家组报告，墨西哥-远程通讯，[7.4]。

[77] WTO，总委员会，*Amendment of the TRIPS Agreement*：*Decision of 6 December 2005*，WT/L/641 (8 December 2005)。

[78] WTO 法律咨询中心，*Giving Legal Effect to the Results of the Doha Round*：*An Analysis of the Methods of Changing WTO Law-Background Paper for ACWL*

法。

乌拉圭回合之后就一些服务部门进行的谈判，导致有些成员提高或修改了自己在那些部门中的承诺，但仍在一般的 GATS 框架内。[79]然而，考虑到成员对文化产品所持的十分不同的观点，以及所建议修订的程度，除非所有成员都接受，这些修订很可能无法作为一个实际事项得到同意。由于同样原因，仅仅变更成员 GATS 减让表中的某些部分，是难以实现这些更改的，尽管 GATS 第 XXI 条解释了，成员可以怎样在作出任何必要的补偿性调整的情况下修改自己的减让表。[80]一个再稍微大胆一点的办法是，由观点相同的成员达成一个参照文件纳入它们的减让表（类似一些成员加到自己减让表中的示范参照文件，目的是为了远程通讯部门而对 GATS 的一般规则加以延伸）[81]，或者达成一项多边协议（只对同意它的成员有约束力）[82]写清楚对音像部门另加的义务。

通过《马拉喀什协定》第 IX ∶2 条之下的一个解释，也许可能

Members and LDCs (June 2006) [19]-[21]; Hunter Nottage and Thomas Sebastian, 'Giving Legal Effect to the Results of WTO Trade Negotiations: An Analysis of the Methods of Changing WTO Law' (2006) 9(4) *Journal of International Economic Law* 989, 992-3。

[79] 见，例如，WTO，*Fourth Protocol to the General Agreement on Trade in Services*，S/L/20 (30 April 1996) [1]；专家组报告墨西哥-远程通讯，[7.5]。

[80] 进一步讨论，见 WTO 法律咨询中心，*Giving Legal Effect to the Results of the Doha Round: An Analysis of the Methods of Changing WTO Law-Background Paper for ACWL Members and LDCs* (June 2006) [48]-[51]；Nottage and Sebastian, 'Changing WTO Law', 997-9。

[81] WTO，关于远程通讯服务的协定（服务贸易总协定第四项议定书），36 ILM 254 (1997)。另见 GATT，关于金融服务承诺的谅解，LT/UR/U 1 (15 April 1994)。

[82] WTO 协定包括四项多边协定，两个已经失效，两个仍有效：关于民用飞机的协定和关于政府采购的协定。

实现某些建议中的更改。该条说：

> 部长级会议和总委员会有全权通过对本协定和多边贸易
> 236 协定的解释……通过一项解释，应当由四分之三多数的成员作
> 出决定。本款的运用，不得损害第 X 条中有关修订的条款。

至今，无论部长级会议还是总委员会都没有在这个条款之下通过一项解释，因此对于该条款的含义很少有提示。[83] 但是，第 IX：2 条最后一段显示，对于我建议的实质性修改 GATS 之下文化产品的一般待遇，该条不会是恰当的依据。[84] 但是，可以通过一项解释，认为数字产品涉及 GATS 第 1.1 条之下的"服务贸易"而不涉及 GATT 1994 之下的货物贸易。就与第 II 条豁免有关的 GATS 附件第 5 段和第 6 段作出解释，确认有关文化产品的所有豁免在 10 年后终止，也可能是适宜的。[85]

---

[83] 但是见 WTO，总委员会，*Minutes of Meeting Held on 15 and 16 February 1999*，WT/GC/M/35 (30 March 1999) 13 - 32；WTO，总委员会，*Request for an Authoritative Interpretation Pursuant to Article IX：2 of the Marrakesh Agreement Establishing the World Trade Organization：Communication from the European Communities*，WT/GC/W/143 (5 February 1999)；Claus-Dieter Ehlermann and Lothar Ehring，'The Authoritative Interpretation under Article IX：2 of the Agreement Establishing the World trade Organization：Current Law，Practice and Possible Improvements' (2005) 8(4) *Journal of International Economic Law* 803。

[84] 见 WTO，总委员会，*Procedures for Amendment and Interpretation of the Dispute Settlement Understanding — Response to European Communities' Request for an Authoritative Interpretation of the Dispute Settlement Understanding pursuant to Article IX：2 of the WTO Agreement：Communication from the United States*，WT/GC/W/144 (5 February 1999) 3。

[85] 《马拉喀什协定》第 IX：3，4 条. 见，例如，GATT，*Waiver Decision on the Generalized System of Preferences*，L/3545，BISD 18S/24 (25 June 1971)。

实现WTO协定变更的其他可能形式包括,对单个成员采取的具体文化政策措施实行的临时放弃,[86]和部长级会议(WTO的最高决策机构)的声明。[87] 不过,对于本章中建议的更改,这些机制似乎都不够可靠。

6.5 其他建议

在就GATT 1994和GATS中对文化产品的新做法提出建议后,我现在来分析其他方面的一些建议,这些建议涉及的WTO协定的那些方面,我到现在为止基本上仍放在一边:也就是反倾销, 237
保障措施,竞争和知识产权。虽然一般讲我并不认为这些建议比我的好,但是它们代表了一些有道理的观点,值得认真考虑。对今后深入研究贸易和文化,它们也许还能给予有益的提示。

6.5.1 针对音像服务的反倾销措施

GATT 1994第VI条允许成员在满足某些条件的情况下对进口货物采取反倾销措施,而这个措施换一种情况可能不符合关税约束和MFN的义务。发生倾销,是当"一个国家的产品被以低于该产品的正常价格引进另一个国家的商业中"。[88] 有关倾销的规则极其复杂。[89] 不过,简单地说,第VI:1条认为在一些情形下

---

[86] 见Bernier,'*Trade and Culture*',787。

[87] 见,例如,部长级会议,*Declaration on the TRIPS Agreement and Public Health*,WT/MIN(01)/DEC/2 (20 November 2001)。

[88] GATT 1994,第VI条。另见反倾销协定,第2.1条。

[89] 关于WTO反倾销规则的全面介绍,见Judith Czako et al.,*A Handbook on Anti-Dumping Investigations*(2003)。

"倾销……应受到谴责",第 VI:2 条允许成员对倾销的进口货采取反倾销措施。在实行反倾销税之前,成员必须按照《反倾销协定》中详述的严格条件进行调查。基本要求是,调查必须显示有关产品的进口货是被倾销的,并且倾销的进口货正在给生产同类产品的本国产业造成损害。[90] 反倾销税不能超过为有关出口商或生产商(在有些情况下或者是国家)估算的倾销所得。[91] 但是,它们可以超过关税约束,并且(由于它们仅向参与倾销的出口商、生产商或国家征收)不需要对所有 WTO 成员实行,这与 MFN 的规则不同。

达到专家组阶段的 WTO 反倾销争端,大部分都涉及工业产品。[92] 一个成员也许会对与文化产品有关的货物,如电视接收器,
238 采取反倾销措施。[93] 但是,成员比较不可能对文化产品本身采取反倾销措施,也没有一个 WTO 专家组的报告谈到任何与此种措施有关的争端。

GATS 中没有关于反倾销措施的明确规则或为反倾销措施规定的例外;也没有预示将来会就它们进行谈判。试图对外国的服务采取反倾销措施,会出现复杂情况,因为大部分服务不像货物那样跨过边界。确实,WTO 秘书处认为,不可能实行"覆盖服务贸

---

[90] 反倾销协定,第 1－3 条;GATT 1994,第 VI:6(a)条。

[91] 反倾销协定,第 6.10,9.3 条。

[92] 见,例如,上诉机构报告,欧共体－管道固定件;上诉机构报告,泰国－*H* 型梁材;上诉机构报告,美国－热轧钢;上诉机构报告,美国－抗腐蚀钢材定期检查。

[93] 见,例如,WTO,DSB,*United States — Imposition of Anti-Dumping Duties on Imports of Colour Television Receivers from Korea*:*Communication from Korea*,WT/DS89/9 (18 September 1998);WTO,DSB,*United States — Imposition of Anti-Dumping Duties on Imports Of Colour Television Receivers from Korea*:*Request for the Establishment of a Panel by Korea*,WT/DS89/7 (7 November 1997)。

易各大部门的关税类型的措施”。[94] 不过，假定一个成员希望并且能够对某些成员“倾销”的服务实行这些征税（不管倾销在服务领域表示什么意思），有可能违反 GATS 之下的 MFN 待遇义务，除非该成员享有涵盖这些征税的现行和有效的 MFN 豁免。这或可解释为什么欧共体为音像作品的发行列入一项 MFN 的豁免，它包括“补偿性征税，可以征收此税以回应某些第三国的音像作品发行商采取的不公平定价做法”。[95] 欧共体解释说，需要有这项豁免，因为“不公平定价的做法会严重扰乱欧洲作品的发行”。[96] 邦尼·理查森（Bonnie Richardson）在代表美国电影协会发言时，回应说这是“纯粹的坏贸易政策”。[97]

在乌拉圭回合后的服务谈判中，有些方面建议允许成员在服务领域采取反倾销措施，尤其为回应音像服务的“倾销”。[98]
这不会在多哈回合中发生，因为就这个问题进行谈判的任何授 239
权都没有。认为音像制作者在本国市场收回成本后向国外市场倾销产品（通常指美国）[99]，也不符合这个部门中实际商业运作的方式。

无论如何，我不会赞成这个做法，主要原因有二。第一，采取

---

[94] WTO 秘书处，*Handbook on GATS*，17。另见 Mattoo，'National Treatment in the GATS'，113。

[95] WTO，*EC MFN Exemptions*，1.

[96] 同上。

[97] Richardson，'Hollywood's Vision'，123.

[98] WTO，服务贸易委员会，*Communication from Brazil — Audiovisual Services*，S/CSS/W/99 (9 July 2001) [10]；WTO，服务贸易委员会，*Report of the Meeting Held on 19 – 22 March 2007: Note by the Secretariat*，TN/S/M/1 (5 June 2002) [316]。

[99] 见上，47。

反倾销措施的经济理由和这样做的用处十分有疑问。许多经济学者指出，如果一个国家倾销产品（WTO 意义上的，指产品以低于其本国市场正常价值的价格出口），[100]进口国的消费者从较低价格中受益。对进口物征收反倾销税，进口国可能让对外竞争的本国产业高兴，但是却给进口物的消费者和产业用户带来损害，因为它们事后必须要支付更高的价格以弥补增加的征税。反倾销措施历来为发达国家所用，但现在也为有些发展中国家所用，其广泛使用，常被认为是保护主义的兴起。[101] 因此，在服务领域中允许这种新形式的扭曲贸易的措施，可能是不明智的，尤其在 GATS 的构架已经在作出承诺方面给成员提供很大灵活性的情况下。第二，一个成员可能怎样在服务领域采取反倾销措施，情况远不清楚。货物的模式能够给予的提示很少，因为它建立在进口物过境时征收关税的基础之上。另外，考虑到如不同的劳动力成本和管制标准这些变量，不同国家中服务的价值和价格更加难以比较。市场之间的价格歧视也可以是正当的。[102]

6.5.2 文化多样性的保障措施

GATT 1994 第 XIX 条的标题是"对特定进口产品的紧急措施"。针对一种特定进口产品采取的紧急保障措施，形式可以是提高的关税（即使这些超过关税约束）或进口配额（与 GATT 1994 下取消数额限制的一般要求相抵触），但是它们的适用一般应当以

---

[100] GATT 1994，第 VI：1 条；《反倾销协定》，第 2.1 条。

[101] 一般性见，例如，Michael Finger，Francis Ng and Sonam Wangchuk，*Anti-dumping as Safeguard Policy*，世界银行政策研究工作文件 2730（2001）。

[102] Barton，'Economics of TRIPS'，496.

MFN为基础——也即是，适用所有的有关产品。[103]《保障措施协定》列举了哪些条件下成员可以采取紧急保障措施。[104] 成员采取这些措施，应在进行调查之后，证明"由于未预见到的情况发展"，[105]有关的产品"正在被进口到它的领土内，以增加的数量……和给付的条件，可以对生产同类或直接竞争产品的本国产业造成或有危险造成严重损害"。[106] 成员适用保障措施"只能限于为阻止或补偿严重损害和便于进行调整所必需的程度"。[107] 240

如反倾销税一样，保障措施一般都是针对工业产品使用的，[108]有时用于食品或农产品。[109] 但是，为对付意外发生的作为货物进口的文化产品的涌入采取保障措施的可能性，为成员提供了一个逃避路径。这与GATS之下的情况形成对比。

GATS第XXI条允许成员修改或撤回它们在服务减让表中作出的任何承诺，但要在作出承诺3年之后，并且应可以谈判。对于最初的WTO成员，这个期限已经终止。GATS第X:2条给紧急情况下的修改提供了一些余地。对于临时的单方面（即未经谈判的）修改或撤回承诺，GATS第X:1条只是规定：

---

[103] 《保障措施协定》第2.2条。关于GATT第XXIV条与《保障措施协定》第2.2条的关系，见Pauwelyn，'Puzzle of WTO Safeguards'。

[104] 就货物贸易对WTO保全措施规则的深入分析，见Yong-Shik Lee，*Safeguard Measures in World Trade: The Legal Analysis* (2003)。

[105] GATT 1994，第XIX:1(a)条；上诉机构报告，美国-小羊肉，[72]。

[106] 《保障措施协定》第2.1条。

[107] 同上，第5.1条。

[108] 见，例如，上诉机构报告，美国-钢进口保障措施；上诉机构报告，美国-管线管道。

[109] 见，例如，上诉机构报告，美国-小麦麸质；上诉机构报告，美国-小羊肉。

对于在非歧视的原则基础上采取紧急保障措施的问题，应当有多边谈判。此种谈判的结果应当在不晚于WTO协定生效之日起3年的一个日期生效。

据此，GATS下关于保障措施的谈判应当在1998年1月1日之前结
241 束。但是，由于没有达成一致，服务贸易委员会数度将这个期限延长，[110]最近声明说："取决于授权的情况……此种谈判的结果应当在不晚于目前回合服务谈判的结果生效之日的一个日期生效。"[111]

一组成员"认为，发生不可预见的市场混乱时可以采取保障措施，会"更一般地"鼓励服务谈判中有更为大方的承诺"。[112] 在多哈回合中，一些成员建议有一个专门的"文化多样性的保障措施"。[113] 我不想尝试解决整个为服务的保障措施的问题。[114] 确实，尽管这

[110] WTO，服务贸易委员会，*Decision on Negotiations on Emergency Safeguard Measures*，S/L/43 (2 December 1997)；WTO，服务贸易委员会，*Fifth Decision on Negotiations on Emergency Safeguard Measures*，S/L/159 (17 March 2004)。WTO，服务贸易委员会，*Fourth Decision on Negotiations on Emergency Safeguard Measures*，S/L/102 (27 March 2002)；WTO，服务贸易委员会，*Second Decision on Negotiations on Emergency Safeguard Measures*，S/L/73 (5 July 1999)；WTO，服务贸易委员会，*Third Decision on Negotiations on Emergency Safeguard Measures*，S/L/90 (8 December 2000)。

[111] WTO，服务贸易委员会，*Fifth Decision on Negotiations on Emergency Safeguard Measures*，S/L/159 (17 March 2004) [2]。

[112] WTO秘书处，*Handbook on GATS*，37。

[113] 见，例如，WTO，服务贸易委员会，*Report of the Meeting Held on 19 - 22 March 2007：Note by the Secretariat*，TN/S/M/1 (5 June 2002) [315]-[317]。另见Graber，'Audio-Visual Policy'，212。

[114] 进一步讨论，见Yong-Shik Lee，'Emergency Safeguard Measures under Article X in GATS：Applicability of the Concepts in WTO Agreement on Safeguards' (1993) 33(4) *Journal of World Trade* 47，51 - 8；Sauvé，'Completing the GATS Framework'，311 - 24。

个更广泛的问题在数年间受到关于GATS规则的工作组的注意(该工作组还研究GATS之下的补贴和政府采购),至今没有取得什么进展,成员甚至在这种根本的问题上都没有达成一致,如在GATS之下提供一个保障措施的机制是否可取或是否可行。[115] 不
过,伯纳德·赫克曼(Bernard Hoekman)正告说,GATS中“保障 242
措施的文件,其经济上的理由”是“薄弱的”。[116] 另外,只要GATT第IV条仍在那里,针对外国电影放映的大量增加而采取的保障措施,似乎没有必要。类似地,增加的有形图书或以DVD、CD或类似载体录制的音乐或电影的进口,可以由GATT第XIX条和《保障措施协定》涵盖。此外,如果成员都能够为文化产品提供歧视性补贴,对这种紧急措施的需要应该会大为减少。

格雷伯建议另一种形式的文化多样性保障措施。[117] 他主张制定一个参照文件,要求成员必须接受,以在音像领域作出国民待遇和市场准入的承诺。如有关远程通讯的参照文件一样,格拉伯为

---

[115] 见,例如,《香港宣言》,附件C,[4(a)];WTO,GATS规则工作组,*Report of the Meeting of 10 February 2006*,S/WPGR/M/54 (22 February 2006);WTO,GATS规则工作组,*Annual Report of the Working Party on GATS Rules to the Council for Trade in Services* (2004),S/WPGR/14 (25 November 2004) [2];WTO,GATS规则工作组,*Communication from the United States:Desirability of a Safeguard Mechanism for Services:Promoting Liberalization of Trade in Services*,S/WPGR/W/37 (2 October 2001);WTO,GATS规则工作组,*Negotiations on Emergency Safeguard Measures:Report by the Chairperson of the Working Party on GATS Rules*,S/WPGR/9 (14 March 2003) [18,22]。另见Hoekman,'A More Balanced Services Agreement',130;Lee,'Safeguard Measures under GATS',48-51;Sauvé,'Completing the GATS Framework',308-10。

[116] Hoekman,'A More Balanced Services Agreement',130。

[117] Graber使用的措词是“文化多样性保障措施”,Graber,'Audio-Visual Policy',212-4。

音像产品建议的方案,可以在开放音像市场的同时,以一个能使成员保持广播和电影供应多样化的"普遍服务"(universal service)条款的方式,为文化政策措施提供一种保障。[118] 有关远程通讯的标准参照文件中对应的条款说:

> 任何成员都有权对它希望保留的那种普遍服务的义务作出限定。这些义务不得被认为本身是反竞争的,只要它们的运作是以透明、非歧视和在竞争上中立的方式,并且繁复程度不超过为成员确定的那种普遍服务所必需的。[119]

根据格拉伯的说法,普遍服务条款中的"非歧视"要求,将只适用于被定义为"高预算"的音像节目,即营销和制作预算在比方说 500 万美元或更多的那些节目。[120] (格雷伯还主张对有关第 II 条例外的附件作一个解释性的说明,使高预算和低预算的电影为 GATS 之下 MFN 的目的成为不"同类"。[121])这是格拉伯为使他关于"艺术
243 影院"电影和其他电影的区分能够操作而建议的一个方式。[122] 如前面指出的,我认为这个划分相当生硬和不确定,因而不大可能有助于音像部门的逐步开放。格雷伯着眼在预算方面,与我对歧视性文化政策措施的背后理由的理解,如第 2 章中解释的,也有

---

[118] Graber, *Handel und Kultur*, 333-4. 另见 Barton, 'International Video Industry', 101。

[119] WTO,关于远程通讯服务的协定(服务贸易总协定第四项议定书),36 ILM 254 (1997) 368。

[120] Graber, *Handel und Kultur*, 335-6.

[121] 同上,332。

[122] 见上,221;Graber, 'Audio-Visual Policy', 212-14。

抵触。

6.5.3 知识产权和反竞争行为

本书集中讨论GATT 1994和GATS下的文化产品。对于文化产品和文化政策措施，TRIPS协定也有广泛的含义。[123] 不过，这些含义与GATT 1994和GATS所具有的稍微不同。贸易和文化的问题，在某种程度上使货物和服务贸易的自由化与文化政策措施发生对立，而文化多样性的目标却与TRIPS协定紧密一致。文化权利和知识产权都力求"在促进尽可能容易地接触新知识和保护此种知识的作者和发明者的利益这两方面的一般公共利益之间达到平衡"。[124] 通过版权，TRIPS协定可以"使产生想法的活动变

---

[123] 关于贸易、文化和知识产权之间交叉的讨论，见 Americo Beviglia-Zampetti, 'WTO Rules in the Audio-Visual Sector', in Guerrieri, Iapadre and Koopmann, *Cultural Diversity* 261, 274 - 9; Footer and Graber, 'Trade Liberalization and Cultural Policy', 126 - 30; Pamela Samuelsson, 'Implications of the Agreement on Trade Related Aspects of Intellectual Property Rights for the Cultural Dimension of National Copyright Laws' (1999) 23 *Journal of Cultural Economics* 95, 99 - 100; Stephen Fraser, 'Berne, CFTA, NAAFTA and GATT: The Implications of Copyright Droit Moral and Cultural Exemptions in International Trade law' (1996) 18 *Hastings Communications and Entertainment Law Journal* 287; Keith Acheson and Christopher Maule, 'Copyright, Contract, the Cultural Industries, and NAFTA', in McAnany and Wilkinson, *Mass Media and Free Trade*, 351。另见 WTO, DSB, *Japan－Measures Concerning Sound Recordings: Notification of a Mutually-Agreed Solution*, WT/DS42/4, IP/D/4/Add. 1 (17 November 1997); WTO, DSB, *Japan－Measures Concerning Sound Recordings: Request for Consultations from the European Communities*, WT/DS42/1, IP/D/4 (4 June 1996); Rosemary Coombe, *The Cultural Life of Intellectual Properties: Authorship, Appropriation, and the Law* (1998)。

[124] UN，人权委员会，促进和保护人权分委员会，*The Impact of the Agreement on Trade-Related Aspects of Intellectual Property Rights on Human Rights: Report of the High Commissioner*, E/CN. 4/Sub. 2/2001/13 (27 June 2001)。

得更加赢利并使我们有更广范围的文化选择”，[125]所以，文化权利和作者的权利是连在一起的。[126] 不过，麦克米伦（Macmillan）指
244 出，版权与文化之间的关系更多是“工具性的”而不是“根本性的”：

> 从根本性的角度看待文化作品，要求鼓励和保护文化作品是出于它具有内在的和非经济的价值，不仅作为人的创造力和自主性的表达，还[作为]在更大的文化、社会和政治领域内进行交流的一个手段。而版权采取的工具性的角度，着眼于通过促进进入贸易范围的文化作品的贸易实现今后的经济价值。[127]

关于数字产品分类的问题，乌恩奇-文森特（Wunsch-Vincent）认为，TRIPS 协定没有提供一个解决办法，因为它规定市场准入的方式与 GATT 1994 和 GATS 不同。[128] 尽管如此，数字化改变了 TRIPS 协定对文化产品的影响，例如通过使盗版电影的生产和发行简化或在图书采取电子形式的情况下加强了版权的力度。[129] 例

---

[125] Cowen, *Good and Plenty*, 103（另见 113）。

[126] Thierry Desurmont, ‘Réflexions sur les rapports entre la convention sur la protection et la promotion de la diversité des expressions culturelles et la protection du droit d'auteur’ (2006) 208 *Revue internationale du droit d'auteur* 2, 5, 13.

[127] Fiona Macmillan, ‘Commodification and Cultural Ownership’, in Jonathan Griffiths and Uma Suthersanen (eds.), *Copyright and Free Speech: Comparative and International Analyes* (2005) 35, 41 (footnotes omitted).

[128] Wunsch-Vincent, *WTO, Internet and Digital Products*, 61.

[129] Cowen, *Good and Plenty*, 125, 128 - 9. 另见 Jacco Hakfoort, ‘Copyright in the Digital Age: The Economic Rationale Re-examined’, in Ruth Towse (ed.), *Copyright in the Cultural Industries* (2002) 63, 76 - 7；加拿大众议院，*Scripts, Screens and Audiences: A New Feature Film Policy for the 21st Century — Report of the Standing Committee on Canadian Heritage* (November 2005) 137。

如，技术变化，或者可能通过产生新的发行渠道或产生无法实施版权的领域而降低版权的价值，或者可能在版权同样适用于电子和传统形式文化产品的情况下提高版权的重要性。[130] 有些人争论说，文化产品的版权变得过于严厉，正在危及而不是有助于文化多样性，[131]尤其是因为文化产品的版权往往集中在少数人手里。[132] 同样的意见，也被用来更广泛地讲到知识产权（包括商标和传统知 245
识）与文化的关系。[133]

对于知识产权权利过宽的问题，一个建议的解决办法是竞争法，它目前在 WTO 成员的谈判授权之外，并主要是国内规章的事情。[134] 防止 TRIPS 协定侵害卫生权利，采取一种以竞争为依据的方式是否有效果，现正在争论中。[135] 格拉伯就文化产品提出相同

---

[130] 见 Macmillan，'Commodification'，48 - 50；Hakfoort，'Copyright in the Digital Age'，80 - 1。

[131] 见，例如，Johnlee Curtis，'Culture and the Digital Copyright Chimera：Assessing the International Regulatory System of the Music Industry in Relation to Cultural Diversity' (2006) 13(1) *International Journal of Cultural Property* 59，80；Graber，*Handel und Kultur*，220 - 1。参见 Barton，'Economics of TRIPS'，498。

[132] Macmillan，'Commodification'，45 - 8，54 - 5.

[133] 参见 Jason Bosland，'The Culture of Trade Marks：An Alternative Cultural Theory Perspective' (2005) 10(2) *Media & Arts Law Review* 99，101；Witte，'Trade in Culture'，248；Gibson，*Community Resources*，187。

[134] 七月一揽子方案(July Package)，[1(g)]。

[135] UN，人权委员会，促进和保护人权分委员会，*The Impact of the Agreement on Trade-Related Aspects of Intellectual Property Rights on Human Rights：Report of the High Commissioner*，E/CN. 4/Sub. 2/2001/13 (27 June 2001) [64]；Frederick Abbott，'The "Rule of Reason" and the Right to Health：Integrating Human Rights and Competition Principles in the Context of TRIPS'，in Cottier，Pauwelyn and Bürgi，*Human Rights and Trade*，279，296；Sisule Musungu，'The Right to Health，Intellectual Property，and Competition Principles'，in Cottier，Pauwelyn and Bürgi，*Human Rights and Trade*，301，308。

的建议：将反垄断或竞争的原则引进 TRIPS 协定中，以对付高度集中的音像产业。[136] 杰尔曼提出一个略微不同的建议，认为
246 TRIPS 协定中的现有条款（包括第 7、8 和 40 条）[137]对于防止文化产业中的反竞争行为足够灵活，[138]GATS 第 IX 条也一样。[139]

在第 2 章中，我解释了为什么一些成员可能有合法需要以文化为由采取某些歧视性的文化政策措施。但是，与格拉伯和杰尔曼的意见不同，我在这方面的观点不是出自对文化产业中反竞争行为的担心。因此，它们关于竞争法律的建议，超出我在第 2 章中指认的贸易——文化问题和我在第 3 章中强调的目前对文化产品做法上存在的问题。尽管如此，这些建议值得进一步考虑。

---

[136] Graber, *Handel und Kultur*, 327－8, 343 (referring to Eleanor Fox, 'Competition Law and the Millennium Round' (1999) *Journal of International Economic Law* 665, 672－3).

[137] 这些条款最相关的内容如下：

7：保护和实施知识产权权利应当有助于促进技术发明，有助于技术的转让和传播，有助于技术知识的生产者和使用者的互利，采取的形式有利于社会和经济福利并有利于权利和义务的平衡。

8：1 在制定或修订自己的法律和规章时，成员可以采取为保护公共卫生和营养以及为促进对自己社会-经济和技术发展至关重要的领域中的公共利益所必需的措施，只要这种措施与本协定的条款一致。

40：1 成员一致认为，与知识产权权利有关的一些授权许可做法或条件抑制竞争，可能对贸易有负面影响并可能阻碍技术的转让和传播。

[138] Germann, 'Culture in Times of Cholera', 118－19.

[139] Germann, 'Diversité culturelle', 338－9. GATS 第 IX：1 条讲到："成员认识到，第 III 条之下那些以外的某些服务提供的商业惯例，可能抑制竞争并因此限制了服务贸易。"

6.6 结语

本章建议了改善适用到文化产品的现有 WTO 货物和服务贸易协定的若干途径，主要是扩大自由化，协调 GATT 1994 和 GATS 之下对文化产品的做法，以及减少文化产品待遇的不确定性。扩大 GATT 1994 之下的自由化，第 IV 条应当被取消或者修改，而且不应当为了文化产品在第 XX 条之下引入新的例外。在 GATS 之下，应当确认 MFN 豁免在 10 年后终止，国民待遇和市场准入的承诺应当全面适用于文化产品。而这将服从于 GATS 之下用于文化产品的一项为歧视性补贴的例外。如果保留第 IV 条，GATS 中应当有一个条款确认一项遵守 GATT 第 IV 条的措施不违反 GATS，以使第 IV 条具有效力。如果有必要，还可以在 GATS 之下引进同样规定，允许电视和电台广播中的本地内容配额。这也符合这样一个认可，即这些和其他以电子形式递送的数字产品为 GATS 之下的服务而不是 GATT 1994 之下的货物。对
这些产品实行的关税暂缓履行，应当更正式地和永久性地延长下 247
去。应当包含某些特殊和差别待遇的条款，承认发展中国家成员的特殊需求。

从这些改变中，“倾向贸易”和“倾向文化”的 WTO 成员可以得到什么？要求在文化产品方面有扩大的自由化的国家，如美国，得到的满足是，以某些商定的例外为条件，主要是为补贴的，有了国民待遇和市场准入的承诺。要求有权利制定歧视性文化政策措施的成员，如欧共体和加拿大，将得益于有保障的补贴方面的豁免。通过要求使用补贴而非对贸易有更多扭曲的配额或条例，可

以保证文化政策措施有最小的贸易限制性。

如本章一开始提到的，这里提出的建议不是为了当作实用的方案在多哈回合谈判中执行。建议的改变中，有许多在那些谈判的范围之外，那些谈判主要做的是通过 GATT 1994 和 GATS 的总体框架。另外，虽然对补贴和保障措施等事项也在进行考察，但这些领域本身是有争议的，这意味着任何将它们与专门用于文化产品的条款结合起来的尝试都有可能被拒绝。然而，本章就 WTO 中文化产品的问题指出了某些有助于 WTO 协定目标的可能解决途径。这表明找到一个办法是可能的，成员不应当任自己陷于无休止的僵局中。

7. 结论 248

货物、人员和服务的流动对数千年来文化在全世界的演进和传播起到了重要作用。但是,国际贸易的新规模使得文化趋同成为一个对全球化的严重的公共关切。担心文化特征、传统和礼仪习俗受到危害,是对互联程度不断提高和生活改变节奏更快的更广泛焦虑的一部分。除了个人层面的不安,文化和其他许多产业面临来自全球的日益激烈的竞争。察觉到的贸易和文化之间的冲突,在许多层次都有发生(地方、国家、地区和全球),而且涉及许多事物,从农业和旅游到手工艺品和神址圣地。

本书试图对一个特定方面的贸易和文化的讨论有所推动:WTO 范围内的文化产品。鉴于 WTO 成员的数量,其约束性规则框架的范围和复杂程度,以及国际货物和服务贸易额地不断增加,显然应当选择 WTO 来评估文化产品贸易的法律方面。文化产业的这些产品——特别是电影、广播、电视、录音、图书、杂志、期刊和有关的服务——反映了平衡文化价值和贸易自由化目标方面最难解决的观念问题当中的一些,而原因恰恰在于它们的重大经济意义。在 WTO 成员对于文化的关切中,它们也处在中心位置。有关音像服务的乌拉圭回合谈判的拉长,有关 GATS 的多哈回合谈判的拖延,加拿大-期刊一案中的早先 WTO 争端,以及许多 WTO 成员对《UNESCO 公约》的参与,都反映了这一点。所以,文化产品为理解 WTO 中关于文化的不同观点提供了一个宝贵的基础,虽 249

然国际贸易中其他许多货物和服务也可能带有一些文化性质。

本书第I部分显示，无论怎么看待文化产品相对于其他产品的独特性，WTO中关于文化产品的现有状况都不令人满意并且不可能持续。这表明，乌拉圭回合结束时就不一致达成一致，与其说是一个妥协或一个实用的办法，不如说是一个失败和一种对峙。[①]

第2章澄清了成员在文化产品方面的观点，检验了一下各方的政策主张。成员仍有待解决它们在文化产品方面的分歧。对一些成员，如中国香港、[②]墨西哥[③]和美国，[④]文化产品很像其他可以交易的产品，所以在WTO规则中只需要有限的特殊待遇。这种观点认为，文化政策措施经常无法实现其文化目标，更多情况下是伪装的保护主义。在欧共体、[⑤]加拿大[⑥]和澳大利亚[⑦]等成员看来，

---

① 例如，Guerrieri and Iapadre称："文化的例外原则上被排除，实际上暂时地被接受，将解决问题的一个更利索的方案推迟到目前回合的谈判"：Paolo Guerrieri and Lelio Iapadre，"Introduction"，in Guerrieri，Iapadre and Koopmann，*Cultural Diversity*，1，8。

② 见，例如，WTO，服务贸易委员会，*Report of the Meeting Held on 19 -22 May 2003：Note by the Secretariat*，TN/S/M/5 (21 February 2003)[90]。

③ WTO，服务贸易委员会，*Report of the Meeting Held on 9 December 2002 -13 January 2003：Note by the Secretariat*，TN/S/M/7 (30 June 2003)[85]。

④ 见，例如，WTO，服务贸易委员会，*Communication from the United States — Audiovisual and Related Services*，S/CSS/W/21 (18 December 2000) [7]-[9]。

⑤ 见，例如，欧共体，欧洲联盟委员会，*Council Decision of 20 December 2000 on the Implementation of a Programme to Encourage the Development，Distribution and Promotion of European Audiovisual Works (MEDIA Plus — Development，Distribution and Promotion) (2001 -2005)*，OJ L13 (2001) 34，前言[15]。另见WTO，服务贸易委员会，*Communication from Norway：The Negotiations on Trade in Services*，S/CSS/W/59 (21 March 2001) [6]；WTO，服务贸易委员会，*Communication from Slovenia，Bulgaria，Czech Republic，Poland and Slovak Republic：Note on Assessment of Trade in Services in Certain Transition Economies*，S/CSS/W/18 (5 December 2000) [15]。

⑥ 见，例如，WTO，服务贸易委员会，*Communication from Canada：Initial Canadian Negotiating Proposal*，S/CSS/W/46 and Corr. 1 (14 March 2001) [3]。

⑦ 见，例如，澳大利亚外交和贸易部，*Australian Intervention*。

文化政策措施属于自己合法范围的管制职权，因此不应当以国际贸易的名义被剥夺。否则，它们的文化产业和更一般讲它们的文化，有被外国的影响抑制和盖过的危险。本章的结论是，文化产品的社会和文化价值有时大于消费者个人愿意为其支付的价格。 250
因此，有些成员可能有真正的和合理的意愿支持本地的文化产品。此外，要使这些产品的生产和消费达到理想的水平，成员也许不得不采取含有对外国文化产品实行法定或实事上歧视的文化政策措施和采取在文化产品之间进行实事上歧视的措施。虽然这种歧视在通常情况下违反 WTO 法律中的国民待遇和 MFN 原则，但可以是正当的，只要它附带有对国际贸易的最低程度的限制或扭曲。

第 3 章讲述了与文化产品有最直接关系的 WTO 条款方面的问题，中心在 GATT 1994 和 GATS。该章表明，正如任何其他产品一样，文化产品主要受国民待遇和 MFN 待遇的核心义务的制约。文化产品确实受益于 GATT 1994 之下的一些例外条款(最明显的是第 IV 条、第 XX(a)条和第 XX(f)条)，而 GATS 内在的灵活性，使 WTO 成员在就文化产品制定措施方面有很大的政策空间。但是，文化产品可以具有不同的形式和通过不同的途径提供，货物和服务的划分对于文化产品尤其难以适用。这种带有问题的划分，再加上 GATT 1994 和 GATS 之下文化产品待遇的不同，给预见 WTO 成员制定的特定文化政策措施是否符合它们的 WTO 义务带来不确定性。而这些又增加了 GATT 1994 和 GATS 之下单项例外的原文中的含混。WTO 中目前对文化产品的做法带来的最大难题也许是，在成员仍然无法就应当如何对待文化产品取得一致的情况下，怎样促使它们在 GATS 之下就文化产品作出更多的承诺。

WTO 中目前对文化产品的做法不可能一直不变，因为对 WTO 条款的解释肯定会通过争端解决发生演变，而一旦生效，《UNESCO 公约》将对文化产品的贸易有重大影响。在不专门与文化产品有关的问题上的 WTO 谈判，也可能影响 WTO 法律中
251 对文化政策措施的做法。但是暂且假定现状可以维持下去，对于在文化产品上观点分歧的 WTO 成员，这将意味着什么？

首先，这将意味着文化产品和文化服务，包括电子形式递送的文化产品，之间的界限继续模糊不清。这可能转而导致在 WTO 协定之下就文化产品出现重叠和可能冲突的义务。第二，这将意味着，这些产品所具有的区别于其他货物和服务的特殊性质，在 GATT 1994 和 GATS 中继续受到有限的和不确定的承认。第三，也许是最重要的，这将意味着维持目前 GATS 下的状况，成员在其中通过不作出国民待遇或市场准入承诺来保证在文化产品方面的自由。这就没有留下什么空间去“实现递进式的更高水平的贸易自由化”，如 GATS 第 XIX：1 条所预期的，或如 GATT 前言提出的，去促进 WTO 的目标，即通过“实质性降低……贸易壁垒和……消除国际商业中的歧视性待遇”达到“保障充分就业以及实际收入和有效需求总量的规模和稳定增长”。当然，坚持不作出承诺和坚持开列 MFN 豁免的成员，在谈判中必须要为此“付出代价”，或者在其他服务部门，或者在多哈谈判的无关领域中。因此，对于许多 WTO 成员，现状比理想的要差。

在第 II 部分，我根据第 I 部分中得出的结论，评价今后在 WTO 中解决文化产品问题的三个主要选择：争端解决，一项新的协定，或改进现有协定。

第 4 章探讨是否可能维持 WTO 有关条款的现状，但是通过专家组和上诉机构进行的争端解决，适当情况下运用有关文化的国际法对条款给予解释，使它们发生演变。这个方法属于 DSU 和国际法之下关于解释的规则的范围，并且肯定能够澄清可适用于文化产品的例外当中的一些，也许可以澄清 WTO 法律中货物和服务的划分。它还可以为评估有些文化政策措施背后的动机提供更广泛的依据，在有多边宣言或文件支持的情况下赋予其合法性。但是，它无法消除 GATT 1994 和 GATS 之下在文化产品待遇方面的主要分歧。它也不能解决成员之间在文化产品上的根本争执和进而提高成员为音像服务作出 GATS 承诺的意愿。 252

没有谈判达成的解决办法，很有可能的是，成员的文化政策措施最后导致有更多的 WTO 争端发生。专家组和上诉机构可以就这类问题提供答案，如：GATT 第 IV 条中有关 MFN 规则的豁免，限于放映配额在 1947 年时共同所处的水平还是单项所处的水平？GATT 第 XIV：(f)条中“国家珍宝”的含义是什么？国际上对文化权利的承认，对于解释 GATS 第 XIV(a)条之下为公共道德的例外，含义是什么？这些问题当中的一些，在文化产品的范围之外可能总会提出来；其他的也许一直不会提出来，假如成员能够就文化产品谈判达成解决办法。无论结局如何，许多成员还是希望能够通过外交而不是裁决的办法解决文化产品的问题。有裁决报告支持它们，观念上的获胜者今后更加不可能来就这个问题进行谈判。

如第 4 章、第 5 章考虑了一个方法，使成员可以不做什么就能在文化产品上达成它们在乌拉圭回合中未能达成的一致。不是交由专家组和上诉机构来厘清细节，成员可以留待另一个国际机构谈判达成关于文化多样性，包括国际贸易中对文化产品的做法的一个新文件。实际上，这件事正在发生，并且似乎很有可能完成，不管 WTO 成员是否在 WTO 内也谈判出一个解决办法。

WTO 的多哈回合最初计划于 2005 年 1 月 1 日结束，[8]后来定在 2006 年底；[9]现仍然在磕磕绊绊地进行。[10] 与此同时，UNESCO 走到了前头，通过了《UNESCO 公约》，重申各国“有主权制定和执行自己的文化政策以及采取措施保护和促进文化表达形式的多样性”。[11] 从某些方面，这个时间可能是幸运的。对于
253 WTO 成员，这至少应当使人感到确实需要在多哈谈判中讨论文化产品，尽管不是在《UNESCO 公约》生效之前。[12]《UNESCO 公约》以现在的形式，可以相当于一个受尊重的多边机构认为 WTO 的规则与文化多样性和文化权利的价值有冲突。情况无需至此。WTO 成员自己就如何协调贸易和文化以及防止国际规范中的冲突不断增加达成一致，要可取得多。

遗憾的是，《UNESCO 公约》无法被视为一个兼有自由贸易和文化多样性视野的 WTO 和 UNESCO 之间的合作产物。《UNESCO 公约》的起因和目标都专注在文化上，这容易使贸易自由化的好处变得扑朔起来。尤其是，《UNESCO 公约》很可能使为自己文化政策措施寻求更大灵活性的成员固守己见和拒绝在 GATS 之下增加对文化产品的承诺。根据《UNESCO 公约》，这些

---

⑧ 《多哈宣言》，[45]。

⑨ 《香港宣言》，[1]。另见 WTO，*Report by the Chairman of the Trade Negotiations Committee to the General Council*，TN/C/5 (28 July 2005)。

⑩ 见上，28，n. 163。

⑪ 《UNESCO 公约》，第 5(1)条。

⑫ 见上，185。

成员还有可能在自己当中倾向于将涉及文化产品的争端从 WTO 的场合撤出来。这会降低 WTO 协定的有效性,减少争端解决的透明度,削弱 WTO 的一致性。所以,《UNESCO 公约》不能解决 WTO 中的文化产品问题。更令人担心的是,它也许会加重目前 WTO 的僵持局面。

第 6 章提出一个更好的解决办法。该章对 GATT 1994 和 GATS 提出多方修订的建议,不是为 WTO 成员在多哈回合或其他场合提供具体指导,而是举例说明 WTO 协定怎样可以更好地平衡所有成员的文化和贸易的目标。我的建议包括取消 GATT 1994 第 IV 条中为放映配额的例外,或至少对其进行修改使国民待遇的例外与一项维持现状的要求挂起钩,现行的第 IV 条中的 MFN 例外亦如此。然后,不是在 GATT 1994 中为文化产品增加一个新的例外从而降低成员已经在 1994 年接受的贸易自由化程度,而是可以将为文化产品所作的修订引向 GATS。具体地,第 6 章建议,将数字产品(即以电子形式递送的文化产品)归类为服务,但是所有成员全面接受 GATS 之下与文化产品有关的 MFN、国民待遇和市场准入的义务。这将有利于服务贸易不断自由化的目 254
标,作为中和,可以允许在无不正当贸易限制的情况下采取某些措施推行文化目标。这些将主要采取补贴的形式,并为发展中和最不发达国家留有更多的灵活性。

至今,就公开作出的 GATS 许诺看,没有积极的迹象表明成员准备在多哈回合中就这个问题进行实质性的谈判。就能够从公开的信息搜集到的成员立场和谈判状况,看来在接近关于文化产品的一个中间立场上没有取得什么进展。像乌拉圭回合中一样,印刷和出版方面的情况看起来比音像服务稍微好一些。一些成员在其减让中包括了印刷和出版服务方面市场准入和国民待遇的承诺，虽然经常将模式 4 排除在外。[13] 不过，这些成员中的一些已经在自己的 GATS 减让表里作出这些承诺，并且不打算扩大或改进它们。在音像服务方面，就市场准入和国民待遇表示的少数承诺，较之目前的形式，多半没有变化（限制性或者甚至更强），而目前的形式还是乌拉圭回合结束时或加入协定时谈成的。[14] 另外，许多
255 成员打算保留它们在这个领域内现有的 MFN 豁免。[15]

---

⑬ WTO，服务贸易委员会，*Communication from the European Communities and Its Member States*：*Conditional Revised Offer*，TN/S/O/EEC/Rev. 1 (29 June 2005) 172-3；WTO，服务贸易委员会，*Iceland*：*Revised Offer on Services*，TN/S/O/ISL/Rev. 1 (14 June 2005) 15；WTO，服务贸易委员会，*Japan*：*Revised Offer*，TN/S/O/JPN/Rev. 1 (24 June 2005) 45；WTO，服务贸易委员会，*Republic of Korea*：*Revised Offer on Services*，TN/S/O/KOR/Rev. 1 (14 June 2005) 25；WTO，服务贸易委员会，*Liechtenstein*：*Revised Offer*，TN/S/O/LIE/Rev. 1 (20 July 2005) 17；WTO，服务贸易委员会，*Norway*：*Revised Offer*，TN/S/O/NOR/Rev. 1 (28 June 2005) 18；WTO，服务贸易委员会，*Pakistan*：*Conditional Initial Offer on Services*，TN/S/O/PAK (30 May 2005) 13；WTO，服务贸易委员会，*Communication from the United States*：*Initial Offer*，TN/S/O/USA (9 April 2003) 48。

⑭ WTO，服务贸易委员会，*Communication from the United States*：*Initial Offer*，TN/S/O/USA (9 April 2003) 56-59；WTO，服务贸易委员会，*Japan*：*Revised Offer*，53-54；WTO，服务贸易委员会，*New Zealand*：*Revised Conditional Offer*，TN/S/O/NZL/Rev. 1 (17 June 2005) 25-26；WTO，服务贸易委员会，*Republic of Korea*：*Revised Offer on Services*，TN/S/O/KOR/Rev. 1 (14 June 2005) 33；WTO，服务贸易委员会，*Malaysia*：*Revised Offer*，TN/S/O/MYS/Rev. 1 (31 January 2006) 29；WTO，服务贸易委员会，*Oman*：*Initial Offer*，TN/S/O/OMN (14 March 2006) 13。另见 WTO，服务贸易委员会，*Communication from Hong Kong China*，*Japan*，*Mexico*，*the Separate Customs Territory of Taiwan*，*Penghu*，*Kinmen and Matsu*，*and United States*：*Joint Statement on the Negotiations on Audiovisual Services*，TN/S/W/49 (30 June 2005) [5]。

⑮ WTO，服务贸易委员会，*Australia*：*Revised Services Offer*，TN/S/O/AUS/Rev. 1 (31 May 2005) 67；WTO，服务贸易委员会，*Canada*：*Revised Conditional Offer on Services*，TN/S/O/CAN/Rev. 1 (23 May 2005) 111；WTO，服务贸易委员会，

如果成员不在多哈回合谈判中商讨文化产品，留给它们的将是不如人意的法律条文，以及这样的可能性，即通过司法解释和UNESCO的行动，事情将脱离它们的掌控。同时，成员仅仅重复在乌拉圭回合中提出的论点，是没有意义的。各方的观点都极为强硬，靠等待另一方完全作出让步，谁也不会“获胜”。实际上，这种状况要求有一种意愿进行合作，制定出办法修改现有条款和在考虑文化关切的同时鼓励作出新的承诺。这个领域中的合作，将为解决WTO中更全面的贸易和文化问题提供一个起始点。

首先，成员应当承认文化政策目标，以及WTO成员在文化产品方面推行这些目标的权利的合法性。同时，自不待言的是，文化产业的价值，既是经济的也是文化的。因此，就像任何其他产业一样，成员应当谨防伪装成文化政策的保护主义。需要法定歧视外国文化产品或事实上在这些产品之间进行歧视的文化政策措施，也许是正当的，但是它们不需要限制进口。保护和促进文化及文化的多样性，并不意味着将其与外来的影响隔离开。就此而言，经济效率和文化目标是连在一起的：保护本地文化产业不受外国进口影响，不仅可能削弱它们的竞争力，还可能降低它们对本地文化及其发展的贡献。所以，WTO规则应当专注于将文化政策措施的贸易限制性减到最小，同时考虑到文化目标，而不去评估单个成 256
员的背后动机或其文化政策措施实现那些目标的有效性。

Chile: Conditional Revised Offer, TN/S/O/CHL/Rev. 1 (5 July 2005) 50; WTO，服务贸易委员会，*Colombia: Initial Offer*, TN/S/O/COL (18 September 2003) 36; WTO，服务贸易委员会，*EC Revised Offer*, 415－18; WTO，服务贸易委员会，*Iceland Revised Offer*, 38－39; WTO，服务贸易委员会，*Liechtenstein Revised Offer*, 37; WTO，服务贸易委员会，*NZ Revised Offer*, 37; WTO，服务贸易委员会，*Norway Revised Offer*, 46－7。

关于WTO中文化产品的故事也许可以拍成一部格调压抑的电影，光线昏暗，人物听天由命。可以形容说，乌拉圭回合正是在多边领域中协调贸易和文化的一系列失败之一。但是，往前走，故事可以有戏剧性的变化。虽然WTO争端解决和《UNESCO公约》不能成为实现必要变革的渠道，多哈回合却提供了一个新的机会让WTO成员通过协调一致的行动解决这个长期存在的两难命题。我建议了一个解决办法，它包含协调文化产品作为货物和服务的待遇，以及在GATS之下同时引进强制性的义务和对文化产品的一揽子例外。WTO成员无疑可以再提出其他的建议。无论如何清楚的是，WTO中对于文化产品的做法必须改革，要有一个更乐观的剧本，更好地兼顾全球范围的文化和经济的诉求。

参考文献

NON-WTO AGREEMENTS, CASES, STATUTES, AND TREATIES

Aegean Sea Continental Shelf Case (*Greece v Turkey*) (*Jurisdiction*)[1978] ICJ Rep. 3.

African Charter on Human and Peoples' Rights, 1520 UNTS 217; 21 ILM 58 (adopted 27 June 1981).

Agreement for Facilitating the International Circulation of Visual and Auditory Materials of an Educational, Scientific and Cultural Character, 197 UNTS 3 (adopted 10 December 1948).

Agreement on the Importation of Educational, Scientific and Cultural Materials, 131 UNTS 25 (adopted 17 June 1950).

American Convention on Human Rights, 1144 UNTS 143; OAS Treaty Series No. 36 (signed 22 November 1969).

Applicability of Article VI, Section 22, of the Convention on the Privileges and Immunities of the United Nations (*Advisory Opinion*)[1989] ICJ Rep. 177.

Australia United States Free Trade Agreement (signed 18 May 2004).

Broadcasting Act 1991 (Canada) Ch. B-9.01.

Cable Television Networks Rules 1994 (India) GSR 729(E).

Canada Chile Free Trade Agreement (signed 5 December 1996).

Canada United States Free Trade Agreement, 27 ILM 281; 2 BDIEL 359 (signed 2 January 1988).

Cartagena Protocol on Biosafety to the Convention on Biological Diversity, 39 ILM 1027 (adopted 29 January 2000).

Chile United States Free Trade Agreement (signed 6 June 2003).

Commission of the European Communities v Kingdom of the Netherlands

(C-353/89) [1991] ECR I-4069.

Convention Against Illicit Traffic in Narcotic Drugs and Psychotropic Substances, E/CONF. 82/15 (adopted 20 December 1988).

Convention for the Protection of Cultural Property in the Event of Armed Conflict, 249 UNTS 240 (adopted 14 May 1954).

Convention for the Protection of Human Rights and Fundamental Freedoms, 213 UNTS 221; ETS 5 (signed 4 November 1950), as amended by Protocol No. 11 (ETS 155).

Convention for the Protection of the World Cultural and Natural Heritage, 1037 UNTS 151 (adopted 16 November 1972).

Convention on Biological Diversity, 1760 UNTS 79; 31 ILM 818 (adopted 5 June 1992).

Convention on the Conservation of Migratory Species of Wild Animals, 1651 UNTS 333; 19 ILM 11 (adopted 23 June 1979).

Convention on International Trade in Endangered Species of Wild Fauna and Flora, 99 UNTS 243; 12 ILM 1085 (adopted 3 March 1973).

Convention on the Means of Prohibiting and Preventing the Illicit Import, Export and Transfer of Ownership of Cultural Property, [1972] UNTS 230 (adopted 14 November 1970).

Convention on the Rights of the Child, 1577 UNTS 3 (adopted 20 November 1989).

Criminal Proceedings Against Burmanjer (C-20/03)[2005] ECR I.

Cyprus v Turkey (2001) ECHR Application No. 25781/94.

Elliniki Radiophonia Tiléorassi AE v Dimotiki Etairia Pliroforissis (C-260/89)[1991] ECR I-2925.

Gabcíkovo-Nagymaros Project (*Hungary v Slovakia*) (*Merits*)[1997] ICJ Rep. 7.

Her Majesty's Customs and Excise v Schindler (C-275/92)[1994] ECR I-1039.

Indigenous and Tribal Peoples Convention, ILO Convention 169 (adopted 27 June 1989).

International Convention on the Harmonized Commodity Description and

Coding System (signed 14 June 1983).

International Covenant on Civil and Political Rights, 999 UNTS 171 (adopted 16 December 1966).

Land and Maritime Boundary between Cameroon and Nigeria (Cameroon v Nigeria) (Merits)[2002] ICJ Rep. 1.

Legal Consequences for States of the Continued Presence of South Africa in Namibia (South West Africa) notwithstanding Security Council Resolution 276 (Advisory Opinion) [1971] ICJ Rep. 16.

North American Free Trade Agreement, 32 ILM 289 and 605 (signed 17 December 1992).

Protocol to the Agreement on the Importation of Educational, Scientific and Cultural Materials, 1259 UNTS 3 (adopted 26 November 1976).

Treaty Establishing a Constitution for Europe, OJ C310, 1 (signed 29 October 2004).

Treaty Establishing the European Community, OJ C340, 173; 37 ILM 79 (signed 25 March 1957).

UNIDROIT Convention on Stolen or Illegally Exported Cultural Objects, Diplomatic Conference for the Adoption of the Draft UNIDROIT Convention on the International Return of Stolen or Illegally Exported Cultural Objects, Rome-Acts and Proceedings 1996 (adopted 24 June 1995).

United Nations Convention on the Law of the Sea, 1833 UNTS 3; 21 ILM 1261 (adopted 10 December 1982).

United States Diplomatic and Consular Staff in Tehran (United States v Iran)(Merits) [1980] ICJ Rep. 3.

Vereinigte Familiapress Zeitungsverlags-und vertriebs GmbH v Heinrich Bauer Verlag (C-368/95)[1997] ECR I-3689.

Vienna Convention on the Law of Treaties, 1155 UNTS 331 (adopted 22 May 1969).

OTHER OFFICIAL DOCUMENTS AND REPORTS

Advisory Centre on WTO Law, *Giving Legal Effect to the Results of the Doha Round: An Analysis of the Methods of Changing WTO Law-*

Background Paper for ACWL Members and LDCs (June 2006).

Australian Broadcasting Authority, *Broadcasting Services (Australian Content) Standard 1999* (July 2004).

'Trade Liberalisation in the Audiovisual Services Sector and Safeguarding Cultural Diversity' (working paper, commissioned by the Asia-Pacific Broadcasting Union, July 1999).

Australian Department of Communications Information Technology and the Arts, *Report on Access to Overseas Markets for Australia's Creative Digital Industry* (12 December 2003).

Australian Department of Foreign Affairs and Trade, *Australia-Uhited States Free Trade Agreement: Guide to the Agreement* (March 2004).

Australian Intervention on Negotiating Proposal on Audiovisual Services: Council for Trade in Services Special Session (July 2001).

Australian Government, *Creative Nation: Commonwealth Cultural Policy* (October 1994).

Canadian Department of Communications, *Report of the Federal Cultural Policy Review Committee* (1982).

Canadian Department of Foreign Affairs and International Trade, 'Marchi Tables Government Response to Parliamentary Committee's Report on MAI', press release 97 (23 April 1998).

Canadian Department of Foreign Affairs and International Trade, Cultural Industries SAGIT, *Canadian Culture in a Global World: New Strategies for Culture and Trade* (February 1999).

An International Agreement on Cultural Diversity: A Model for Discussion (September 2002).

Canadian Heritage, *Book Publishing Industry Development Program (BPIDP): Applicant's Guide 2002-2003* (2002).

Canadian Content in the 21st Century: A Discussion Paper about Canadian Content in Film and Television Productions (March 2002).

'Copps to Host International Meeting on Culture', press release (2 June 1998).

A Guide to Federal Programs for the Film and Video Sector (September

2001).

Canadian Heritage Publishing Policy and Programs Branch, *Book Publishing Industry Activity Report: 2000—2001* (September 2001).

Canadian House of Commons, *Scripts. Screens and Audiences: A New Feature Film Policy for the 21st Century-Report of the Standing Committee on Canadian Heritage* (November 2005).

CRTC, '*The Country Network'-A Country Music Video Service-Approved*, Decision CRTC 94-284 (6 June 1994).

Revised Lists of Eligible Satellite Services, Public Notice CRTC 1994 - 61 (6 June 1994).

Structural Public Hearing, Public Notice CRTC 1993 - 74 (3 June 1993).

Customs Cooperation Council, *Explanatory Notes to the Harmonized Commodity Description and Coding System* (1986).

EC, Council of the European Communities, *Council Directive 89/552/EEC of 3 October 1989 on the Coordination of Certain Provisions Laid Down by Law, Regulation or Administrative Action in Member States Concerning the Pursuit of Television BroadcastingActivities*, OJ L298, 23 (17 October 1989), as amended by European Parliament and Council of the European Union, *Directive 97/36/EC of the European Parliament and of the Council of 30 June 1997 Amending Council Directive 89/552/EEC on the Coordination of Certain Provisions Laid Down by Law, Regulation or Administrative Action in Member States Concerning the Pursuit of Television Broadcasting Activities*, OJ L202, 60 (30 July 1997).

EC, Council of the European Union, *Council Decision of 20 December 2000 on the Implementation of a Programme to Encourage the Development, Distribution and Promotion of European Audiovisual Works (MEDIA Plus-Development, Distribution and Promotion) (2001 - 2005)*, OJ L13 (2001) 34.

EC, European Commission, *Authorisation for State Aid pursuant to Articles 87 nnd 88 of the EC Treaty: Cases Where the Commission Raises No Objections*, OJ C79 (2006) 23.

Proposal for a Decision of the European Parliament and the Council Con-

cerning the Implementation of a Programme of Support for the European Audiovisual Sector (MEDIA 2007), COM(2004) 470 final (14 July 2004).

EC, European Parliament and Council of the European Union, *Recommendation 2005/865/CE of the European Parliament and of the Council of 16 November 2005 on Film Heritage and the Competitiveness of Related Industrial Activities*, OJ L323 (2005)57.

European Research Institute for Comparative Cultural Policy and the Arts, *A Pilot Inventory of National Cultural Policies and Measures Supporting Cultural Diversity* (July 2001).

GATT, *Application of GATT to International Trade in Television Programmes*, L/1615 (16 November 1961).

Application of GATT to International Trade in Television Programmes: Proposal by the Government of the United States, L/2120 (18 March 1964).

Application of GATT to International Trade in Television Programmes: Report of the Working Party, L/1741(13 March 1962).

Application of GATT to International Trade in Television Programmes: Revised United States Draft Recommendation, L/1908 (10 November 1962).

Application of GATT to International Trade in Television Programmes: Statement made by the United States Representative on 21 November 1961, L/1646(24 November 1961).

Austria/Luxembourg/Netherlands/Norway/Spain/Sweden/Switzerland/United Kingdom-Measures to be Taken under the European Convention on Transfrontier Television: Request for Consultations under Article XXII:1 by the United States, DS4/1 (11 September 1989).

Barriers to the Import and Export of Educational, Scientific and Cultural Material, GATT/CP/12 (8 March 1949).

Countdown for the Uruguay Round: Address by Peter Sutherland to the Forum de l'Expansion, Paris, 19 October 1993, NUR 070 (20 October 1993).

EEC – Directive on Transfrontier Television: Request for Consultations under Article : *1 by the United States*, DS4/3 (8 November 1989).
EEC – Directive on Transfrontier Television: Response to Request for Consultations under Article XXII : *1 by the United States*, DS4/4 (8 November 1989).
France – Television Broadcasting of Cinematographic and Audiovisual Works: Request for Consultations under Article XXII : *1 by the United States*, DS4/5 (8 May 1990).
Major Proposals Tabled on Safeguards while First Sectoral Discussions Take Place in Services Group, NUR 029 (7 July 1989).
Ministerial Declaration to Launch the Uruguay Round of Multilateral Trade Negotiations MIN. DEC (20 September 1986).
Peter Sutherland Responds to Debate on Audiovisual Sector, NUR 069 (14 October 1993).
Understanding on Commitments in Financial Services, LT/UR/U/1 (15 April 1994).
Waiver Decision on the Generalized System of Preferences, L/3545, BISD 18S/24 (25 June 1971).
GATT, Group of Negotiations on Services, *Informal GNS Meeting-Chairman's Statement*, MTN. GNS/49 (11 December 1993).
GATT, Trade Negotiations Committee, *Mid-Term Meeting*, MTN. TNC/11 (21 April 1989).
Uruguay Round-Trade Negotiations Committee Meeting, NUR 077 (26 November 1993).
GATT, Uruguay Round Group of Negotiations on Services, *Scheduling of Initial Commitments in Trade in Services: Explanatory Note*. MTN. GNS/W/164 (3 September 1993).
Services Sectoral Classification List-Note by the Secretariat, MTN. GNS/W/120 (10 July 1991).
GATT, Uruguay Round Group of Negotiations on Services, Working Group on Audiovisual Services, *Matters Relating to Trade in Audiovisual Services: Note by the Secretariat*, MTN. GNS/AUD/W/1 (4 October

1990).

Note on the Meeting of 5 and 18 October 1990, MTN. GNS/AUD/2 (20 December 1990).

Note on the Meeting of 27 –28 August 1990, MTN. GNS/AUD/1 (27 September 1990).

INCD, *Advancing Cultural Diversity Globally: The Role of Civil Society Movements-Report from the Fourth Annual Conference of the International Network for Cultural Diversity in Partnership with Culturelink Network/IMO* (Opatija, 13 – 15 October 2003).

Proposed Convention on Cultural Diversity (15 January 2003).

INCP, *Draft International Convention on Cultural Diversity* (29 July 2003).

Fifth INCP Annual Ministerial Meeting: Final Report (Cape Town, 14 – 16 October 2002).

Report for Ministerial Consideration on the 2003 –2004 Workplan of the Working Group on Cultural Diversity and Globalization (2004).

Seventh INCP Annual Ministerial Meeting: Ministerial Statement (Shanghai, 14 – 16 October 2004).

Sixth INCP Annual Ministerial Meeting: Ministerial Statement (Opatija, 16 – 18 October 2003).

Ninth International Conference of American States, *American Declaration of the Rights and Duties of Man* (1948).

OECD Council, *Decision Updating the Invisibles Code*, C(88)110(Final) (21 July 1988).

OECD, Negotiating Group on the MAI, *The Multilateral Agreement on Investment: Draft Consolidated Text*, DAFFE/MAI(98)7/REV 1 (22 April 1998).

OECD, Working Party on the Information Economy, *Digital Broadband Content: Music*, DSTI/ICCP/IE(2004)12/FINAL (8 June 2005).

UK, Department for Culture, Media and Sport, *Creative Industries: UK Television Exports Inquiry (The Report of the Creative Industries Task Force Inquiry into Television Exports)* (November 1999).

UN, *Central Product Classification Version 1. 1*, Statistical Papers, Series

M,No. 77 (2004).

Charter of the United Nations (signed 26 June 1945).

Extract of the Summary Record of the Second Session of the Preparatory Committee of the United Nations Conference on Trade and Employment, Commission A, E/PC/T/A/SR/ 10 (6 June 1947).

Multilateral Treaties Deposited with the Secretary-General, ST/LEG/SER/E/-, <http:// untreaty. un. org>(accessed 4 August 2006).

Provisional Central Product Classification, Statistical Papers, Series M, No. 77 (1991).

Rio Declaration on Environment and Development, A/CONF. 151/5/Rev. 1;31 ILM 874 (13 June 1992).

Universal Declaration of Human Rights, GA Res. 217A(III)(10 December 1948). UN, Commission on Human Rights, *Analytical Study of the High Commissioner for Human Rights on the Fundamental Principle of Non-Discrimination in the Context of Globalization: Report of the High Commissioner*, E/CN. 4/2004/40(15 January 2004).

Globalization and Its Impact on the Full Enjoyment of Human Rights: Report of the High Commissioner for Human Rights Submitted in Accordance with Commission on Human Rights Resolution 2001/32, E/CN. 4/2002/54 (15 January 2002).

Promotion of the Enjoyment of the Cultural Rights of Everyone and Respect for Different Cultural Identities, E/CN. 4/RES/2002/26 (22 April 2002).

Question of the Realization in All Countries of the Economic, Social and Cultural Rights Contained in the Universal Declaration of Human Rights and in the International Covenant on Economic, Social and Cultural Rights, and Study of Special Problems which the Developing Countries Face in Their Efforts to Achieve These Human Rights, E/CN. 4/RES/2003/18 (22 April 2003).

Rights of Persons Belonging to National or Ethnic, Religious and Linguistic Minorities, E/CN. 4/RES/2000/52 (25 April 2000).

UN, Commission on Human Rights, Sub-Commission on the Promotion and

Protection of Human Rights, *Globalization and Its Impact on the Full Enjoyment of Human Rights: Final Report Submitted by J. Oloka-Onyango and Deepika Udagama, in Accordance with Sub-Commission Decision 2000/105*, E/CN. 4/Sub. 2/2003/14 (25 June 2003).

Human Rights, Trade and Investment: Report of the High Commissioner for Human Rights, E/CN. 4/Sub. 2/2003/9 (2 July 2003).

The Impact of the Agreement on Trade-Related Aspects of Intellectual Property Rights on Human Rights: Report of the High Commissioner, E/CN. 4/Sub. 2/2001/13 (27 June 2001).

Liberalization of Trade in Services and Human Rights: Report of the High Commissioner, E/CN. 4/Sub. 2/2002/9 (25 June 2002).

UN, Committee on Economic, Social and Cultural Rights, *General Comment No. 1: Reporting by States Parties*, E/1989/22 (24 February 1989).

Report on the Sixteenth and Seventeenth Sessions, E/1998/22 (20 June 1998).

Revised Guidelines Regarding the Form and Contents of Reports to be Submitted by States Parties under Articles 16 and 17 of the International Covenant on Economic, Social and Cultural Rights, E/C. 12/1991/1, annex.

Summary Record of the 4th Meeting: Paraguay, E/C. 12/1996/SR. 4 (6 May 1996).

UN, Economic and Social Council, *Procedure for Dealing with Communications Concerning Human Rights*, Res. 2000/3 (16 June 2000).

Procedure for Dealing with Communications Relating to Violations of Human Rights and Fundamental Freedoms, Res. 1503 (XLVIII) (27 May 1970).

Review of the Composition, Organization and Administrative Arrangements of the Sessional Working Group of Governmental Experts on the Implementation of the International Covenant on Economic, Social and Cultural Rights, 1985/17(28 May 1985). UN. General Assembly, *Action Plan on International Cooperation on the Eradication of Illicit Drug Crops and on Alternative Development*, A/RES/S - 20/4 (10 June

1998).

Declaration on the Rights of Persons Belonging to National or Ethnic, Religious and Linguistic Minorities, A/RES/47/135 (18 December 1992).

Fiftieth Anniversary of the Universal Declaration of Human Rights, A/RES/52/117 (12 December 1997).

UN, Human Rights Committee, *Concluding Observations of the Human Rights Committee: Italy*, CCPR/C/79/Add. 37 (3 August 1994).

Consideration of Reports Submitted by States Parties under Article 40 of the Covenant: Concluding Observations of the Human Rights Committee, CCPR/C/ITA/CO/5 (24 April 2006).

General Comment No. 10: Freedom of Expression (Art. 19), reprinted HRI/GEN/1/Rev. 1, 11 (29 June 1983).

General Comment No. 23: The Rights of Minorities (Article 27), CCPR/C/21/Rev. 1/Add. 5 (8 April 1994).

UN, ILC, *Fragmentation of International Law: Difficulties Arising from the Diversification and Expansion of International Law-Report of the Study Group-Finalized by Martti Koskenniemi*, A/CN. 4/L. 682 (13 April 2006).

Fragmentation of International Law: Difficulties Arising from the Diversification and Expansion of International Law-Report of the Study Group, A/CN. 4/L. 702 (18 July 2006).

Yearbook, II (1966).

UN, Office of the United Nations High Commissioner for Human Rights, *Human Rights and Trade: Statement to the Fifth Ministerial Conference of the WTO* (10 – 14 September 2003).

Human Rights and World Trade Agreements: Using General Exception Clauses to Protect Human Rights, HR/PUB/05/5 (2005).

The International Bill of Human Rights (Fact Sheet No. 2 (Rev. 1)) (June 1996).

The United Nations Human Rights Treaty System: An Introduction to the Core Human Rights Treaties and the Treaty Bodies (Fact Sheet No. 30).

UNCTAD, *Audiovisual Services: Improving Participation of Developing Countries-Note by the UNCTAD Secretariat*, TD/B/COM. I/EM. 20/2 (30 September 2002).

Lessons from the MAI, UNCTAD/ITE/IIT, UN Sales No. E. 99. II (1999).

Report of the Expert Meeting on Audiovisual Services: Improving Participation of Developing Countries, 13 – 15 November 2002, TD/B/COM. 1/56; TD/B/COM. 1/EM. 20/3 (4 December 2002).

UNCTAD and World Bank, *Liberalizing International Transactions in Services: A Handbook* (New York, Geneva: UN, 1994).

UNESCO, *A Constitution of the United Nations Educational, Scientific and Cultural Organization* (16 November 1945).

'Convention on the Protection and Promotion of the Diversity of Cultural Expressions will enter into force on 18 March 2007', press release 2006 – 155 (18 December 2006).

Convention on the Protection and Promotion of the Diversity of Cultural Expressions, CLT-2005/CONVENTION DIVERSITE-CULT REV (20 October 2005).

Culture, Trade and Globalization: Questions and Answers (Paris: UNESCO, 2000).

Decisions Adopted by the Executive Board at Its 166th Session, 166 EX/Decisions (14 May 2003).

Declaration of the Principles of International Cultural Co-operation, 14 C/Resolution 8 (4 November 1966).

Final Report: Intergovernmental Conference on Cultural Policies for Development, CLT-98/Conf. 210 (31 August 1998).

First Session of the Intergovernmental Meeting of Experts on the Preliminary Draft Convention on the Protection of the Diversity of Cultural Contents and Artistic Expressions: Report by the Secretariat, CLT-2004/CONF. 201/9 (November 2004).

'General Conference Adopts Convention on the Protection and Promotion of the Diversity of Cultural Expressions', press release 2005-128 (20 October 2005).

'General Conference Adopts Universal Declaration on Cultural Diversity', press release 2001-120 (2 November 2001).

Our Creative Diversity (1995).

Preliminary Draft Convention on the Protection of the Diversity of Cultural Contents and Artistic Expressions: Preliminary Report of the Director-General, CLT/CPD/2004/CONF. 201/1 (July 2004).

Preliminary Draft Convention on the Protection of the Diversity of Cultural Contents and Artistic Expressions: Presentation of Comments and Amendments, CLT/CPD/2004/CONF. 607/1, partie IV (December 2004).

Preliminary Draft Convention on the Protection of the Diversity of Cultural Contents and Artistic Expressions: Text Revised by the Drafting Committee, 14-17 December 2004, CLT/CPD/2004/CONF. 607/6 (23 December 2004).

Preliminary Report of the Director-General Containing Two Preliminary Drafts of a Convention on the Protection of the Diversity of Cultural Contents and Artistic Expressions, CLT/CPD/2005/CONF. 203/6 (3 March 2005).

Preliminary Study on the Technical and Legal Aspects Relating to the Desirability of a Standard-Setting Instrument on Cultural Diversity, 166 EX/28 (12 March 2003).

Recommendation Concerning the International Exchange of Cultural Property, 19 C/Resolutions, annex I, 16 (26 November 1976).

Recommendation for the Safeguarding and Preservation of Moving Images, 21 C/Resolutions, annex I, 156 (27 October 1980).

Recommendation on Participation by the People at Large in Cultural Life and Their Contribution to It, 19 C/Resolutions, annex I, 29 (26 November 1976).

Recommendation on the Safeguarding of Traditional Culture and Folklore, 25 C/Resolutions, annex I(B), 238 (15 November 1989).

Records of the General Conference, 16th Session, vol. I: *Resolutions* (14

November 1970).

Records of the General Conference, 31st Session, vol. I: *Resolutions* (15 October to 3 November 2001).

Report of the Third Meeting of Experts (Category VI) on the Preliminary Draft of the Convention on the Protection of the Diversity of Cultural Contents and Artistic Expressions, CLT/CPD/2004/603/5(23 June 2004).

UNESCO and the Issue of Cultural Diversity: Review and Strategy, 1946 -2004 (Revised version, September 2004).

(ed.), *World Culture Report: Cultural Diversity, Conflict and Pluralism* (Paris: UNESCO, 2000).

(ed.), *World Culture Report: Culture, Creativity and Markets* (Paris: UNESCO, 1998).

World Report on Culture and Development, 26 C/Resolution 3. 4 (6 November 1991).

UNESCO, General Conference, *Preliminary Draft Convention on the Protection and Promotion of the Diversity of Cultural Expressions*, 33 C/23, annex V (4 August 2005).

Preliminary Report by the Director-General Setting out the Situation to be Regulated and the Possible Scope of the Regulating Action Proposed, Accompanied by the Preliminary Draft of a Convention on the Protection and of the Diversity of Cultural Contents and Artistic Expressions, 33 C/23 (4 August 2005).

Resolution 34 Adopted at the 32nd Session (29 September 2003 - 17 October 2003).

UNESCO, Third Intergovernmental Meeting of Experts, *Recommendation* (3 June 2005).

United Nations Development Programme, *Human Development Report 2004: Cultural Liberty in Today's Diverse World* (2004).

USA, WTO, *Second Submission to the Panel in Mexico-Tax Measures on Soft Drinks and Other Beverages* (21 January 2005).

USTR, 'Hills Announces Implementation of Special 301 and Title VII', press release (26 April 1991).

2002 National Trade Estimate Report on Foreign Trade Barriers (2002).

'USTR Announces Commercial Agreement in the U. S. -Canada Country Music Television Dispute', press release 96 - 22 (7 March 1996).

WTO, *Agreement on Telecommunications Services (Fourth Protocol to General Agreement on Trade in Services)*. 36 ILM 254 (1997).

Australia-Final List of Article II (MFN) Exemptions, GATS/EL/6 (15 April 1994).

Brazil-Final List of Article II (MFN) Exemptions, GATS/EL/13 (15 April 1994).

Canada-Final List of Article II (MFN) Exemptions, GATS/EL/16 (15 April 1994).

Canada-Schedule of Specific Commitments, GATS/SC/16 (15 April 1994).

Developing Countries and the Multilateral Trading System: Past and Present-Background Note by the Secretariat, WTO High Level Symposium (17 - 18 March 1999).

Egypt-Final List of Article II (MFN) Exemptions, GATS/EL/30 (15 April 1994).

European Communities and Their Member States-Final List of Article II (MFN) Exemptions, GATS/EL/31 (15 April 1994).

European Communities and Their Member States-Schedule of Specific Commitments, GATS/SC/31 (15 April 1994).

Fourth Protocol to the General Agreement on Trade in Services, S/L/20 (30 April 1996).

The Hashemite Kingdom of Jordan-Final List of Article II MFN Exemptions, GATS/EL/ 128(15 December 2000).

Iceland-Schedule of Specific Commitments, GATS/SC/41 (15 April 1994).

India-Final List of Article II (MFN) Exemptions, GATS/EL/42 (15 April 1994).

India-Schedule of Specific Commitments, GATS/SC/42 (15 April 1994).

Information Note from the Director-General, *WTO Public Symposium-'WTO After 10 Years: Global Problems and Multilateral Solutions', 20 to 22 April 2005*, WT/INF/ 87 (13 April 2005).

Israel-Final List of Article II (MFN) Exemptions, GATS/EL/44 (15 April 1994).

'Lamy: "We have resumed negotiations fully across the board"', news item (7 February 2007).

Malaysia-Schedule of Specific Commitments, GATS/SC/52 (15 April 1994).

Mexico-Schedule of Specific Commitments, GATS/SC/56 (15 April 1994).

New Zealand-Final List of Article II (MFN) Exemptions, GATS/EL/62 (15 April 1994).

Norway-Final List of Article II (MFN) Exemptions, GATS/EL/66 (15 April 1994).

The People's Republic of China-Schedule of Specific Commitments, GATS/SC/135 (14 February 2002).

Report by the Chairman of the Trade Negotiations Committee to the General Council, TN/C/5 (28 July 2005).

Services Database: Predefined Report-All Countries' MFN Exemptions (21 March 2005) at <http://tsdb. wto. org/wto/WTOHomepublic. htm> (accessed 4 August 2006).

Services Database: Predefined Report-All Sectors in Each Country (21 March 2005) at <http://tsdb. wto. org/wto/WTOHomepublic. htm> (accessed 4 August 2006).

Switzerland-Final List of Article II (MFN) Exemptions, GATS/EL/83 (15 April 1994).

'Talks suspended. "Today there are only losers"', news item (24 July 2006).

Thailand-Schedule of Specific Commitments, GATS/SC/85 (15 April 1994).

Work Programme on Electronic Commerce Adopted by the General Council on 25 September 1998, WT/L/274 (30 September 1998).

Work Programme on Electronic Commerce: Submission by the United States, WT/COMTD/17; WT/GC/16; G/C/2; S/C/7; IP/C/16 (12 February 1999).

World Trade Report 2004: Exploring the Linkage between the Domestic Policy Environment and International Trade (Geneva: WTO, 2004).

World Trade Report 2006: Exploring the Links between Subsidies, Trade and the WTO (Geneva: WTO, 2006).

WTO, Committee on Trade and Development, *Implementation of Special and Differential Treatment Provisions in WTO Agreements and Decisions: Note by the Secretariat*, WT/COMTD/W/77 (25 October 2000).

WTO, Committee on Trade and Environment, *Report*(1996) *of the Committee on Trade and Environment*, WT/CTE/1 (12 November 1996).

WTO, Consultative Board, *The Future of the WTO: Addressing Institutional Challenges in the New Millennium* (2004).

WTO, Council for Trade in Goods, *Work Programme on Electronic Commerce: Background Note by the Secretariat*, G/C/W/128 (5 November 1998).

WTO, Council for Trade in Services, *Audiovisual Services: Background Note by the Secretariat*, S/C/W/40 (15 June 1998).

Australia: Revised Services Offer, TN/S/O/AUS/Rev. 1 (31 May 2005).

Canada: Revised Conditional Offer on Services, TN/S/O/CAN/Rev. 1(23 May 2005).

Chile: Conditional Revised Offer, TN/S/O/CHL/Rev. 1(5 July 2005).

Colombia: Initial Offer, TN/S/O/COL (18 September 2003).

Communication from Brazil-Audiovisual Services, S/CSS/W/99 (9 July 2001).

Communication from Canada: Initial Canadian Negotiating Proposal, S/CSS/W/46 and Corr. 1 (14 March 2001).

Communication from the European Communities and Its Member States: Conditional Revised Offer, TN/S/O/EEC/Rev. 1(29 June 2005).

Communication from the European Communities and Their Member

States: *Electronic Commerce Work Programme*, S/C/W/183 (30 November 2000).

Communication from Hong Kong China, Japan, Mexico, the Separate Customs Territory of Taiwan, Penghu, Kinmen and Matsu, and United States: *Joint Statement on the Negotiations on Audiovisual Services*, TN/S/W/49 (30 June 2005).

Communication from Israel-Review of Article II Exemptions: *Replies to Questions Posed on Israel's MFN Exemptions in the Area of Audiovisual Services in the Course of the Review of MFN Exemptions*, S/C/W/158 (10 July 2000).

Communication from Japan: *The Negotiations on Trade in Services*, S/CSS/W/42 (22 December 2000).

Communication from Norway: *The Negotiations on Trade in Services*, S/CSS/W/59 (21 March 2001).

Communication from Slovenia, Bulgaria, Czech Republic, Poland and Slovak Republic: *Note on Assessment of Trade in Services in Certain Transition Economies*, S/CSS/W/18 (5 December 2000).

Communication from Switzerland-GATS 2000: *Audiovisual Services*, S/CSS/W/74 (4 May 2001).

Communication from the United States-Audiovisual and Related Services, S/CSS/W/21 (18 December 2000).

Communication from the United States-Audiovisual Services, S/C/W/78 (8 December 1998).

Communication from the United States: *Initial Offer*, TN/S/O/USA (9 April 2003).

Decision on Negotiations on Emergency Safeguard Measures, S/L/43 (2 December 1997).

Fifth Decision on Negotiations on Emergency Safeguard Measures, S/L/159 (17 March 2004).

Fourth Decision on Negotiations on Emergency Safeguard Measures, S/L/102 (27 March 2002).

Guidelines and Procedures for the Negotiations on Trade in Services, S/

L/93 (29 March 2001).
Guidelines for the Scheduling of Specific Commitments under the General Agreement on Trade in Services (GATS): Adopted by the Council for Trade in Services on 23 March 2001, S/L/92 (28 March 2001).
Iceland: Revised Offer on Services, TN/S/O/ISL/Rev. 1(14 June 2005).
Japan: Revised Offer, TN/S/O/JPN/Rev. 1 (24 June 2005).
Liechtenstein: Revised Offer, TN/S/O/LIE/Rev. 1(20 July 2005).
Malaysia: Revised Offer, TN/S/O/MYS/Rev. 1 (31 January 2006).
New Zealand: Revised Conditional Offer, TN/S/O/NZL/Rev. 1 (17 June 2005).
Norway: Revised Offer, TN/S/O/NOR/Rev. 1(28 June 2005).
Oman: Initial Offer, TN/S/O/OMN (14 March 2006).
Pakistan: Conditional Initial Offer on Services, TN/S/O/PAK (30 May 2005).
Presence of Natural Persons (Mode 4): Background Note by the Secretariat, S/C/W/75 (8 December 1998).
Report of the Meeting Held on 25 February 2000: Note by the Secretariat, S/C/M/41 (3 April 2000).
Report of the Meeting Held on 19 -22 March 2002: Note by the Secretariat, TN/S/M/1 (5 June 2002).
Report of the Meeting Held on 9 December 2002 -13 January 2003: Note by the Secretariat, TN/S/M/5 (21 February 2003).
Report of the Meeting Held on 19 -22 May 2003: Note by the Secretariat, TN/S/M/7 (30 June 2003).
Report of the Meeting Held on 23 September 2004: Note by the Secretariat, S/C/M/74(10 November 2004).
Report of the Meeting Held on 30 November 2004: Note by the Secretariat, S/C/M/76 (4 February 2005).
Republic of Korea: Revised Offer on Services. TN/S/O/KOR/Rev. 1(14 June 2005).
Second Decision on Negotiations on Emergency Safeguard Measures, S/L/73 (5 July 1999).

Special Session-Report of the Meeting Held on 28, 29 and 30 March 2001: Note by the Secretariat, S/CSS/M/8 (14 May 2001).

Third Decision on Negotiations on Emergency Safeguard Measures, S/L/90(8 December 2000).

The Work Programme on Electronic Commerce: Note by the Secretariat, S/C/W/68 (16 November 1998).

WTO, Council for Trade-Related Aspects of Intellectual Property Rights, *Article 27. 3(b), Relationship between the TRIPS Agreement and the CBD and Protection of Traditional Knowledge and Folklore: Communication from Peru*, IP/C/ W/447 (8 June 2005).

Minutes of Meeting held on 21 and 22 September 2000, IP/C/M/28 (23 November 2000).

The Protection of Traditional Knowledge and Folklore: Summary of Issues Raised and Points Made-Note by the Secretariat (Revision), P/C/W/370/Rev. 1 (9 March 2006).

Taking Forward the Review of Article 27. 3(b) of the TRIPS Agreement: Joint Communication from the African Group, IP/C/W/404 (26 June 2003).

WTO, DSB, *Canada-Continued Suspension of Obligations in the EC-Hormones Dispute: Request for the Establishment of a Panel by the European Communities*, WT/DS321/6 (14 January 2005).

Canada-Measures Affecting Film Distribution Services: Request for Consultations by the European Communities, WT/DS117/1, S/L/53 (22 January 1998).

Japan-Measures Concerning Sound Recordings: Notification of a Mutually-Agreed Solution, WT/DS42/4, IP/D/4/Add. 1 (17 November 1997).

Japan-Measures Concerning Sound Recordings: Request for Consultations from the European Communities, WT/DS42/1, IP/D/4 (4 June 1996).

Minutes of Meeting Held in the Centre William Rappard on 23 May 1997, WT/DSB/M/33 (25 June 1997).

Minutes of Meeting Held in the Centre William Rappard 25 September 1997, WT/DSB/M/37 (4 November 1997).

Minutes of Meeting Held in the Centre William Rappard on 16 January 1998, WT/DSB/M/40 (18 February 1998).

Minutes of Meeting Held in the Centre William Rappard on 6 November 1998, WT/DSB/M/50 (14 December 1998).

Minutes of Meeting Held in the Centre William Rappard on 19 June 2000, WT/DSB/M/84(24 July 2000).

Minutes of Meeting Held in the Centre William Rappard on 5 November 2001, WT/DSB/M/112 (4 December 2001).

Minutes of Meeting Held in the Centre William Rappard on 23 October 2002, WT/DSB/M/134 (29 January 2003).

Minutes of Meeting Held in the Centre William Rappard on 27 January 2003, WT/DSB/M/142 (6 March 2003).

Minutes of Meeting Held in the Centre William Rappard on 19 May 2003, WT/DSB/M/150 (22 July 2003).

Minutes of Meeting Held in the Centre William Rappard on 20 April 2004, WT/DSB/M/167 (27 May 2004).

Minutes of Meeting Held in the Centre William Rappard on 24 March 2006, WT/DSB/M/208 (28 April 2006).

Turkey-Taxation of Foreign Film Revenues: Notification of Mutually Agreed Solution, WT/DS43/3, G/L/177 (24 July 1997).

Turkey-Taxation of Foreign Film Revenues: Request for Consultations by the United States, WT/DS43/1, G/L/85(17 June 1996).

Turkey-Taxation of Foreign Film Revenues: Request for the Estabtishment of a Panel by the United States, WT/DS43/2 (10 January 1997).

United States-Continued Suspension of Obligations in the EC-Hormones Dispute: Request for the Establishment of a Panel by the European Communities, WT/DS320/6 (14 January 2005).

United States-Imposition of Anti-Dumping Duties on Imports of Colour Television Receivers from Korea: Communication from Korea, WT/DS89/9(18 September 1998).

United States-Imposition of Anti-Dumping Duties on Imports of Colour Television Receivers from Korea: Request for the Establishment of a

Panel by Korea, WT/DS89/7(7 November 1997).

WTO, Economic Research and Analysis Division, *Market Access: Unfinished Business-Post-Uruguay Round Inventory and Issues (Special Study No. 6)*.

WTO, General Council, *Amendment of the TRIPS Agreement: Decision of 6 December 2005*. WT/L/641 (8 December 2005).

Annual Report 2004, WT/GC/86(12 January 2005).

Decision Adopted by the General Council on 1 August 2004, WT/L/579 (2 August 2004).

Dedicated Discussions under the Auspices of the General Council on Cross-Cutting Issues related to Electronic Commerce: Report to the 24 – 25 July Meeting of the General Council, WT/GC/W/505 and Corr. 1 (21 July 2003).

Minutes of Meeting Held on 15 and 16 February 1999, WT/GC/M/35 (30 March 1999).

Minutes of Meeting Held on 20 October 2004, WT/GC/M/88 (11 November 2004).

Minutes of Meeting Held on 27 – 28 July 2006, WT/GC/M/103 (10 October 2006).

Procedures for Amendment and Interpretation of the Dispute Settlement Understanding-Response to European Communities' Request for an Authoritative Interpretation of the Dispute Settlement Understanding pursuant to Article IX: 2 of the WTO Agreement: Communication from the United States, WT/GC/W/144 (5 February 1999).

Request for an Authoritative Interpretation pursuant to Article IX: 2 of the Marrakesh Agreement Establishing the World Trade Organization: Communication from the European Communities, WT/GC/W/143 (5 February 1999).

WTO, Ministerial Conference, *Agriculture-Framework Proposal: Joint Proposal by Argentina, Bolivia, Brazil, Chile, China, Colombia, Costa Rica, Cuba, Ecuador, El Salvador, Guatemala, India, Mexico, Pakistan, Paraguay, Peru, Philippines, South Africa, Thailand and Venezuela*, WT/

MIN(03)/W/6 (4 September 2003).
Declaration on Global Electronic Commerce, Adopted on 20 May 1998, WT/MIN(98)/ DEC/2 (25 May 1998).
Declaration on the TRIPS Agreement and Public Health, WT/MIN(01)/ DEC/2(20 November 2001).
Doho Work Programme: Ministerial Declaration Adopted on 18 December 2005, WT/MIN(05)/DEC (22 December 2005).
Ministerial Declaration Adopted on 14 November 2001, WI/MIN(01)/ DEC/1(20 November 2001).
Organisation internationale de la francophonie (*OIF*): *Statement Circulated by HE Mr Abdou Diouf, Secretary General* (*As an Observer*), WT/ MIN (05)/ST/57(15 December 2005).
Report of the Working Party on the Accession of Tonga, Addendum: Part II-Schedule of Specific Commitments in Services, List of Article II MFN Exemptions, WT/ACC/TON/17/Add. 2, WT/MIN(05)/4/Add. 2 (2 December 2005).
WTO Secretariat, *Fifth Dedicated Discussion on Electronic Commerce under the Auspices of the General Council on 16 May and 11 July 2003: Summary by the Secretariat of the Issues Raised*, WT/GC/W/509(31 July 2003).
Guide to the GATS: An Overview of Issues for Further Liberalization of Trade in Services (The Hague: WTO/Kluwer, 2001).
A Handbook on the GATS Agreement (Cambridge: WTO/Cambridge University Press, 2005).
WTO, TPRB, *Trade Policy Review, Australia: Minutes of Meeting, 23 and 25 September 2002-Addendum*, WT/TPR/M/104/Add. 1 (3 December 2002).
Trade Policy Review, Australia: Report by the Secretariat, WT/TPR/S/ 104(26 August 2002).
Trade Policy Review, Canada: Report by the Secretariat, WT/TPR/S/78 (15 November 2000).
Trade Policy Review, Canada: Report by the Secretariat, WT/TPR/S/

112/Rev. 1 (19 March 2003).

Trade Policy Review, Pakistan: Report by the Secretariat, WT/TPR/S/95 (21 December 2001).

Trade Policy Review of the Republic of Korea: Minutes of Meeting Held on 15 and 17 September 2004, WT/TPR/M/137 (19 November 2004).

Trade Policy Review of Switzerland and Liechtenstein: Minutes of Meeting held on 15 and 17 December 2004, WT/TPR/M/141 (16 February 2005).

Trade Policy Review, United States: Report by the Secretariat, WT/TPR/S/126 (17 December 2003).

WTO, Working Party on Domestic Regulation, *Necessity Tests in the WTO: Note by the Secretariat*, S/WPDR/W/27 (2 December 2003).

WTO, Working Party on GATS Rules, *Annual Report of the Working Party on GATS Rules to the Council for Trade in Services (2004)*, S/WPGR/14 (25 November 2004).

Communication from Argentina and Hong Kong, China: Development of Multilateral Disciplines Governing Trade Distortive Subsidies in Services, S/WPGR/W/31 (16 March 2000).

Communication from Chile: The Subsidies Issue, S/WPGR/W/10 (2 April 1996).

Communication from the United States: Desirability of a Safeguard Mechanism for Services: Promoting Liberalization of Trade in Services, S/WPGR/W/37 (2 October 2001).

Limitations in Members' Schedules Relating to Subsidies: Note by the Secretariat-Addendum, S/WPGR/W/13/Add. 2(30 August 2004).

Negotiations on Emergency Safeguard Measures: Report by the Chairperson of the Working Party on GATS Rules, S/WPGR/9 (14 March 2003).

Negotiations on Subsidies: Report by the Chairperson of the Working Party on GATS Rules, S/WPGR/10 (30 June 2003).

Subsidies and Trade in Services: Note by the Secretariat, S/WPGR/W/9 (6 March 1996).

Subsidies for Services Sectors: Information Contained in WTO Trade Policy Reviews-Background Note by the Secretariat, S/WPGR/W/25 (26 January 1998).

ARTICLES, BOOKS, CHAPTERS, AND PAPERS

Abbott, Frederick, 'The "Rule of Reason" and the Right to Health: Integrating Human Rights and Competition Principles in the Context of TRIPS' in Thomas Cottier, Joost Pauwelyn, and Elisabeth Bürgi (eds.), *Human Rights and International Trade* (Oxford: Oxford University Press, 2005) 279.

Abbott, Frederick, Breining-Kaufmann, Christine, and Cottier, Thomas (eds.), *International Trade and Human Rights: Foundations and Conceptual Issues* (Ann Arbor: University of Michigan Press, 2006).

Acheson, Keith, 'Globalization' in Ruth Towse (ed.), *A Handbook of Cultural Economics* (Cheltenham: Edward Elgar, 2003) 248.

Acheson, Keith, and Maule, Christopher, 'Canada-Audio-Visual Policies: Impact on Trade' in Paolo Guerrieri, Lelio Iapadre, and Georg Koopmann (eds.), *Cultural Diversity and International Economic Integration: The Global Governance of the Audiovisual Sector* (Cheltenham: Edward Elgar, 2005) 156.

'Canadian Magazine Policy: International Conflict and Domestic Stagnation' in Robert Stern (ed.), *Services in the International Economy* (Ann Arbor: University of Michigan Press, 2001) 395.

'Convention on Cultural Diversity' (2004) 28 *Journal of Cultural Economics* 243.

'Copyright, Contract, the Cultural Industries, and NAFTA' in Emile McAnany and Kenton Wilkinson (eds.), *Mass Media and Free Trade: NAFTA and the Cultural Industries* (Austin: University of Texas Press, 1996) 351.

Much Ado about Culture: North American Trade Disputes (Ann Arbor: University of Michigan Press, 1999).

Adalsteinsson, Ragnar, and Thórhallson, Páll, 'Article 27' in Gudmundur Alfredsson and Asbjørn Eide (eds.), *The Universal Declaration of Human Rights: A Common Standard of Achievement* (The Hague: Martinus Nijhoff, 1999) 575.

Adlung, Rudolf, 'GATS and Democratic Legitimacy' (2004) 59(2) *Aussenwirtschaft* 127.

'Public Services and the GATS' (2006) 9(2) *Journal of International Economic Law* 455.

Adlung, Rudolf, and Roy, Martin, 'Turning Hills into Mountains? Current Commitments under the General Agreement on Trade in Services and Prospects for Change' (2005) 39(6) *Journal of World Trade* 1161.

Adorno, Theodor, *The Culture Industry: Selected Essays on Mass Culture* (London: Routledge, 1991), edited with an introduction by J. M. Bernstein.

Adorno, Theodor, and Horkheimer, Max, *Dialectic of Enlightenment* (New York: Herder & Herder, 1972), translated by John Cumming (original publication 1944).

Albro, Robert, 'Managing Culture at Diversity's Expense? Thoughts on UNESCO's Newest Cultural Policy Instrument' (2005) 35(3) *Journal of Arts Management, Law, and Society* 247.

Alfredsson, Gudmundur, and Eide, Asbjørn (eds.), *The Universal Declaration of Human Rights: A Common Standard of Achievement* (The Hague: Martinus Nijhoff, 1999).

Alston, Philip, 'Resisting the Merger and Acquisition of Human Rights by Trade Law: A Reply to Petersmann' (2002) 13(4) *European Journal of International Law* 815.

Alston, Richard, *Additional Government Funding Guarantees Radio Australia Service*, press release, Minister for Communications, Information Technology and the Arts; Deputy Leader of the Government in the Senate Doc. 41/01 (28 March 2001).

Altinger, Laura, and Enders, Alice, 'The Scope and Depth of GATS Commitments' (1996) 19(3) *World Economy* 307.

Alvarez, Jose, 'How Not to Link: Institutional Conundrums of an Expanded

Trade Regime'(2001) 7 *Widener Law Symposium Journal* 1.

Anderson, Kym, 'Setting the Trade Policy Agenda: What Roles for Economists?' (2005) 39(2) *Journal of World Trade* 341.

Appadurai, Arjun, *Modernity at Large: Cultural Dimensions of Globalization* (Minneapolis: University of Minnesota Press, 1996).

Atkey, Ronald, 'Canadian Cultural Industries Exemption from NAFTA-Its Parameters'(1997) 23 *Canada-United States Law Journal* 177.

Baker, Edwin, 'An Economic Critique of Free Trade in Media Products' (2000) 78 *North Carolina Law Review* 1357.

Baker, Stewart, and Shenk, Maury, 'Trade and Electronic Commerce' in Patrick Macrory, Arthur Appleton, and Michael Plummer (eds.), *The World Trade Organization: Legal, Economic and Political Analysis* (New York: Springer, 2005)(vol. II)469.

Bartels, Lorand, 'Applicable Law in WTO Dispute Settlement Proceedings' (2001) 35(3) *Journal of World Trade* 499.

Barton, John, 'The Economics of TRIPS: International Trade in Information-Intensive Products'(2001)33 *George Washington International Law Review* 473.

'The International Video Industry: Principles for Vertical Agreements and Integration'(2004) 22 *Cardozo Arts and Entertainment Law Journal* 67.

Baumol, William, 'Applied Welfare Economics' in Ruth Towse (ed.), *A Handbook of Cultural Economics* (Cheltenham: Edward Elgar, 2003) 20.

Benhamou, Françoise, 'Comment'(2004) 28 *Journal of Cultural Economics* 263.

Bernier, Ivan, 'Cultural Diversity and International Trade Regulations' in UNESCO (ed.), *World Culture Report: Cultural Diversity, Conflict and Pluralism* (Paris: UNESCO, 2000) 70.

'Cultural Goods and Services in International Trade Law' in Dennis Browne (ed.), *The Culture/Trade Quandary: Canada's Policy Options* (Ottawa: Centre for Trade Policy and Law, 1998) 108.

'La dimension culturelle dans le commerce international: quelques réflexions en marge de l'accord de libre-échange Canada/Etats-Unis du 2 janvier 1988'(1987) 25 *Canadian Yearbook of International Law* 243.

Mondialisation de l'économie et diversité culturelle: les enjeux pour le Québec (La Commission de la culture, Assemblée nationale, Québec, 2000).

'Trade and Culture' in Patrick Macrory, Arthur Appleton, and Michael Plummer(eds.), *The World Trade Organization: Legal, Economic and Political Analysis*(New York: Springer, 2005)(vol. II)747.

Bernier, Ivan, and Ruiz Fabri, Hélène, *Evaluation de la faisabilité juridique d'un instrument international sur la diversité culturelle* (2002).

Beviglia-Zampetti, Americo, 'WTO Rules in the Audio-Visual Sector' in Paolo Guerrieri, Lelio Iapadre, and Georg Koopmann(eds.), *Cultural Diversity and International Economic Integration: The Global Governance of the Audio-Visual Sector* (Cheltenham: Edward Elgar, 2005) 261.

Bhagwati, Jagdish, *The Wind of the Hundred Days: How Washington Mismanaged Globalization* (Cambridge, MA: MIT Press, 2000).

Bhagwati, Jagdish, and Hudec, Robert (eds.), *Fair Trade and Harmonization: Prerequisites for Free Trade?* (Cambridge, MA: MIT Press, 1996).

Bhala, Raj, 'The Myth About Stare Decisis and International Trade Law (Part One of a Trilogy)'(1999) 14 *American University International Law Review* 845.

'The Power of the Past: Towards De Jure Stare Decisis in WTO Adjudication (Part Three of a Trilogy)'(2001) 33 *George Washington International Law Review* 873.

'The Precedent Setters: De Facto Stare Decisis in WTO Adjudication (Part Two of a Trilogy)'(1999) 9 *Journal of Transnational Law and Policy* 1.

Bosland, Jason, 'The Culture of Trade Marks: An Alternative Cultural Theory Perspective'(2005) 10(2) *Media & Arts Law Review* 99.

Bourgeois, Jacques, Berrod, Frédérique, and Fournier, Eric Gippini(eds.), *The*

Uruguay Round Results: A European Lawyers' Perspective (Brussels: European Interuniversity Press, 1995).

Boven, Theo van, Flinterman, Cees, Grünfeld, Fred, and Hut, Rita (eds.), *SIM Special No. 20: The Maastricht Guidelines on Violations of Economic, Social and Cultural Rights* (Utrecht: Netherlands Institute of Human Rights. 1998).

Breining-Kaufmann, Christine, 'The Legal Matrix of Human Rights and Trade Law: State Obligations versus Private Rights and Obligations' in Thomas Cottier, Joost Pauwelyn, and Elisabeth Bürgi (eds.), *Human Rights and International Trade* (Oxford: Oxford University Press, 2005) 95.

Bronckers, Marco, and Larouche, Pierre, 'Telecommunications Services' in Patrick Macrory, Arthur Appleton, and Michael Plummer (eds.), *The World Trade Organization: Legal, Economic and Political Analysis* (NewYork: Springer, 2005) 989.

Broude, Tomer, 'Cultural Diversity and the WTO: A Diverse Relationship' (21 November 2005) *ASIL Insight*.

International Governance in the WTO: Judicial Boundaries and Political Capitulation (London: Cameron May, 2004).

'Taking "Trade and Culture" Seriously: Geographical Indications and Cultural Protection in WTO Law' (2005) 26(4) *University of Pennsylvania Journal of International Economic Law* 623.

Browne, Dennis (ed.), *The Culture/Trade Quandary: Canada's Policy Options* (Ottawa: Centre for Trade Policy and Law, 1998).

Buchsbaum, Jonathan, 'After GATT: Has the Revival of French Cinema Ended?' (2005) 23(3) *French Politics, Culture & Society* 34.

Búrca, Gráinne de, and Scott, Joanne (eds.), *The EU and the WTO: Legal and Constitutional Issues* (Oxford: Hart, 2001).

Burt, Tim, 'Quotas Fail to Save European Producers from an Influx of US Television Shows', *Financial Times* (Paris, 27 May 2005).

Button, Catherine, *The Power to Protect: Trade, Health and Uncertainty in the WTO* (Oxford: Hart, 2004).

Cameron, Sam, 'Cinema' in Ruth Towse (ed.), *A Handbook of Cultural Economics* (Cheltenham: Edward Elgar, 2003) 114.

Canoy, Marcel, van Ours, Jan, and van der Ploeg, Frederick, 'The Economics of Books' (Working Paper No. 1414, Center for Economic Studies and Institute for Economic Research, 2005).

Carlson, Andrew, 'The Country Music Television Dispute: An Illustration of the Tensions between Canadian Cultural Protectionism and American Entertainment Exports' (1997) 6 *Minnesota Journal of Global Trade* 585.

Carmody, Chi, 'When "Cultural Identity was Not at Issue": Thinking about Canada-Certain Measures Concerning Periodicals' (1999) 30 *Law and Policy in International Business* 231.

Carmody, Chios, 'WTO Obligations as Collective' (2006) 17(2) *European Journal of International Law* 419.

Carniaux, Anton, 'L'audiovisuel dans les accords internationaux favorisant le libre-échange: des problèmes économiques et culturels difficiles à négocier' (1995) 26 *Revue générale de droit* 455.

Cass, Ronald, and Boltuck, Richard, 'Antidumping and Countervailing-Duty Law: The Mirage of Equitable International Competition' in Jagdish Bhagwati and Robert Hudec (eds.), *Fair Trade and Harmonization: Prerequisites for Free Trade?* (Cambridge, MA: MIT Press, 1996) (vol. II) 351.

Cassese, Antonio, Clapham, Andrew, and Weiler, Joseph (eds.), *Human Rights and the European Community: The Substantive Law* (Baden-Baden: Nomos Verlagsgesellschaft, 1991).

Caves, Richard, *Creative Industries: Contracts between Art and Commerce* (Cambridge, MA: Harvard University Press, 2000).

International Trade, International Investment and Imperfect Markets (Special Papers in International Economics No. 10, Princeton: Princeton University Press. November 1974).

Charnovitz, Steve, 'An Analysis of Pascal Lamy's Proposal on Collective Preferences' (2005) 8(2) *Journal of International Economic Law* 449.

'Free Trade, Fair Trade, Green Trade: Defogging the Debate' (1994) 27 *Cornell International Law Journal* 459.

'The Moral Exception in Trade Policy' (1998) 38 *Virginia Journal of International Law* 689.

'The (Neglected) Employment Dimension of the World Trade Organization' in Virginia Leary and Daniel Warner (eds.), *Social Issues, Globalisation and International Institutions: Labour Rights and the EU, ILO, OECD and WTO* (Leiden: Martinus Nijhoff, 2006) 125.

'The World Trade Organization and Social Issues' (1994) 28(5) *Journal of World Trade* 17.

Chen, Jim, 'A Sober Second Look at Appellations of Origin: How the United States Will Crash France's Wine and Cheese Party' (1996) 5 *Minnesota Journal of Global Trade* 29.

Chinkin, Christine, 'The Challenge of Soft Law: Development and Change in International Law' (1989) 38 *International & Comparative Law Quarterly* 850.

Choi, Byung-il, *Culture and Trade in the APEC: Case of Film Industry in Canada, Mexico and Korea*, APEC Study Series 02 - 01 (2002).

Choi, Won-Mog, *'Like Products' in International Trade Law: Towards a Consistent GATT/WTO Jurisprudence* (Oxford: Oxford University Press, 2003).

Clapham, Andrew, and Weiler, Joseph (eds.), *Human Rights and the European Community: The Substantive Law* (Baden-Baden: Nomos Verlagsgesellschaft, 1991).

Coburn, Cara, 'Out of the Petri Dish and Back to the People: A Cultural Approach to GMO Policy' (2005) 23(2) *Wisconsin International Law Journal* 283.

Cocq, Emmanuel, and Messerlin, Patrick, 'French Audio-Visual Policy: Impact and Compatibility with Trade Negotiations' in Paolo Guerrieri, Lelio Iapadre, and Georg Koopmann (eds.), *Cultural Diversity and International Economic Integration: The Global Governance of the Audiovisual Sector* (Cheltenham: Edward Elgar, 2005) 21.

Coe, Neil, and Johns, Jennifer, 'Production Clusters: Towards a Critical Political Economy of Networks in the Film and Television Industries' in Dominic Power and Allen Scott (eds.), *Cultural Industries and the Production of Culture* (London: Routledge, 2004) 188.

Cohen, Elie, 'Globalization and cultural diversity' in UNESCO (ed.), *World Culture Report: Cultural Diversity, Conflict and Pluralism* (Paris: UNESCO, 2000) 66.

Condron, Anne Marie, 'Cinema' in Sheila Perry (ed.), *Aspects of Contemporary France* (London: Routledge, 1997).

Coombe, Rosemary, *The Cultural Life of Intellectual Properties: Authorship, Appropriation, and the Law* (Durham, NC: Duke University Press, 1998).

'Protecting Cultural Industries to Promote Cultural Diversity: Dilemmas for International Policymaking Posed by the Recognition of Traditional Knowledge' in Keith Maskus and Jerome Reichman (eds.), *International Public Goods and Transfer of Technology under a Globalized Intellectual Property Regime* (Cambridge: Cambridge University Press, 2005) 599.

Cossy, Mireille, WTO, *Determining 'Likeness' Under the GATS: Squaring the Circle?*, Staff Working Paper ERSD-2006-08 (September 2006).

Cottier, Thomas, 'The Agreement on Trade-Related Aspects of Intellectual Property Rights' in Patrick Macrory, Arthur Appleton, and Michael Plummer (eds.), *The World Trade Organization: Legal, Economic and Political Analysis* (New York: Springer, 2005) (vol. I) 1041.

'Trade and Human Rights: A Relationship to Discover' (2002) 5(1) *Journal of International Economic Law* 111.

Cottier, Thomas, and Mavroidis, Petros (eds.), *Regulatory Barriers and the Principle of Non-Discrimination in World Trade Law* (Ann Arbor: University of Michigan Press, 2000).

(eds.), *The Role of the Judge in International Trade Regulation: Experience and Lessons for the WTO* (Ann Arbor: University of Michigan Press, 2003).

Cottier, Thomas, Pauwelyn, Joost, and Bürgi, Elisabeth(eds.), *Human Rights and International Trade*(Oxford: Oxford University Press, 2005).

Cowen, Tyler, *Creative Destructions: How Globalization is Reshaping World Cultures* (Princeton: Princeton University Press, 2002).

Good and Plenty: The Creative Successes of American Arts Funding (Princeton: Princeton University Press, 2006).

In Praise of Commercial Culture (Cambridge, MA: Harvard University Press, 1998).

Crawford, James(ed.), *The Rights of Peoples*(New York: Oxford University Press, 1988).

Croome, John, *Reshaping the World Trading System: A History of the Uruguay Round* (The Hague: Kluwer, 2nd rev. edn, 1999).

Cunningham, Collette, 'In Defense of Member State Culture: The Unrealized Potential of Article 151(4) of the EC Treaty and the Consequences for EC Cultural Policy'(2001) 34 *Cornell International Law Journal* 119.

Curtis, Johnlee, 'Culture and the Digital Copyright Chimera: Assessing the International Regulatory System of the Music Industry in Relation to Cultural Diversity'(2006)13(1) *International Journal of Cultural Property* 59, 80.

Czako, Judith, Human, Johann, and Miranda, Jorge, *A Handbook on Anti-Dumping Investigations* (Cambridge: WTO/Cambridge University Press, 2003).

Dallmeyer, Dorinda (ed.), *Joining Together, Standing Apart: National Identities after NAFTA* (The Hague: Kluwer, 1997).

Davey, William, and Pauwelyn, Joost, 'MFN Unconditionality: A Legal Analysis of the Concept in View of its Evolution in the GATT/WTO Jurisprudence with Particular Reference to the Issue of "Like Product"' in Thomas Cottier and Petros Mavroidis (eds.), *Regulatory Barriers and the Principle of Non-Discrimination in World Trade Law* (Ann Arbor: University of Michigan Press, 2000) 13.

Deardorff, Alan, 'What Might Globalization's Critics Believe?'(2003) 26(5) *World Economy* 639.

Dehesa, Guillermo de la, *Winners and Losers in Globalization* (Oxford: Blackwell Publishing, 2006).

Desurmont, Thierry, 'Réflexions sur les rapports entre la convention sur la protection et la promotion de la diversité des expressions culturelles et la protection du droit d'auteur' (2006) 208 *Revue internationale du droit d'auteur* 2.

Dorland, Michael (ed.), *The Cultural Industries in Canada: Problems, Policies and Prospects* (Toronto: Lorimer, 1996).

Doyle, Gillian, and Hibberd, Matthew, 'The Case of the UK Audio-Visual System' in Paolo Guerrieri, Lelio Iapadre, and Georg Koopmann (eds.), *Cultural Diversity and International Economic Integration: The Global Governance of the Audiovisual Sector* (Cheltenham: Edward Elgar, 2005) 131.

Drake, William, and Nicolaïdis, Kalypso, 'Global Electronic Commerce and GATS: The Millennium Round and Beyond' in Pierre Sauvé and Robert Stern (eds.), *GATS 2000: New Directions in Services Trade Liberalization* (Washington, DC: Brookings Institution Press/Harvard University Center for Business and Government, 2000) 399.

Dutfield, Graham, 'Protecting Traditional Knowledge: Pathways to the Future' (working paper, International Centre for Trade and Sustainable Development, 2006).

Echols, Marsha, 'Food Safety Regulation in the European Union and the United States: Different Cultures, Different Laws' (1998) 4 *Columbia Journal of European Law* 525.

Food Safety and the WTO: The Interplay of Culture, Science and Technology (London: Kluwer, 2001).

Economist, The, 'Disney-in-the-Dales' (22 May 2003).

'French Films' (24 February 2005) 30.

Ehlermann, Claus-Dieter, 'Six Years on the Bench of the "World Trade Court": Some Personal Experiences as Member of the Appellate Body of the World Trade Organization' (2002) 36(4) *Journal of World Trade* 605.

Ehlermann, Claus-Dieter, and Ehring, Lothar, 'The Authoritative Interpretation under Article IX : 2 of the Agreement Establishing the World Trade Organization: Current Law, Practice and Possible Improvements' (2005) 8(4) *Journal of International Economic Law* 803.

Ehring, Lothar, '*De Facto* Discrimination in World Trade Law: National and Most-Favoured-Nation Treatment-or Equal Treatment?' (2002) 36 (5) *Journal of World Trade* 921.

Eide, Asbjørn, Alfredsson, Gudmundur, Melander, Göran, Rehof, Lars Adam, and Rosas, Allan (eds.), *The Universal Declaration of Human Rights: A Commentary* (Oslo: Scandinavian University Press, 1992).

Eide, Asbjørn, and Alfredsson, Gudmundur, 'Introduction' in Asbjørn Eide, Gudmundur Alfredsson, Göran Melander, Lars Adam Rehof and Allan Rosas (eds.), *The Universal Declaration of Human Rights: A Commentary* (Oslo: Scandinavian University Press, 1992) 5.

Elias, T., 'The Doctrine of Intertemporal Law' (1980) 74(2) *American Journal of International Law* 285.

Eröcal, Deniz, *Case Studies of Successful Companies in the Services Sector and Lessons for Public Policy*, DSTI/DOC(2005)7, OECD Directorate for Science, Technology and Industry Working Paper 2005/7 (15 June 2005).

Evans, G., and Blakeney, Michael, 'The Protection of Geographical Indications After Doha: Quo Vadis?' (2006) 9(3) *Journal of International Economic Law* 1.

Ezetah, Chinedu, 'Canadian Periodicals: Canada-Certain Measures Concerning Periodicals' (1998) 9(1) *European Journal of International Law* 182.

'Patterns of an Emergent World Trade Organization Legalism: What Implications for NAFTA Cultural Exemption?' (1998) 21(5) *World Competition* 93.

Falkenberg, Karl, 'The Audiovisual Sector' in Jacques Bourgeois, Frédérique Berrod, and Eric Gippini Fournier (eds.), *The Uruguay Round Results: A European Lawyers' Perspective* (Brussels: European Interuniversity Press, 1995) 429.

Feddersen, Christoph, 'Focusing on Substantive Law in International Economic Relations: The Public Morals of GATT's Article Xx(a) and"Conventional" Rules of Interpretation'(1998)7 *Minnesota Journal of Global Trade* 75.

Feketekuty, Geza, 'Assessing and Improving the Architecture of GATS' in Pierre Sauvé and Robert Stern (eds.), *GATS 2000: New Directions in Services Trade Liberalization* (Washington, DC: Brookings Institution Press/Harvard University Center for Business and Government, 2000) 85.

'Regulatory Reform and Trade Liberalization in Services' in Pierre Sauvé and Robert Stern (eds.), *GATS 2000: New Directions in Services Trade Liberalization* (Washington, DC: Brookings Institution Press/Harvard University Center for Business and Government, 2000) 225.

Feldthusen, Bruce, 'Awakening from the National Broadcasting Dream: Rethinking Television Regulation for National Cultural Goals' in David Flaherty and Frank Manning (eds.), *The Beaver Bites Back? American Popular Culture in Canada* (Montreal: McGill-Queen's University Press, 1993) 42.

Filipek, Jon, '"Culture Quotas": The Trade Controversy over the European Community's Broadcasting Directive'(1992)28(2) *Stanford Journal of International Law* 323.

Finger, Michael, Ng, Francis, and Wangchuk, Sonam, *Antidumping as Safeguard Policy*, World Bank Policy Research Working Paper 2730 (2001).

Fitzmaurice, Gerald, 'The Law and Procedure of the International Court of Justice 1951-4: Treaty Interpretation and Other Treaty Points'(1957) 33 *British Yearbook of International Law* 203.

'Some Problems Regarding the Formal Sources of International Law' (1958) *Symbolae Verzijl* 153.

Flaherty, David, and Manning, Frank (eds.), *The Beaver Bites Back? American Popular Culture in Canada* (Montreal: McGill-Queen's University Press, 1993).

Footer, Mary, 'European Communities-Measures Affecting Asbestos and Asbestos-Containing Products: The World Trade Organization on Trial for its Handling of Occupational Health and Safety Issues' (2002) 3 *Melbourne Journal of International Law* 120.

'The Future for a Cultural Exception in the World Trade Organisation' (paper presented at the Meeting of the International Trade Law Committee of the International Law Association, Geneva, 22 – 3 June 1995).

Footer, Mary, and George, Carol, 'The General Agreement on Trade in Services' in Patrick Macrory, Arthur Appleton, and Michael Plummer (eds.), *The World Trade Organization: Legal, Economic and Political Analysis* (New York: Springer, 2005) (vol. I) 799.

Footer, Mary, and Graber, Christoph, 'Trade Liberalization and Cultural Policy' (2000) 3 *Journal of International Economic Law* 115.

'Foreign Investment: Investment Talks to Continue at OECD: MAI Now On Course for 1999 Completion' (1998) 15 *International Trade Reporter* 525.

Fox, Eleanor, 'Competition Law and the Millennium Round' (1999) *Journal of International Economic Law* 665.

François, Patrick, and van Ypersele, Tanguy, 'On the Protection of Cultural Goods' (2002) 56 *Jonrnal of International Economics* 359.

Fraser, Stephen, 'Berne, CFTA, NAFTA and GATT: The Implications of Copyright Droit Moral and Cultural Exemptions in International Trade Law' (1996) 18 *Hastings Communications and Entertainment Law Journal* 287.

French, Duncan, 'Treaty Interpretation and the Incorporation of Extraneous Legal Rules' (2006) 55(2) *International & Comparative Law Quarterly* 281.

French, Shaun, Crewe, Louise, Leyshon, Andrew, Webb, Peter, and Thrift, Nigel, 'Putting E-commerce in Its Place: Reflections on the Impact of the Internet on the Cultural Industries' in Dominic Power and Allen Scott (eds.), *Cultural Industries and the Production of Culture* (London: Routledge, 2004) 54.

Frey, Bruno, 'Creativity, Government and the Arts' (2002) 150(4) *De Econo-*

mist 363.

'Public support' in Ruth Towse (ed.), *A Handbook of Cultural Economics* (Cheltenham: Edward Elgar, 2003) 389.

Gagné, Gilbert, 'Une Convention internationale sur la diversité culturelle et le dilemme culture-commerce' in Gilbert Gagné (ed.), *La diversité culturelle: Vers une convention internationale effective?* (Saint-Laurent: Fides, 2005) 37.

(ed.), *La diversité culturelle: Vers une convention internationale effective?* (Saint-Laurent: Fides, 2005).

Galperin, Herman, 'Cultural Industries Policy in Regional Trade Agreements: The Cases of NAFTA, the European Union and MERCOSUR' (1999) 21 (5) *Media, Culture & Society* 627.

Garrett, Lisa, 'Commerce versus Culture: The Battle Between the United States and the European Union Over Audiovisual Trade Policies' (1994) 19 *North Carolina Journal of International Law and Commercial Regulation* 553.

Geradin, Damien, and Luff, David (eds.), *The WTO and Global Convergence in Telecommunications and Audio-Visual Services* (Cambridge: Cambridge University Press, 2004).

Germann, Christophe, 'Content Industries and Cultural Diversity: The Case of Motion Pictures' (2002 – 3) special issue *Culturelink Review* 97.

'Culture in Times of Cholera: A Vision for a New Legal Framework Promoting Cultural Diversity' (2005) 1 *ERA-Forum* 109.

'Diversité culturelle à l'OMC et l'UNESCO à l'exemple du cinéma' (2004) 3 *Revue Internationale de Droit Economique* 325.

Gervais, Daniel, *The TRIPS Agreement: Drafting History and Analysis* (London: Sweet & Maxwell, 1998).

Ghertman, Michel, and Hadida, Allègre, 'Institutional Assets and Competitive Advantage of French over U. S. Cinema: 1895 – 1914' (2005) 35(30) *International Studies of Management and Organization* 50.

Ghoneim, Ahmed Farouk, 'The Audio-Visual Sector in Egypt' in Paolo Guerrieri, Lelio Iapadre, and Georg Koopmann (eds.), *Cultural Diversity and*

International Economic Integration: The Global Governance of the Audiovisual Sector (Cheltenham: Edward Elgar, 2005) 192.

Gibson, Chris, and Connell, John, 'Cultural Industry Production in Remote Places: Indigenous Popular Music in Australia' in Dominic Power and Allen Scott (eds.), *Cultural Industries and the Production of Culture* (London: Routledge, 2004) 243.

Gibson, Johanna, *Community Resources: Intellectual Property, International Trade and Protection of Traditional Knowleage* (Aldershot: Ashgate, 2005).

Goode, Walter, *Dictionary of Trade Policy Terms* (Cambridge: Cambridge University Press, 4th edn, 2003).

Graber, Christoph, 'Audiovisual Media and the Law of the WTO' in Christoph Graber, Michael Girsburger, and Mira Nenova (eds.), *Free Trade versus Cultural Diversity: WTO Negotiations in the Field of Audiovisual Services* (Zurich: Schulthess, 2004) 15.

'Audio-Visual Policy: The Stumbling Block of Trade Liberalisation?' in Damien Geradin and David Luff (eds.), *The WTO and Global Convergence in Telecommunications and Audio-Visual Services* (Cambridge: Cambridge University Press, 2004) 165.

Handel und Kultur im Audiovisionsrecht der WTO: Völkerrechtliche, ökonomische und kulturpolitische Grundlagen einer globalen Medienordnung (Bern: Stämpfli Verlag, 2003).

'WTO: A Threat to European Films?' (paper presented at the Conference on European Culture, University of Navarra, Pamplona, 28 - 31 October 1991).

Graber, Christoph, Girsburger, Michael, and Nenova, Mira (eds.), *Free Trade versus Cultural Diversity: WTO Negotiations in the Field of Audiovisual Services* (Zurich: Schulthess, 2004).

Grant, Peter, and Wood, Chris, *Blockbusters and Trade Wars: Popular Culture in a Globalized World* (Vancouver: Douglas & McIntyre, 2004).

Griffiths, Jonathan, and Suthersanen, Uma (eds.), *Copyright and Free Speech: Comparative and International Analyses* (Oxford: Oxford University Press, 2005).

Guerrieri, Paolo, and Iapadre, Lelio, 'Introduction' in Paolo Guerrieri, Lelio Iapadre, and Georg Koopman (eds.), *Cultural Diversity and International Economic Integration: The Global Governance of the Audio-Visual Sector* (Cheltenham: Edward Elgar, 2005) 1.

Guerrieri, Paolo, Iapadre, Lelio, and Koopmann, Georg (eds.), *Cultural Diversity and International Economic Integration: The Global Governance of the Audio-Visual Sector* (Cheltenham: Edward Elgar, 2005).

Hakfoort, Jacco, 'Copyright in the Digital Age: The Economic Rationale Re-Examined' in Ruth Towse (ed.), *Copyright in the Cultural Industries* (Cheltenham: Edward Elgar, 2002) 63.

Hart, Michael, 'Canada' in Patrick Macrory, Arthur Appleton, and Michael Plummer (eds.), *The World Trade Organization: Legal, Economic and Political Analysis* (New York: Springer, 2005) (vol. III) 29.

Hartley, John (ed.), *Creative Industries* (Malden, MA: Blackwell, 2005).

Held, David, McGrew, Anthony, Goldblatt, David, and Perraton, Jonathan, *Global Transformations: Politics, Economics and Culture* (Cambridge: Polity Press, 1999).

Henderson, David, *The MAI Affair: A Story and Its Lessons* (London: Royal Institute of International Affairs, 1999).

Hesmondhalgh, David, *The Cultural Industries* (London: Sage, 2002).

Hoda, Anwarul, *Tariff Negotiations and Renegotiations under the GATT and the WTO: Procedures and Practices* (Cambridge: WTO/Cambridge University Press, 2001).

Hoekman, Bernard, *Tentative First Steps: An Assessment of the Uruguay Round Agreement on Services*, World Bank Policy Research Working Paper 1455 (1995).

'Toward a More Balanced and Comprehensive Services Agreement' in Jeffrey Schott (ed.), *The WTO After Seattle* (Washington, DC: Institute for International Economics, 2000) 119.

Hoekman, Bernard, and Kostecki, Michel, *The Political Economy of the World Trading System: The WTO and Beyond* (New York: Oxford

University Press, 2nd edn, 2001).

Hoekman, Bernard, and Messerlin, Patrick, 'Liberalizing Trade in Services: Reciprocal Negotiations and Regulatory Reform' in Pierre Sauvé and Robert Stern (eds.), *GATS 2000: New Directions in Services Trade Liberalization* (Washington, DC: Brookings Institution Press/Harvard University Center for Business and Government, 2000) 487.

Hoskins, Colin, Finn, Adam, and McFadyen, Stuart, 'Television and Film in a Freer International Trade Environment: US Dominance and Canadian Responses' in Emile McAnany and Kenton Wilkinson (eds.), *Mass Media and Free Trade: NAFTA and the Cultural Industries* (Austin: University of Texas Press, 1996) 63.

Howse, Robert, 'Adjudicative Legitimacy and Treaty Interpretation in International Trade Law: The Early Years of WTO Jurisprudence' in Joseph Weiler (ed.), *The EU, the WTO and the NAFTA: Towards a Common Law of International Trade* (Oxford: Oxford University Press, 2000) 35.

'Human Rights in the WTO: Whose Rights, What Humanity? Comment on Petersmann' (2002) 13(3) *European Journal of International Law* 651.

'Managing the Interface between International Trade Law and the Regulatory State: What Lessons Should (and Should Not) Be Drawn from the Jurisprudence of the United States Dormant Commerce Clause' in Thomas Cottier and Petros Mavroidis (eds.), *Regulatory Barriers and the Principle of Non-Discrimination in World Trade Law* (Ann Arbor: University of Michigan Press, 2000) 139.

'The Most Dangerous Branch? WTO Appellate Body Jurisprudence on the Nature and Limits of the Judicial Power' in Thomas Cottier and Petros Mavroidis (eds.), *The Role of the Judge in International Trade Regulation: Experience and Lessons for the WTO* (Ann Arbor: University of Michigan Press, 2003) 11.

Howse, Robert, and Esserman, Susan, 'The Appellate Body, the WTO Dispute Settlement System, and the Politics ofMultilateralism' in Giorgio

Sacerdoti, Alan Yanovich, and Jan Bohanes (eds.), *The WTO at Ten: The Contributions of the Dispute Settlement System* (Cambridge: Cambridge University Press, 2006) 61.

Howse, Robert, Langille, Brian, and Burda, Julien, 'The World Trade Organization and Labour Rights: Man Bites Dog' in Virginia Leary and Daniel Warner (eds.), *Social Issues, Globalisation and International Institutions: Labour Rights and the EU, ILO, OECD and WTO* (Leiden: Martinus Nijhoff, 2006) 157.

Howse, Robert, and Mutua, Makau, *Protecting Human Rights in a Global Economy: Challenges for the World Trade Organization* (International Centre for Rights and Democratic Development, 2000).

Howse, Robert, and Nicolaïdis, Kalypso, 'Enhancing WTO Legitimacy: Constitutionalization or Global Subsidiarity?' (2003) 16(1) *Governance* 73.

Hudec, Robert (ed.), *Essays on the Nature of International Trade Law* (London: Cameron May, 1999).

'GATT/WTO Constraints on National Regulation: Requiem for an "Aim and Effects" Test' (1998) 32 *International Lawyer* 619.

'"Like Product": The Differences in Meaning in GATT Articles I and III' in Thomas Cottier and Petros Mavroidis (eds.), *Regulatory Barriers and the Principle of Non-Discrimination in World Trade Law* (Ann Arbor: University of Michigan Press, 2000) 101.

'Tiger, Tiger, in the House: A Critical Appraisal of the Case Against Discriminatory Trade Measures' in Robert Hudec (ed.), *Essays on the Nature of International Trade Law* (London: Cameron May, 1999) 281.

Hutter, Michael, and Rizzo, Ilde (eds.), *Perspectives on Cultural Heritage* (New York: St Martin's Press, 1997).

Iapadre, Lelio, 'Comment' (2004) 28 *Journal of Cultural Economics* 267.

Irwin, Douglas, *Against the Tide: An Intellectual History of Free Trade* (Princeton: Princeton University Press, 1996).

Jackson, John, 'Reflections on the Possible Research Agenda for Exploring the Relationship between Human Rights Norms and International Trade Rules' in Frederick Abbott, Christine Breining-Kaufmann, and Thomas

Cottier (eds.), *International Trade and Human Rights: Foundations and Conceptual Issues* (Ann Arbor: University of Michigan Press, 2006) 19.

World Trade and the Law of the GATT (*A Legal Analysis of the General Agreement on Tariffs and Trade*) (Charlottesville: The Michie Company, 1969).

The World Trading System: Law and Policy of International Economic Relations (Cambridge, MA: MIT Press, 2nd edn, 1997).

James, Christine, 'Trade, Culture and Technology: A Test of Canada's Cultural Mettle' (1997) 8(7) *Entertainment Law Review* 253.

Jasanoff, Sheila, 'Technological Risk and Cultures of Rationality' in National Research Council (ed.), *Incorporating Science, Economics, and Sociology in Developing Sanitary and Phytosanitary Standards in International Trade: Proceedings of a Conference* (Washington, DC: National Academy Press, 2000) 65.

Jennings, Robert, 'What is International Law and How Do We Tell It When We See It?' (1981) 37 *Schweitzerisches Jahrbuch für Internationales Recht* 59.

Jones, Eric, *Cultures Merging: A Historical and Economic Critique of Culture* (Princeton: Princeton University Press, 2006).

Kaul, Inge, Grunberg, Isabelle, and Stern, Marc (eds.), *Global Public Goods: International Cooperation in the 21st Century* (Oxford: Oxford University Press, 1999).

'Defining Global Public Goods' in Inge Kaul, Isabelle Grunberg, and Marc Stern (eds.), *Global Public Goods: International Cooperation in the 21st Century* (Oxford: Oxford University Press, 1999) 2.

Kim, Joongi, 'The Viability of Screen Quotas in Korea: The Cultural Exception under the International Trade Regime' (1998) 26 *Korean Journal of International and Comparative Law* 199.

Kish, Karsie, 'Protectionism to Promote Culture: South Korea and Japan, A Case Study' (2001) 22 *University of Pennsylvania Journal of International Economic Law* 153.

Knight, Trevor, 'The Dual Nature of Cultural Products: An Analysis of the World Trade Organization's Decisions Regarding Canadian Periodicals' (1999) 57 *University of Toronto Faculty of Law Review* 165.

Kohona, Palitha, 'Reservations: Discussion of Recent Developments in the Practice of the Secretary-General of the United Nations as Depositary of Multilateral Treaties' (2005) 33(2) *Georgia Journal of International and Comparative Law* 415.

Kónya, István, 'Modeling Cultural Barriers in International Trade' (2006) 14 (3) *Review of International Economics* 494.

Koskenniemi, Martti, 'Introduction' in Martti Koskenniemi (ed.), *Sources of International Law* (Aldershot: Ashgate, 2000) xi.

(ed.), *Sources of International Law* (Aldershot: Ashgate, 2000).

Koskenniemi, Martti, and Leino, Päivi, 'Fragmentation of International Law? Postmodern Anxieties' (2002) 15(3) *Leiden Journal of International Law* 553.

Krajewski, Markus, *National Regulation and Trade Liberalization in Services: The Legal Impact of the General Agreement on Trade in Services (GATS) on National Regulatory Autonomy* (The Hague: Kluwer, 2003).

'Public Services and Trade Liberalization: Mapping the Legal Framework' (2003) 6(2) *Journal of International Economic Law* 341.

Kuijper, Pieter Jan, 'The Law of GATT as a Special Field of International Law' (1994) *Netherlands Yearbook of International Law* 227.

Leary, Virginia, and Warner, Daniel (eds.), *Social Issues, Globalisation and International Institutions: Labour Rights and the EU, ILO, OECD and WTO* (Leiden: Martinus Nijhoff, 2006).

Lee, Yong-Shik, 'Emergency Safeguard Measures under Article X in GATS: Applicability of the Concepts in the WTO Agreement on Safeguards' (1999) 33(4) *Journal of World Trade* 47.

Safeguard Measures in World Trade: The Legal Analysis (The Hague: Kluwer, 2003).

Legrain, Philippe, *Open World: The Truth About Globalisation* (London: Abacus,2002).

Lennard, Michael, 'Navigating by the Stars: Interpreting the WTO Agreements' (2002)5(1)*Journal of International Economic Law* 17.

Leroux, Eric, 'What Is a "Service Supplied in the Exercise of Governmental Authority" under Article I:3(b) and (c) of the General Agreement on Trade in Services?'(2006)40(3)*Journal of World Trade* 345.

Lorimer, Rowland, 'Book Publishing' in Michael Dorland (ed.), *The Cultural Industries in Canada: Problems, Policies and Prospects* (Toronto: Lorimer, 1996) 3.

Low, Patrick, and Mattoo, Aaditya, 'Is There a Better Way? Alternative Approaches to Liberalization under GATS' in Pierre Sauvé and Robert Stern (eds.), *GATS 2000: New Directions in Services Trade Liberalization* (Washington, DC: Brookings Institution Press/Harvard University Center for Business and Government, 2000) 449.

Luff, David. 'Telecommunications and Audio-Visual Services: Considerations for a Convergence Policy at the World Trade Organization Level' (2004) 38(6) *Journal of World Trade* 1059.

'The Maastricht Guidelines on Violations of Economic, Social and Cultural Rights' in Theo van Boven, Cees Flinterman, Fred Grünfeld, and Rita Hut (eds.), *SIM Special No. 20: The Maastricht Guidelines on Violations of Economic, Social and Cultural Rights* (Utrecht: Netherlands Institute ofHuman Rights, 1998) 1.

McAnany, Emile, and Wilkinson, Kenton (eds.), *Mass Media and Free Trade: NAFTA and the Cultural Industries* (Austin: University of Texas Press, 1996).

McDonald, Joe, 'China Shuts Door on New Foreign TV Channels', *The Guardian* (Beijing, 5 August 2005).

McGinnis, John, 'The Appropriate Hierarchy of Global Multilateralism and Customary International Law: The Example of the WTO' (2003) 44 *Virginia Journal of International Law* 229.

McLachlan, Campbell, 'The Principle of Systemic Integration and Article 31 (3)(c) of the Vienna Convention' (2005) 54 *International & Compara-*

tive Law Quarterly 279,290.

Macmillan, Fiona, 'Commodification and Cultural Ownership' in Jonathan Griffiths and Uma Suthersanen (eds.), *Copyright and Free Speech: Comparative and International Analyses* (Oxford: Oxford University Press, 2005) 35.

'International Economic Law and Public International Law: Strangers in the Night' (2004) 10(6) *International Trade Law & Regulation* 115.

McNair, Arnold, *The Law of Treaties* (Oxford: Clarendon Press, 1961).

Macrory, Patrick, Appleton, Arthur, and Plummer, Michael (eds.), *The World Trade Organization: Legal, Economic and Political Analysis* (New York: Springer, 2005).

Magder, Ted, 'Film and Video Production' in Michael Dorland (ed.), *The Cultural Industries in Canada: Problems, Policies and Prospects* (Toronto: Lorimer, 1996) 145.

Mann, Catherine, and Knight, Sarah, 'Electronic Commerce in the WTO' in Jeffrey Schott (ed.), *The WTO After Seattle* (Washington, DC: Institute for International Economics, 2000) 253.

Marceau, Gabrielle, 'A Call for Coherence in International Law-Praise for the Prohibition Against "Clinical Isolation" in WTO Dispute Settlement' (1999) 33(5) *Journal of World Trade* 87.

'Conflicts of Norms and Conflicts of Jurisdictions: The Relationship between the WTO Agreement and MEAs and Other Treaties' (2001) 35(6) *Journal of World Trade* 1081.

'La jurisprudence sur le principe de précaution dans le droit de l'OMC' (paper presented at the Leçon inaugurale, Faculté de Droit de l'Université de Genève, 19 May 2005).

'WTO Dispute Settlement and Human Rights' (2002) 13(4) *European Journal of International Law* 753.

Martin, Lisa, 'The Political Economy of International Cooperation' in Inge Kaul, Isabelle Grunberg, and Marc Stern (eds.), *Global Public Goods: International Cooperation in the 21st Century* (Oxford: Oxford University Press, 1999) 51.

Martin, Robert, *Final Statement of the United States Delegation: Third Session of the Intergovernmental Meeting of Experts*, *UNESCO* (Paris, 3 June 2005).

Marwell, Jeremy, 'Trade and Morality: The WTO Public Morals Exception After Gambling' (2006) 81 *New York University Law Review* 802.

Mas-Colell, Andreu, 'Should Cultural Goods be Treated Differently?' (1999) 23(1) *Journal of Cultural Economics* 87.

Maskus, Keith, and Reichman, Jerome, 'The Globalization of Private Knowledge Goods and the Privatization of Global Public Goods' in Keith Maskus and Jerome Reichman (eds.), *International Public Goods and Transfer of Technology Under a Globalized Intellectual Property Regime* (2005) 3.

(eds.), *International Public Goods and Transfer of Technology under a Globalized Intellectual Property Regime* (Cambridge: Cambridge University Press, 2005).

Mattera, A., '"L'Union européenne assure le respect des identités nationales, régionales et locales, en particulier par l'application et la mise en œuvre du principe de la reconnaissance mutuelle" (Un article 12 A à introduire dans le future Traité?)' (2002) 2 *Revue du Droit de l'Union Européenne* 217.

Mattoo, Aaditya, 'MFN and the GATS' in Thomas Cottier and Petros Mavroidis (eds.), *Regulatory Barriers and the Principle of Non-Discrimination in World Trade Law* (Ann Arbor: University of Michigan Press, 2000) 51.

'National Treatment in the GATS: Corner-Stone or Pandora's Box?' (1997) 31(1) *Journal of World Trade* 107.

Mattoo, Aaditya, and Fink, Carsten, *Regional Agreements and Trade in Services: Policy Issues*, World Bank Policy Research Working Paper 2852 (2002).

Mattoo, Aaditya, and Schuknecht, Ludger, *Trade Policies for Electronic Commerce*, World Bank Policy Research Paper 2380 (2000).

Mattoo, Aaditya, and Subramanian, Arvind, 'Regulatory Autonomy and Multilateral Disciplines: The Dilemma and a Possible Resolution' (1998) 1 *Journal of International Economic Law* 303.

Mavroidis, Petros, '"Like Products": Some Thoughts at the Positive and Normative Level' in Thomas Cottier and Petros Mavroidis (eds.), *Regulatory Barriers and the Principle of Non-Discrimination in World Trade Law* (Ann Arbor: University of Michigan Press, 2000) 125.

Melander, Göran, 'Article 27' in Asbjørn Eide, Gudmundur Alfredsson, Göran Melander, Lars Adam Rehof, and Allan Rosas (eds.), *The Universal Declaration of Human Rights: A Commentary* (Oslo: Scandinavian University Press, 1992) 429.

Merkin, William, 'United States Trade Policy and Culture: Future Strategies' in UNESCO (ed.), *World Culture Report: Cultural Diversity, Conflict and Pluralism* (Paris: UNESCO, 2000) 68.

Merryman, John, 'Two Ways of Thinking About Cultural Property' (1986) 80(4) *Americal Journal of International Law* 831.

Messerlin, Patrick, 'France and Trade Policy: Is the "French Exception" Passé?' (1996) 72(2) *International Affairs* 293.

Measuring the Costs of Protection in Europe: European Commercial Policy in the 2000s (Washington, DC: Institute for International Economics, 2001).

'Regulating Culture: Has It "Gone with the Wind"?' (paper presented at the Productivity Commission and Australian National University (Joint Conference) on Achieving Better Regulation of Services, Canberra, 26 - 7 June 2000).

Messerlin, Patrick, and Cocq, Emmanuel, 'Preparing Negotiations in Services: EC Audiovisuals in the Millennium Round' (paper presented at the World Services Congress on Services: Generating Global Growth and Opportunity, Atlanta, 1 - 3 November 1999).

Mitchell, Andrew (ed.), *Challenges and Prospects for the WTO* (London: Cameron May, 2005).

Legal Principles in WTO Disputes (Cambridge: Cambridge University Press, forthcoming).

'Towards Compatibility: The Future of Electronic Commerce within the Global Trading System' (2001) 4(4) *Journal of International Economic Law* 683.

Morrison, Peter, 'WTO Dispute Settlement in Services: Procedural and Substantive Aspects' in Ernst-Ulrich Petersmann (ed.), *International Trade Law and the GATT/WTO Dispute Settlement System* (London: Kluwer, 1999) 377.

Mosoti, Victor, 'Institutional Cooperation and Norm Creation in International Organizations' in Thomas Cottier, Joost Pauwelyn, and Elisabeth Bürgi (eds.), *Human Rights and International Trade* (Oxford: Oxford University Press, 2005) 165.

Mukherjee, Arpita, 'Audio-Visual Policies and International Trade: The Case of India' in Paolo Guerrieri, Lelio Iapadre, and Georg Koopmann (eds.), *Cultural Diversity and International Economic Integration: The Global Governance of the Audiovisual Sector* (Cheltenham: Edward Elgar, 2005) 218.

Mulcahy, Kevin, 'Cultural Policy: Definitions and Theoretical Approaches' (2006) 35(4) *Journal of Arts Management, Law, and Soctety* 319.

Musungu, Sisule, 'The Right to Health, Intellectual Property, and Competition Principles' in Thomas Cottier, Joost Pauwelyn, and Elisabeth Bürgi (eds.), *Human Rights and International Trade* (Oxford: Oxford University Press, 2005) 301.

National Research Council (ed.), *Incorporating Science, Economics, and Sociology in Developing Sanitary and Phytosanitary Standards in International Trade: Proceedings of a Conference* (Washington, DC: National Academy Press, 2000).

Neuwirth, Rostam, 'The Cultural Industries and the Legacy of Article IV GATT: Rethinking the Relation of Culture and Trade in Light of the New WTO Round' (paper presented at the Conference on Cultural Traffic: Policy, Culture, and the New Technologies in the European Union and Canada, Carleton University, 2002).

Niec, Halina (ed.), *Cultural Rights and Wrongs* (Paris/Leicester: UNESCO

Publishing and Institute of Art and Law, 1998).

Nielson, Julia, and Taglioni, Daria, *Services Trade Liberalisation: Identifying Opportunities and Gains*, OECD Trade Policy Working Paper No. 1 (2004).

'Nine Lives Takes Top Swiss award', *BBC News* (14 August 2005).

Norton, Joseph, Andenas, Mads, and Footer, Mary (eds.), *The Changing World of International Law in the Twenty-First Century: A Tribute to the Late Kenneth R. Simmonds* (The Hague: Kluwer, 1998).

Nottage, Hunter, and Sebastian, Thomas, 'Giving Legal Effect to the Results of the WTO, Trade Negotiations: An Analysis of the Methods of Changing WTO Law' (2006) 9(4) *Journal of International Economic Law* 989.

Oberthür, Sebastian, and Gehring, Thomas, 'Institutional Interaction in Global Environmental Governance: The Case of the Cartagena Protocol and the World Trade Organization' (2006) 6(2) *Global Environmental Politics* 1.

O'Keefe, Roger, 'The "Right to Take Part in Cultural Life" under Article 15 of the ICESCR' (1998) 47 *International & Comparative Law Quarterly* 904.

Ortino, Federico, 'Treaty Interpretation and the WTO Appellate Body Report in *US-Gambling*: A Critique' (2006) 9(1) *Journal of International Economic Law* 117.

Panagariya, Arvind, 'Electronic Commerce, WTO and Developing Countries' (2000) 23(8) *World Economy* 959.

Paracuellos, Jean-Charles, 'Le paysage audiovisuel français' (1993) 191 *Regards sur l'actualité* 3.

Pauwelyn, Joost, 'Adding Sweeteners to Softwood Lumber: The WTO-NAFTA "Spaghetti Bowl" is Cooking' (2006) 9(1) *Journal of International Economic Law* 197.

Conflict of Norms in Public International Law: How WTO Law Relates to Other Rules of International Law (Cambridge: Cambridge University Press, 2003).

'Human Rights in WTO Dispute Settlement' in Thomas Cottier, Joost

Pauwelyn and Elisabeth Bürgi(eds.), *Human Rights and International Trade* (Oxford: Oxford University Press, 2005) 205.

'The Jurisdiction of the World Trade Organization' (2004) 98 *American Society of International Law Proceedings* 135.

'The Puzzle of WTO Safeguards and Regional Trade Agreements' (2004) 7 (1) *Journal of International Economic Law* 109.

'The Role of Public International Law in the WTO: How Far Can We Go?' (2001) 95 *American Journal of International Law* 535.

'The UNESCO Convention on Cultural Diversity, and the WTO: Diversity in International Law-Making?' (15 November 2005) *ASIL Insight.*

Peacock, Alan, and Rizzo, Ilde(eds.), *Cultural Economics and Cultural Policies* (Dordrecht: Kluwer, 1994).

Perino, Grischa, and Schulze, Günther, 'Competition, Cultural Autonomy and Global Governance: The Audio-Visual Sector in Germany' in Paolo Guerrieri, Lelio Iapadre, and Georg Koopmann(eds.), *Cultural Diversity and International Economic Integration: The Global Governance of the Audio-Visual Sector* (Cheltenham: Edward Elgar, 2005) 52.

Perry, Sheila (ed.), *Aspects of Contemporary France* (London: Routledge. 1997).

Petersmann, Ernst-Ulrich, 'Human Rights, Markets and Economic Welfare: Constitutional Functions of the Emerging UN Human Rights Constitution' in Frederick Abbott, Christine Breining-Kaufmann, and Thomas Cottier (eds.), *International Trade and Human Rights: Foundations and Conceptual Issues* (Ann Arbor: University of Michigan Press, 2006) 29.

(ed.), *International Trade Law and the GATT/WTO Dispute Settlement System* (London: Kluwer, 1999).

'Time for a United Nations "Global Compact" for Integrating Human Rights into the Law of Worldwide Organizations: Lessons from European Integration' (2002) 13(3) *European Journal of International Law* 621.

Pignataro, Giacomo, 'Imperfect Information and Cultural Goods: Producers' and Consumers' Inertia' in Alan Peacock and Ilde Rizzo (eds.), *Cultural*

Economics and Cultural Policies (Dordrecht: Kluwer, 1994) 55.

Posner, Richard, *Economic Analysis of Law* (New York: Aspen, 2003).

Power, Dominic, and Hallencreutz, Daniel, 'Profiting from Creativity? The Music Industry in Stockholm, Sweden and Kingston, Jamaica' in Dominic Power and Allen Scott (eds.), *Cultural Industries and the Production of Culture* (London: Routledge, 2004) 224.

Power, Dominic, and Scott, Allen (eds.), *Cultural Industries and the Production of Culture* (London: Routledge, 2004).

Productivity Commission (ed.), *Achieving Better Regulation of Services* (2001).

Broadcasting, Inquiry Report No. 11 (3 March 2000).

Prott, Lyndel, 'Cultural Rights as Peoples' Rights in International Law' in James Crawford (ed.), *The Rights of Peoples* (New York: Oxford University Press, 1988) 93.

'International Standards for Cultural Heritage' in UNESCO (ed.), *World Culture Report: Culture, Creativity and Markets* (Paris: UNESCO, 1998) 222.

'Understanding One Another on Cultural Rights' in Halina Niec (ed.), *Cultural Rights and Wrongs* (Paris/Leicester: UNESCO Publishing and Institute of Art and Law, 1998) 161.

Psychogiopoulou, Evangelia, 'EC State Aid Control and Cultural Justifications' (2006) 33(1) *Legal Issues of Economic Integration* 3.

Ragosta, John, 'The Cultural Industries Exemption from NAFIA—Its Parameters' (1997) 23 *Canada-United States Law Journal* 165.

Redner, Harry, *Conserving Cultures: Technology, Globalization, and the Future of Local Cultures* (Lanham: Rowman & Littlefield Publishers, 2004).

Regan, Donald, 'Further Thoughts on the Role of Regulatory Purpose under Article III of the General Agreement on Tariffs and Trade: A Tribute to Bob Hudec' (2003) 37(4) *Journal of World Trade* 737.

'Regulatory Purpose and "Like Products" in Article III: 4 of the GATT (With Additional Remarks on Article III: 2)' (2002) 36(3) *Journal of*

World Trade 443.

Richardson, Bonnie, 'Hollywood's Vision of a Clear, Predictable Trade Framework Consistent with Cultural Diversity' in Christoph Graber, Michael Girsburger, and Mira Nenova (eds.), *Free Trade versus Culural Diversity: WTO Negotiations in the Field of Andiovisual Services* (Zurich: Schulthess, 2004) 111.

Rifkin, Jeremy, 'When Markets Give Way to Networks... Everything Is a Service' in John Hartley (ed.), *Creative Industries* (Malden, MA: Blackwell, 2005) 361.

Rivery, Eric Morgan de, 'Unresolved Issues in the Audiovisual Sector and the US/ EC Conflict' in Jacques Bourgeois, Frédérique Berrod, and Eric Gippini Fournier (eds.), *The Uruguay Round Results: A European Lawyers' Perspective* (Brussels: European Interuniversity Press, 1995) 435.

Roessler, Frieder, 'The Concept of Nullification and Impairment in the Legal System of the World Trade Organization' in Ernst-Ulrich Petersmann (ed.), *International Trade Law and the GATT/WTO Dispute Settlement System* (London: Kluwer, 1999) 124.

'Diverging Domestic Policies and Multilateral Trade Integration' in Jagdish Bhagwati and Robert Hudec (eds.), *Fair Trade and Harmonization: Prerequisites for Free Trade?* (Cambridge, MA: MIT Press, 1996) (vol. II) 21.

Roessler, Frieder, and Gappah, Petina, 'A Re-Appraisal of Non-Violation Complaints under the WTO Dispute Settlement Procedures' in Patrick Macrory, Arthur Appleton, and Michael Plummer (eds.), *The World Trade Organization: Legal, Economic and Political Analysis* (New York: Springer, 2005) (vol. I) 1371.

Rothwell, Donald, 'Quasi-Incorporation of International Law in Australia: Broadcasting Standards, Cultural Sovereignty and International Trade' (1999) 27(3) *Federal Law Review* 527.

Roy, Martin. 'Audiovisual Services in the Doha Round: "Dialogue de Sourds, The Sequel"?' (2005) 6(6) *Journal of World Investment and Trade* 923.

Ruiz Fabri, Hélène, *Analyse et commentaire critique de l'avant-projet de convention sur la protection de la diversité des contenus culturels et des expressions artistiques dans la version soumise pour commentaires et observations aux gouvernements des Etats membres de l'UNESCO: Etude réalisée à la demande de l'Agence intergouvernementale de la Francophonie* (August 2004).

Runge, C. Ford, Bagnara, Gian-Luca, and Jackson, Lee Ann, 'Differing U. S. and European Perspectives on GMOs: Political, Economic and Cultural Issues' (2001) 2(2) *The Estey Centre Journal of International Law and Trade Policy* 221.

Sacerdoti, Giorgio, Yanovich, Alan, and Bohanes, Jan (eds.), *The WTO at Ten: The Contributions of the Dispute Settlement System* (Cambridge: Cambridge University Press, 2006).

Salée, Daniel, 'NAFTA, Quebec, and the Boundaries of Cultural Sovereignty: The Challenge of Identity in the Era of Globalization' in Dorinda Dallmeyer (ed.), *Joining Together, Standing Apart: National Identities after NAFTA* (The Hague: Kluwer, 1997) 73.

Salusinszky, Imre, 'A critique of cultural protectionism' (1999) 15(3) *Policy* 18.

Samuelson, Pamela, 'Implications of the Agreement on Trade Related Aspects of Intellectual Property Rights for the Cultural Dimension of National Copyright Laws' (1999) 23 *Journal of Cultural Economics* 95.

Sandler, Todd, 'Intergenerational Public Goods: Strategies, Efficiency and Institutions' in Inge Kaul, Isabelle Grunberg, and Marc Stern (eds.), *Global Public Goods: International Cooperation in the 21st Century* (Oxford: Oxford University Press, 1999) 20.

Sauvé, Pierre, 'Completing the GATS Framework: Addressing Uruguay Round Leftovers' (2002) 57(3) *Aussenwirtschaft* 301.

Sauvé, Pierre, and Steinfatt, Karsten, 'Towards Multilateral Rules on Trade and Culture: Protective Regulation or Efficient Protection?' in Productivity Commission (ed.), *Achieving Better Regulation of Services* (2001).

Sauvé, Pierre, and Stern, Robert (eds.), *GATS 2000: New Directions in Services Trade Liberalization* (Washington, DC: Brookings Institution Press/

Harvard University Center for Business and Government, 2000).

Schott, Jeffrey (ed.), *The WTO After Seattle* (Washington, DC: Institute for International Economics, 2000).

Schott, Jeffrey, Bradford, Scott, and Moll, Thomas, *Negotiating the Korea-United States Free Trade Agreement*, Institute for International Economics, Policy Briefs in International Economics No. PB06—4 (June 2006).

Schulze, Günther, 'International Trade' in Ruth Towse (ed.), *A Handbook of Cultural Economics* (Cheltenham: Edward Elgar, 2003) 269.

'International Trade in Art' (1999) 23(1) *Journal of Cultural Economics* 109.

Scott, Allen, and Power, Dominic, 'A Prelude to Cultural Industries and the Production of Culture' in Dominic Power and Allen Scott (eds.), *Cultural Industries and the Production of Culture* (London: Routledge, 2004) 3.

Sen, Amartya, 'Satyajit Ray and the Art of Universalism: Our Culture, Their Culture', *The New Republic* (Washington, DC, 1 April 1996) 32.

Serageldin, Ismail, 'Cultural Heritage as Public Good: Economic Analysis Applied to Historic Cities' in Inge Kaul, Isabelle Grunberg, and Marc Stern (eds.), *Global Public Goods: International Cooperation in the 21st Century* (Oxford: Oxford University Press, 1999) 240.

Shahabuddeen, Mohamed, *Precedent in the World Court* (Cambridge: Cambridge University Press, 1996).

Shany, Yuval, *The Competing Jurisdictions of International Courts and Tribunals* (Oxford: Oxford University Press, 2003).

Shaw, Malcolm, *International Law* (Cambridge: Cambridge University Press, 5th edn, 2003).

Shelton, Dinah, 'Normative Hierarchy in International Law' (2006) 1002(2) *American Journal of International Law*.

Siebenhaar, Hans-Peter, 'Européanisation ou américanisation? Option pour la promotion de la production audiovisuelle dans l'Union européenne' (1994) 379 *Revue du Marché Commun et de l'Union Européenne* 357.

Siegel, Deborah, 'Legal Aspects of the IMF/WTO Relationship: The Fund's Articles of Agreement and the WTO Agreements' (2002) 96 *American Journal of International Law* 561.

Silverglade, Bruce, 'International Harmonization under the SPS Agreement' in National Research Council (ed.), *Incorporating Science, Economics, and Sociology in Developing Sanitary and Phytosanitary Standards in International Trade: Proceedings of a Conference* (Washington, DC: National Academy Press, 2000) 210.

Sinclair, Ian, *The Vienna Convention on the Law of Treaties* (Manchester: Manchester University Press, 2nd edn, 1984).

Sinclair, John, 'Culture and Trade: Some Theoretical and Practical Considerations' in Emile McAnany and Kenton Wilkinson (eds.), *Mass Media and Free Trade: NAFLA and the Cultural Industries* (Austin: University of Texas Press, 1996) 30.

Smiers, Joost, *Artistic Expression in a Corporate World: Do We Need Monopolistic Control?* (Utrecht: Utrecht School of the Arts, 2004).

Smith, Clint, 'International Trade in Television Programming and GATT: An Analysis of Why the European Community's Local Program Requirement Violates the General Agreement on Tariffs and Trade' (1993) 10(2) *International Tax & Business Lawyer* 97.

Smith, Fiona, and Woods, Lorna, 'A Distinction Without a Difference: Exploring the Boundary Between Goods and Services in the World Trade Organization and the European Union' (2005) 12(1) *Columbia Journal of European Law* 1.

Steger, Debra, 'The Jurisdiction of the World Trade Organization' (2004) 98 *American Society of International Law Proceedings* 142.

Stern, Robert (ed.), *Services in the International Economy* (Ann Arbor: University of Michigan Press, 2001).

Stilwell, Matthew, and Bohanes, Jan, 'Trade and the Environment' in Patrick Macrory, Arthur Appleton, and Michael Plummer (eds.), *The World Trade Organization: Legal, Economic and Political Analysis* (New York: Springer, 2005) (vol. II) 511.

Sykes, Alan, 'Comparative Advantage and the Normative Economics of International Trade Policy' (1998) 1 (1) *Journal of International Economic Law* 49.

'The Least Restrictive Means' (2003) 70 *University of Chicago Law Review* 403.

'Subsidies and Countervailing Measures' in Patrick Macrory, Arthur Appleton, and Michael Plummer (eds.), *The World Trade Organization: Legal, Economic and Political Analysis* (New York: Springer, 2005) (vol. II) 81.

Tawfik, Myra, 'Competing Cultures: Canada and the World Trade Organization-The Lessons from Sports Illustrated' (1998) 36 *Canadian Yearbook of International Law* 279.

Throsby, David, 'Cultural Capital' (1999) 23 *Journal of Cultural Economics* 3.

Economics and Culture (Cambridge: Cambridge University Press. 2001).

'Seven Questions in the Economics of Cultural Heritage' in Michael Hutter and Ilde Rizzo (eds.), *Perspectives on Cultural Heritage* (New York: St Martin's Press, 1997) 13.

Towse, Ruth (ed.), *Copyright in the Cultural Industries* (Cheltenham: Edward Elgar, 2002).

'Cultural Industries' in Ruth Towse (ed.), *A Handbook of Cultural Economics* (Cheltenham: Edward Elgar, 2003) 170.

(ed.), *A Handbook of Cultural Economics* (Cheltenham: Edward Elgar, 2003).

Trachtman, Joel, 'The Domain of WTO Dispute Resolution' (1999) 40 (2) *Harvard International Law Journal* 333.

'The Jurisdiction of the World Trade Organization' (2004) 98 *American Society of International Law Proceedings* 139.

'Review of Joost Pauwelyn, Conflict of Norms in Public International Law: How WTO Law Relates to Other Rules of International Law' (2004) 98 *American Journal of International Law* 855.

'Trade and... Problems, Cost-Benefit Analysis and Subsidiarity' (1998) 9

(1) *European Journal of International Law* 32.

Trebilcock, Michael, and Howse, Robert, *The Regulation of International Trade* (London: Routledge, 2nd edn, 1999).

The Regulation of International Trade (London: Routledge, 3rd edn, 2005).

Vabres, Renaud Donnedieu de, *Journées de la coopération internationale et du développement allocution du ministre de la Culture et de la Communication de France* (Paris, 19 July 2005).

Valenzuela, María Soledad Alvear (Chilean Minister of Foreign Relations), letter to Robert Zoellick (United States Trade Representative), 'Side Letter on Television' (6 June 2003).

Van den Bossche, Peter, *The Law and Policy of the World Trade Organization: Text, Cases and Materials* (Cambridge: Cambridge University Press, 2005).

Van der Staay, Adriaan, 'Public Opinion and Global Ethics: A Descriptive Study of Existing Survey Data' in UNESCO (ed.), *World Culture Report: Culture, Creativity and Markets* (Paris: UNESCO, 1998).

Venturelli, Shalini, 'Culture and the Creative Economy in the Information Age' in John Hartley (ed.), *Creative Industries* (Malden, MA: Blackwell, 2005) 391.

Verhoosel, Gaëtan, *National Treatment and WTO Dispute Settlement: Adjudicating the Boundaries of Regulatory Autonomy* (Oxford: Hart, 2002).

Voon, Tania, 'A New Approach to Audiovisual Products in the WTO: Rebalancing GATT and GATS' (2006) 14(1) *UCLA Entertainment Law Review* 1.

'Sizing Up the WTO: Trade-Environment Conflict and the Kyoto Protocol' (2000) 10(1) *Journal of Transnational Law & Policy* 71.

'State Support for Audiovisual Products in the WTO: Protectionism or Cultural Policy?' (2006) 13(2) *International Journal of Cultural Property* 129.

'UNESCO and the WTO: A Clash of Cultures?' (2006) 55(3) *International & Comparative Law Quarterly* 635.

Vranes, Erich, 'The Definition of "Norm Conflict" in International Law and Legal Theory' (2006) 17 (2) *European Journal of International Law* 395.

Wai, Robert, 'Countering, Branding, Dealing: Using Economic and Social Rights in and around the International Trade Regime' (2003) 14 *European Journal of International Law* 35.

Waincymer, Jeffrey, *WTO Litigation: Procedural Aspects of Formal Dispute Settlement* (London: Cameron May, 2002).

Weber, Rolf, Rossnagel, Alexander, Osterwalder, Simon, Scheuer, Alexander, and Wüst, Sonnia, *Kulturquoten im Rundfunk* (Zurich Baden-Baden: Schulthess, Nomos, 2006).

Weiler, Joseph (ed.), *The EU, the WTO and the NAFTA: Towards a Common Law of International Trade* (Oxford: Oxford University Press, 2000).

'The Rule of Lawyers and the Ethos of Diplomats: Reflections on the Internal and External Legitimacy of WTO Dispute Settlement' (2001) 35 *Journal of World Trade* 191.

Wille, Serena, 'Recapturing a Lost Opportunity: Article III:2 GATT 1994, Japan-Taxes on Alcoholic Beverages 1996' (1998) 9 (1) *European Journal of International Law*, 'Current Developments', <www. ejil. org> (online only, accessed 4 August 2006).

Winickoff, David, Jasanoff, Sheila, Busch, Lawrence, Grove-White, Robin, and Wynne, Brian, 'Adjudicating the GM Food Wars: Science, Risk, and Democracy in World Trade Law' (2005) 30(1) *Yale Journal of International Law* 81.

Withers, Glenn, 'Broadcasting' in Ruth Towse (ed.), *A Handbook of Cultural Economics* (Cheltenham: Edward Elgar, 2003) 102.

Witte, Bruno de, 'Trade in Culture: International Legal Regimes and EU Constitutional Values' in Gráinne de Búrca and Joanne Scott (eds.), *The EU and the WTO: Legal and Constitutional Issues* (Oxford: Hart, 2001) 237.

Witte, Bruno de, and Post, Harry, 'Educational and Cultural Rights' in Antonio Cassese, Andrew Clapham, and Joseph Weiler (eds.), *Human Rights and the European Community: The Substantive Law* (Baden-Baden: Nomos Verlagsgesellschaft, 1991) 123.

Wouters, Jan, and De Meester, Bart, 'UNESCO'S Convention on Cultural Diversity and WTO Law: Complementary or Contradictory?' (Working Paper No. 73, KU Leuven Faculty of Law, Institute for International Law, 2005).

Wright, Claire, 'Hollywood's Disappearing Act: International Trade Remedies to Bring Hollywood Home' (2006) 39 *Akron Law Review* 739.

Wunsch-Vincent, Sacha, "The Digital Trade Agenda of the U. S.: Parallel Tracks of Bilateral, Regional and Multilateral Liberalization' (2003) 58 *Aussenwirtschaft* 7.

'The Internet, Cross-Border Trade in Services, and the GATS: Lessons from US-Gambling' (2006) 5(3) *World Trade Review* 319, 329—35.

United Nations Information and Communication Technologies Task Force, *WTO, E-commerce, and Information Technologies: From the Uruguay Round through the Doha Development Agenda* (19 November 2004).

The WTO, the Internet and Trade in Digital Products: EC-US Perspectives (Oxford: Hart, 2006).

Yanovich, Alan, and Voon, Tania, 'What is the Measure at Issue?' in Andrew Mitchell (ed.). *Challenges and Prospects for the WTO* (London: Cameron May, 2005) 115.

Yerkey, Gary, 'Foreign Investment: U. S. to Oppose EU Bid to Exempt "Culture" from OECD Investment Accord' (23 May 1995) *BNA International Business & Finance Daily*.

York, George, 'Global Foods, Local Tastes and Biotechnology: The New Legal Architecture of International Agriculture Trade' (2001) 7 *Columbia Journal of European Law* 423.

Yúdice, George, *The Expediency of Culture: Uses of Culture in the Global Era* (Durham, NC: Duke University Press, 2003).

Zdouc, Werner, 'WTO Dispute Settlement Practice Relating to the GATS' (1999) 2(2) *Journal of International Economic Law* 295.

索　引

（本索引所标页码为原书页码，中译本边码）

译 后 记

出这本书的中文版，是商务印书馆的选题，我有幸被委托来翻译。选题的意义，商务印书馆总经理王涛先生在前言里已有说明，这里不再赘述。要实现选题的意义，首先要把书翻译好。而要翻译好，关键在读懂。一是熟悉语言，一是了解书中涉及的各方面内容。

原书在作者博士论文的基础上写成。博士论文也许可以算作学术著作。这倒不是因为博士论文（包括其他论文）的水平一定高，而是“学术”的门槛低。所谓“学术”，实际上就是学习之术，是一种套路。无论什么题目，意义大小，甚至有无意义，都可以按这个套路去生发：框架层次章节设计，起承转合段落组织，他征旁引内解外注穿插编织，前言后记案例索引参考书目组装。固定的模式，固定的技巧，好像是一种现代八股。“不学无术”，两者没有必然联系。不学也可以有术，而且术常常比学更有经久的重要性。教育不就是讲授学习方法么。现在流行替人写论文，说明“术”几乎已经成为独立于“学”的行当了。

层次最高的当然是独立性的思想著作。不一定引用很多东西，通过提出观点和问题显示出阅读、阅历和思考分析的功底。不过，学术著作做好了，倒是很可以显示出勤奋来。引用的参考资料多了，自己便成了一部挺有用的参考书了。这本书就是这样的情形。文化产品与国际贸易，并不是高深的题目，而是各国不同发展需要之间差异的实际问题，是各个政府为了保护本国利益通过法律等各种手段进行博弈的一个领域。作者的功劳在于，把与这个问题有关的所有方面都点到了：有什么考虑关切，有什么理论说辞，哪儿讲了什么，谁人做了什么，现状和在行规定是什么，效果和局限在哪里，有什么空子可钻，有什么根据可找，有什么出路可循，有什么前景可瞻。总之，再探讨这个问题，起点边界，前因后果，来龙去脉，都在这里，用不着重新起头了。

作者的主要学术和工作领域是国际法。这本书主要也不是讲文化。这本书讲的是文化注入产品，产品进入贸易，贸易又超出国界。背景是全球化，主战场是国际贸易，主要武器是法律。文化只是战旗。旗尽管不能用来打仗，却绝对不能倒，所以一定要守护。但是兵败如山倒，何况旗。问题难也就难在这里。作者从法律，特别是国际法的各个方面动足了脑筋。这恐怕是最直接和最起码能做的。因为，在全球贸易这个战场上摆平，也许是永远不会有的事情。

因此这本书法律色彩很重。引用了大量的法律文件和判例，以及各种各样的法律和学术意见，交织串连在一起，因此是一部难读、难译、译出来也许更难读的书。这涉及到英语的一个特点。因为英语文化在相当程度上也是一种法律文化，所以用英语写起法律的东西来得心应手，方便自如，无论枝蔓怎样复杂都能轻松地组织在一个句子里，前后衔接总能恰到好处。越在处理多成分杂糅又逻辑关系错综的冗长单句的情况下，英语越显示出他的极为灵活的长处（而中文则擅长短句）。翻译的时候，既要照顾原文的结构，体现原文的讲述逻辑，又要中文能读下来，恐怕不仅是对译者的考验，也是对读者的考验。因为往往即使译通了也不一定能容易地读下来(中文读者更习惯拆开讲的句子)。

这又涉及到翻译原则的问题。旧时有“信、达、雅”之说。其中的“信”,就是忠实于原文,基础是真正明白原文讲的是什么。但这是很主观的说法。译者自认为信,不一定可靠,因为旁人没看原文;即使有原文也不一定能据以辨误;而能辨误又不一定能服人,因为有理解上的不同。最好是原作者也在场,听他自己怎么解释。而这往往是不可能的。“信”若不能保证,“达、雅”也就没有太大意思了。“信”毕竟要求以原文为圭臬,而“达、雅”则不免有操之在我的味道。后两者倒是也可以由读者来评,但是不“信”了,最终应当算是谁的作品呢?现在翻译引进的内容比过去繁杂多了,达不达雅不雅也要看原文有无此种要求。所以,只保留一个“信”字就可以。其实,有些情况下甚至连信也可以不顾,只要“俏”就行,例如许多外国电影、歌曲和商品名字的翻译。如今信息爆炸,竞争激烈,抢时间赶速度,也许“快”又变成最重要的。为了提高效率,机器翻译用得越来越多,信不信已经快跟人没有什么直接关系了。

电影界有电影是遗憾的艺术这样的说法。那么翻译界呢?可以说翻译也是遗憾的艺术么?好像没有人这样讲过。电影改编本来就是允许相当离谱的事,拍得好坏更没有一定的客观标准。而翻译则要求一定忠实于原文(也许还应该加上忠实于自己的语文)。但为什么翻译界鲜有自责呢?因为语言解读有主观性,自以为懂非常容易,望文生义不可避免,认认真真也会搞差。因此,除了在极为敏感的情况下,与原文有些出入完全过得去,大不了将错就错不再争论。更主要的是,看译文的人要么不懂外语,要么见不到初文,无从查证原话本意,只能人家怎么译就怎么看,看不懂无奈自认倒霉。从这个意义上,翻译真可说是一种良心的艺术,甚至是一种光有良心都不够的艺术。我与中英文打交道深深浅浅密密疏疏几十年，被问及对翻译有什么体会，便会想起早年插队时听当地老乡说过的一句话“人无过顶之力”。意思是，做活儿的对象位置若在高处，将手臂举上去干，由于失去身体的定力和支持，便怎么也使不出劲来。道理是，能力达不到的事情，别愣要去做。否则，翻译便成了自欺欺人的“艺术”。希望这本书的翻译不至于此。

接手翻译这本书的时候，正值我的父亲裘克安刚刚去世。老先生在中英两种语言和文化之间游走了一辈子，心力之耗费，内功之繁复，非外人所能想见。而在我们心中，则是时刻褪不去的印象和永远道不尽的感慨。翻译这本书，无疑有纪念他的意思。我是想追寻一种生命的体验：沿着他走过的路走上一小段，感受他心智的搏动，体味他身体的劬劳，参悟他的生命怎样在后一代身上延伸。书的主题是向前看的，而我把翻译它的工作看成是一个往回走的历程，随着手眼脑在两种文字之间的转换，追溯自己生命遥远的源头。

另外还值得一提的，是我们家族与商务印书馆的渊源。我的爷爷裘冲曼（翰兴）在自传中写道，他于1918年将所撰《解析几何学》三卷交由商务出版，用得到的稿费500银元在家乡盖了一幢房子。现书已失落不得寻见，但那房子仍在使用中，由两个叔叔合住。1980年代以来，父亲也陆续在商务出版了好几部书，包括《莎士比亚年谱》、《莎士比亚评介文集》和多部莎士比亚戏剧的注释本等。所以，这次商务委托我译书，我自然无法推卸。一是对商务所承载的文化厚重的尊敬；二是感到需要有适当的形式怀念父亲；三是冥冥中感到一种历史的召唤，把祖辈的传统继承过来，把家族与商务的渊源维系下去。几代人出书于一馆，既是商务给我们的推助，也是我们对商务的回报。

最后，我要感谢商务的信任，尤其要感谢商务的责任编辑安晓露女士为此书的审校核对编辑加工所作的辛勤的专业努力。本人做过编辑出版工作，深知从一部文稿交付到书印出来之间还有多少路要走。翻译过程中，曾向许多方面进行了咨询和查证，对所有这些来源（包括网络上的）我亦应当表示感谢。另外，我还要对所有我内心认为应当感谢的人，表示深深的谢意。

谨以此译，献给敬爱的父亲。我希望，今后能够有机会翻译与他有更多相通之处的书。这样，离远在高处的父亲，感觉又近了一步。

裘安曼

2009年8月15日

（时为父亲去世整一周年）

于瑞士日内瓦

图书在版编目(CIP)数据

文化产品与世界贸易组织/(澳)芙恩著;裘安曼译.—北京:商务印书馆,2010
ISBN 978-7-100-07293-9

Ⅰ.①文… Ⅱ.①芙…②裘 Ⅲ.①世界贸易组织—规则—应用—文化—产业—研究 Ⅳ.①F743②G11

中国版本图书馆 CIP 数据核字(2010)第 131593 号

WÉNHUÀ CHǍNPǏN YǓ SHÌJIÈ MÀOYÌ ZǓZHĪ

文化产品与世界贸易组织

塔尼亚·芙恩 著

裘安曼 译

商 务 印 书 馆 出 版
(北京王府井大街36号 邮政编码 100710)
商 务 印 书 馆 发 行
北 京 瑞 古 冠 中 印 刷 厂 印 刷
ISBN 978-7-100-07293-9

2010年11月第1版 开本787×960 1/16
2010年11月北京第1次印刷 印张29¼

定价:55.00元

图书在版编目(CIP)数据

文化产品与世界贸易组织/(澳)芙恩著;裘安曼译.—北京:商务印书馆,2010
ISBN 978-7-100-07293-9

Ⅰ.①文… Ⅱ.①芙…②裘 Ⅲ.①世界贸易组织—规则—应用—文化—产业—研究 Ⅳ.①F743②G11

中国版本图书馆CIP数据核字(2010)第131593号

WÉNHUÀ CHǍNPǏN YǓ SHÌJIÈ MÀOYÌ ZǓZHĪ
文化产品与世界贸易组织
塔尼亚·芙恩 著
裘安曼 译

商 务 印 书 馆 出 版
(北京王府井大街36号 邮政编码100710)
商 务 印 书 馆 发 行
北京瑞古冠中印刷厂印刷
ISBN 978-7-100-07293-9

2010年11月第1版 开本787×960 1/16
2010年11月北京第1次印刷 印张29¼
定价:55.00元